Creo Parametric 4.0
Education Bible *Vol.2*

Drawing / Surface & FreeForm Modeling

하나님이 우리와 함께 계시다

Creo Parametric 4.0

4차 산업혁명시대는 우리에게 위기인지 기회인지 현실적으로 받아들이기가 참 어렵다. 하지만 분명한 것은 현재 우리는 사람 VS 사람이 아닌 사람 VS 로봇이라는 커다란 숙제를 안고 있다.

"4차 산업혁명이란?" 글귀를 보면 늘 떠오르는 단어가 있다. 그건 빠른 "변화"와 "융합"이라는 두 단어다. 이 단어와 걸맞게 우리는 이제 기초학문을 중심으로 빠르게 변화하는 시대에 새롭게 형성될 융·복합 학문으로 대처해 나가야 지능을 갖는 로봇과의 경쟁 속에서도 살아남을 수 있음을 인지하고 있다.

일찍이 3차원 설계의 다가온 프로엔지니어도 계속 진화하여 현재의 크리오 파라메트릭으로 성장하고 있으며, 이를 통해 습득한 3D CAD 기초 및 응용학문과 융·복합 된 새로운 학문을 습득하여 향후 공학인도 의료·보건인도 될 수 있음을 알아야 한다.

여기서 많은 의문을 가질 것이다. 3D CAD를 의료·보건인이? 앞서 말한 학문 융합의 형태에 따라 설명한다면, 공학과 3D CAD를 융합하면 기계적 기구를 설계하는 공학자가 될 수 있을 것이고, 의료·보건과 3D CAD를 융합하면 인공적 인체구조나 의지보조기구를 설계, 제작할 수 있는 의료·보건인이 될 것이다.

새로운 융합이 필요한 현 시점에 3D CAD 기초 및 응용학문이 공학자들만이 대다수 활용한다는 것은 안타까운 현실일 것이다. 3D 프린터, 3D 스캐너의 활용분야는 의학, 공학 등 많은 분야에서 활용하고 있고, 그 기초가 되는 것이 3D CAD일 것은 아무도 의심치 않는다.

교육자로써 학문 융합의 중요성은 알고 있지만, 그 주체가 되지 못하여 현실을 따라가지 못하는 것을 부끄럽게 생각하며 깊이 사죄하고 싶다. 이젠 3D CAD를 통해 환자를 치료하는 등 의료분야에서도 치료 도구로써 활용되고 있음을 심심치 않게 보도되고 있다.

또한, 2018년 고용노동부에서 발표한 "2016~2030 4차 산업혁명에 따른 인력수요 전망"에서 신직업인으로 인간공학기술자, 의료용 로봇전문가, 헬스케어기기 개발자, 3D프린팅 모델러 등을 전망했다.

이젠 3D CAD와 의료·보건학문과의 융합을 통해 4차 산업혁명을 대비한 신 기술인인 인간공학기술자, 의료용 로봇전문가 등의 양성의 길에서 "Creo Parametric 4.0"이 의료·보건과 공학의 융·복합 학문의 기초로써 많은 도움이 될 것이라 판단한다.

이 책이 완성되기까지 많은 도움을 주신 인프로스 이애정씨에게 감사드린다.

의료재활공학 전유재

Part 01 Drawing

CHAPTER 1
Drawing 설정 및 기능

01 Drawing Format 생성하기   10
02 Drawing Setup File 생성하기   16
03 주요 기능 알아보기   20

CHAPTER 2
도면작성하기(ECCENTRIC_RETURN_DEVICE)

01 3D Assembly 및 분해뷰   24
02 2D 조립도 (구조도)   25
03 준비하기   26
04 부품도 생성하기   27
05 제출도면 생성하기   77
06 공정도 생성하기   115

Part 02 Surface

CHAPTER 1
Curve의 생성과 편집

01	점 통과 CURVE	132
02	방정식 Curve	138
03	횡단면 Curve	141
04	복사(복합) Curve	143
05	교차 Curve	145
06	투영 CURVE	150
07	랩 CURVE	154
08	오프셋 CURVE	158
09	트림 CURVE	160
	〉〉〉 CURVE 연습하기	163

CHAPTER 2
Surface 생성

01	밀어내기	168
02	회전	171
03	스윕 / 가변단면스윕	173
04	헬리컬스윕	179
05	블렌드 / 회전블렌드	183
06	스윕블렌드	191
07	경계블렌드	198
	부록 01〉	205
	〉〉〉 Surface 생성 연습하기	207

CHAPTER 3
Surface 편집

01 채우기	210
02 병합	215
부록 02〉	219
03 솔리드화	220
04 오프셋	222
부록 03〉	228
〉〉〉 Surface 편집 연습하기	232

CHAPTER 4
고급서피스

01 서피스에 탄젠트 블렌드	236
02 자유유형 (Free Style)	243
〉〉〉 자유유형(BOTTLE Modeling) 따라하기	250
〉〉〉 자유유형 연습하기	266
03 유형 (Style) 및 스케치추적 (Trace)	267

CHAPTER 5
서피스 곡률 분석

01 서피스 분석론	304
02 곡률의 연속성	304
03 커브 & 서피스 분석	306

MEMO

Part **01**

Drawing

CHAPTER

1

Drawing 설정 및 기능

Drawing 작업을 위한 기본 설정을 진행해보도록 하겠습니다.

01 Drawing Format 생성하기

❶ 리본UI에서 홈 〉데이터그룹-새로만들기 선택. 단축키[Ctrl +N]을 클릭.

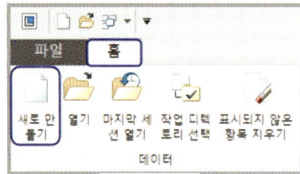

❷ 새로만들기 창에서 형식모드를 선택. 파일이름을 입력 후 확인. [a3]

❸ 새로운형식 창에서 비어있음에 체크, 방향은 가로, 용지는 A3 로 선택 후 확인.

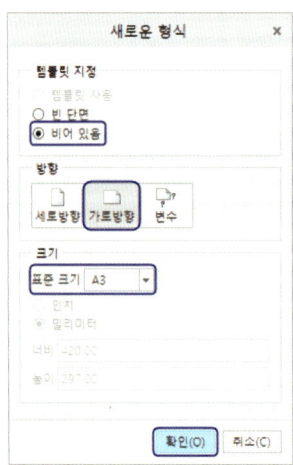

❹ 리본 UI에서 [스케치>오프셋 모서리] 선택.

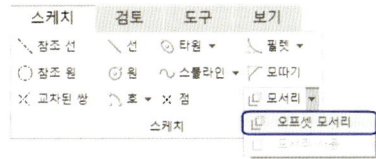

❺ 체인 엔티티 선택, 키보드의 Ctrl Key 누른 상태에서 4개의 테두리 선 선택 후 확인.

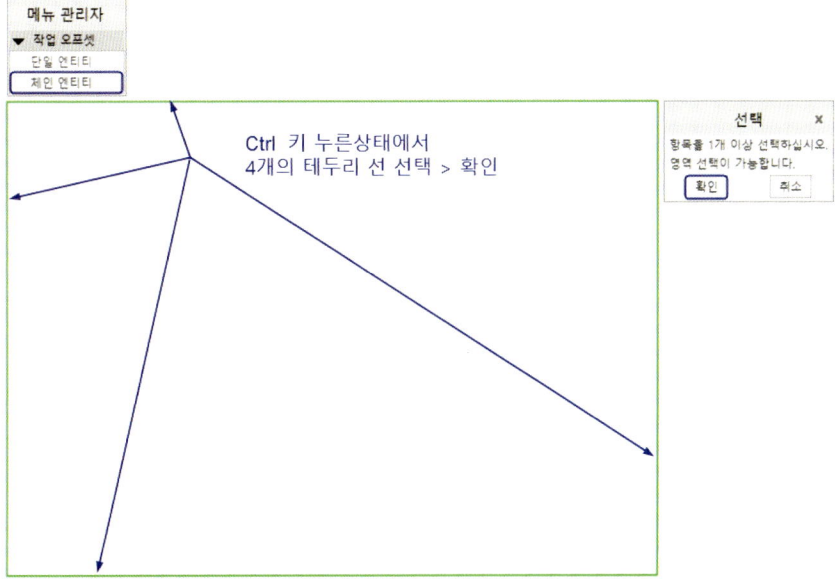

❻ 안쪽 방향으로 [10]만큼 오프셋 시킴 (화살표 방향과 반대 방향이면 [-10]입력)

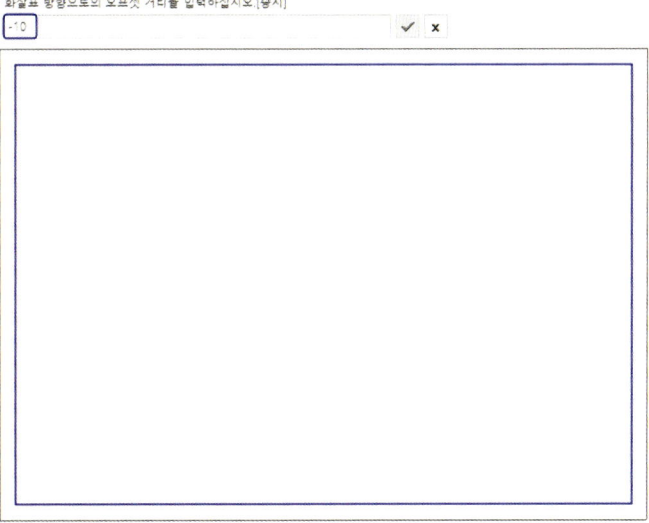

❼ 리본 UI에서 [스케치>오프셋 모서리] 선택.

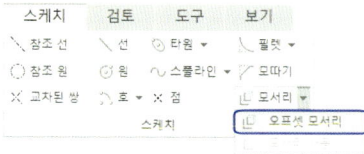

❽ 단일 엔티티 선택, 왼쪽의 수직 테두리선 선택 > 방향 확인 후 오프셋 값 입력 > 확인
  • 오프셋 값 : [420/2]

❾ 위쪽의 수평 테두리선 선택 > 방향 확인 후 오프셋 값 입력 > 확인
  • 오프셋 값 : [297/2]

❿ 마우스 가운데 버튼을 클릭하여 오프셋 명령 종료 > 화면의 빈 영역 클릭하여 선택된 엔티티가 없도록 함

⓫ 리본 UI에서 [스케치>교차점에서 분할] 선택.

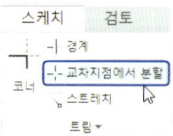

⑫ 아래 그림의 순서대로 선분을 두 개씩 선택하여 교차지점에서 분할 되도록 함

⑬ 도면 용지 모서리와 도면 가운데 수직, 수평선을 삭제함

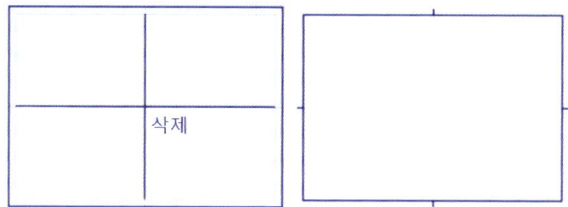

⑭ 우측 하단에 표제란을 삽입하기 위하여 리본 UI에서 [테이블＞테이블삽입] 선택.

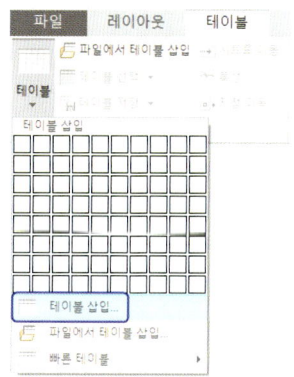

⑮ 테이블 증가 방향 및 크기를 정의함.
- 테이블 증가 방향 : 왼쪽 및 오름차순
- 테이블 크기 : 4열 2행 (높이 8, 너비 25)

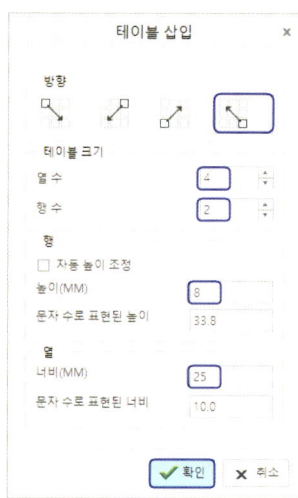

⓰ 삽입 위치 정의 (정점선택 – 테두리의 우측하단 선택 〉 확인)

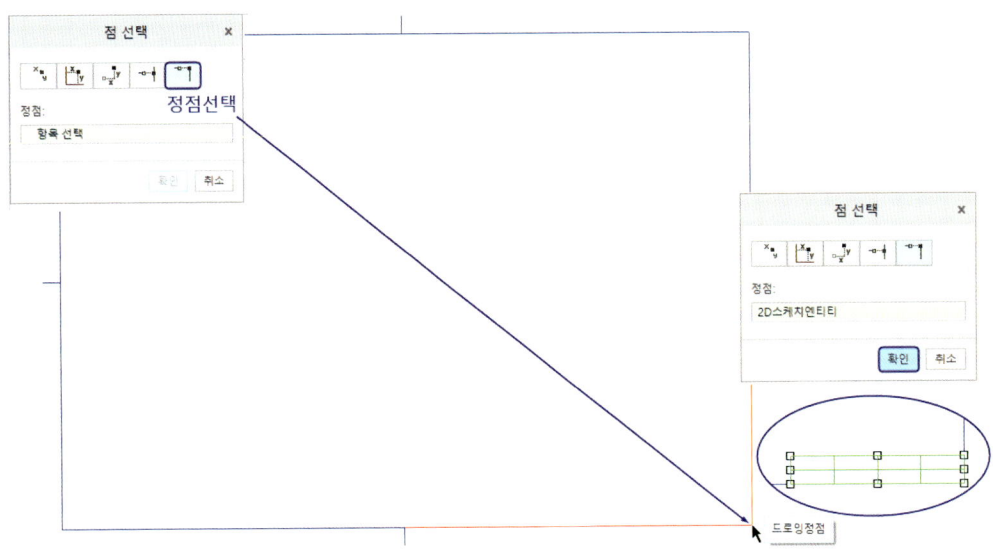

⓱ 테이블 크기를 수정함.
- 너비를 수정할 영역을 드래그 〉 리본UI에서 [테이블>높이 및 너비] 선택 〉 너비 수정 및 확인.

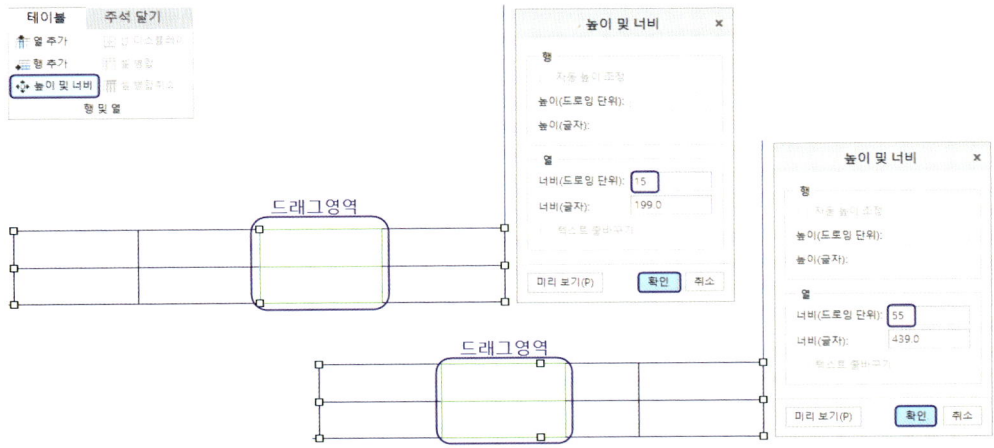

⓲ 셀 병합 : 결합할 칸들을 키보드의 Ctrl key 를 누른 상태에서 선택
리본 UI에서 [테이블>셀 병합] 선택 〉 마우스 가운데 버튼 클릭하여 완료

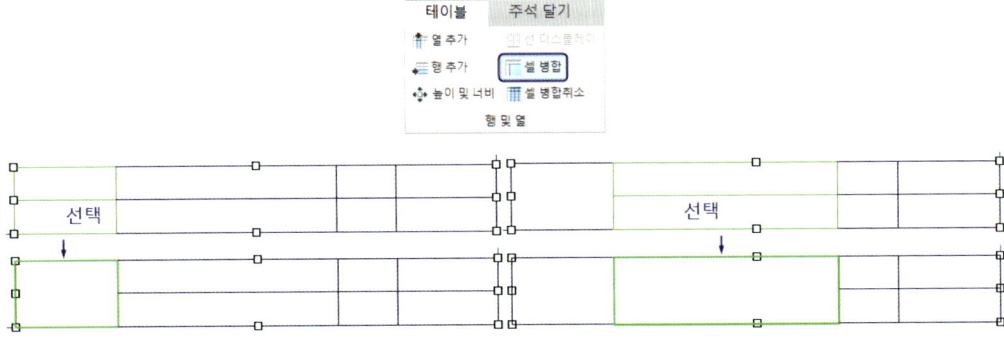

⑲ 해당 파일을 저장합니다.

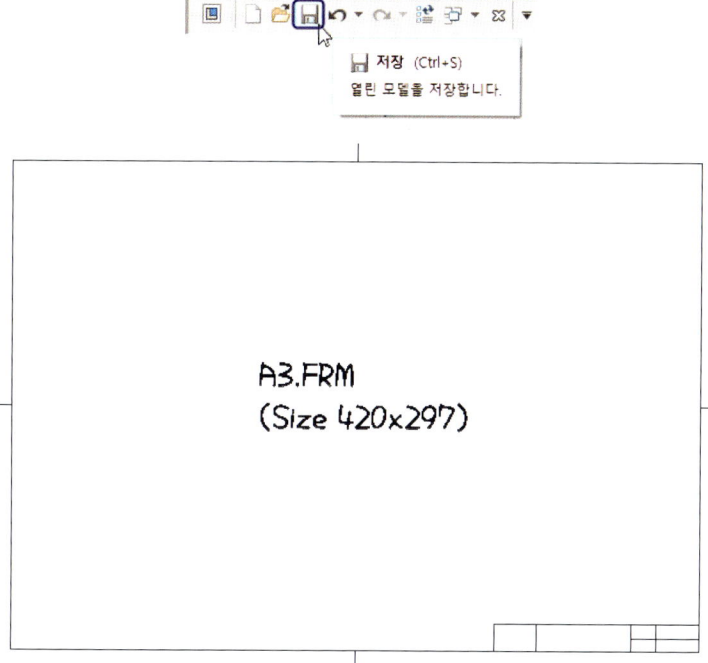

* 아래의 Size 정보를 바탕으로 ①~⑫ 의 과정을 반복하여 A2 Format 도 생성, 저장합니다.
  A2 Format Size 정보 : 594 x 420

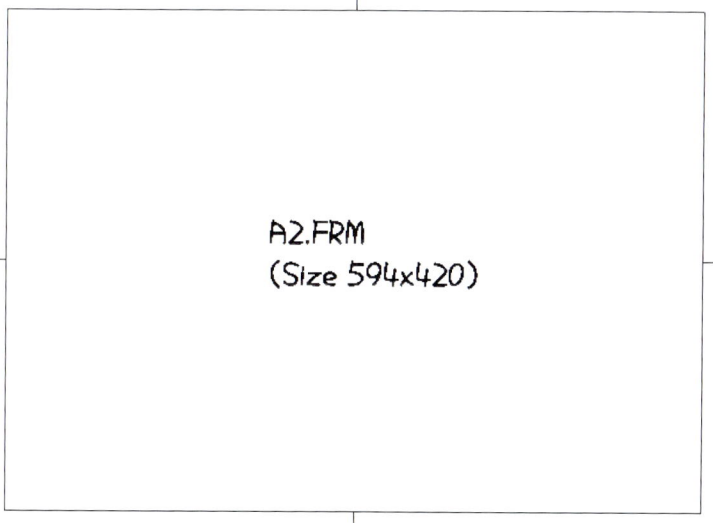

02 Drawing Setup File 생성하기

❶ 리본UI에서 홈 〉 데이터그룹-새로만들기 선택. 단축키[Ctrl +N]을 클릭.

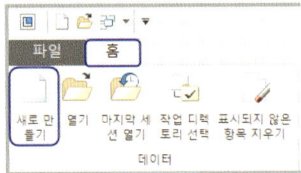

❷ 새로만들기 창에서 드로잉 모드를 선택. 파일이름을 입력 후 확인. [drawing]
❸ 새로운 드로잉 창에서 형식있는 빈 템플릿 선택 후 확인. [a3.frm]

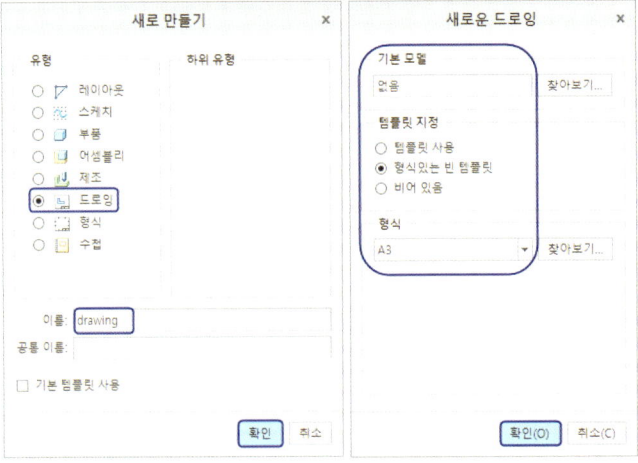

❹ 리본 UI에서 파일 〉 준비 〉 드로잉특성 선택

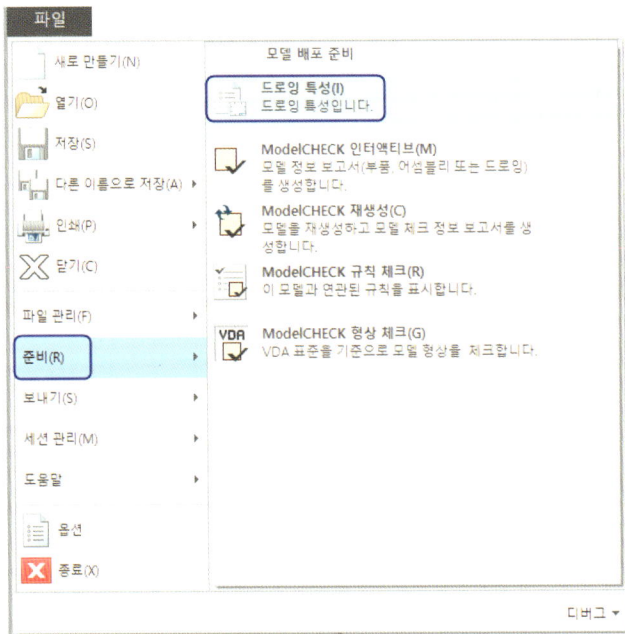

- 드로잉특성 대화상자에서 세부옵션 변경 클릭
- 정렬방식 : 알파벳순으로 변경

옵션	변경값	설명
arrow_style	filled	화살표와 유형을 제어함
axis_line_offset	2.5	선형 축이 변쏘 피쳐 너머로 연장되는 기본거리
circle_axis_offset	2.5	축이 원형 모서리를 넘어 연장되는 기본 거리
clip_dim_arrow_style		클립된 치수의 화살표 유형을 제어
crossec_arrow_length	5	횡단면 가공 평면 화살표의 화살표 길이설정
crossec_arrow_style	head_online	횡단면 화살표의 어느 끝이 횡단면 라인을 터치할지 정의
crossec_arrow_width	3	횡단면 가공 평면 화살표의 화살표 폭설정
crossec_text_place	before_tail	횡단면 텍스트 위치를 횡단면 가공 평면 화살표에 상대적으로 정의
cutting_line	std_iso	가공선 디스플레이 제어
cutting_line_adapt	yes	횡단면 화살표 표시에 사용되는 라인 모양 디스플레이 제어
cutting_line_segment	5	가공선의 두껍게한 부분을 드로잉 단이로 길이를 표시함
def_xhatch_break_around_text	yes	텍스트 주위의 횡단면/해칭 라인 브레이크가 대화상자의 기본설정에도 영향을 미치는지 결정
def_xhatch_break_margin_size	0.5	횡단면 선과 텍스트 간의 기본 오프셋 거리
default_angdim_text_orientation	horizontal	각도 치수에 대한 기본 텍스트 방향을 설정

옵션	변경값	설명
default_cldim_text_orientation	next_to_and_centered_about_elbow	중심 지시선 구성으로 설정된 치수에 대한 기본 텍스트 방향을 설정
default_diadim_text_orientation	next_to_and_centered_about_elbow	지름 치수에 대한 기본 텍스트 방향을 설정
default_lindim_text_orientation	horizontal	중심 지시선 구성에 있는 경우를 제외하고 선형 치수에 대한 기본 텍스트 방향을 설정
default_orddim_text_orientation	parallel_to_and_centered_about_leader	누진 치수에 대한 기본 텍스트 방향을 제어
default_raddim_text_orientation	next_to_and_centered_about_elbow	반지름 치수에 대한 기본 텍스트 방향을 설정
default_chamfer_text	45xd	45도 모따기 치수에 대한 기본 모따기 텍스트 정의
dim_leader_length	5	지시선 화살표가 치수보조선 외부에 있을 때 치수 지시선의 길이를 설정
draw_arrow_length	3	지시선 화살표의 길이 설정
draw_arrow_width	1	지시선 화살표의 폭 설정
drawing_units	mm	모든 드로잉 매개변수의 단위를 설정
gtol_datums	std_iso_jis	드로잉에서 참조 기준 디스플레이시 따르게 될 제도 표준 설정
leader_elbow_length	5	지시선 엘보의 길이를 결정
projection_type	third_angle	투영보기의 생성방법을 결정
radial_pattern_axis_circle	yes	레이디얼 패턴 피쳐에서 화면에 수직인 회전축 디스플레이 모드 설정
symmetric_tol_display_standard	std_iso	ASEM, ISO, DIN 표준에 대한 대칭 공차 표시 방식을 제어
text_height	3.5	주석에 대한 기본 텍스트 높이 설정
text_thickness	0.35	재생성 후에 새텍스트와 텍스트 두께가 수정되지 않은 기존 텍스트의 기본 텍스트 두께를 설정
text_width_factor	0.8	텍스트 너비와 텍스트 높이간의 기본 비율을 설정
tol_display	yes	치수공차 디스플레이를 제어
tol_text_height_factor	0.6	± 형식으로 공차를 표시할 때 공차 텍스트 높이와 치수 텍스트 높이간의 기본 비율을 설정
tol_text_width_factor	0.6	± 형식으로 공차를 표시할 때 공차 텍스트 너비와 치수 텍스트 너비간의 기본 비율을 설정
witness_line_delta	1	치수 지시선 화살표를 초과하는 치수보조선 연장을 설정
witness_line_offset	0.5	치수선과 치수화되는 객체간의 오프셋을 설정

- 적용 및 저장 (드로잉 셋업 디렉토리에 저장되도록 함)

❺ 풀다운메뉴의 [도구>옵션] 클릭
❻ [Drawing_Setup_File] 항목 찾기
- 활성드로잉.dtl
- 경로 : C:\PTC\Creo 4.0\M020\Common Files\text

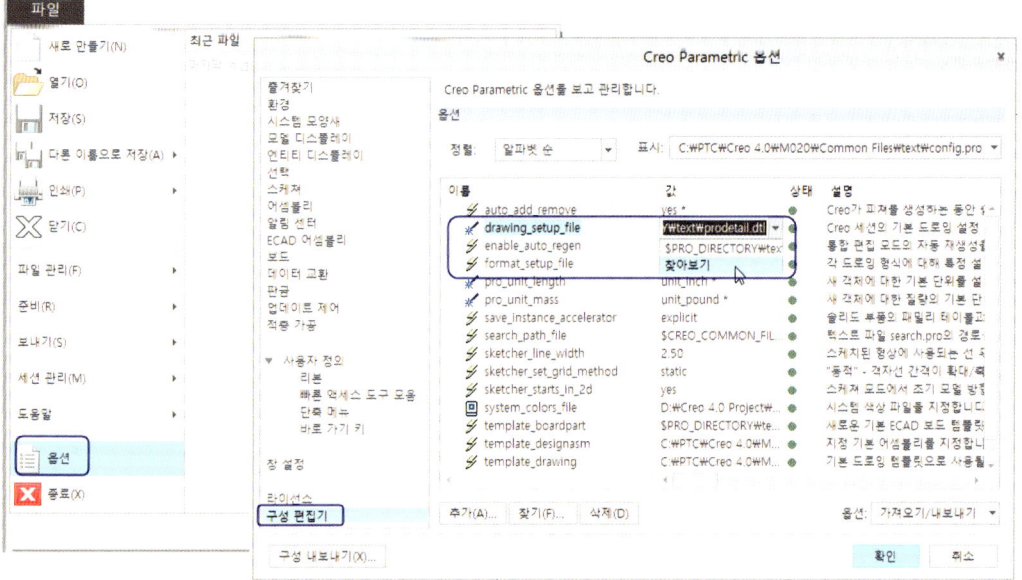

❼ 옵션 대화 상자에서 변경된 사항을 적용, 저장함 [Config.pro]
- 경로 : C:\PTC\Creo 4.0\M020\Common Files\text

03 주요 기능 알아보기

❶ 레이아웃 : 도면에 배치할 뷰를 생성함.

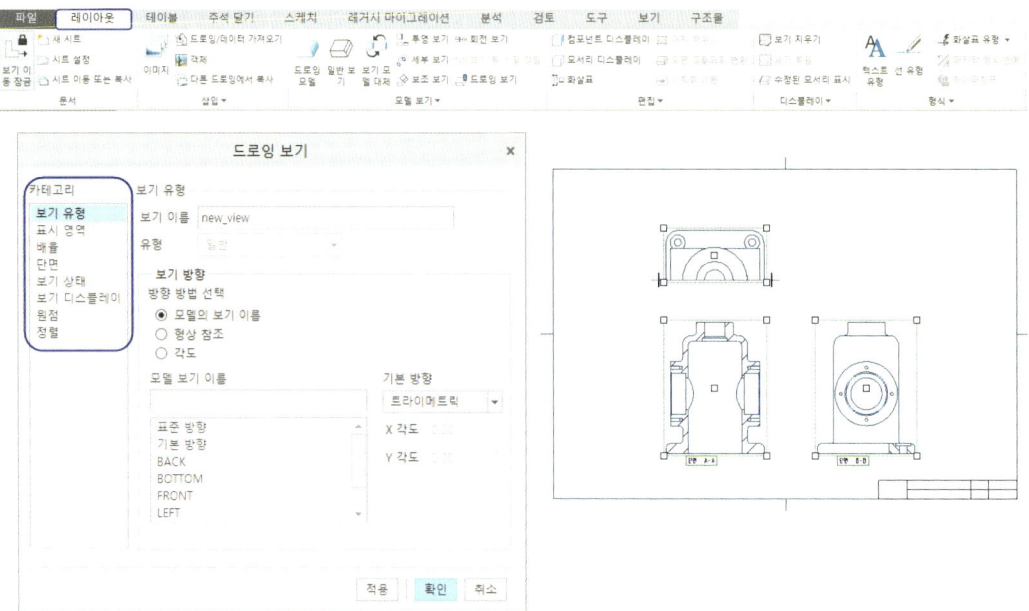

- 뷰의 유형 – 배치될 뷰의 보기 방향을 정의함.
- 표시 영역 – 보기 가시도 (전체, 반단면, 부분, 파단)를 정의함.
- 배율 – 해당 뷰의 배율을 정의 함.
- 단면 – 해당 뷰의 단면을 정의 함.
  (미리 정의 된 3D data의 단면을 사용하거나, 도면작업 중에 추가로 생성 할 수도 있음)
- 보기상태 – 결합 및 분해 보기를 정의 함.
- 보기 디스플레이 – 해당 뷰의 디스플레이 유형을 정의함.
- 원점 – 시트상에 배치되는 뷰의 원점을 정의함. (일반적으로 작업화면상에서 드래그 이동함)
- 정렬 – 해당뷰가 다른뷰를 참조하여 정렬될 때 표시됨.(투영 되거나 보조뷰를 생성할 때 정의 됨)

❷ 테이블 : 도면의 BOM을 작성하고, 정의함

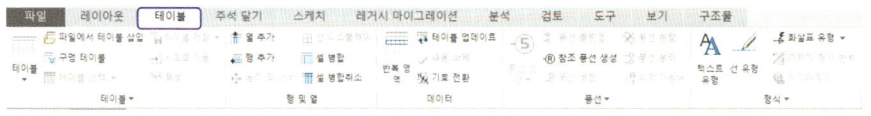

❸ 주석달기 : 치수 및 주석을 기입하고 수정함.

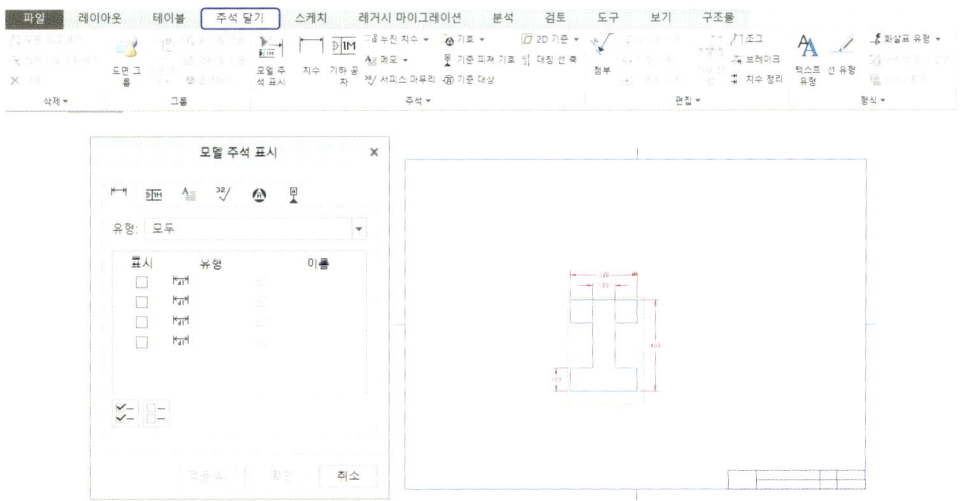

Part 01 Drawing

CHAPTER 2

도면작성하기
ECCENTRIC_RETURN_DEVICE

도면작성에 앞서 준비된 ECCENTRIC_RETURN_DEVICE.asm 파일을 살펴보도록 하겠습니다.

01 3D Assembly 및 분해뷰

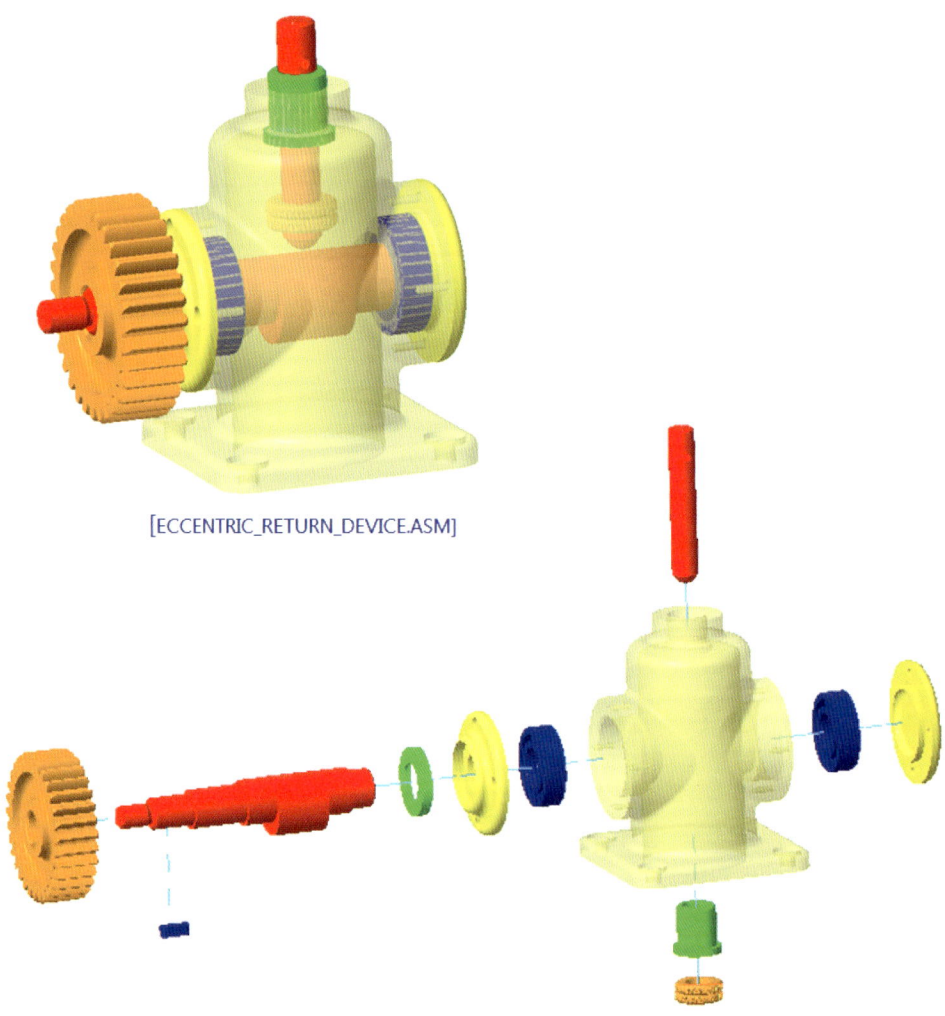

[ECCENTRIC_RETURN_DEVICE.ASM]

[ECCENTRIC_RETURN_DEVICE.ASM]의 분해뷰

02   2D 조립도 (구조도)

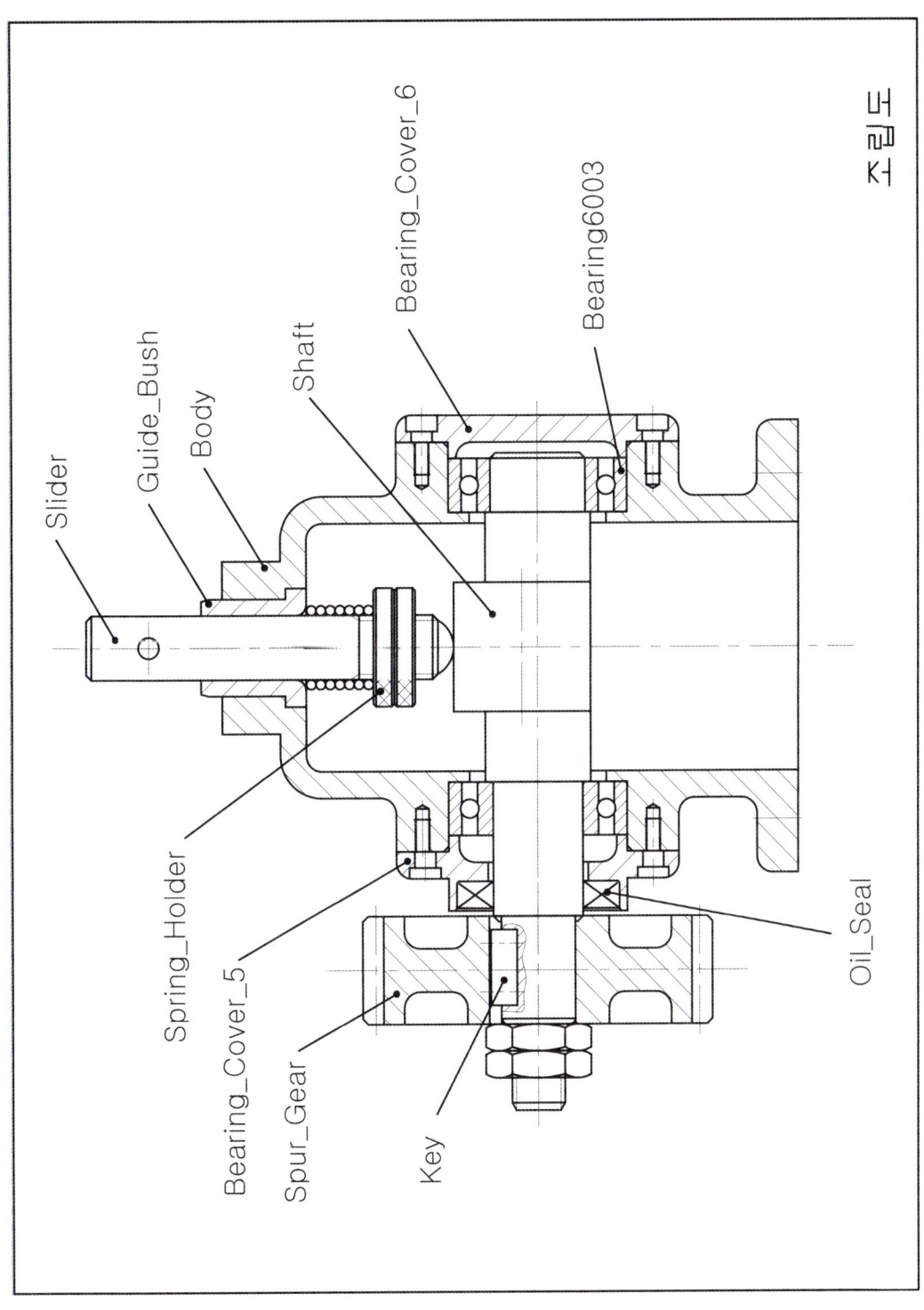

03 준비하기

준비된 파일을 이용하여 도면작성을 진행해보도록 하겠습니다.

❶ 리본 UI에서 홈 〉 작업디렉토리 선택
  • ECCENTRIC_RETURN_DEVICE 폴더의 위치로 지정함.

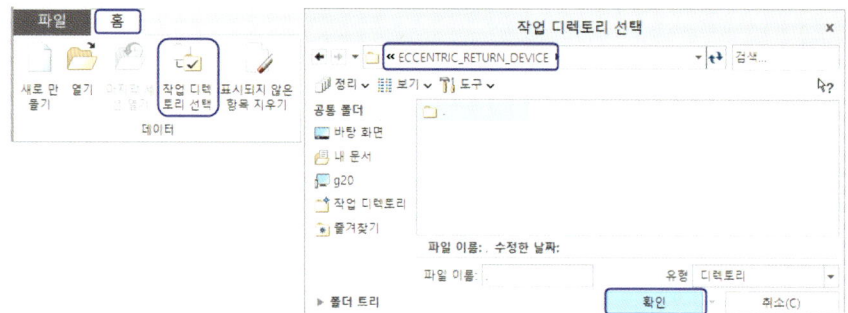

❷ 리본 UI에서 홈 〉 데이터그룹-새로만들기 선택. 단축키[Ctrl +N]을 클릭.

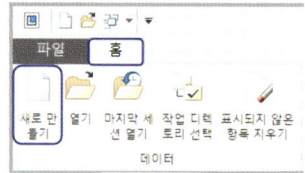

❸ 새로만들기 창에서 드로잉 모드를 선택. 파일이름을 입력 후 확인. [ASSY_DRW]
❹ 새로운 드로잉 창에서 기본모델 및 템플릿 지정 후 확인
  • 기본모델 : ECCENTRIC_RETURN_DEVICE.asm
  • 템플릿지정 : 형식있는 빈 템플릿
  • 형식 : A3 (I – 01 단원에서 저장해 놓은 파일)

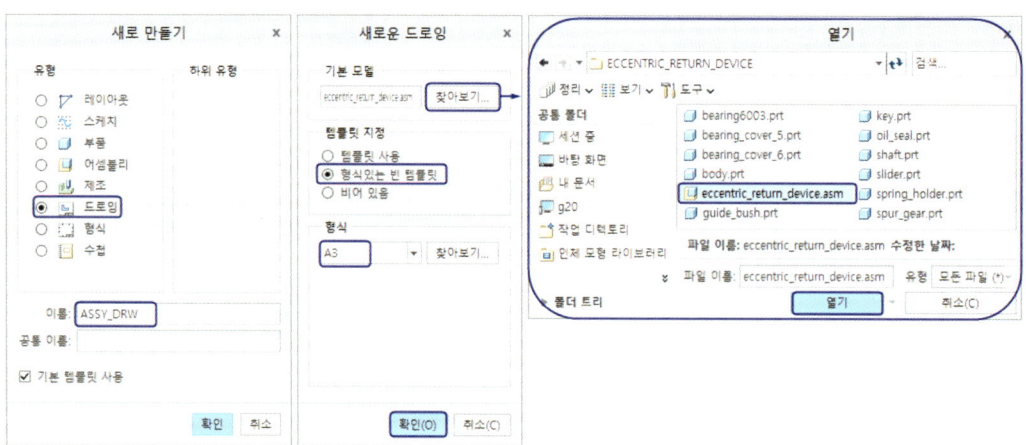

04 부품도 생성하기 [Body, Spur_Gear, Shaft, Slider, Bearing_Cover_6]

❶ 부품 설정/추가
- Assembly 된 부품들 중에서 부품도 작업에 필요한 부품들을 설정/추가함
- 모델트리에서 [Body.prt] 선택 > 마우스 오른쪽 버튼 클릭 > 드로잉모델 설정/추가 클릭
- 모델트리에 Body.prt 부품이 활성화 됨

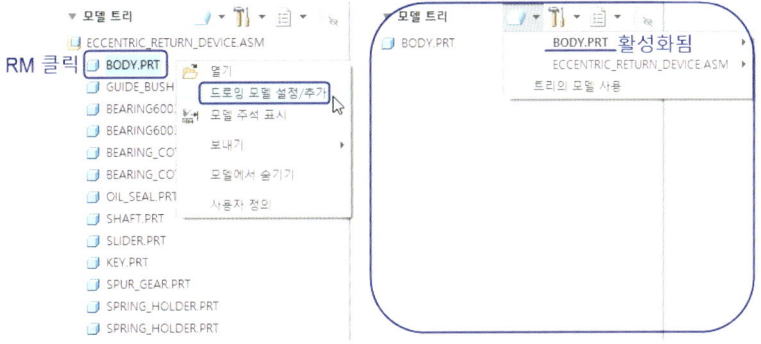

- 활성모델/표현 설정 아이콘을 클릭 > Assembly.asm 선택 > 마스터표현 클릭

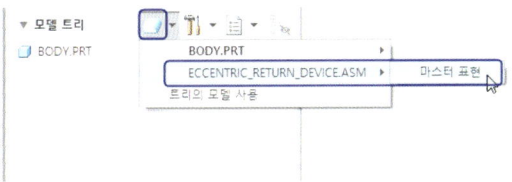

- 동일한 방법으로 나머지 부품들도 드로잉 모델로 추가함.

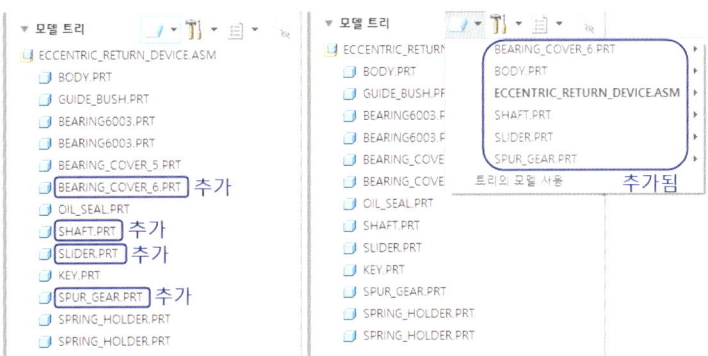

❷ Body.prt 부품도 생성

[뷰생성]

• Body.prt 마스터표현 지정

• 뷰 생성 : 리본 UI에서 [레이아웃＞일반 보기] 선택.

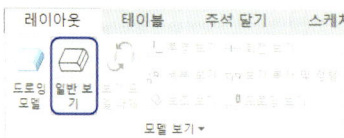

• 뷰 배치 : 도면의 빈영역을 클릭
• 뷰 설정 : 드로잉 보기 대화상자의 카테고리에서 보기 유형을 모델 뷰 이름의 [FRONT] 선택

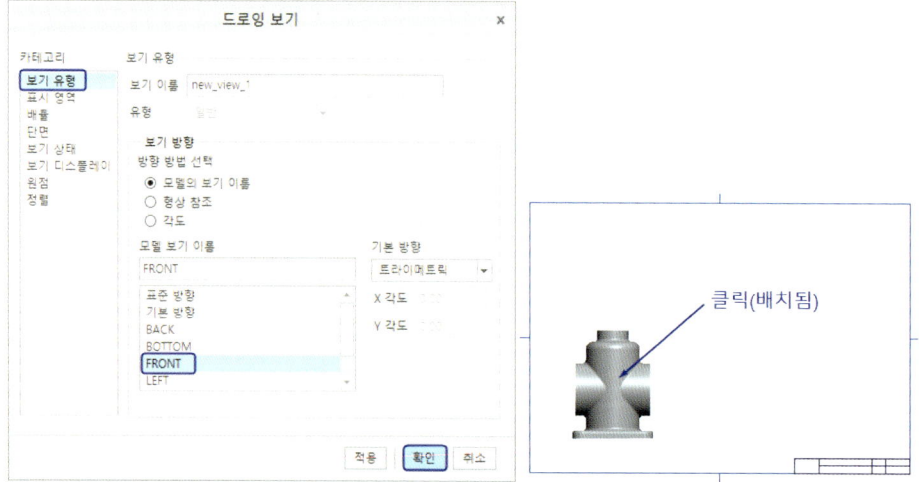

- FRONT로 배치한 뷰를 선택한 다음 마우스 오른쪽 버튼을 길게 클릭 〉 투영뷰 삽입 클릭 〉 FRONT 뷰의 오른쪽에 배치

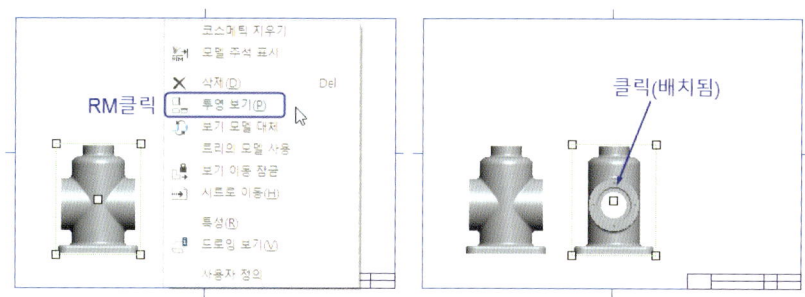

- FRONT로 배치한 뷰를 선택한 다음 마우스 오른쪽 버튼을 길게 클릭 〉 투영뷰 삽입 클릭 〉 FRONT 뷰의 위쪽에 배치

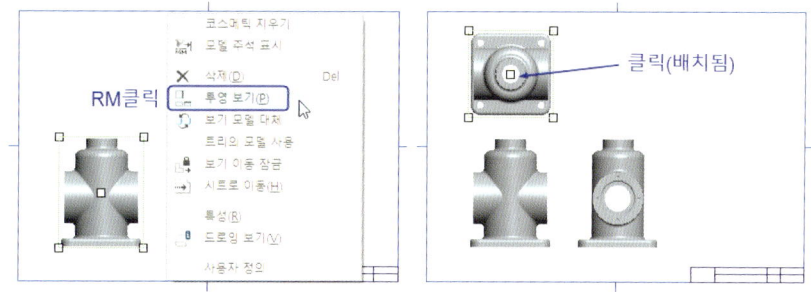

- 배치한 뷰를 선택한 다음 마우스 오른쪽 버튼을 길게 클릭 〉 보기 이동 잠금 클릭 〉 뷰의 이동 잠금을 해제하여 각각의 뷰를 적절한 위치로 이동시킴

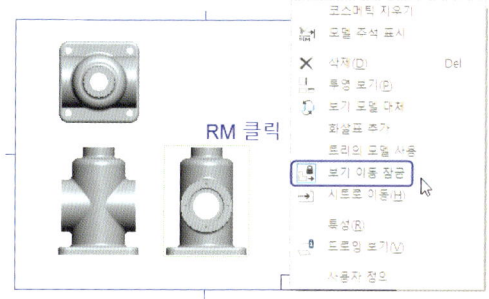

- FRONT로 배치한 뷰를 선택한 다음 마우스 더블 클릭 〉 드로잉 보기 대화 상자에서 보기 디스플레이 선택 후 설정 및 적용
  [디스플레이 유형 : 은선제거 / 탄젠트 모서리 디스플레이 유형 : 없음]

- 드로잉 보기 대화 상자에서 단면 선택 후 설정 및 적용
  [2D 횡단면 선택 / 초록색 + 기호 클릭하여 뷰에 횡단면 추가 / 평면조건으로 횡단면 생성 FRONT DATUM 사용 / 횡단면 이름 : A]

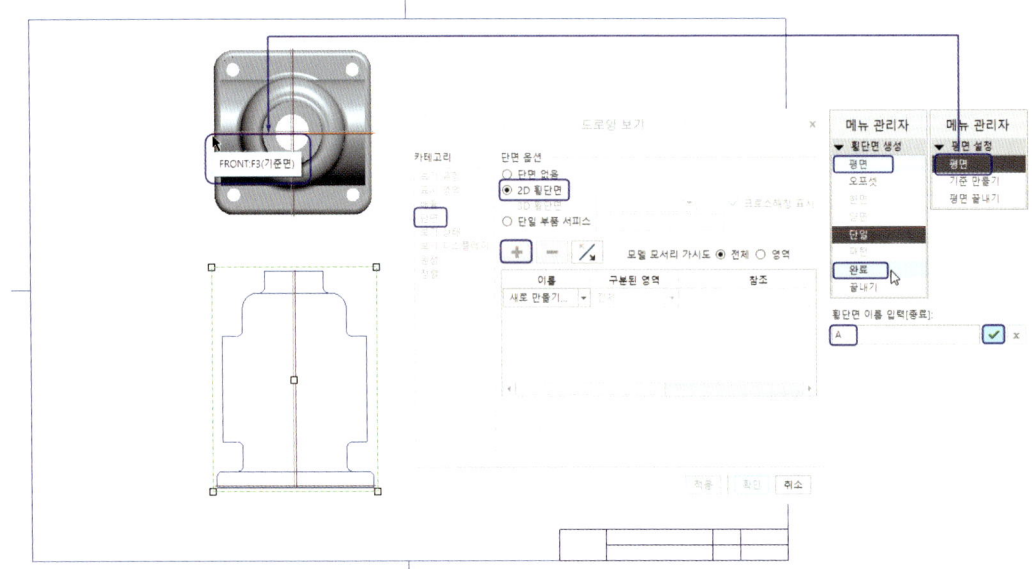

[적용 및 확인]

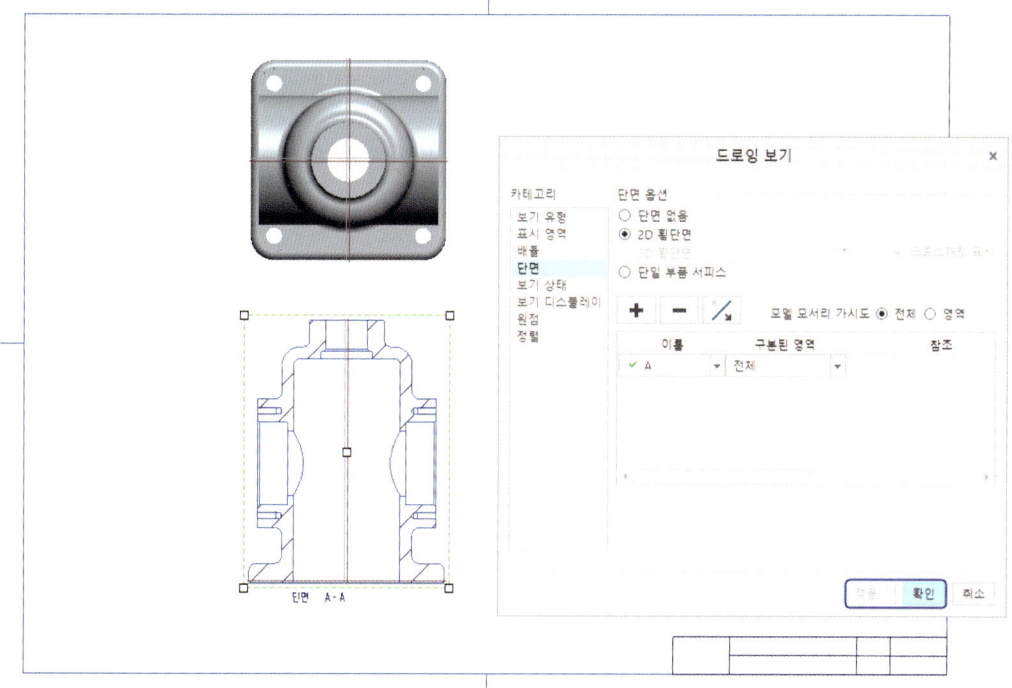

- FRONT 뷰의 오른쪽에 배치한 뷰를 선택한 다음 마우스 더블 클릭 〉드로잉 보기 대화 상자에서 보기 디스플레이 선택 후 설정 및 적용
[디스플레이 유형 : 은선제거 / 탄젠트 모서리 디스플레이 유형 : 없음]

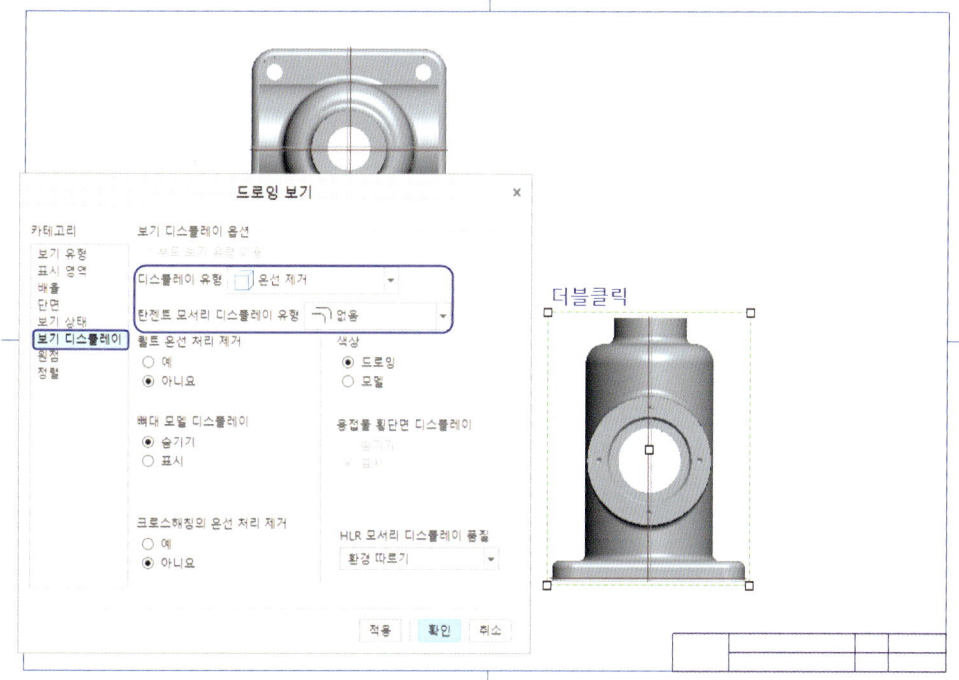

- 드로잉 보기 대화 상자에서 단면 선택 후 설정 및 적용

[2D 횡단면 선택 / 초록색 + 기호 클릭하여 뷰에 횡단면 추가 / 오프셋, 양면, 단일의 조건으로 횡단면 생성 / 횡단면 이름 : B]

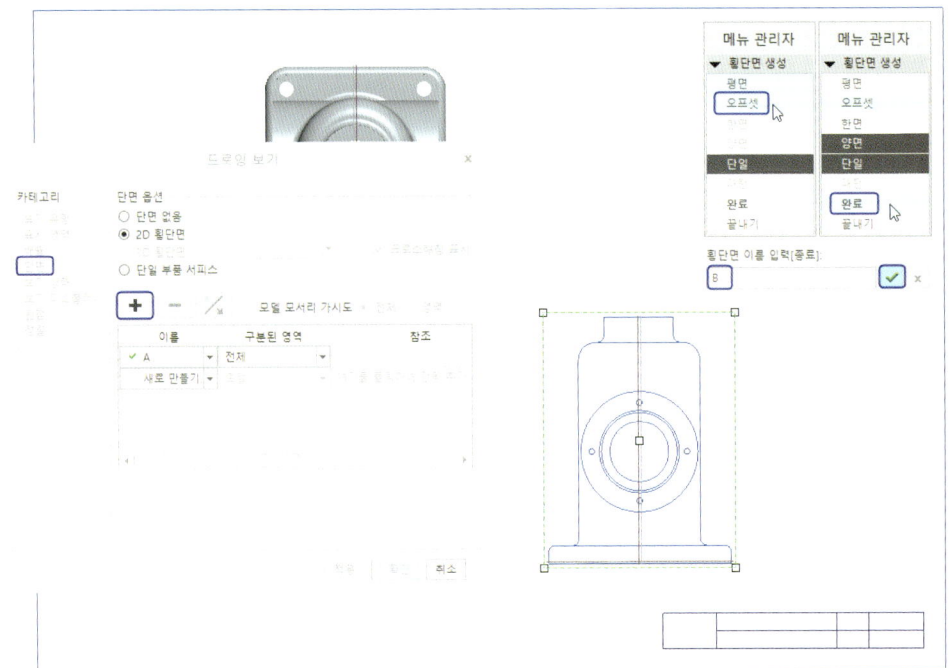

[평면지정 : 해당 서피스 선택 / 기본방향으로 진행]

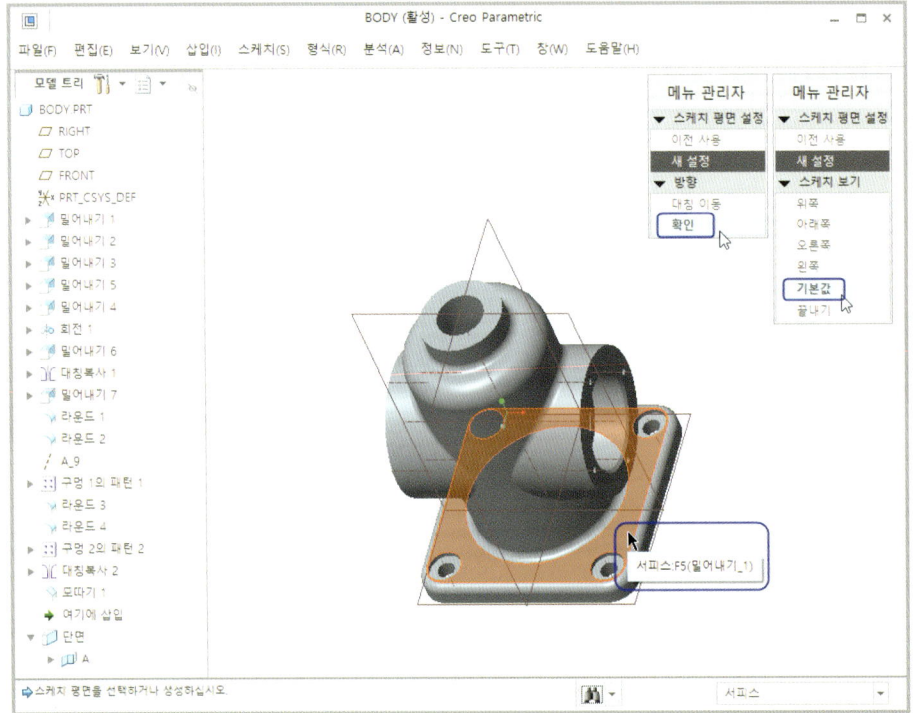

[참조추가 : 풀다운메뉴에서 스케치 〉 원형의 서피스 선택]

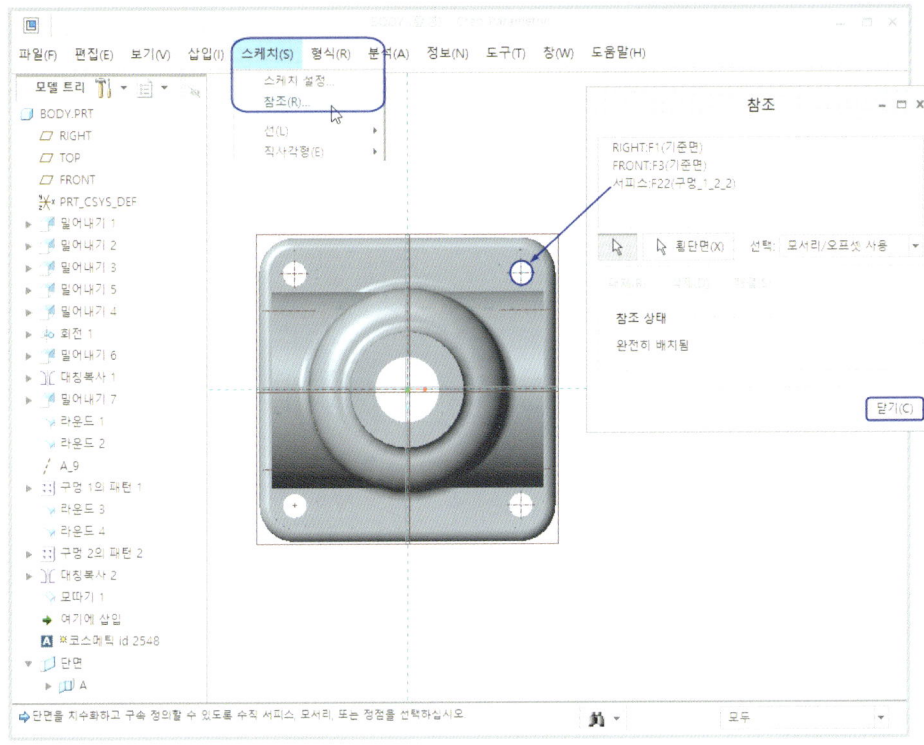

[풀다운메뉴에서 스케치 〉 선 〉 선 〉 단면 처리할 위치에 선 스케치]

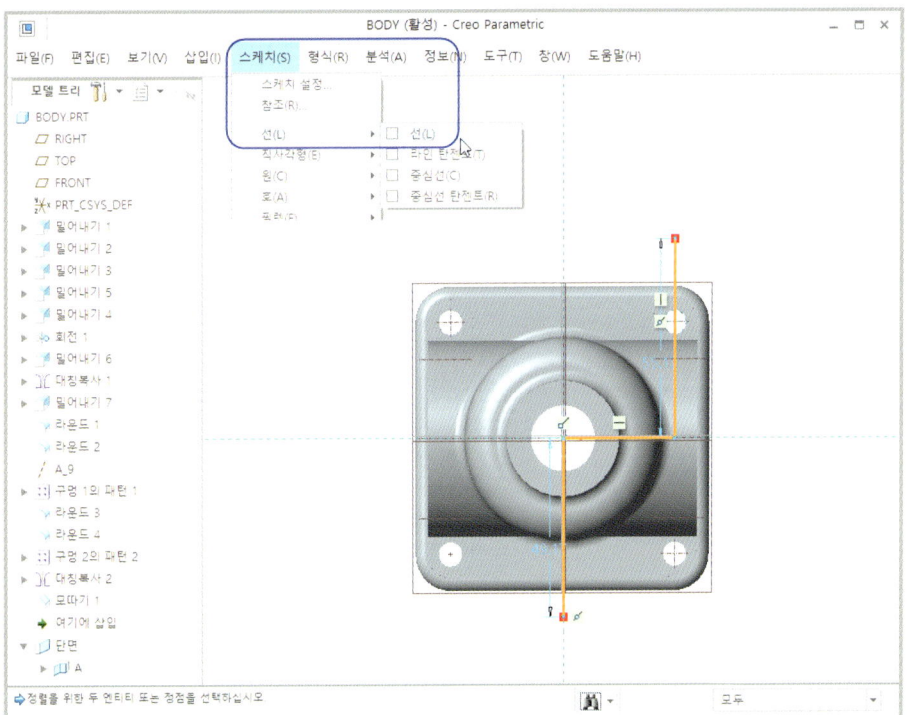

[풀다운메뉴에서 스케치 > 완료]

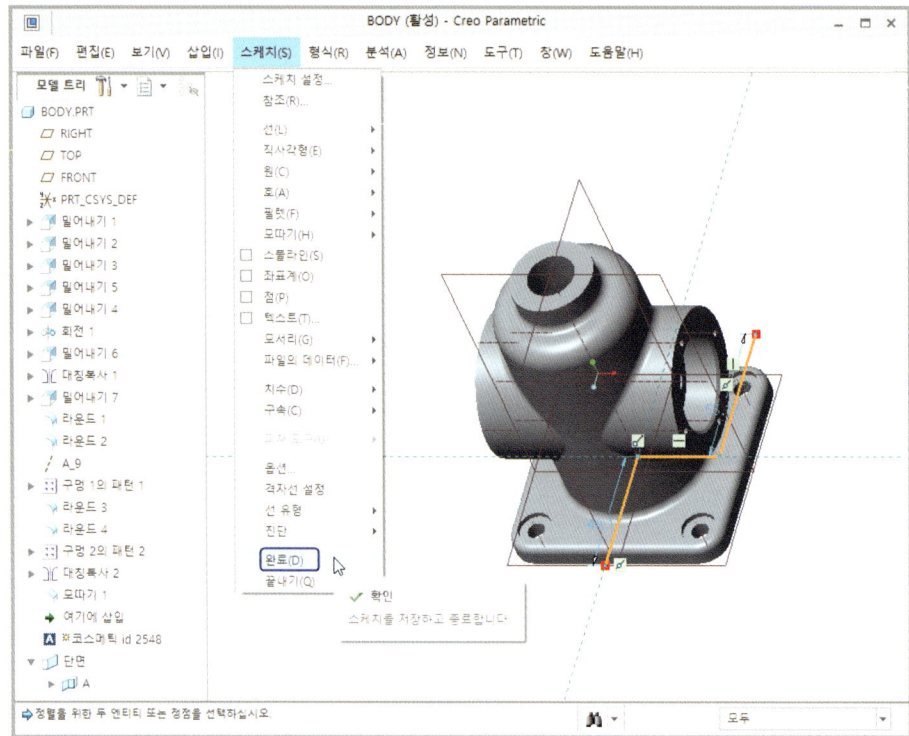

[구분된 영역 : 로컬 / 경계 스케치 - 경계 스케치를 위한 참조점이 포함되도록 스케치]

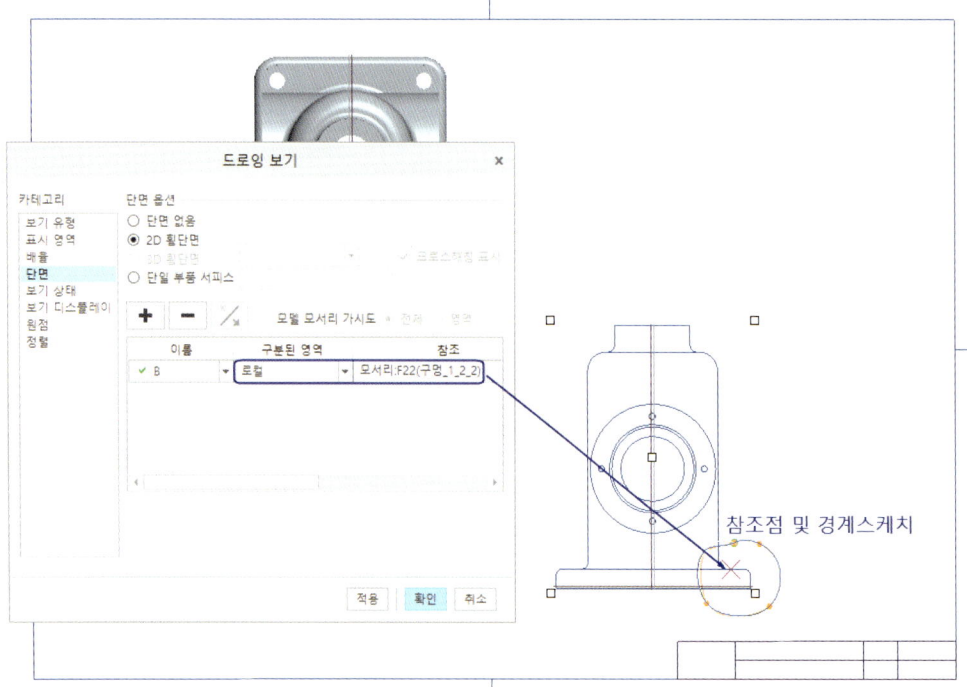

[적용 및 확인]

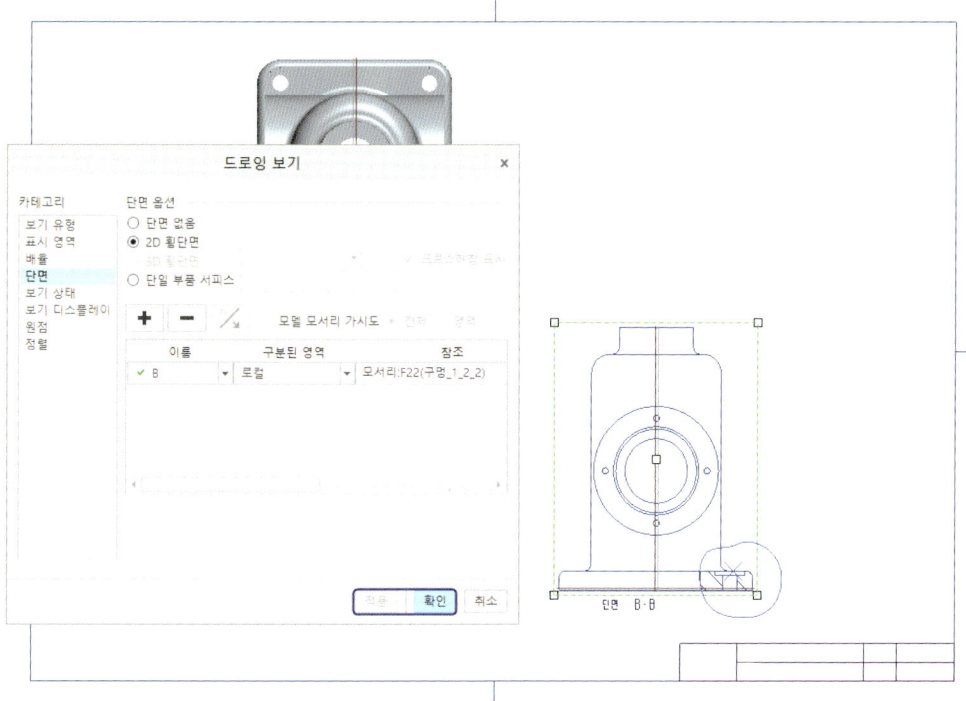

- FRONT 뷰의 위쪽에 배치한 뷰를 선택한 다음 마우스 더블 클릭 〉 드로잉 보기 대화 상자에서 보기 디스플레이 선택 후 설정 및 적용

[디스플레이 유형 : 은선제거 / 탄젠트 모서리 디스플레이 유형 : 없음]

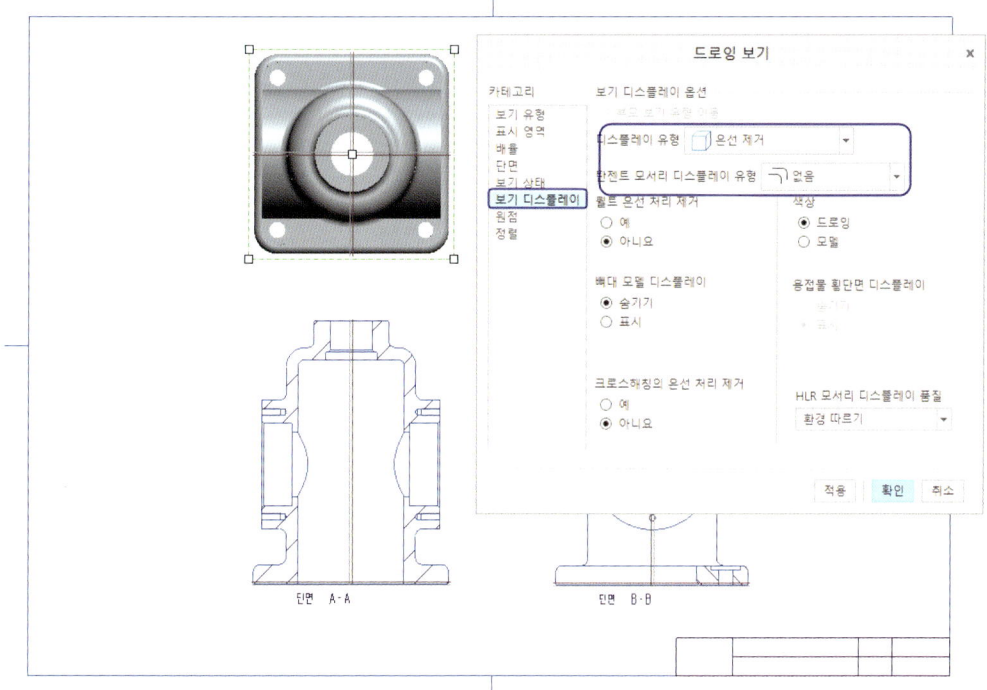

- 드로잉 보기 대화 상자에서 표시영역 선택 후 설정 및 적용
  [뷰가시도 : 반단면 뷰 / 반단면 뷰 참조 평면 : FRONT DATUM 평면 선택 / 유지면 선택 / 대칭선
  표준 : 대칭선 ISO 선택]

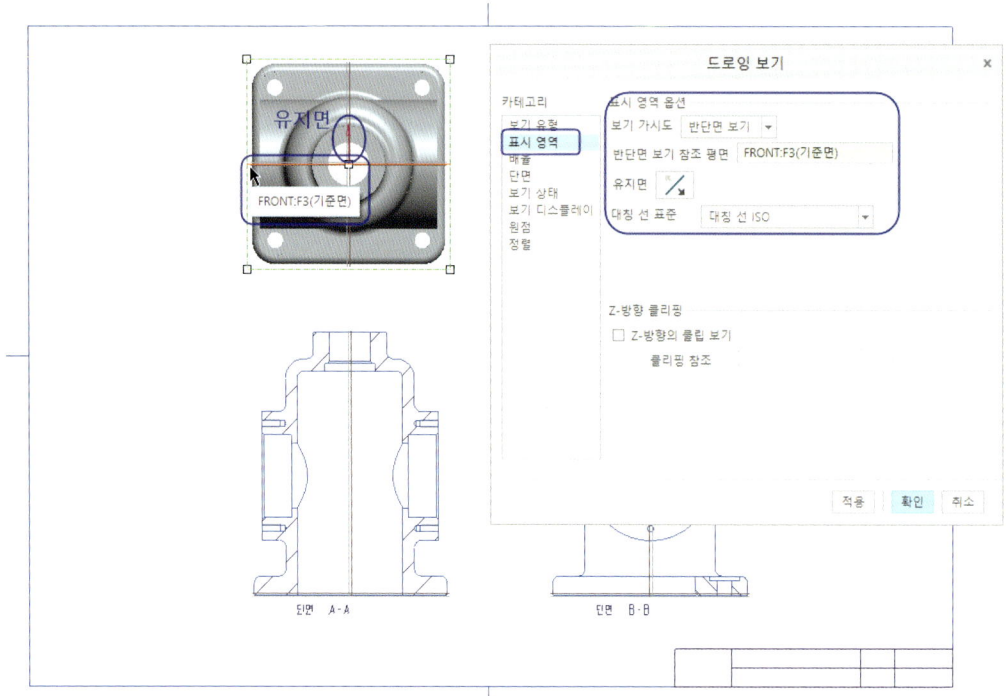

[적용 및 확인]

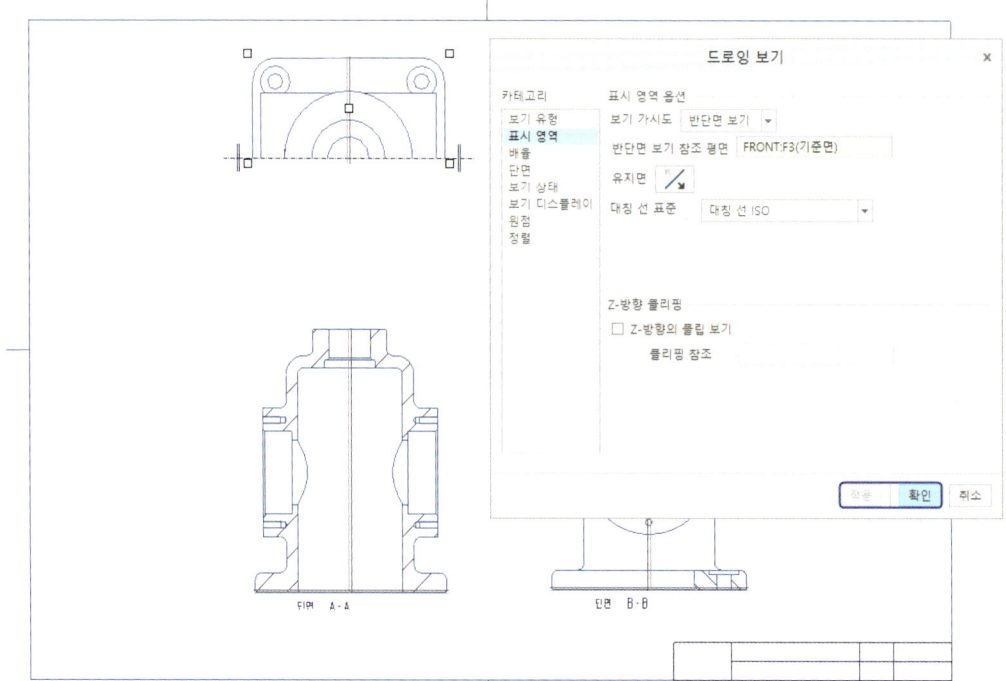

[치수생성]

- 시트에 배치된 모든뷰 선택

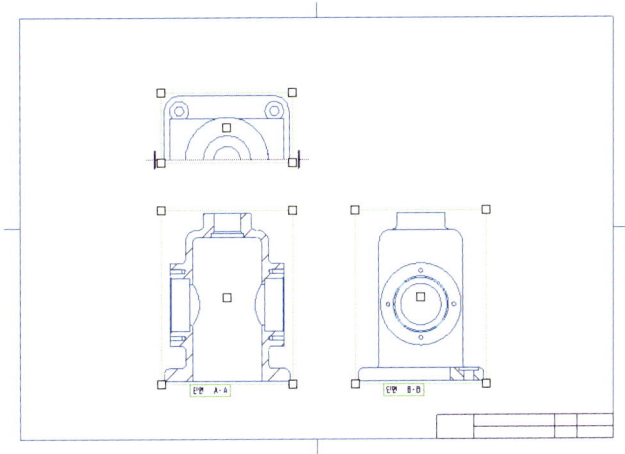

- 리본 UI에서 [주석달기>모델 주석 표시] 클릭

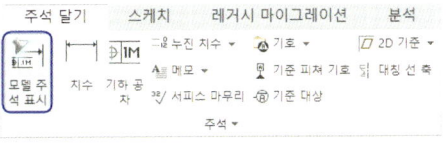

- 모델 주석 표시 대화 상자에서 데이텀나얼탭 을 선택 > 유형 : 축 선택 > 확인란에서 모두 체크 > 적용 및 확인

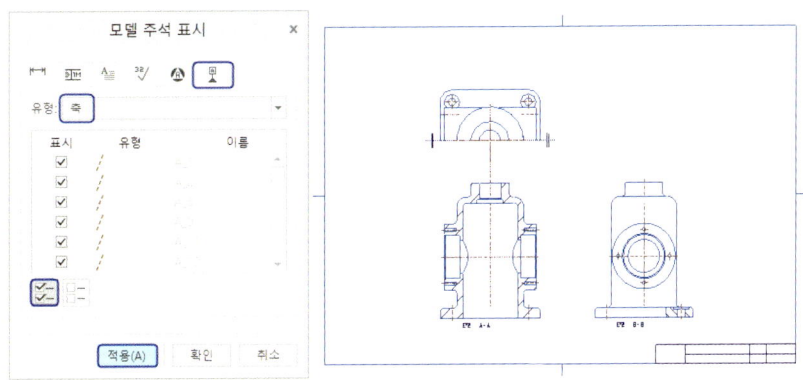

- 배치된 축 정리 : 불필요한 축 삭제 – 선택 후 Delete Key
  길이조절 : 끝점에 배치된 포인트 선택후 Drag 이동

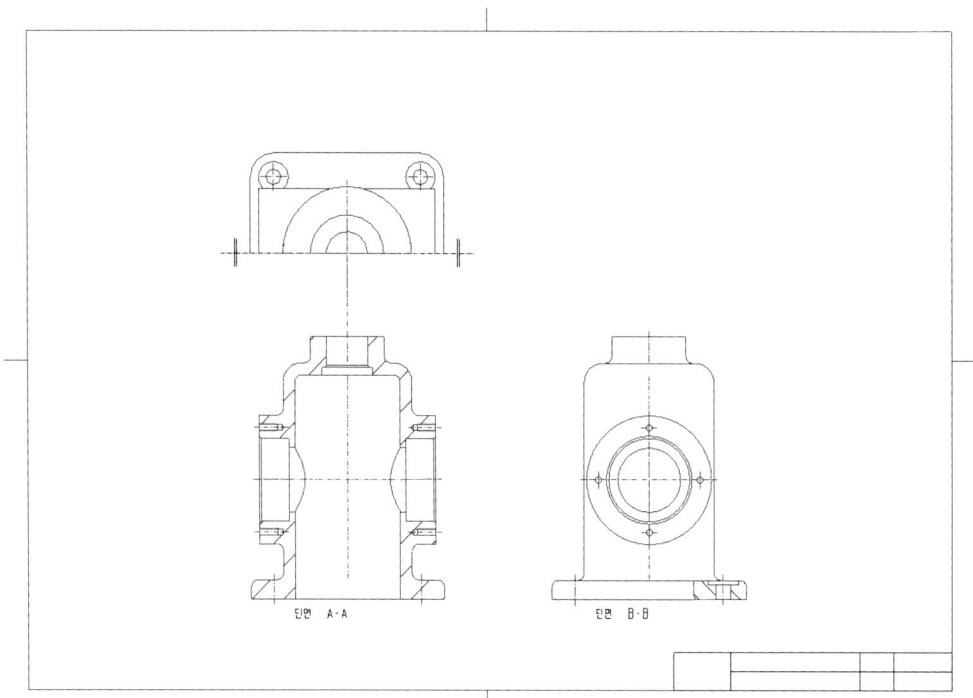

- 시트에 배치된 해당뷰 선택 및 리본 UI에서 [주석달기>모델 주석 표시] 클릭

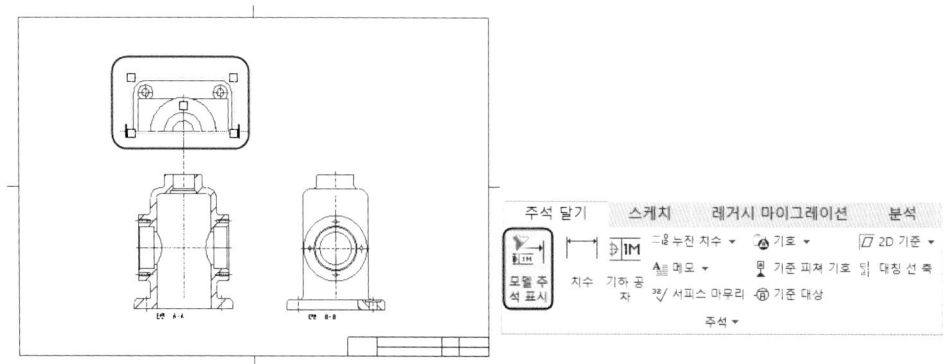

- 모델 주석 표시 대화 상자에서 모델치수나열탭 을 선택 〉 유형 : 모두 선택 〉 뷰에서 표현할 치수만 선택 [R10 선택 / 너비치수 84, 71 선택] 〉 적용 및 확인 〉 배치된 치수 정리 (Drag 이동)

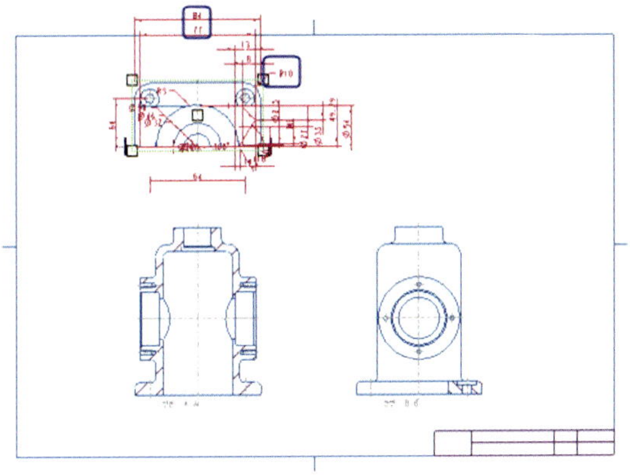

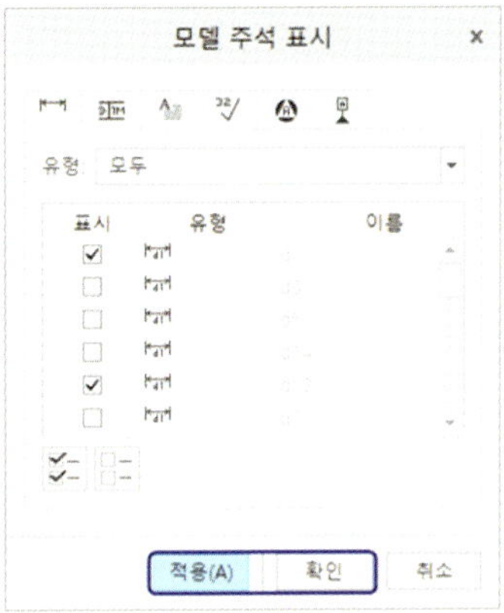

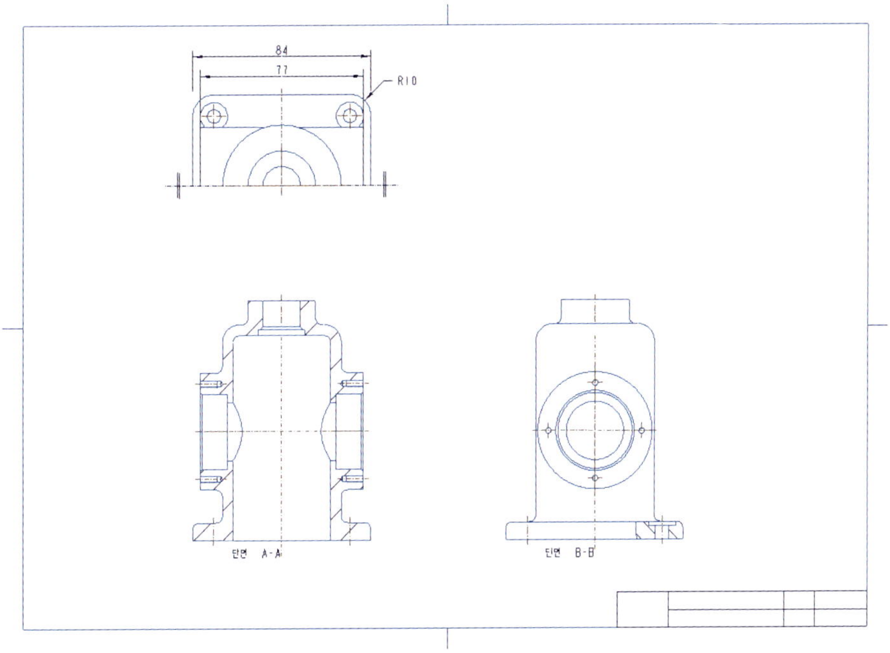

- 시트에 배치된 해당뷰 선택 및 리본 UI에서 [주석달기>모델 주석 표시] 클릭

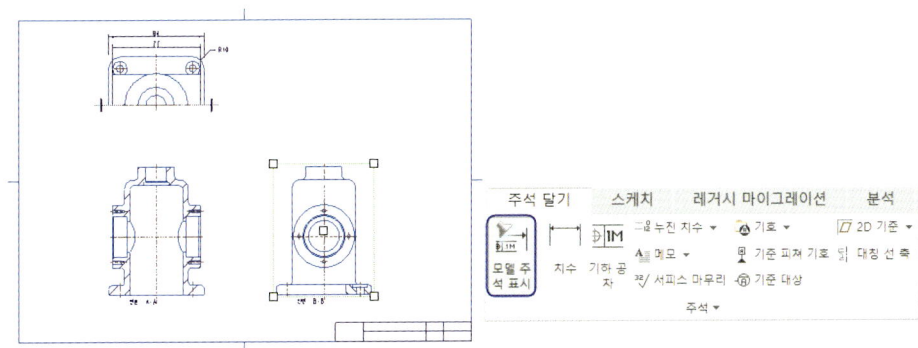

- 모델 주석 보기 대화 상자에서 모델치수나열탭 을 선택 〉 유형 : 모두 선택 〉 뷰에서 표현할 치수만 선택 [⌀32 선택 / 너비치수 64, 높이선수 50 선택] 〉 적용 및 확인 〉 배치된 치수 정리 (Drag 이동)

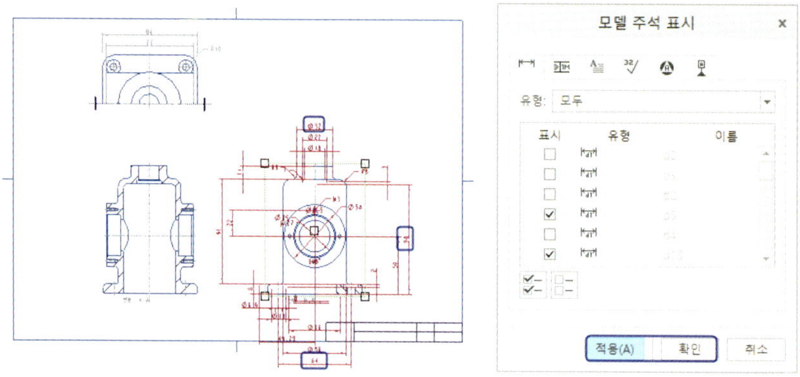

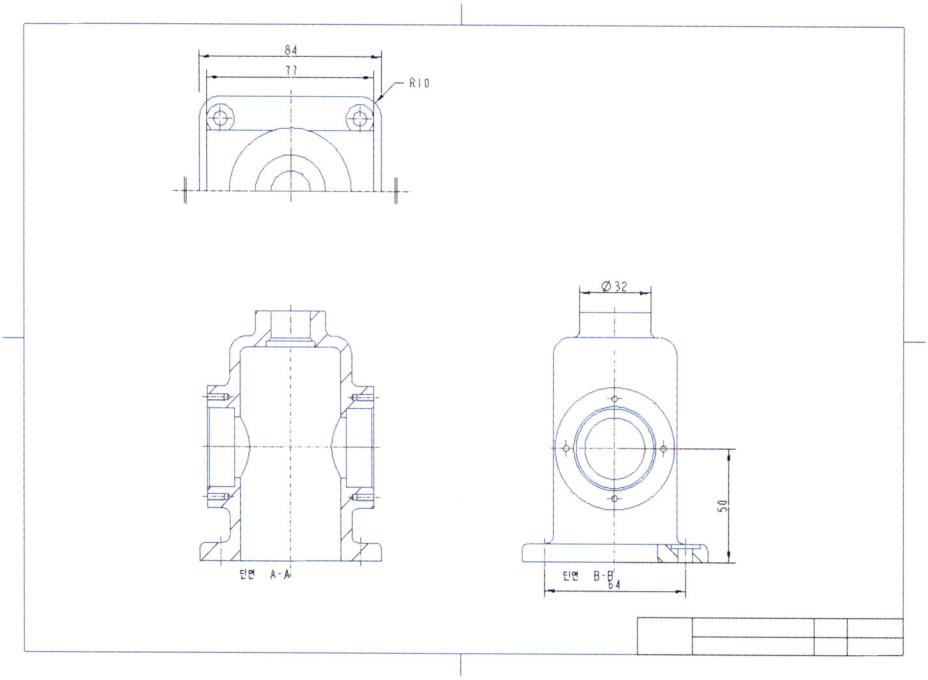

- 누락 된 치수 기입 : 리본 UI에서 [주석달기>치수] 클릭

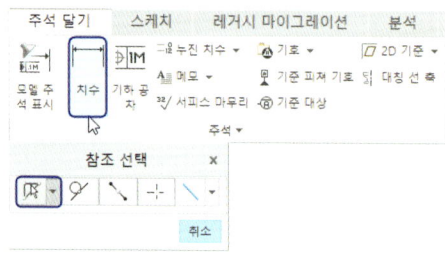

- 참조선택 : 엔티티 상으로 진행

[생성하고자 하는 치수를 표현할 수 있는 Ctrl키 누른상태로 엔티티 선택 (LM) 〉 치수를 배치 시킬 위치에서 완료 (MM)]

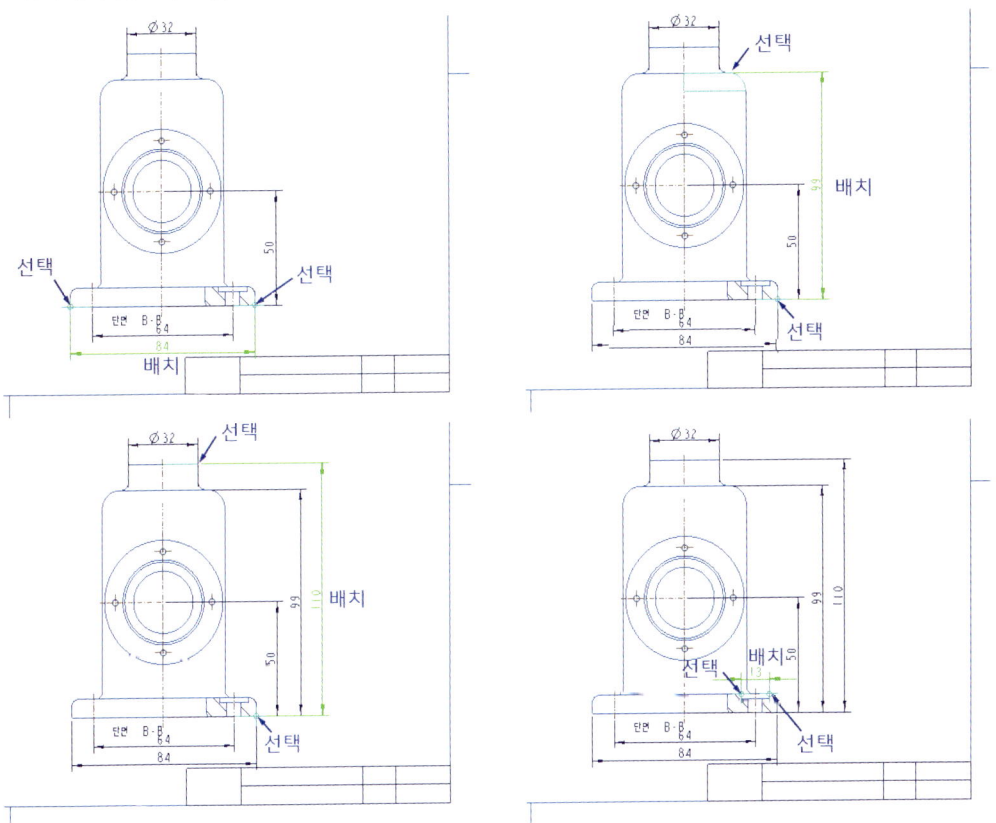

- 치수텍스트 수정 : 해당치수 선택 후 리본 UI에서 [치수〉치수 텍스트] 클릭

  [접두어 입력 : 4-Φ]

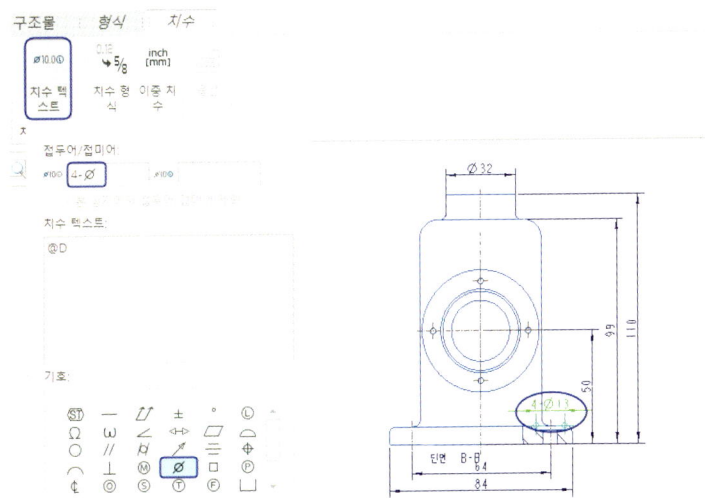

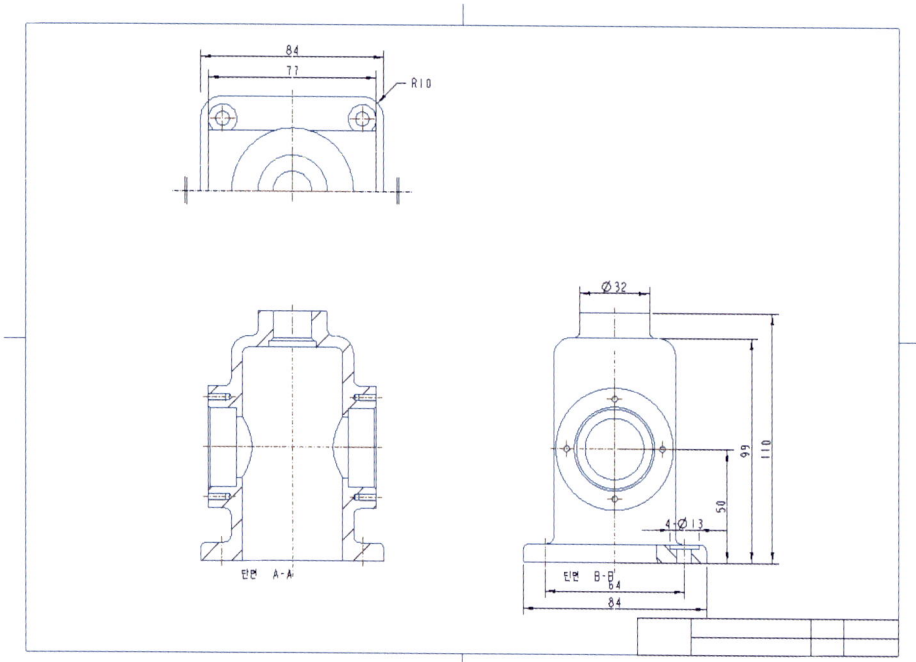

- 시트에 배치된 해당뷰 선택 및 리본 UI에서 [주석달기>모델 주석 표시] 클릭

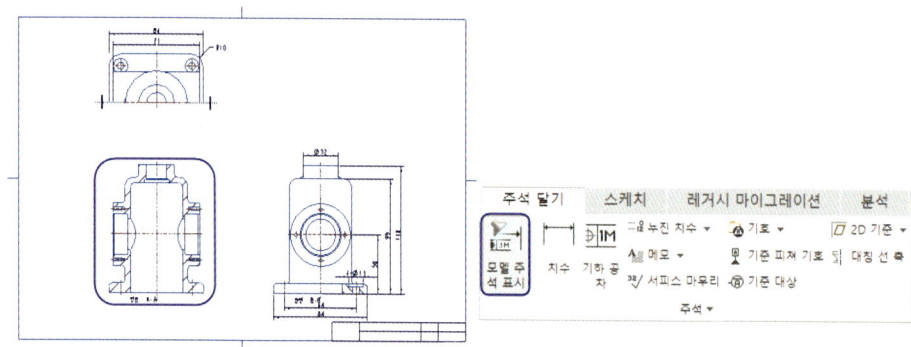

- 모델 주석 표시 대화 상자에서 모델치수나열탭 을 선택 〉 유형 : 모두 선택 〉 뷰에서 표현할 치수만 선택 [⌀32 선택 / 너비치수 64, 높이선수 50 선택] 〉 적용 및 확인 〉 배치된 치수 정리 (Drag 이동)

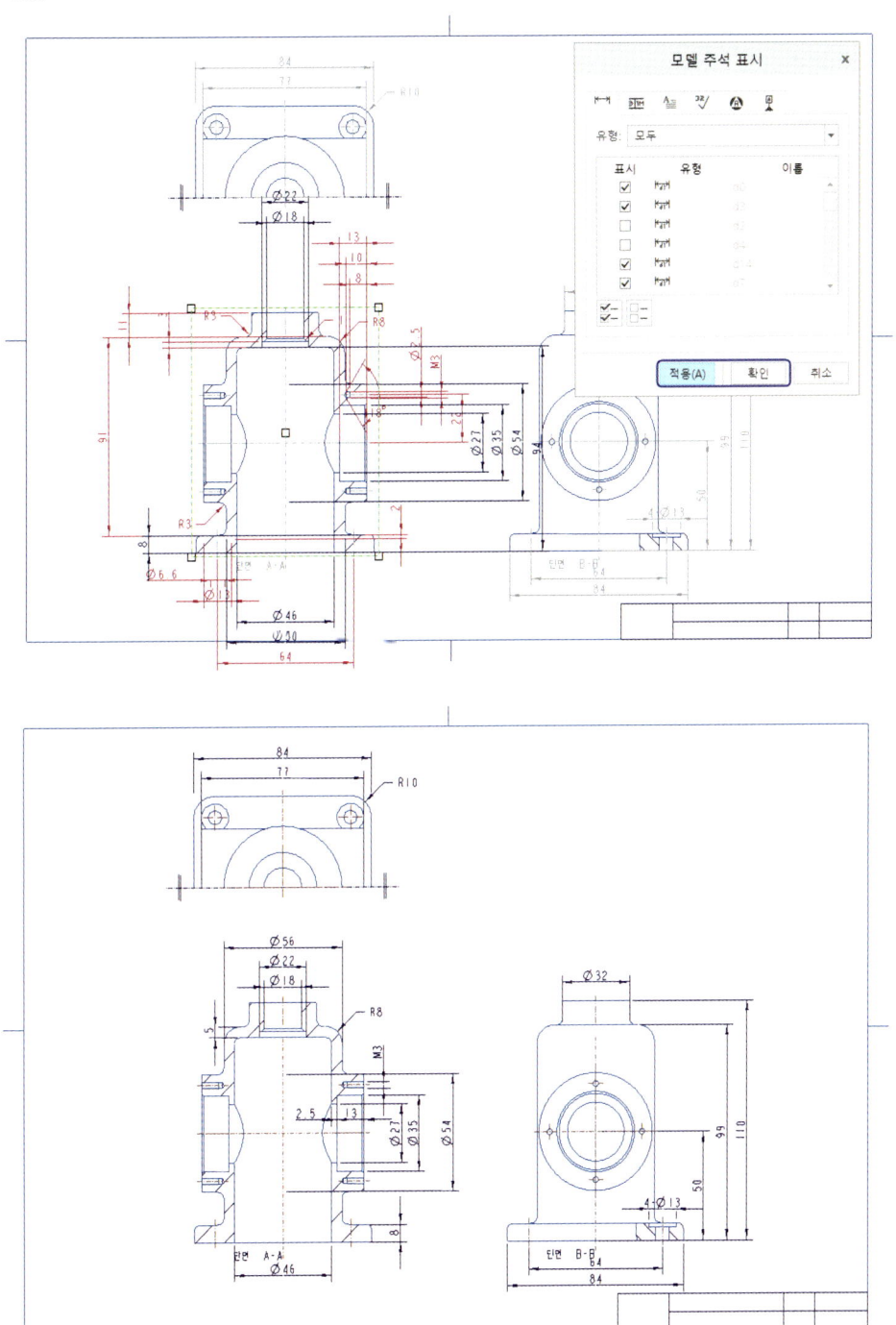

- 누락 된 치수 기입 : 리본 UI에서 [주석달기>치수] 클릭

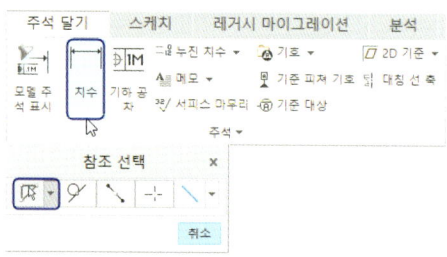

- 참조선택 : 엔티티 상으로 진행

  [생성하고자 하는 치수를 표현할 수 있는 Ctrl키 누른상태로 엔티티 선택 (LM) 〉 치수를 배치 시킬 위치에서 완료 (MM)]

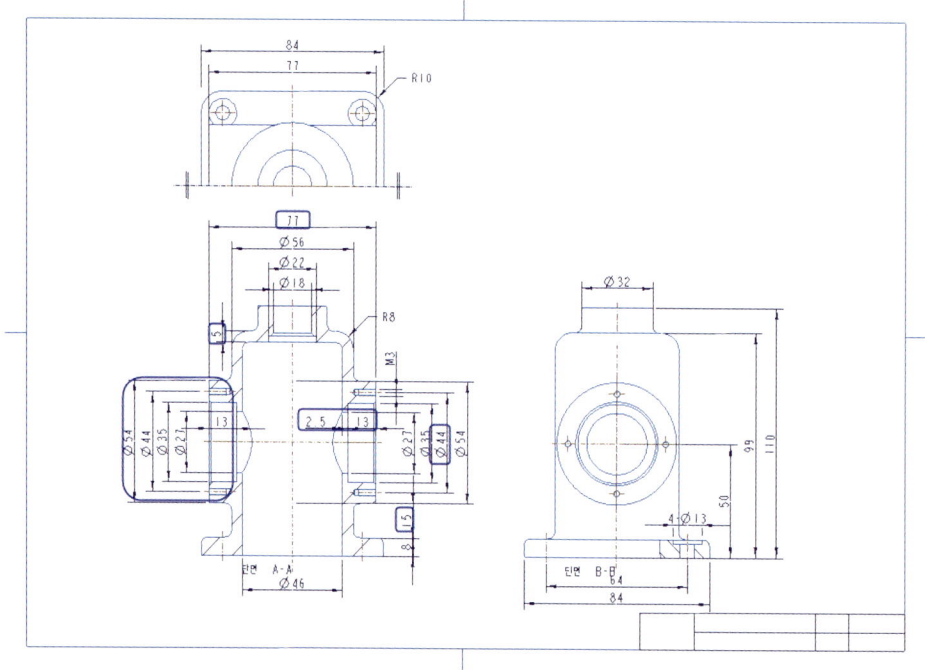

- 치수텍스트 수정 : 해당치수 선택 후 리본 UI에서 [치수>치수 텍스트] 클릭하여 아래와 같이 표기 치수를 수정함.

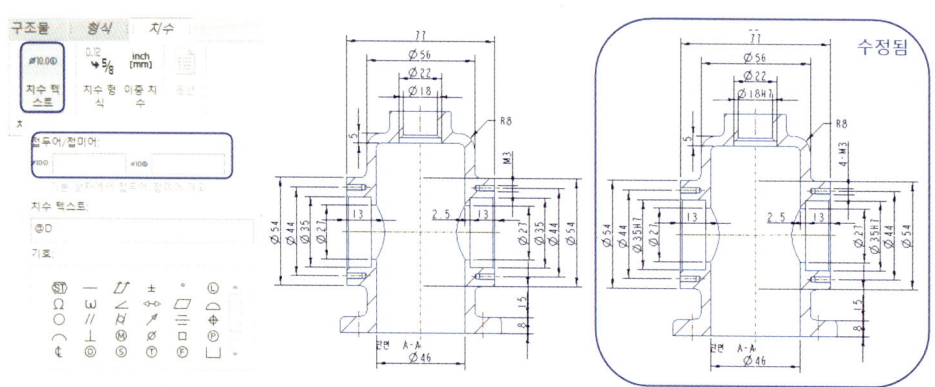

- 공차 입력 : 해당치수 선택 후 리본 UI에서 [치수＞공차＞+/- 명목치수] 클릭하여 아래와 같이 공차를 입력함.

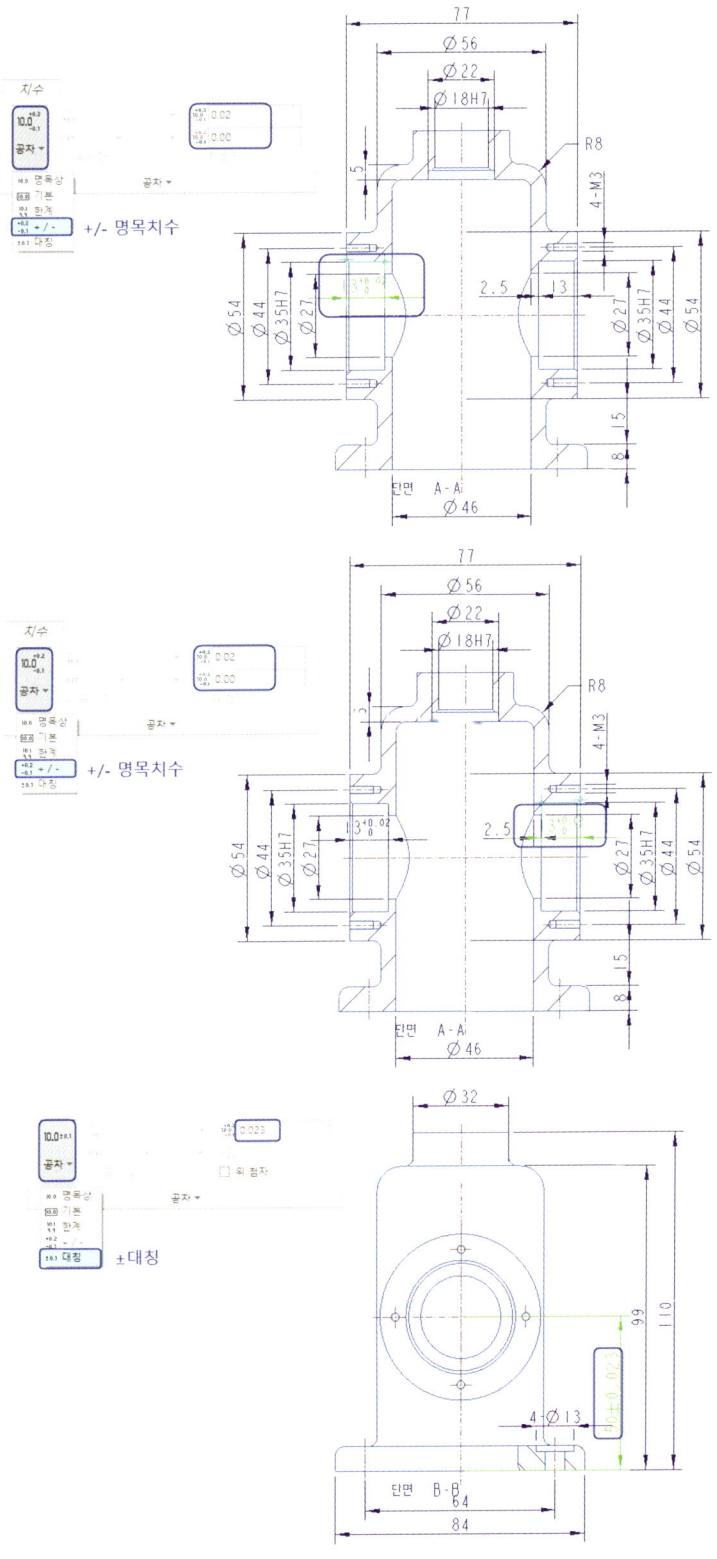

- Body.prt 부품도 저장

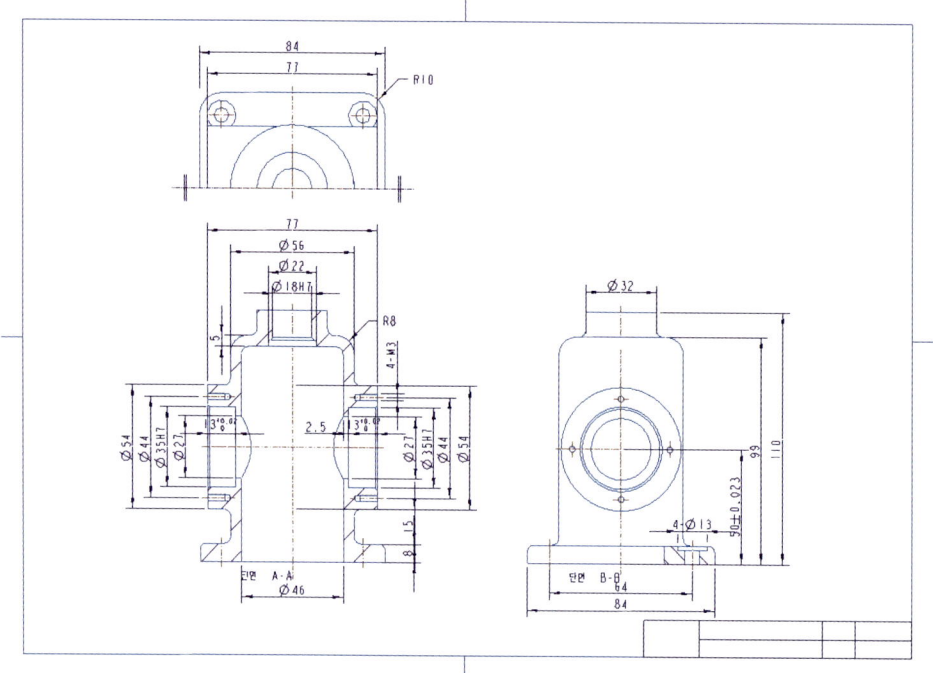

❸ Spur_Gear.prt 부품도 생성

[뷰생성]

- 새시트 추가 : 리본 UI에서 [레이아웃>새시트] 클릭

- Spur_Gear.prt 마스터표현 지정

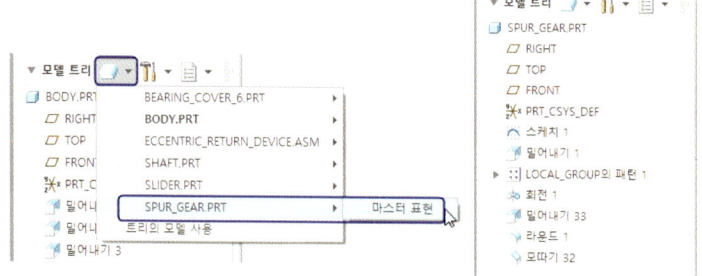

- 뷰 생성 : 리본 UI에서 [레이아웃>일반 보기] 선택.

- 뷰 배치 : 도면의 빈 영역을 클릭
- 뷰 설정 : 드로잉 보기 대화상자의 카테고리에서 보기 유형을 모델 뷰 이름의 [FRONT] 선택

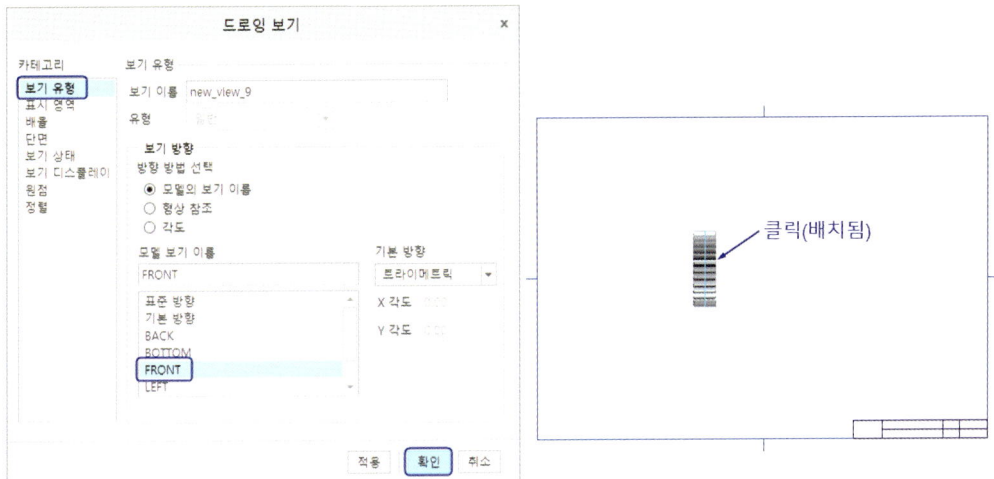

- FRONT로 배치한 뷰를 선택한 다음 마우스 오른쪽 버튼을 길게 클릭 〉 투영뷰 삽입 클릭 〉 FRONT 뷰의 오른쪽에 배치

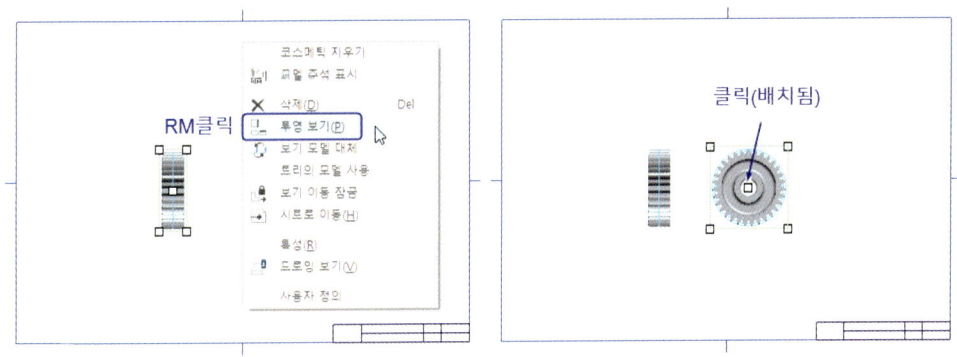

- FRONT로 배치한 뷰를 선택한 다음 마우스 더블 클릭 〉드로잉 보기 대화 상자에서 보기 디스플레이 선택 후 설정 및 적용

  [디스플레이 유형 : 은선제거 / 탄젠트 모서리 디스플레이 유형 : 없음]

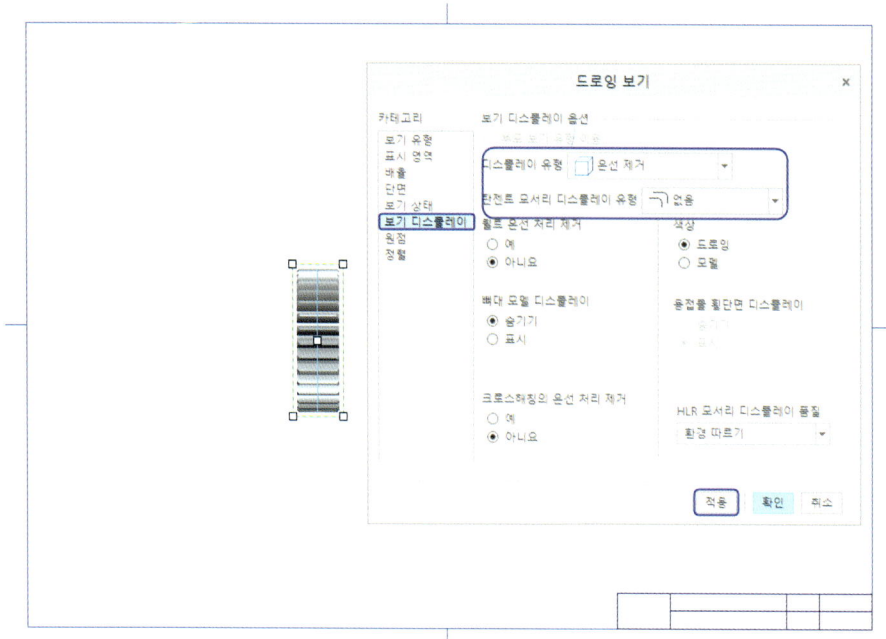

- 드로잉 보기 대화 상자에서 단면 선택 후 설정 및 적용

  [2D 횡단면 선택 / 초록색 + 기호 클릭하여 뷰에 횡단면 추가 / 오프셋, 양면, 단일의 조건으로 횡단면 생성 / 횡단면 이름 : C]

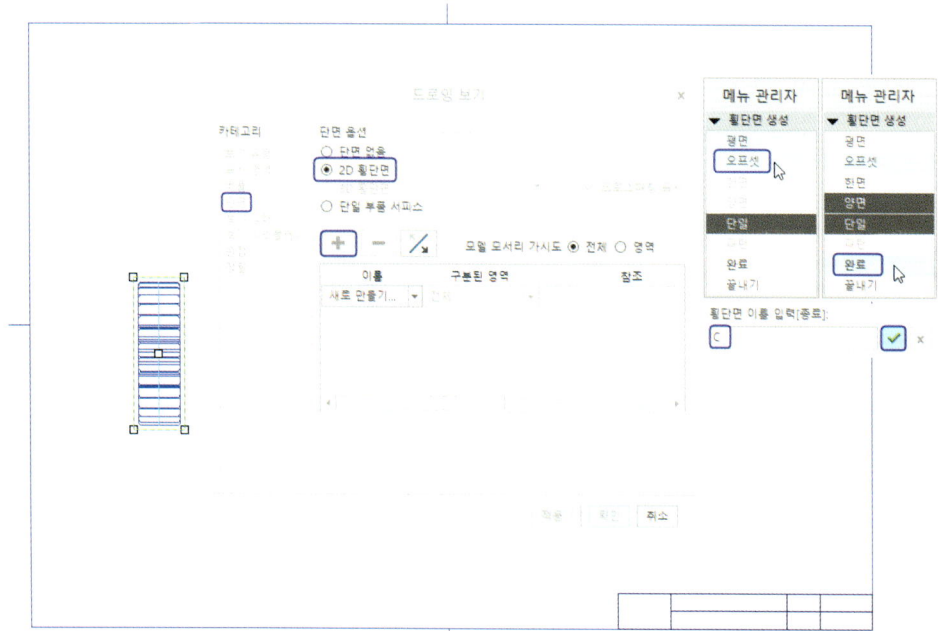

[평면지정 : FROMT DATUM 선택 / 기본방향으로 진행]

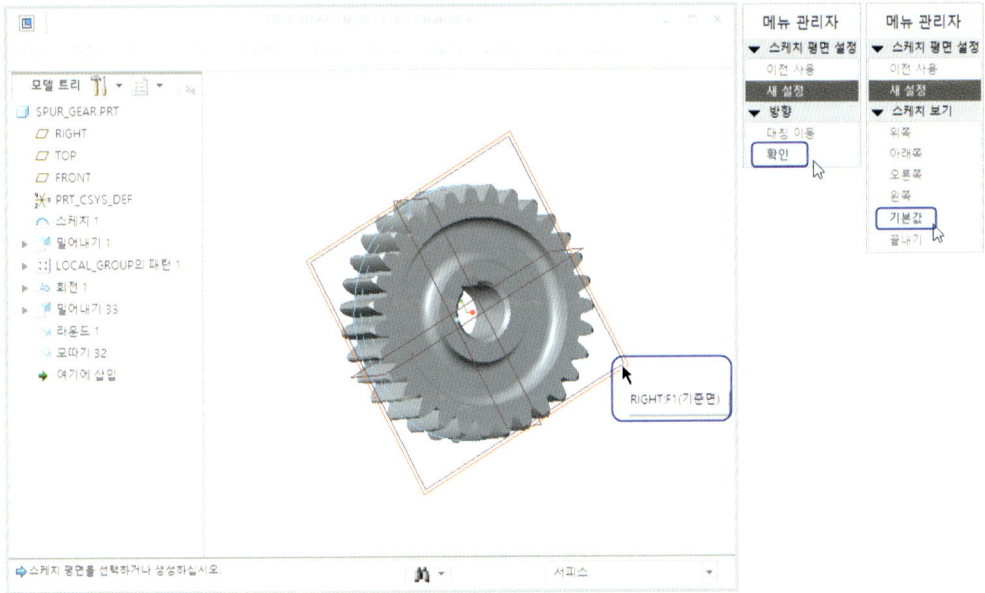

[풀다운메뉴에서 스케치 > 선 > 선 > 단면 처리할 위치에 선 스케치]

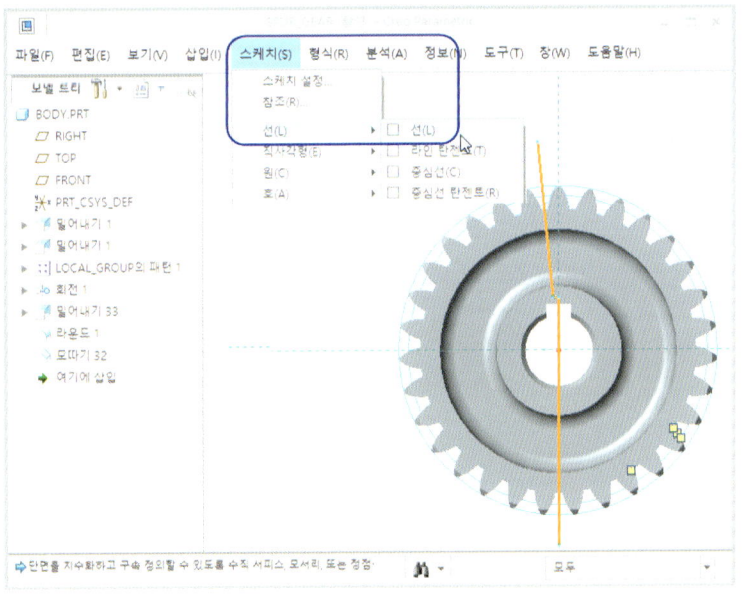

[풀다운메뉴에서 스케치 > 완료]

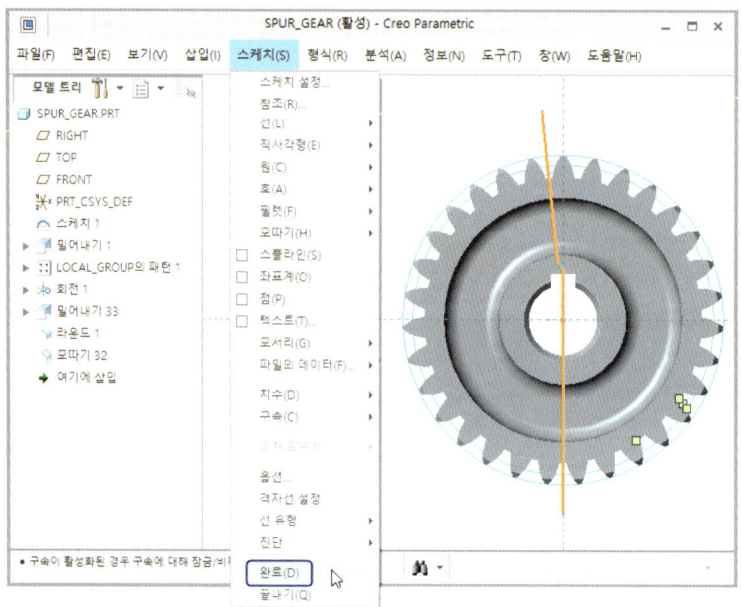

[적용 및 확인]

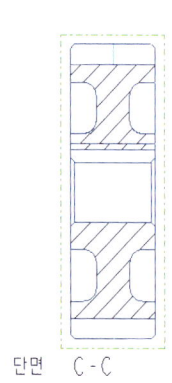

단면 C-C

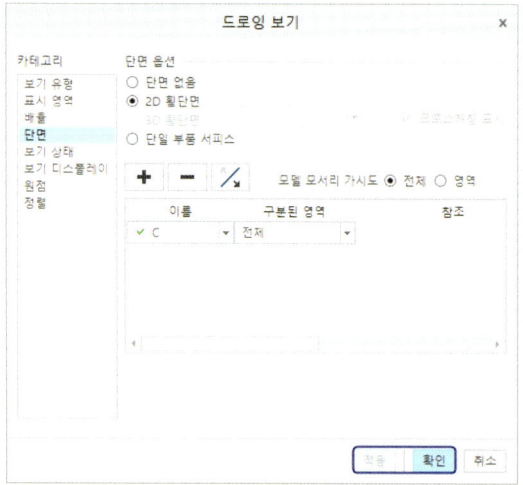

- FRONT 뷰의 오른쪽에 배치한 뷰를 선택한 다음 마우스 더블 클릭 〉 드로잉 보기 대화 상자에서 보기 디스플레이 선택 후 설정 및 적용
 [디스플레이 유형 : 은선제거 / 탄젠트 모서리 디스플레이 유형 : 없음]

- 드로잉 뷰 대화 상자에서 표시영역 선택 후 설정 및 적용
 [뷰가시도 : 부분보기 / 형상상의 참조점 : 키홈 근처의 임의의 점 선택 / 주축경계 : 스플라인 정의 됨 / 주축경계 표시 해제]

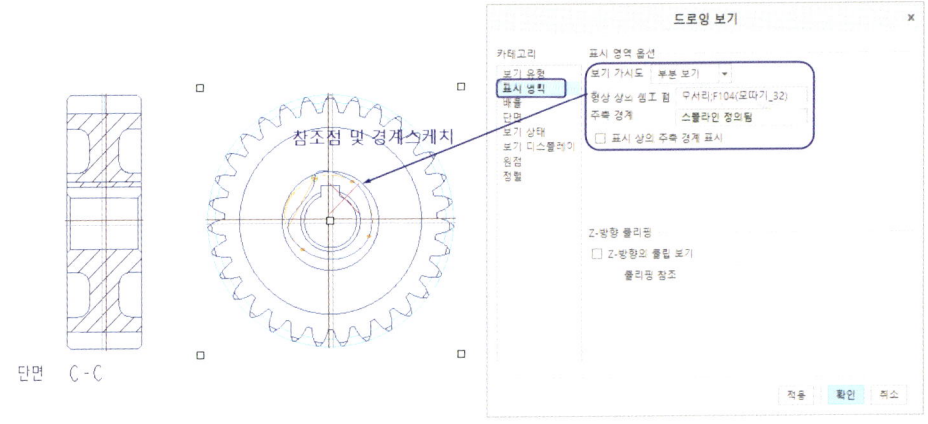

- 디스플레이 되는 모서리 수정 : 리본 UI에서 [레이아웃〉모서리디스플레이] 클릭
 [모서리 디스플레이 〉 선지우기 〉 키홈의 바깥쪽 형상 선택 〉 완료]

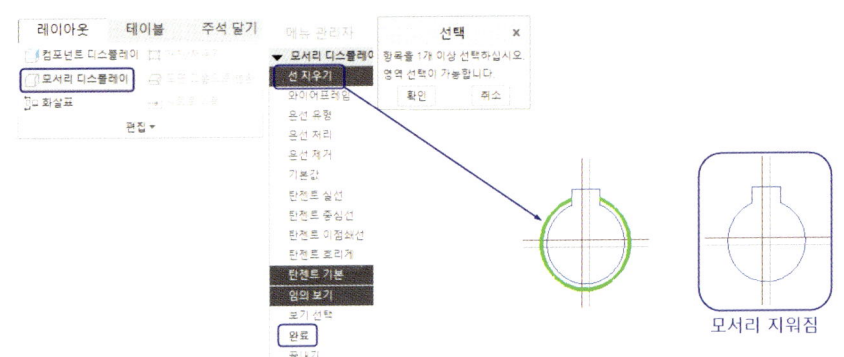

[적용 및 닫기]

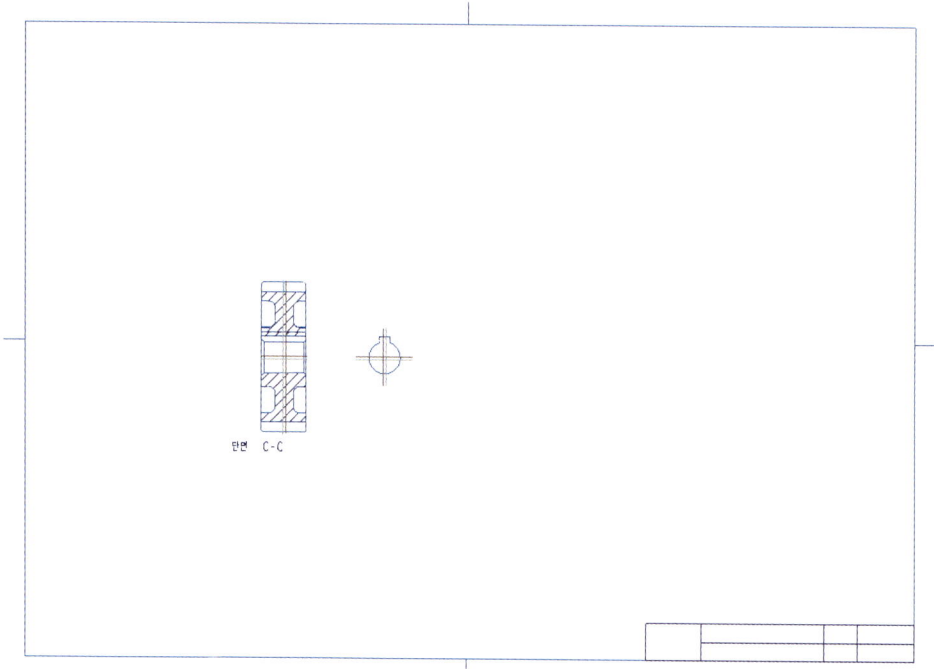

[치수생성]

- 시트에 배치된 모든뷰 선택 및 리본 UI에서 [주석달기>모델 주석 표시] 클릭
- 모델 주석 보기 대화 상자에서 데이텀나열탭 을 선택 > 유형 : 축 선택 > 확인란에서 모두 체크 > 적용 및 확인

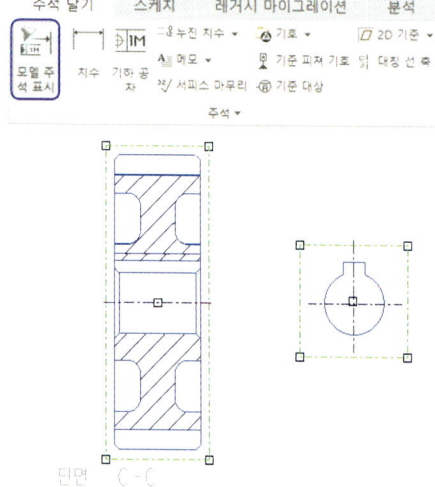
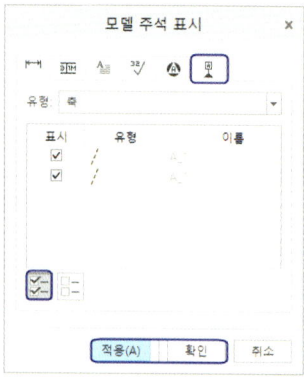

• 축 추가 및 표시 : P.C.D를 표기하기 위한 참조형상을 추가함.
  모델트리에서 해당 모델이름 선택 후 오른쪽 마우스 클릭 〉 열기
  SPUR_GEAR.prt 모델에서 밀어내기33 피쳐 선택 후 오른쪽 마우스 클릭 〉 정의편집 실행

〉 오른쪽 마우스 클릭하여 내부스케치 편집 모드로 전환 〉 참조형상 추가 (P.C.D 스케치커브)

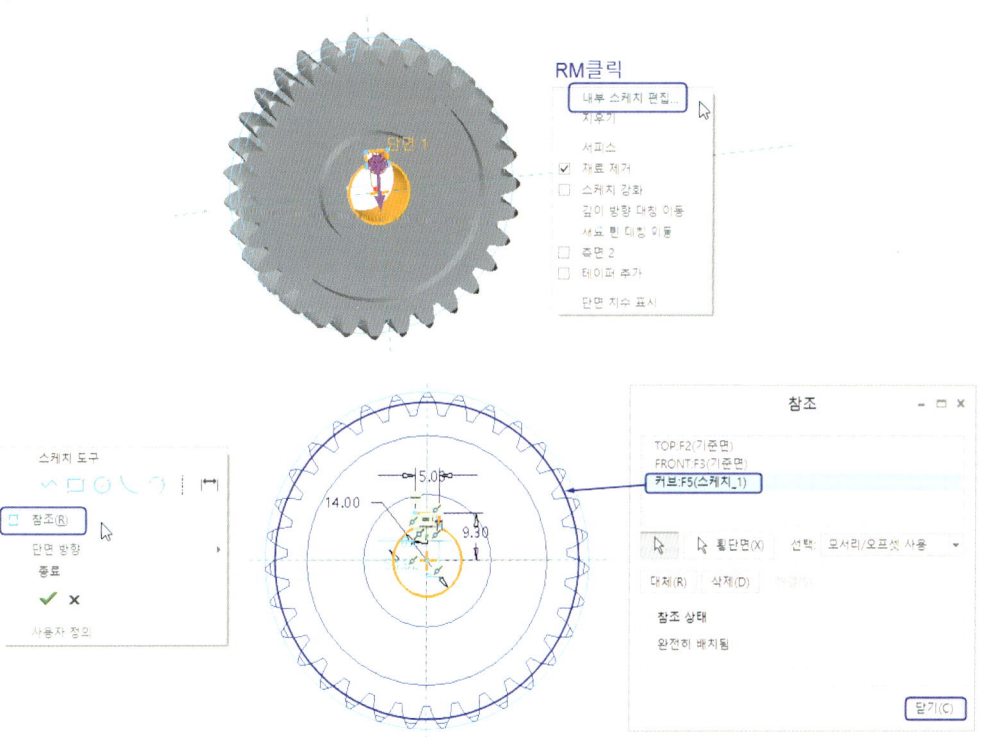

〉형상점 도구를 이용하여 해당 지점에 배치 〉완료

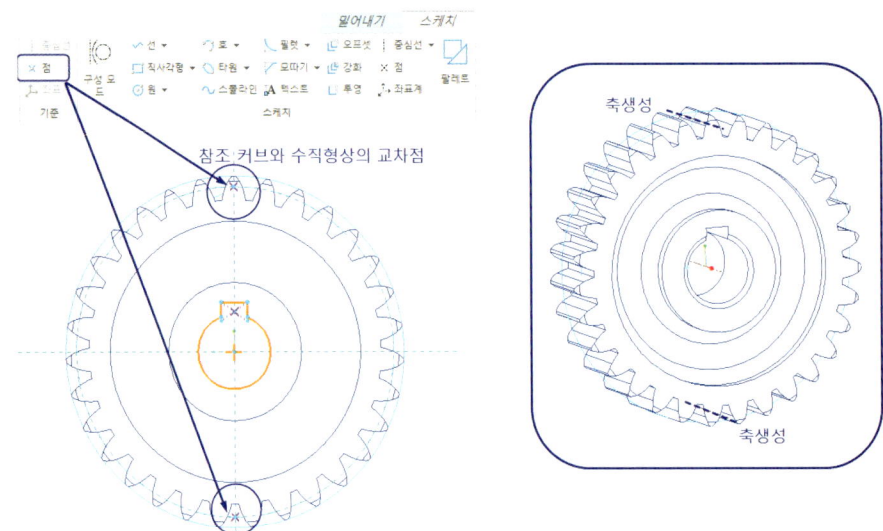

- 스케치 커브 형상이 숨겨지도록 함
  [모델트리에서 스케치1 피쳐 선택후 오른쪽 마우스 클릭 〉숨기기 〉저장 및 드로잉 모드로 전환]

- 시트에 배치된 모든뷰 선택 및 리본 UI에서 [주석달기〉모델 주석 표시] 클릭

- 모델 주석 보기 대화 상자에서 데이텀나열탭을 선택 〉 유형 : 축 선택 〉 확인란에서 모두 체크 〉 적용 및 확인

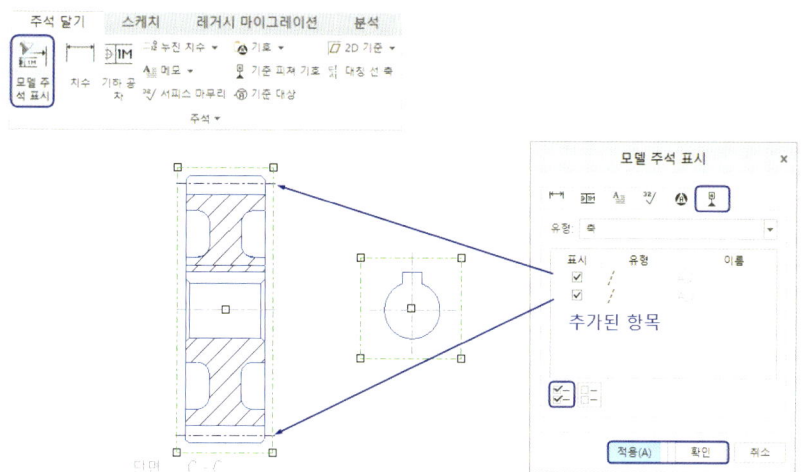

- 시트에 배치된 해당뷰 선택 및 리본 UI에서 [주석달기>모델 주석 표시] 클릭

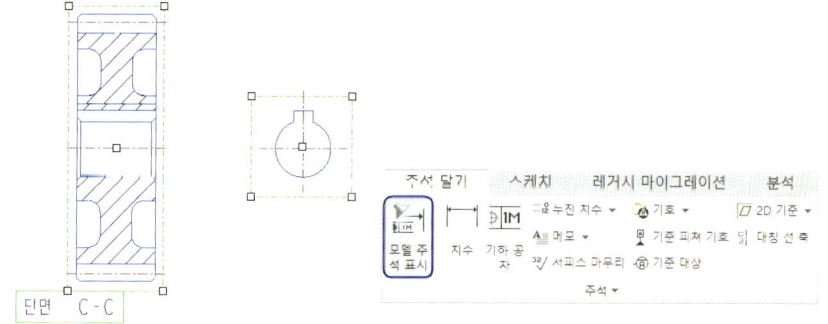

- 모델 주석 보기 대화 상자에서 모델치수나열탭을 선택 〉 유형 : 모두 선택 〉 뷰에서 표현할 치수만 선택 〉 적용 및 확인 〉 배치된 치수 정리 (Drag 이동)

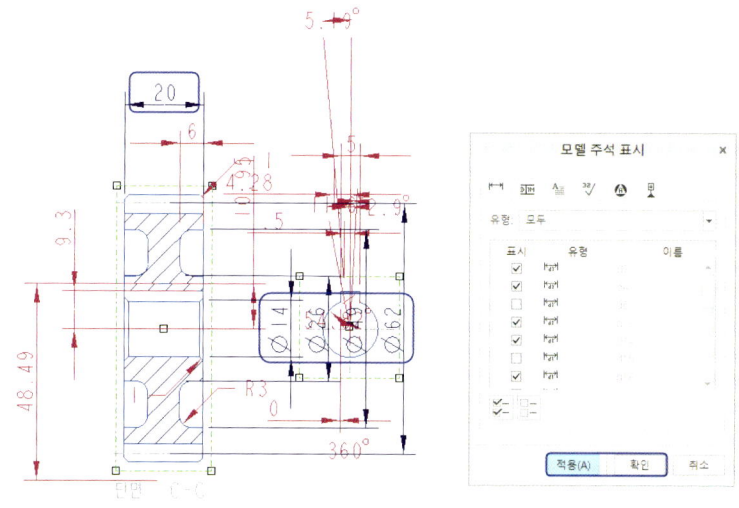

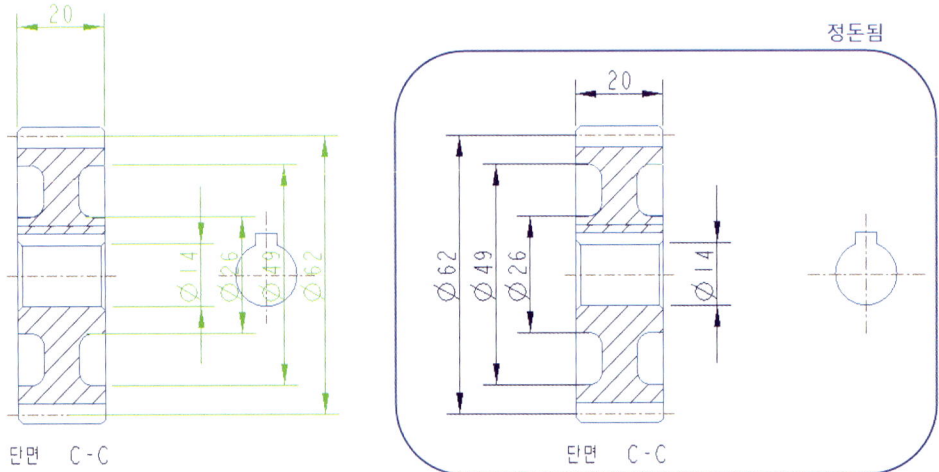

- 누락 된 치수 기입 : 리본 UI에서 [주석달기 > 치수] 클릭

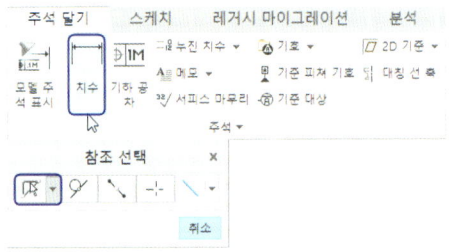

- 참조선택 : 엔티티 상으로 진행

  [생성하고자 하는 치수를 표현할 수 있는 Ctrl키 누른상태로 엔티티 선택 (LM) > 치수를 배치 시킬 위치에서 완료 (MM)]

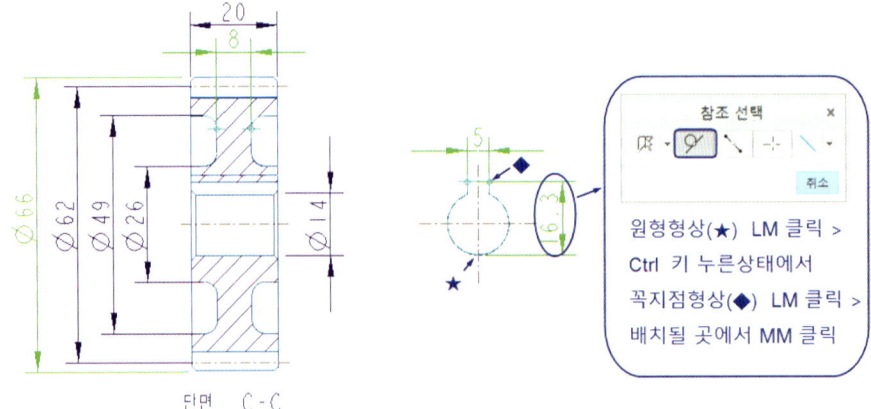

- 치수텍스트 수정 : 해당치수 선택 후 리본 UI에서 [치수>치수 텍스트] 클릭하여 아래와 같이 표기 치수를 수정함.

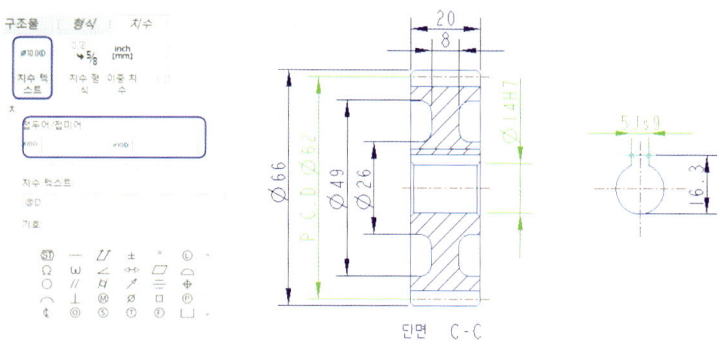

- 공차 입력 : 해당치수 선택 후 리본 UI에서 [치수>공차>+/− 명목치수] 클릭하여 아래와 같이 공차를 입력함.

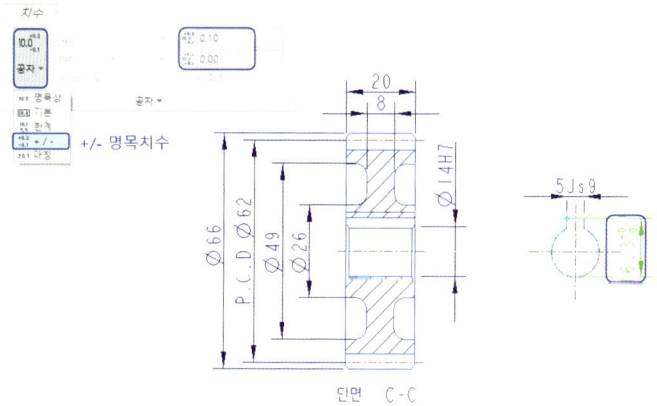

- Spur_Gear.prt 부품도 저장

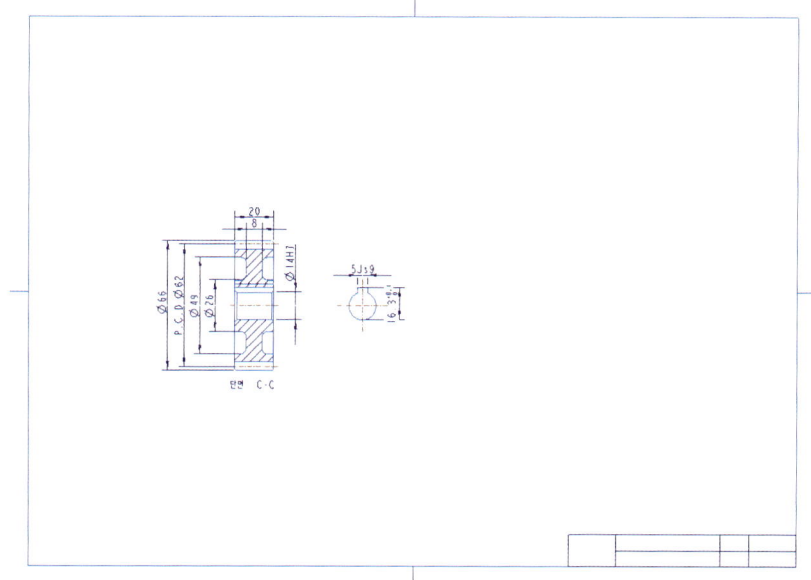

❹ Shaft.prt 부품도 생성

[뷰생성]

- 새시트 추가 : 리본 UI에서 [레이아웃＞새시트] 클릭

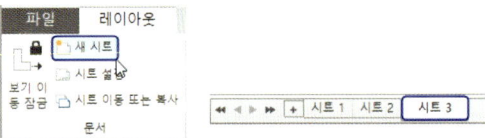

- Shaft.prt 마스터표현 지정

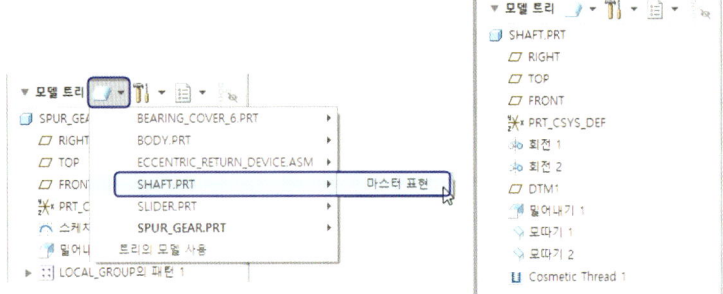

- 뷰 생성 : 리본 UI에서 [레이아웃＞일반 보기] 선택.

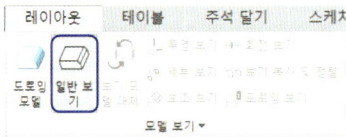

- 뷰 배치 : 도면의 빈영역을 클릭
- 뷰 설정 : 드로잉 보기 대화상자의 카테고리에서 보기 유형을 모델 뷰 이름의 [FRONT] 선택

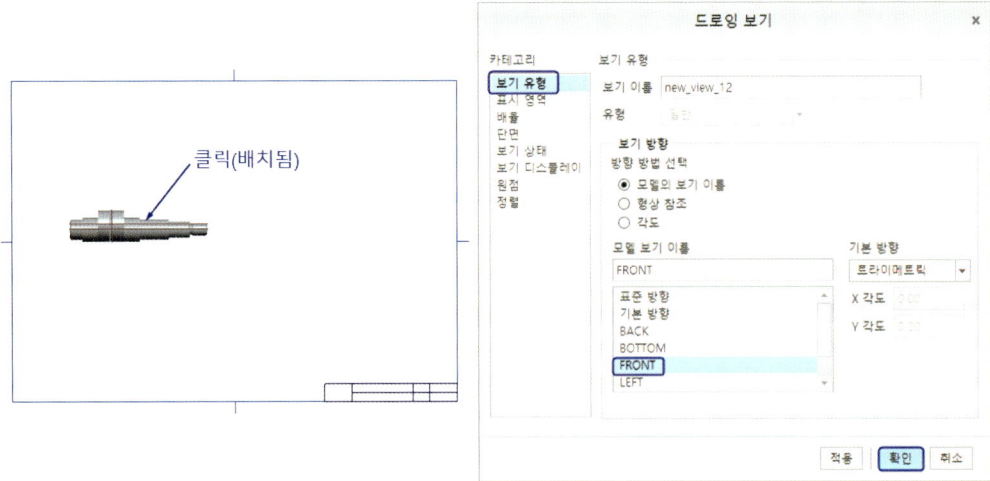

- FRONT로 배치한 뷰를 선택한 다음 마우스 오른쪽 버튼을 길게 클릭 > 투영뷰 삽입 클릭 > FRONT 뷰의 오른쪽에 배치

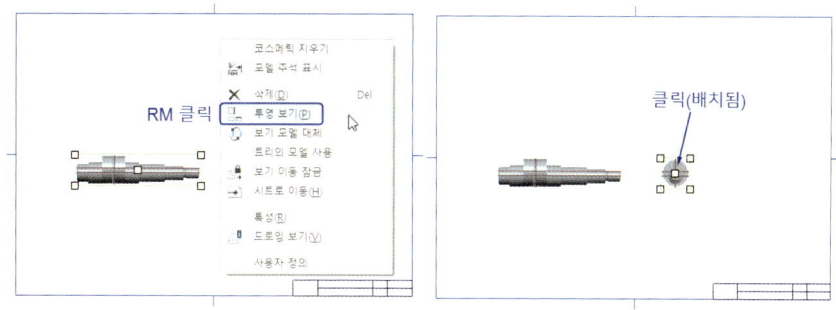

- FRONT로 배치한 뷰를 선택한 다음 마우스 오른쪽 버튼을 길게 클릭 > 투영뷰 삽입 클릭 > FRONT 뷰의 위쪽에 배치

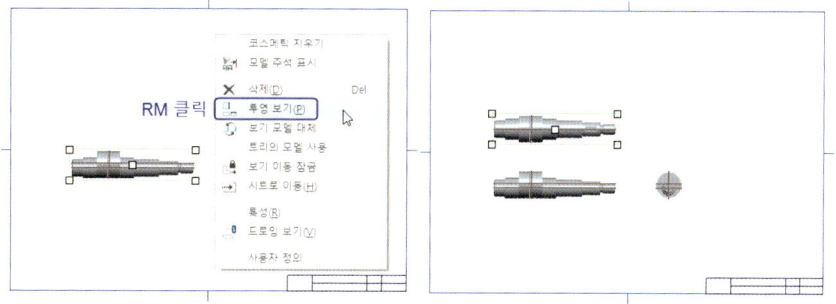

- 배치한 세 개의 뷰를 선택한 다음 오른쪽 마우스버튼 클릭 > 특성 선택
  드로잉 보기 대화 상자에서 보기 디스플레이 선택 후 설정 및 적용
  [디스플레이 유형 : 은선제거 / 탄젠트 모서리 디스플레이 유형 : 없음]

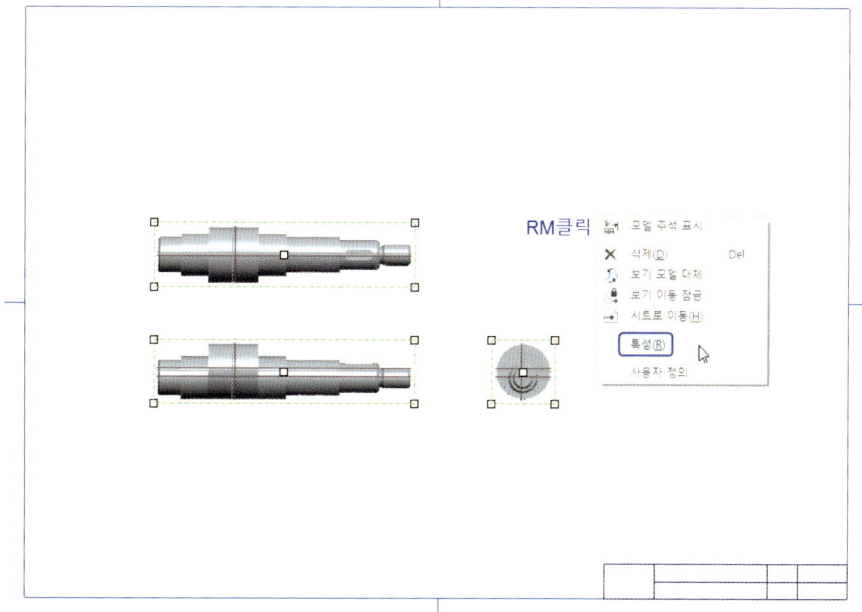

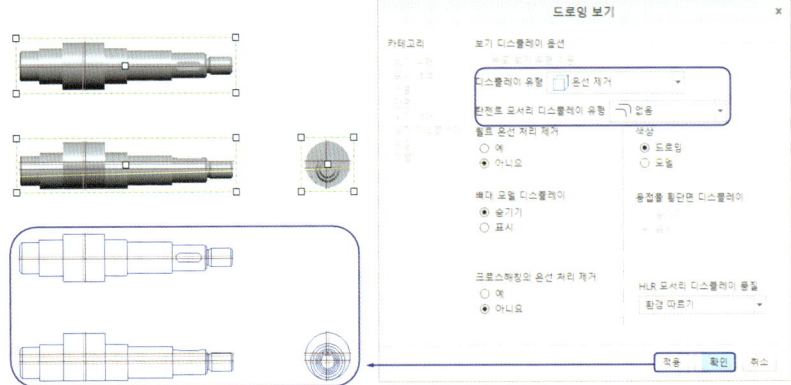

• FRONT 뷰의 위쪽에 배치한 뷰를 선택한 다음 마우스 더블 클릭 〉 드로잉 보기 대화 상자에서 표시 영역 선택 후 설정 및 적용
[뷰가시도 : 부분보기 / 형상상의 참조점 : 키홈 근처의 임의의 점 선택 / 주축경계 : 스플라인 정의 됨 / 주축경계 표시 해제]

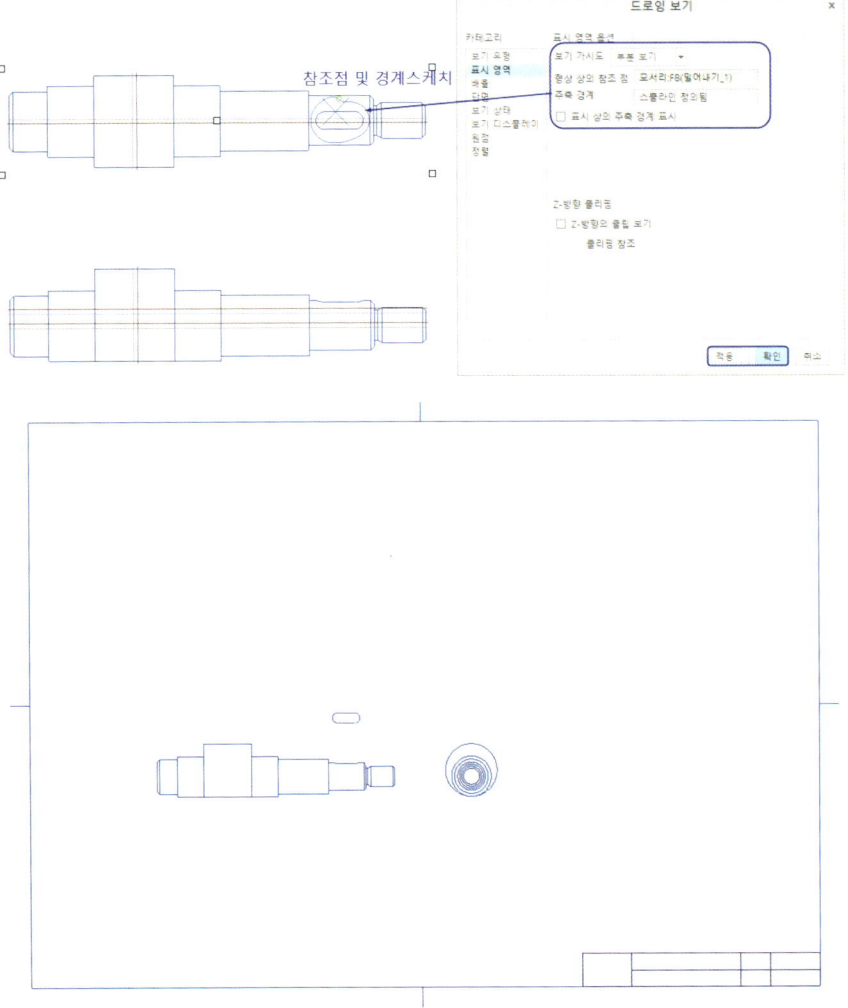

- FRONT 뷰를 선택한 다음 마우스 더블 클릭 〉드로잉 보기 대화 상자에서 단면 선택 후 설정 및 적용

[2D 횡단면 선택 / 초록색 + 기호 클릭하여 뷰에 횡단면 추가 / 평면 / 횡단면 이름 : D / 키홈이 위치한 곳에 영역 스케치]

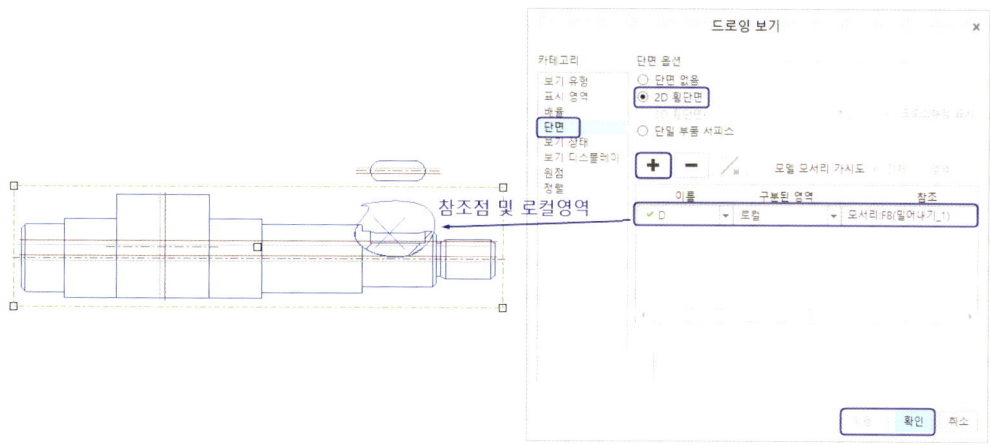

[치수생성]

- 시트에 배치된 모든뷰 선택 및 리본 UI에서 [주석달기>모델 주석 표시] 클릭
- 모델 주석 보기 대화 상자에서 데이텀나열탭 을 선택 〉유형 : 축 선택 〉확인란에서 모두 체크 〉 적용 및 확인

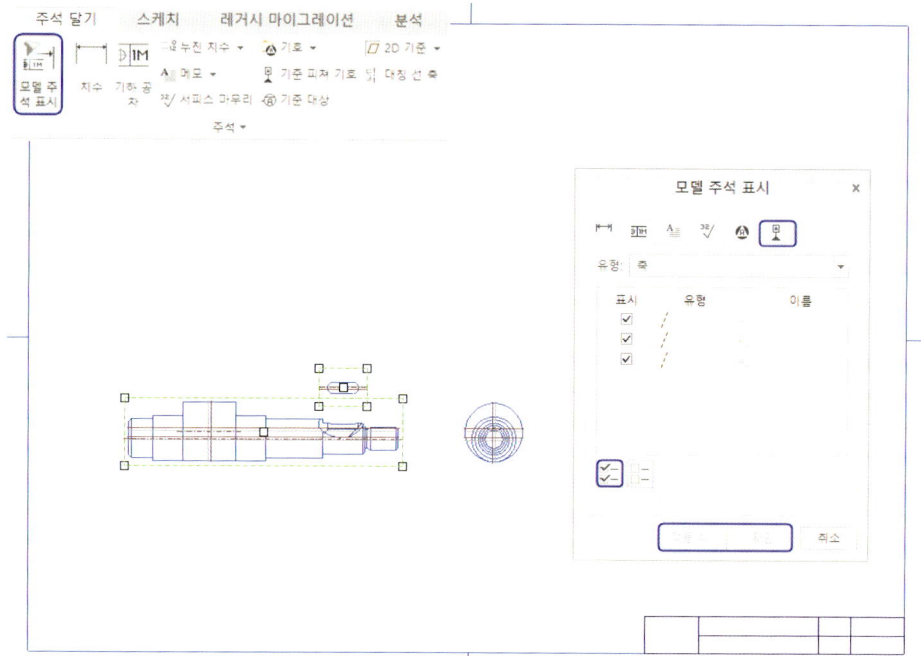

- 모델 주석 보기 대화 상자에서 모델치수나열탭 을 선택 > 유형 : 모두 선택 > 뷰에서 표현할 치수만 선택 > 적용 및 확인

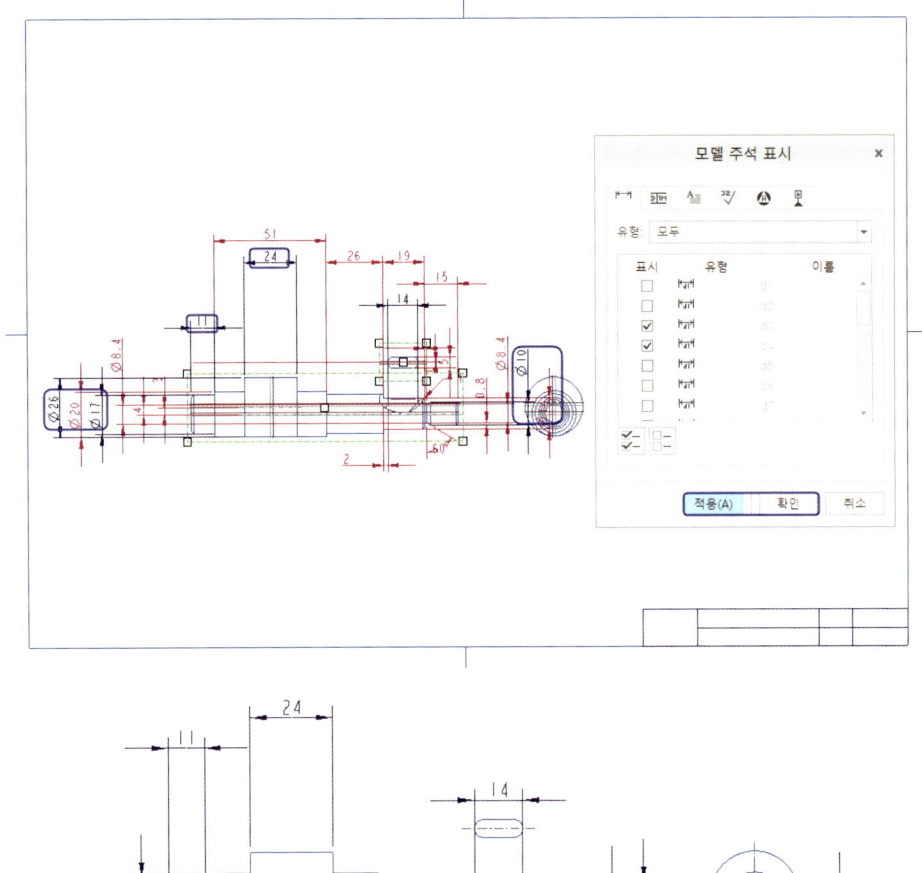

- 누락 된 치수 기입 : 리본 UI에서 [주석달기>치수] 클릭

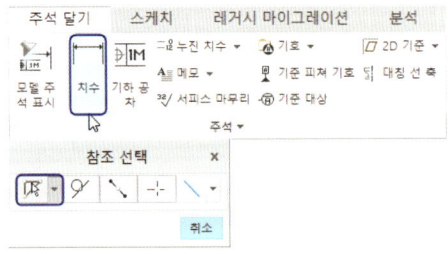

- 참조선택 : 엔티티 상으로 진행

  [생성하고자 하는 치수를 표현할 수 있는 Ctrl키 누른상태로 엔티티 선택 (LM) 〉 치수를 배치 시킬 위치에서 완료 (MM)]

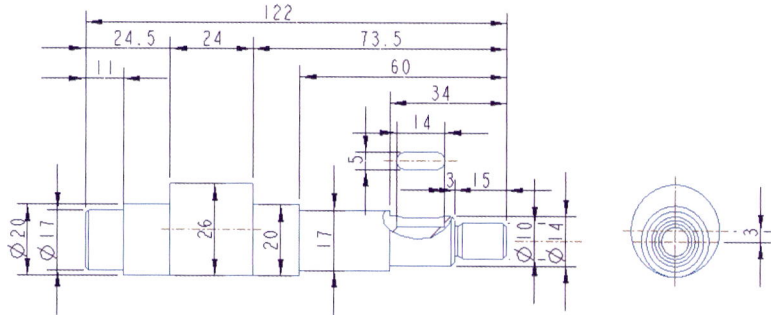

- 치수텍스트 수정 : 해당치수 선택 후 리본 UI에서 [치수〉치수 텍스트] 클릭하여 아래와 같이 표기 치수를 수정함.

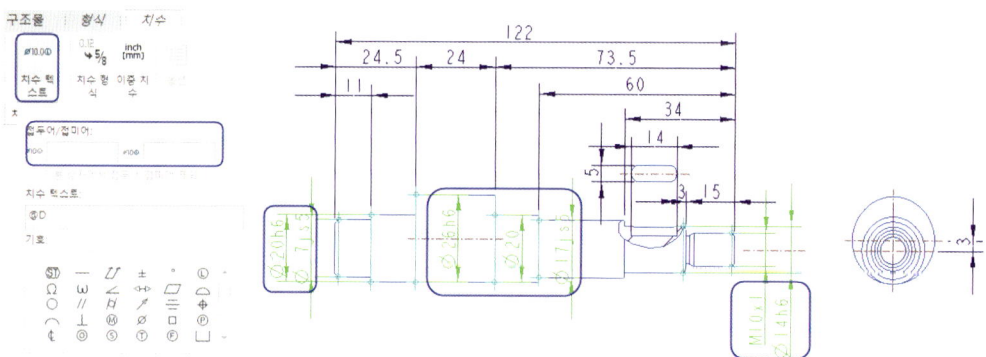

- 공차 입력 : 해당치수 선택 후 리본 UI에서 [치수〉공차〉+/− 명목치수] 클릭하여 아래와 같이 공차를 입력함.

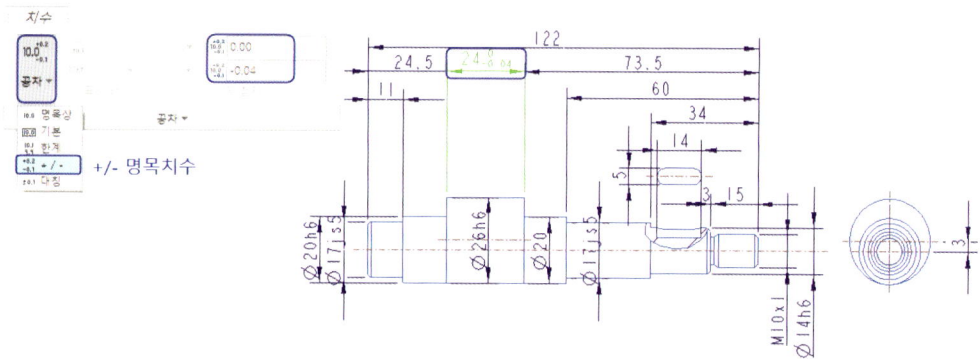

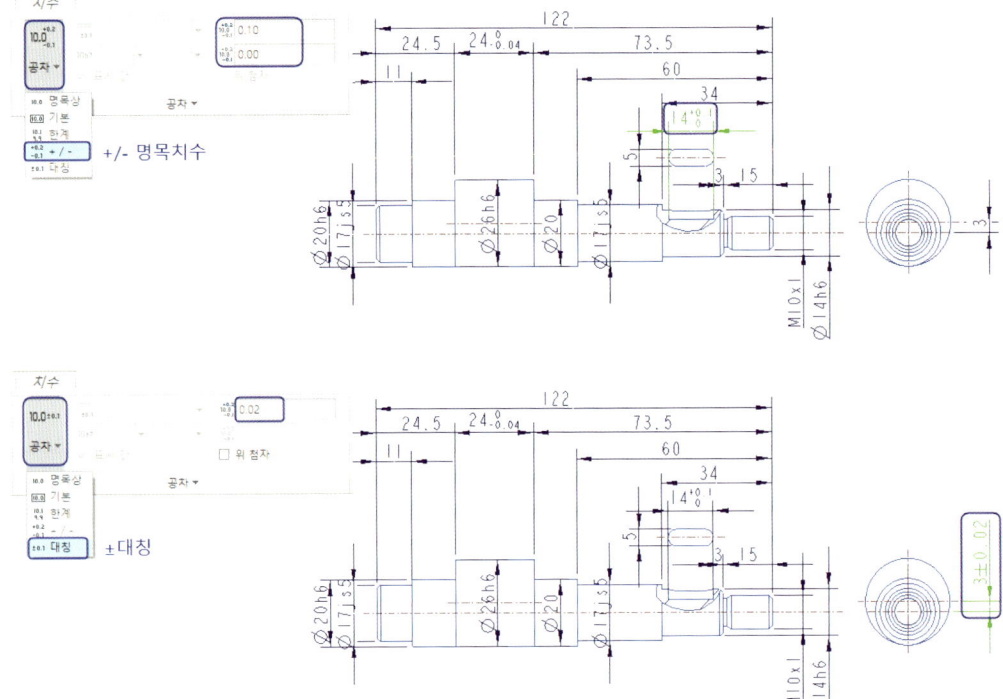

- 주석 삽입 : 리본 UI에서 [주석달기>메모-지시선메모] 클릭

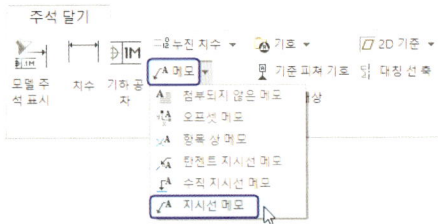

- 배치될 위치 클릭 후 삽입할 메모 입력 > 입력 완료 후 마우스 중간 버튼 클릭

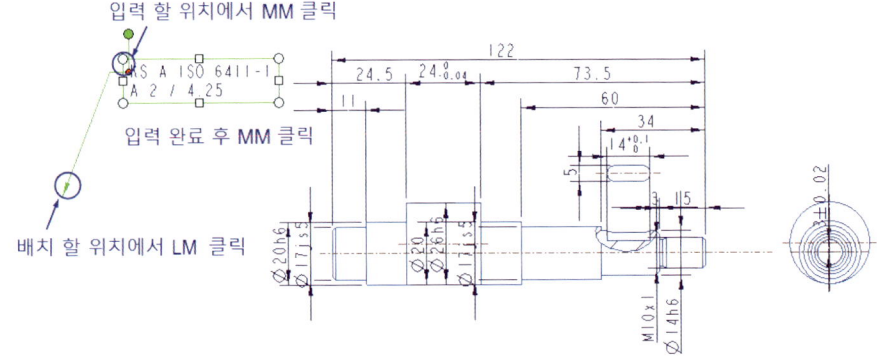

- 메모 형식 수정 : 밑줄 추가 및 가운데 정렬로 정의함

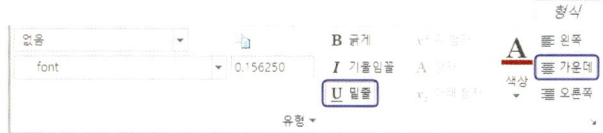

- 메모 위치 수정 : 드래그 하여 위치 재정의

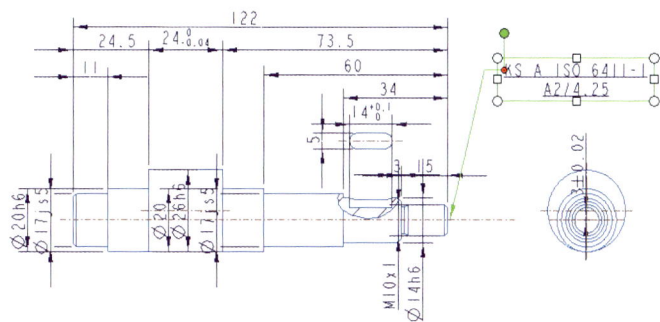

- Shaft.prt 부품도 저장

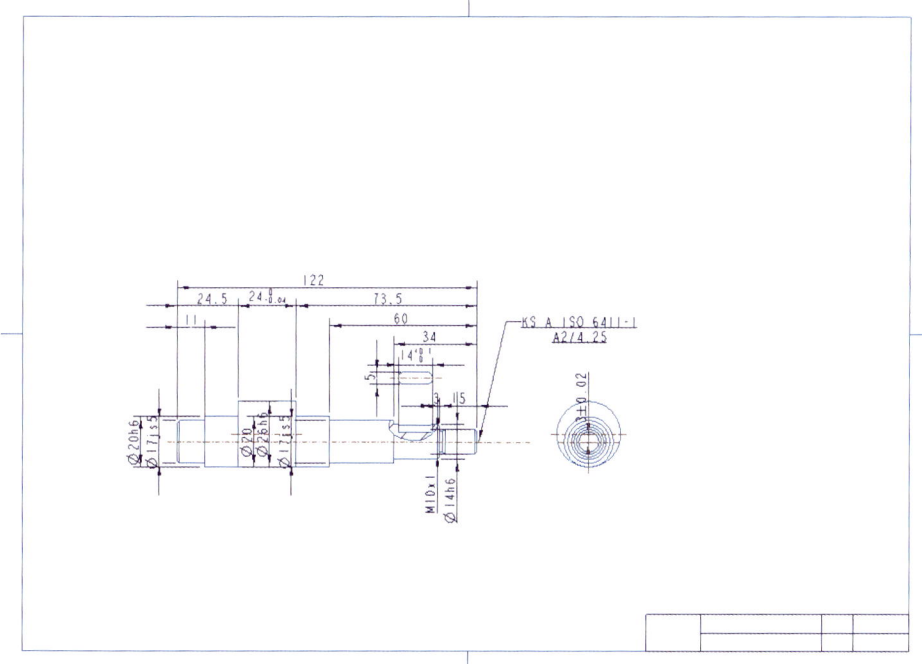

❺ Slider.prt 부품도 생성

[뷰생성]

- 새시트 추가 : 리본 UI에서 [레이아웃＞새시트] 클릭

- Slider.prt 마스터표현 지정

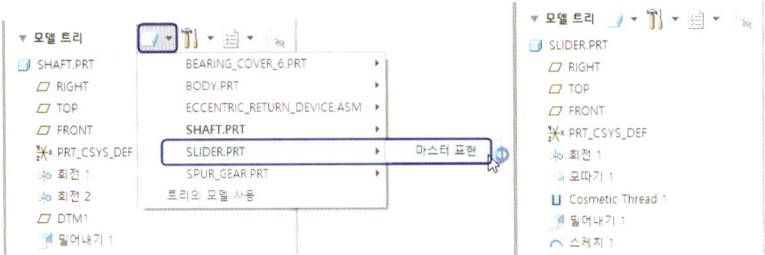

- 뷰 생성 : 리본 UI에서 [레이아웃＞일반 보기] 선택.

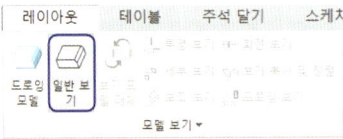

- 뷰 배치 : 도면의 빈영역을 클릭
- 뷰 설정 : 드로잉 뷰 대화상자의 카테고리에서 보기 유형을 모델 뷰 이름의 [FRONT] 선택

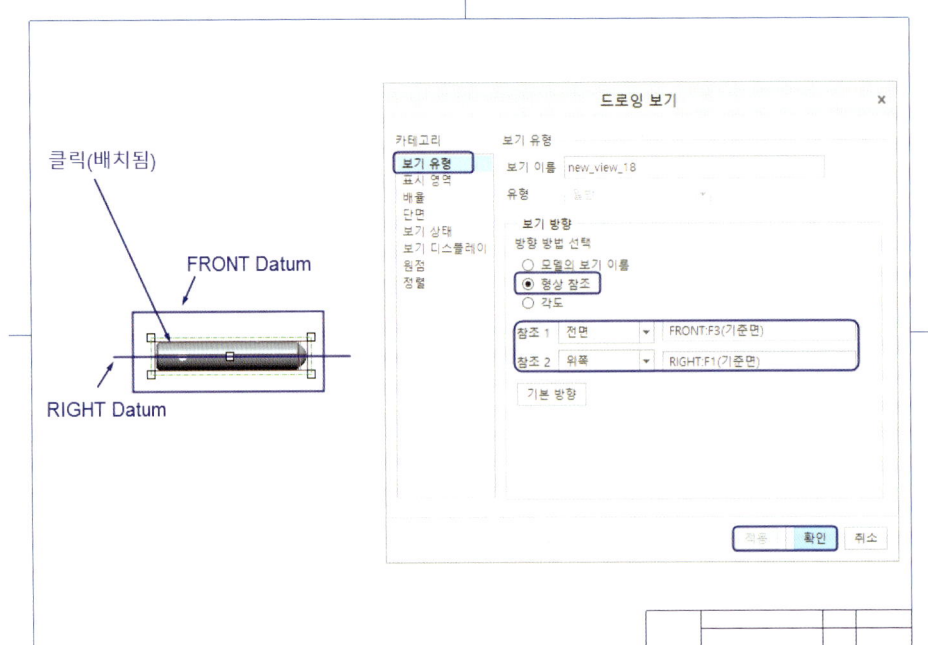

- 앞서 배치한 뷰를 선택한 다음 마우스 더블 클릭 〉드로잉 뷰 대화 상자에서 보기 디스플레이 선택 후 설정 및 적용

  [디스플레이 유형 : 숨김 / 탄젠트 모서리 디스플레이 유형 : 없음]

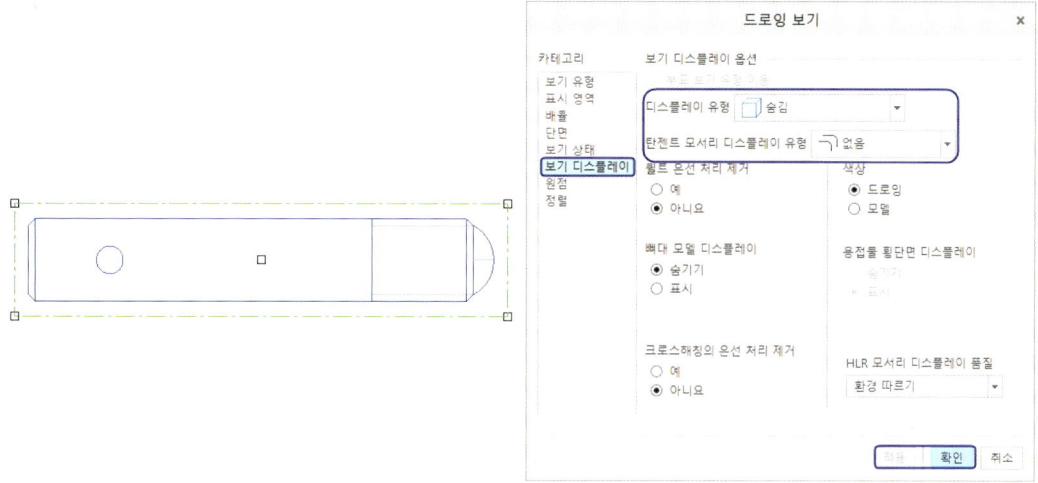

- 모델트리에서 스케치1 피쳐 선택후 오른쪽 마우스 클릭 〉빠른메뉴에서 모델에서 숨기기 클릭하여 스케치 커브 형상이 숨겨지도록 함

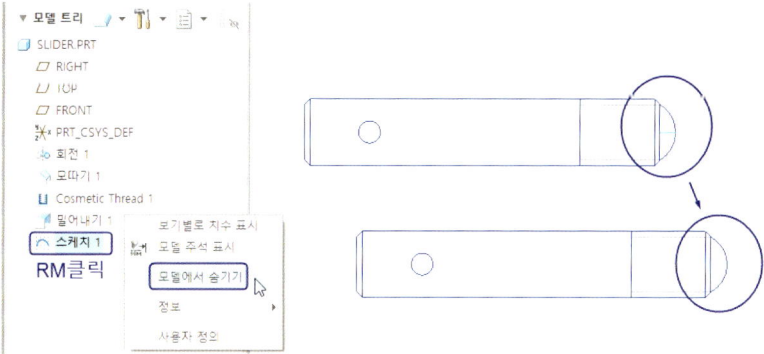

[치수생성]

- 시트에 배치된 뷰 선택 및 리본 UI에서 [주석달기>모델 주석 표시] 클릭

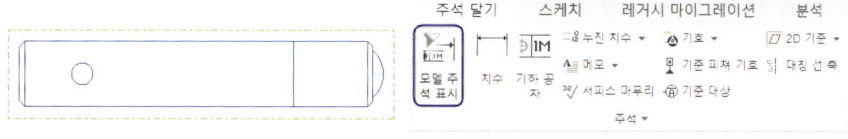

- 모델 주석 보기 대화 상자에서 데이텀나열탭을 선택 〉 유형 : 축 선택 〉 확인란에서 모두 체크 〉 적용

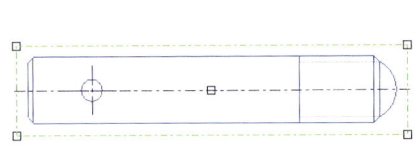
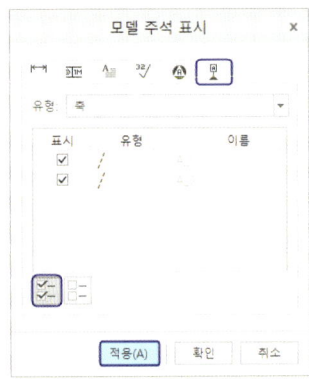

- 모델 주석 보기 대화 상자에서 모델치수나열탭을 선택 〉 유형 : 모두 선택 〉 확인란에서 모두 체크 〉 적용 및 확인

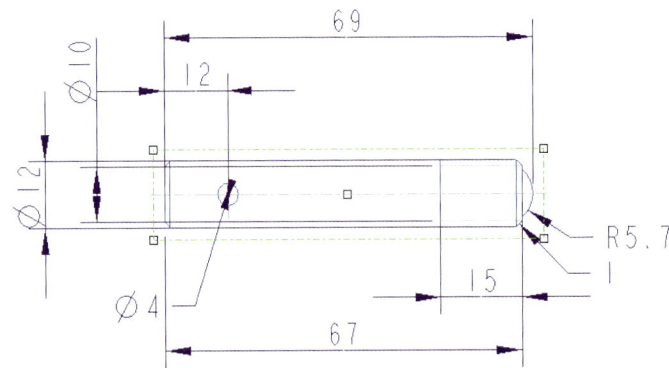
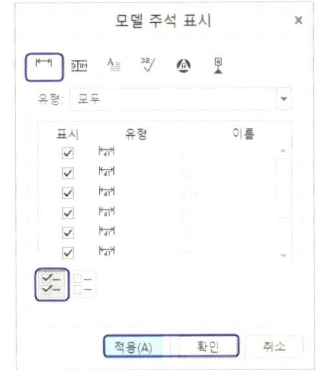

- 배치된 치수 정리 : 불필요한 치수 삭제 – 선택 후 Delete Key

  길이조절 – 선택후 Drag 이동

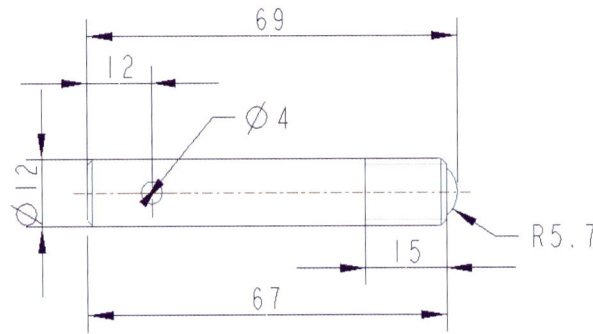

- 누락 된 치수 기입 : 리본 UI에서 [주석달기>치수] 클릭

- 참조선택 : 엔티티 상으로 진행

  [생성하고자 하는 치수를 표현할 수 있는 Ctrl키 누른상태로 엔티티 선택 (LM) > 치수를 배치 시킬 위치에서 완료 (MM)]

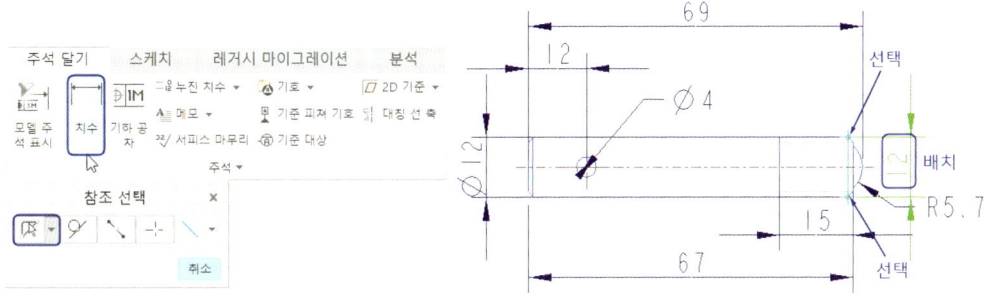

- 치수텍스트 수정 : 해당치수 선택 후 리본 UI에서 [치수>치수 텍스트] 클릭

  필요한 접두어와 접미어 입력

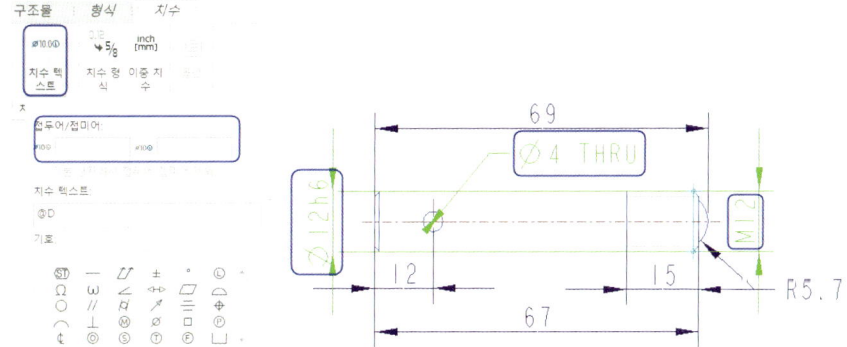

- 주석 삽입 : 리본 UI에서 [주석달기>메모-지시선메모] 클릭

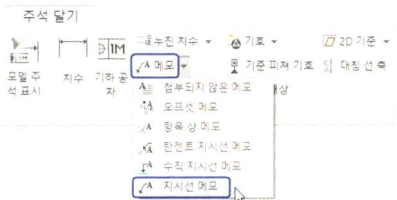

- 배치될 위치 클릭 후 삽입할 메모 입력 > 입력 완료 후 마우스 중간 버튼 클릭

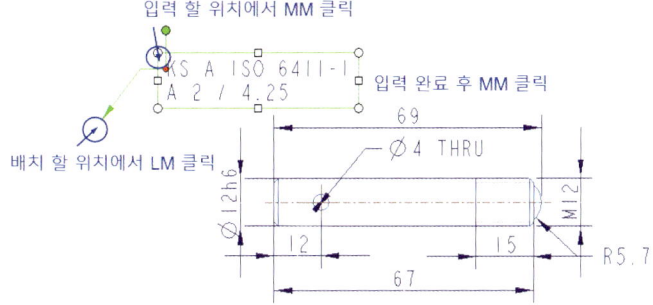

- 메모 형식 수정 : 밑줄 추가 및 가운데 정렬로 정의함

- 메모 위치 수정 : 드래그 하여 위치 재정의

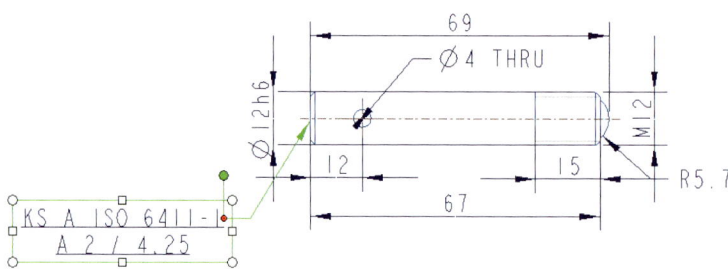

- Slider.prt 부품도 저장

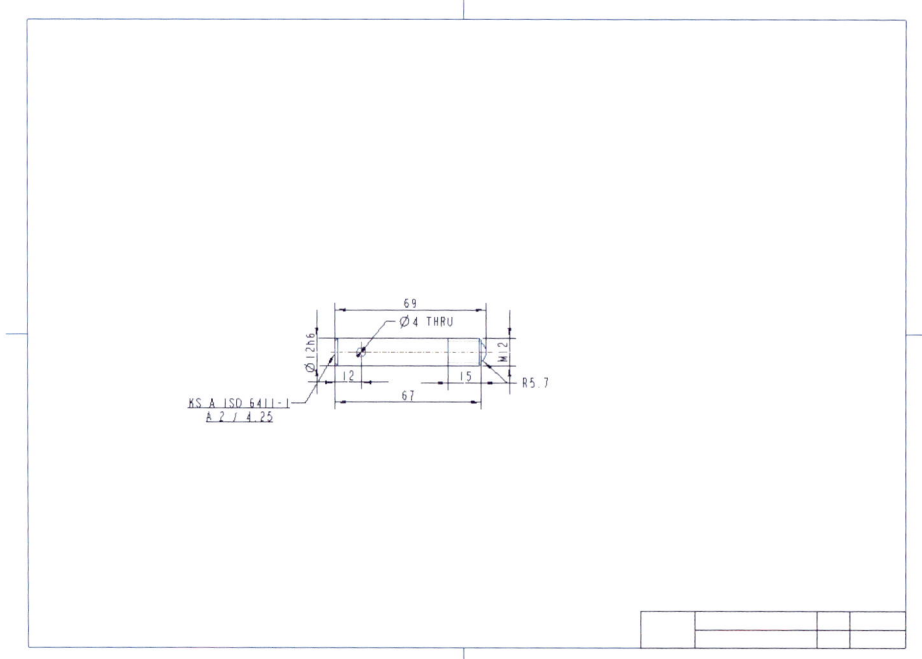

❻ Bearing_Cover_6.prt 부품도 생성

[뷰생성]

- 새시트 추가 : 리본 UI에서 [레이아웃>새시트] 클릭

- Bearing_Cover_6.prt 마스터표현 지정

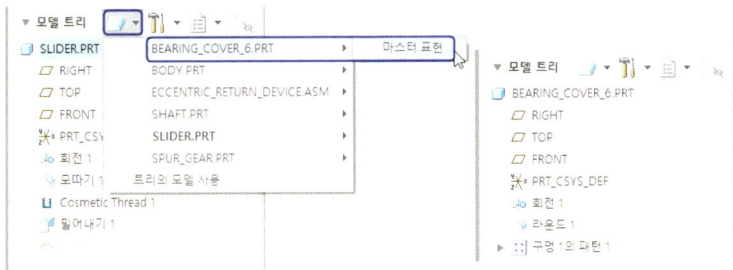

- 뷰 생성 : 리본 UI에서 [레이아웃>일반 보기] 선택.

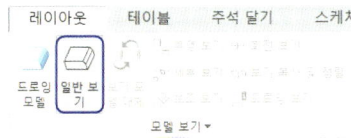

- 뷰 배치 : 도면의 빈영역을 클릭
- 뷰 설정 : 드로잉 뷰 대화상자의 카테고리에서 보기 유형을 모델 뷰 이름의 [FRONT] 선택

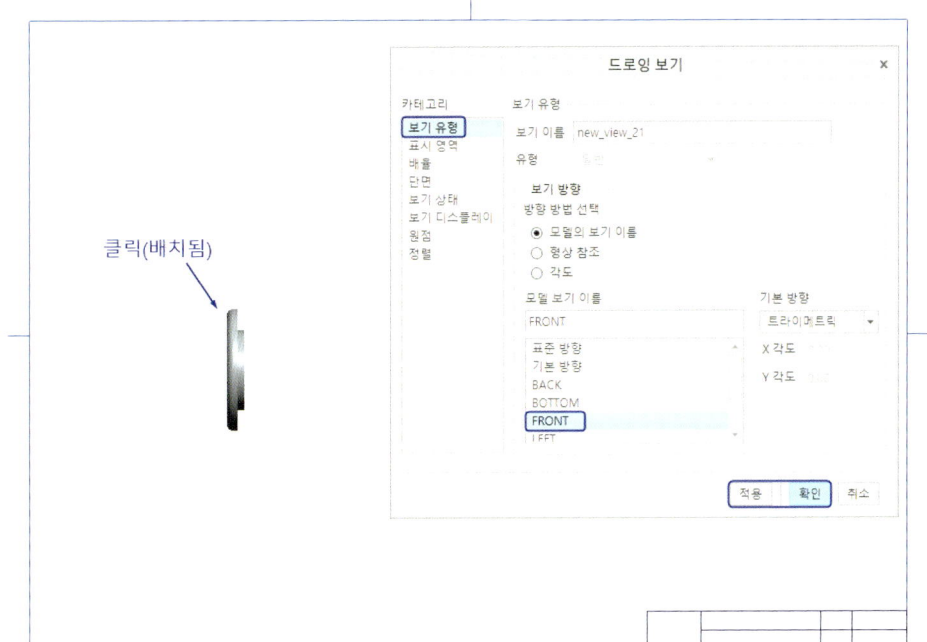

- FRONT로 배치한 뷰를 선택한 다음 마우스 오른쪽 버튼을 길게 클릭 〉투영뷰 삽입 클릭 〉FRONT 뷰의 오른쪽에 배치

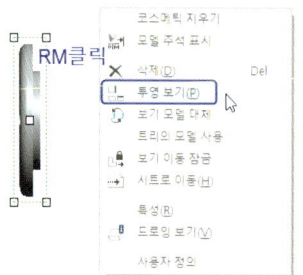 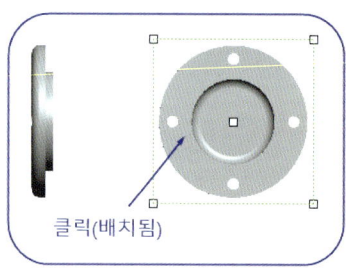

- 배치한 두 개의 뷰를 선택한 다음 오른쪽 마우스버튼 클릭 〉특성 선택
  드로잉 뷰 대화 상자에서 보기 디스플레이 선택 후 설정 및 적용
  [디스플레이 유형 : 은선제거 / 탄젠트 모서리 디스플레이 유형 : 없음]

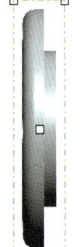 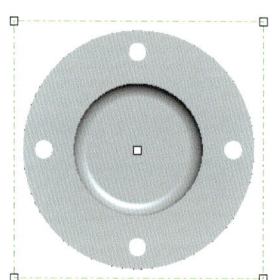 

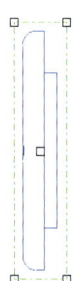 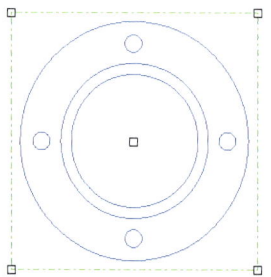

• FRONT로 배치한 뷰를 선택한 다음 더블클릭 〉드로잉 보기 대화 상자에서 단면 선택 후 설정 및 적용

[2D 횡단면 선택 / 초록색 + 기호 클릭하여 뷰에 횡단면 추가 / 평면, 단일의 조건으로 횡단면 생성 / 횡단면 이름 : E]

[평면지정 : FRONT DATUM 선택]

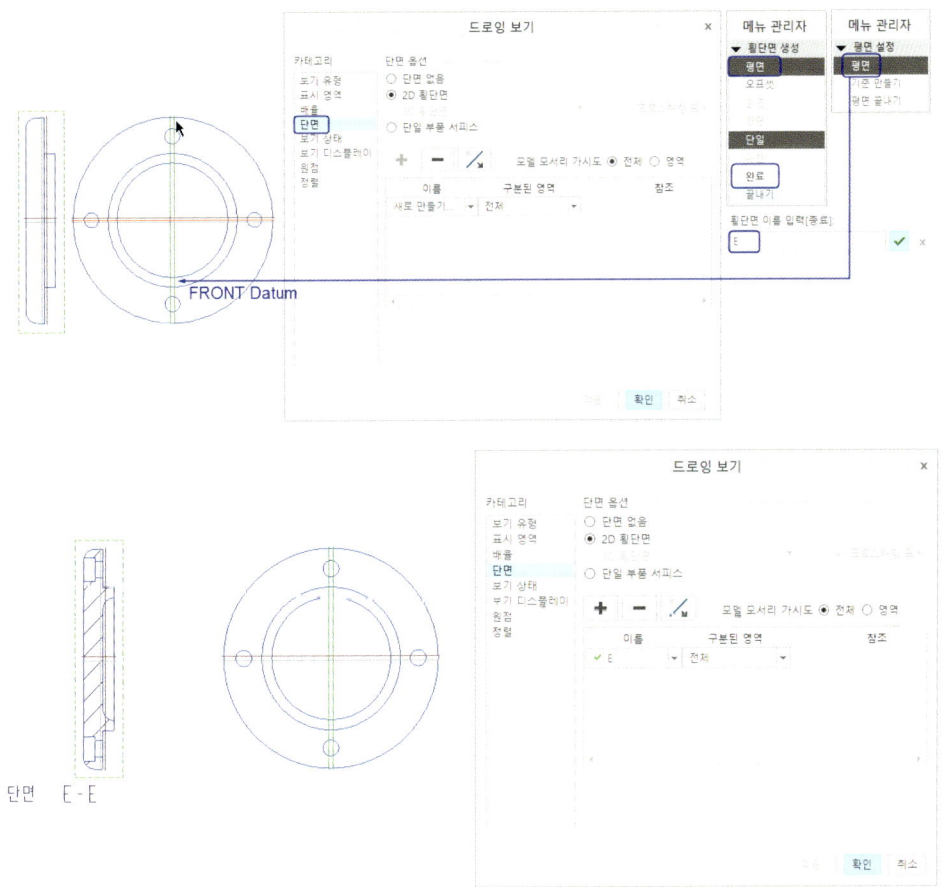

[단면 E 설정 추가 - 구분된 영역 : 절반 / 평면선택 : TOP DATUM / 방향 : 위쪽]

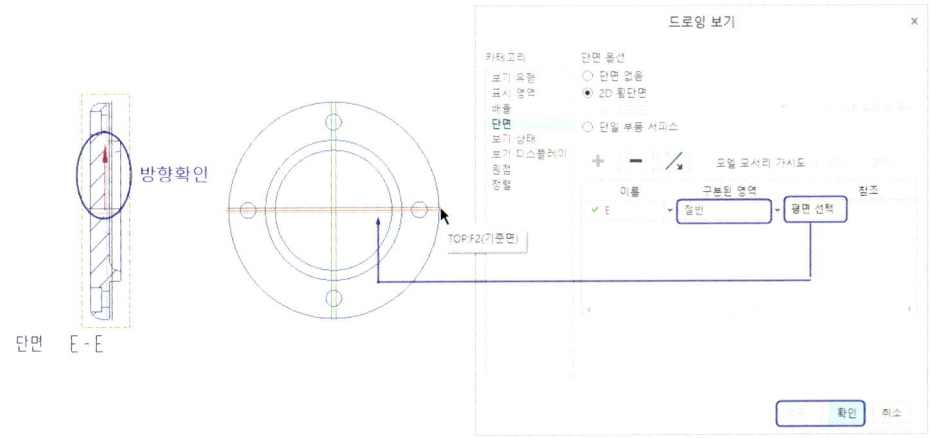

[적용 및 확인]

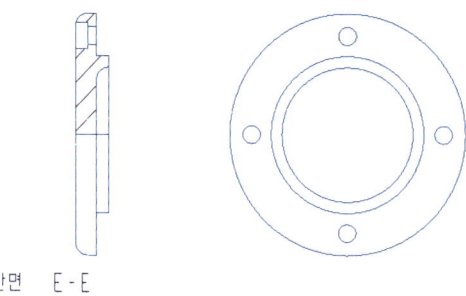

단면 E-E

[치수생성]

- 시트에 배치된 뷰 선택 및 리본 UI에서 [주석달기>모델 주석 표시] 클릭

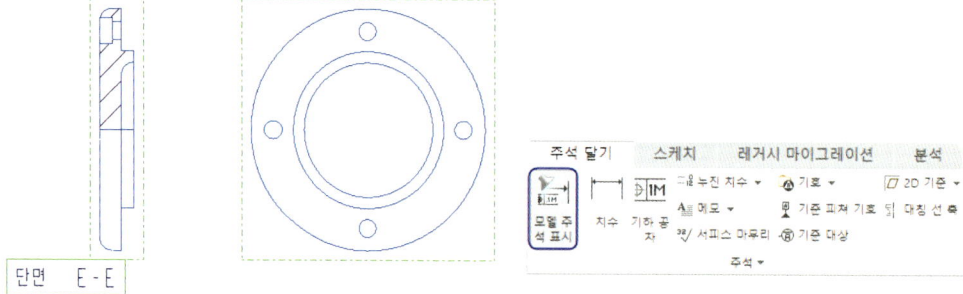

- 모델 주석 보기 대화 상자에서 데이텀나열탭 을 선택 > 유형 : 축 선택 > 확인란에서 모두 체크
> 적용

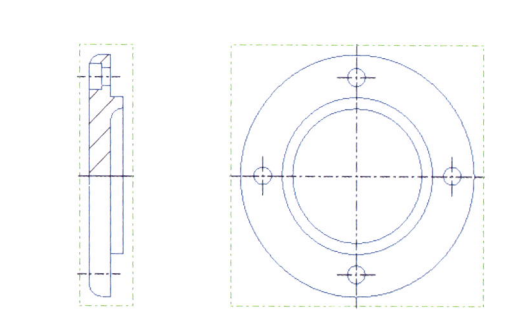
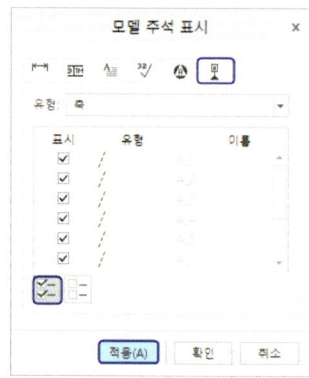

- 모델 주석 보기 대화 상자에서 모델치수나열탭 □을 선택 〉 유형 : 모두 선택 〉 뷰에서 표현할 치수만 선택 〉 적용 및 확인

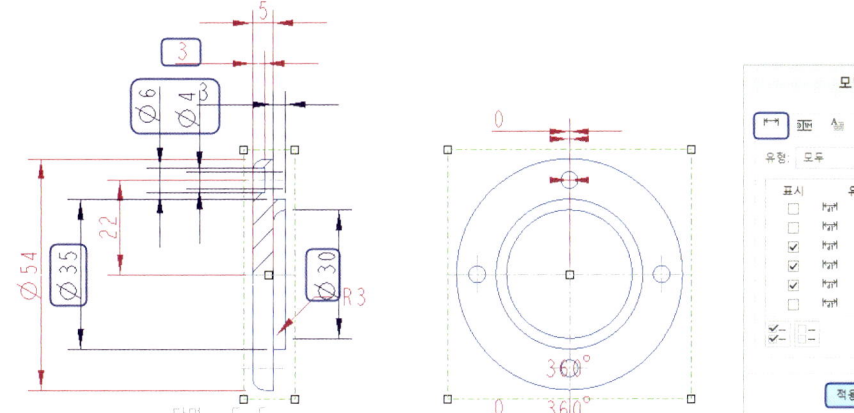
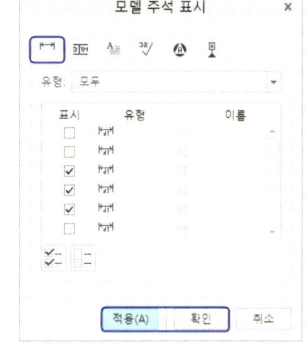

- 배치된 치수 정리 : 불필요한 치수 삭제 – 선택 후 Delete Key

  길이조절 – 선택후 Drag 이동

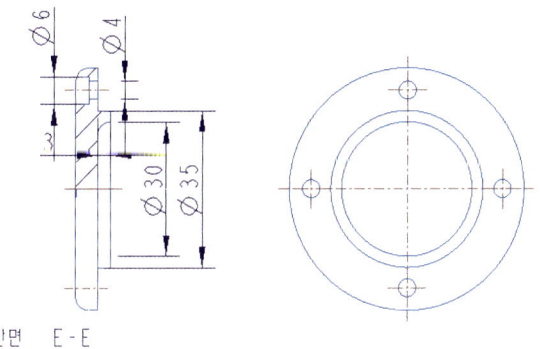

- 누락 된 치수 기입 : 리본 UI에서 [주석달기>치수] 클릭
- 참조선택 : 엔티티 상으로 진행

[생성하고자 하는 치수를 표현할 수 있는 Ctrl키 누른상태로 엔티티 선택 (LM) 〉 치수를 배치 시킬 위치에서 완료 (MM)]

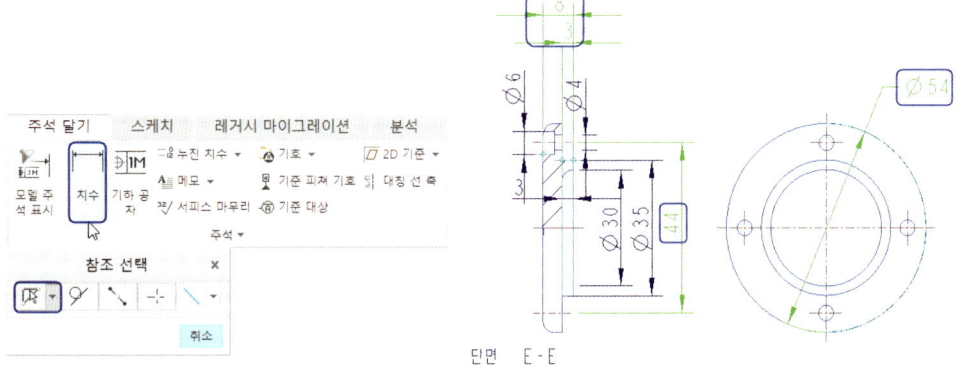

- 치수텍스트 수정 : 해당치수 선택 후 리본 UI에서 [치수>치수 텍스트] 클릭
  필요한 접두어 입력 [4-Φ]

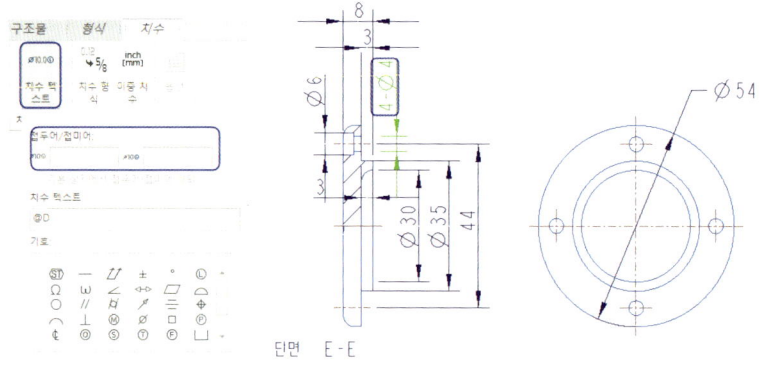

- 공차 입력 : 해당치수 선택 후 리본 UI에서 [치수>공차>+/- 명목치수] 클릭하여 아래와 같이 공차를 입력함.

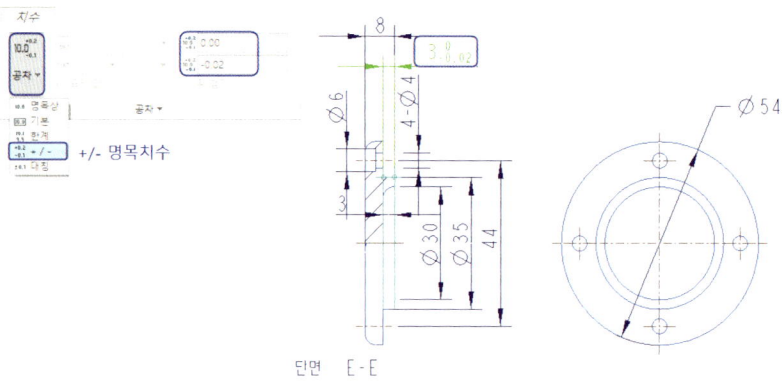

- Bearing_Cover_6.prt 저장

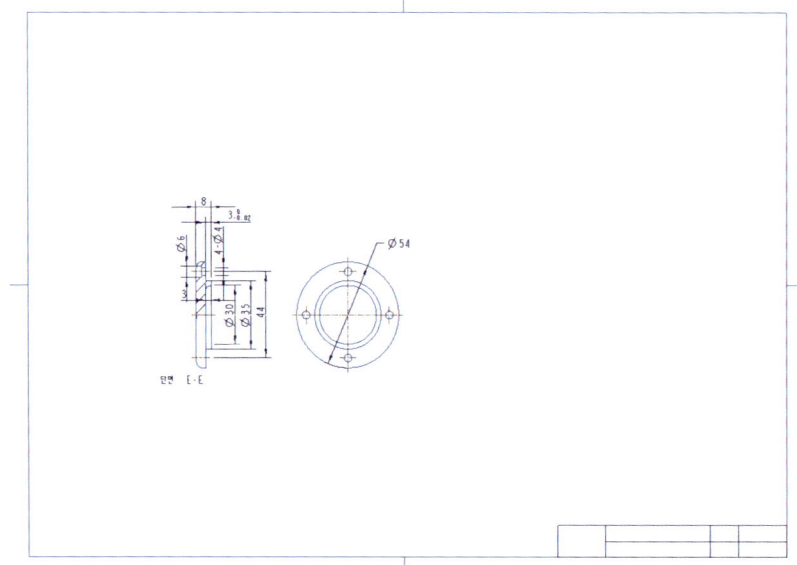

05 제출도면 생성하기

❶ 뷰 배치
- 새시트 추가 : 리본UI에서 [레이아웃 > 새시트] 클릭 or 하단의 탭 이용

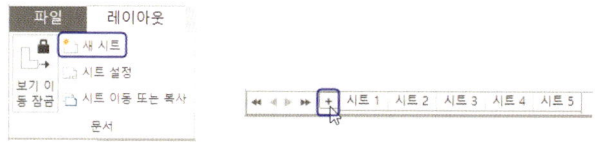

- 시트설정 : 리본UI에서 [레이아웃 > 시트설정] 클릭

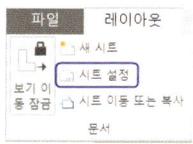

- 시트설정 대화상자에서 시트6의 포맷 변경 : A3 → A2 〉 확인

- 포맷 테이블은 전체유지함

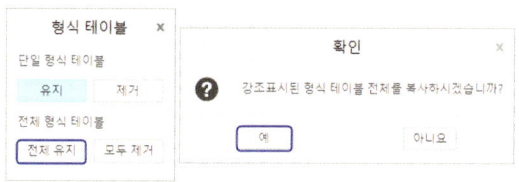

- 각각의 시트에 배치된 뷰의 위치 편집을 위해 리본UI에서 레이아웃 항목 클릭
  (레이아웃 관련작업 활성화됨)

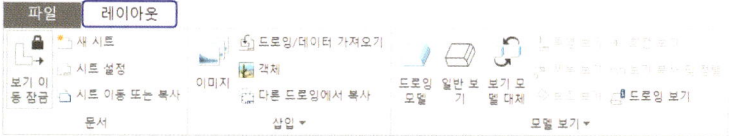

- 시트1로 이동 (하단의 탭 이용)

- 시트1에 배치된 Body 부품의 모든뷰를 드래그 선택 〉마우스 오른쪽 버튼 클릭 〉시트로 이동 클릭 〉시트6 선택 〉확인

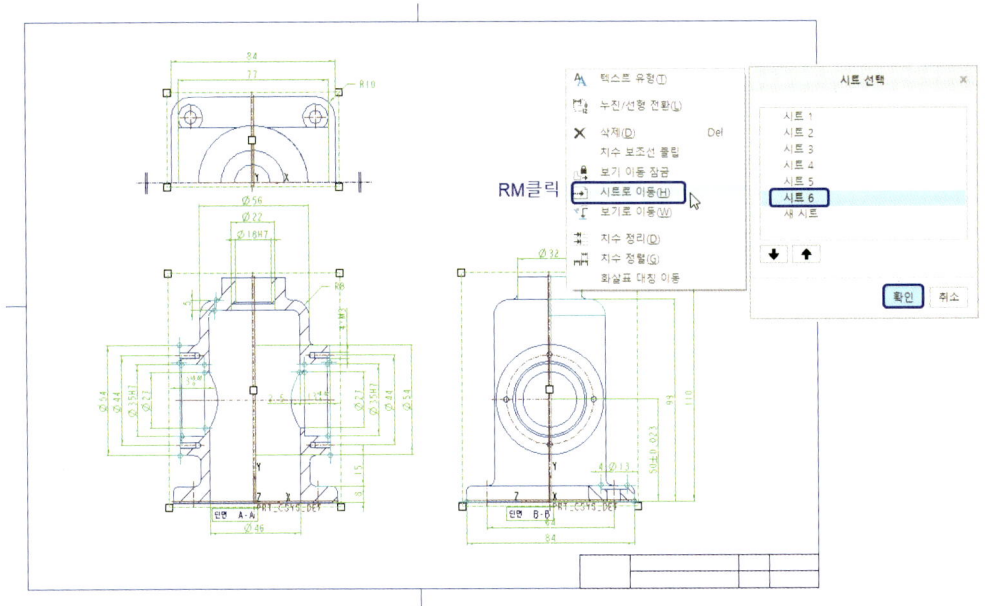

- 시트6에서 이동된 Body 부품의 뷰 위치 정리 : 해당뷰 선택 후 마우스 드래그 이동

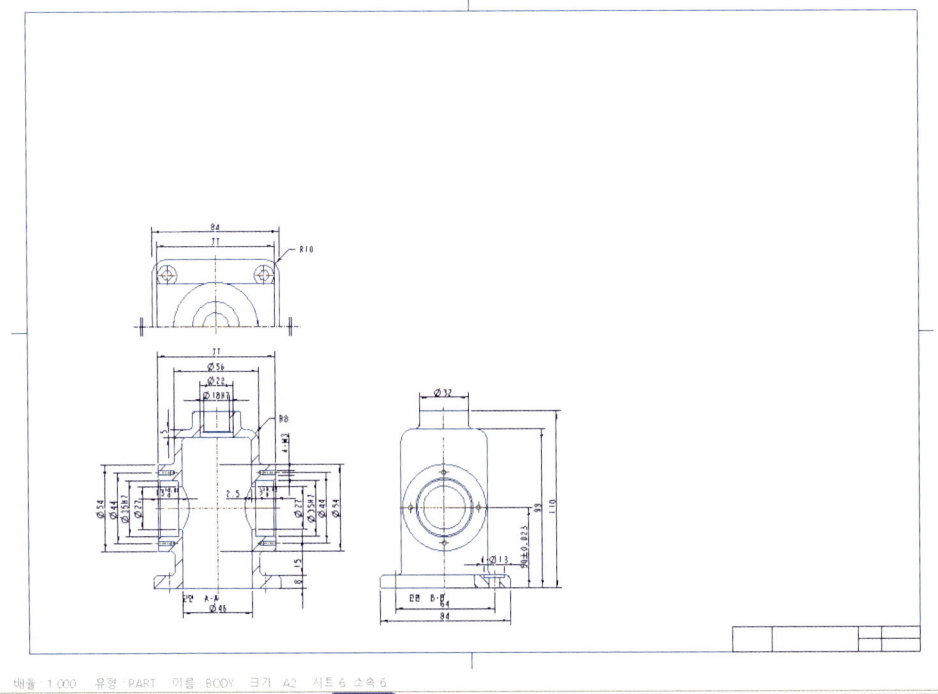

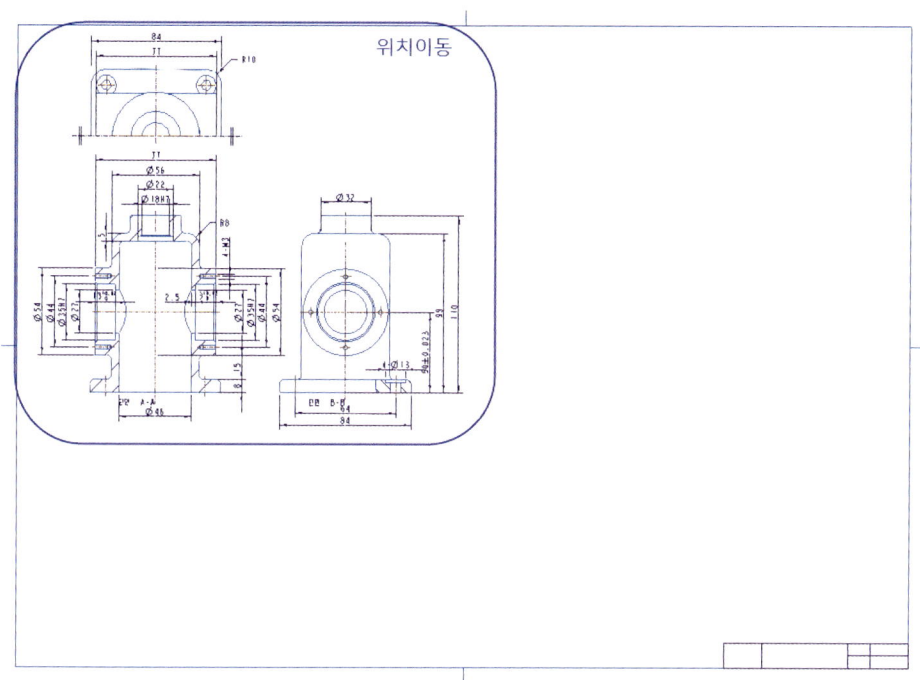

- 시트2로 이동 (하단의 탭 이용)

- 시트2에 배치된 Spur_Gear 부품의 모든뷰를 드래그 선택 〉 마우스 오른쪽 버튼 클릭 〉 시트로 이동 클릭 〉 시트6 선택 〉 확인

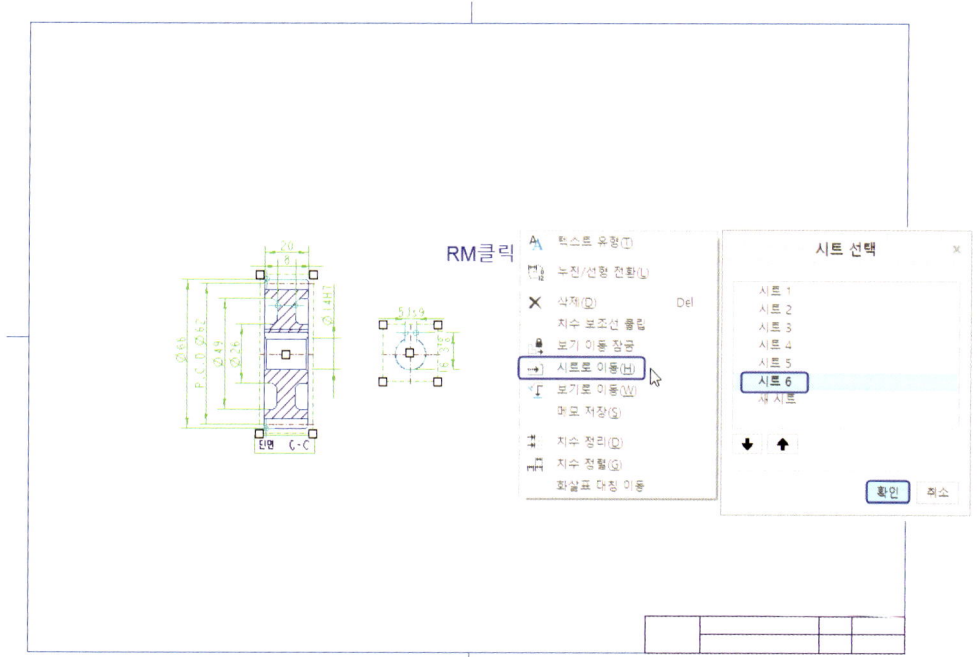

- 시트6에서 이동된 Spur_Gear 부품의 뷰 위치 정리 : 해당뷰 선택 후 마우스 드래그 이동

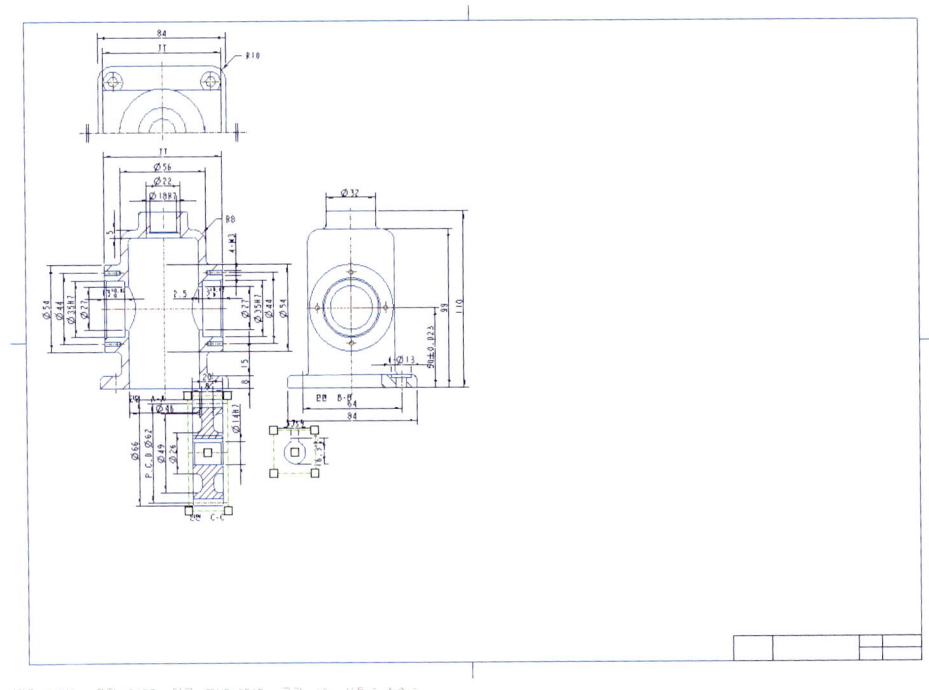

- 시트3로 이동 (하단의 탭 이용)

- 시트3에 배치된 Shaft 부품의 모든뷰를 드래그 선택 〉 마우스 오른쪽 버튼 클릭 〉 시트로 이동 클릭 〉 시트6 선택 〉 확인

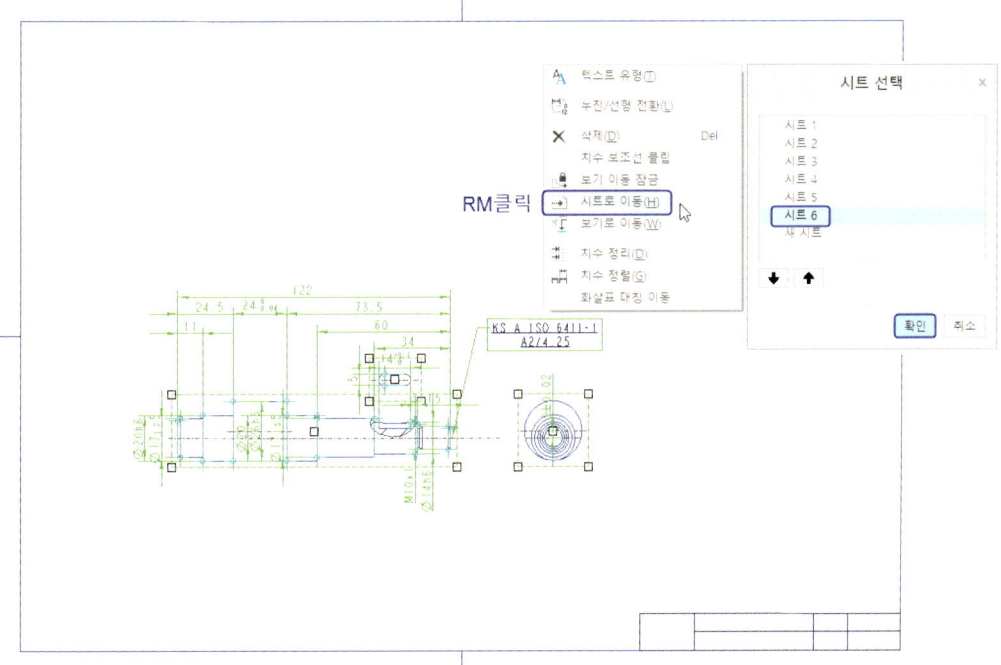

- 시트6에서 이동된 Shaft 부품의 뷰 위치 정리 : 해당뷰 선택 후 마우스 드래그 이동

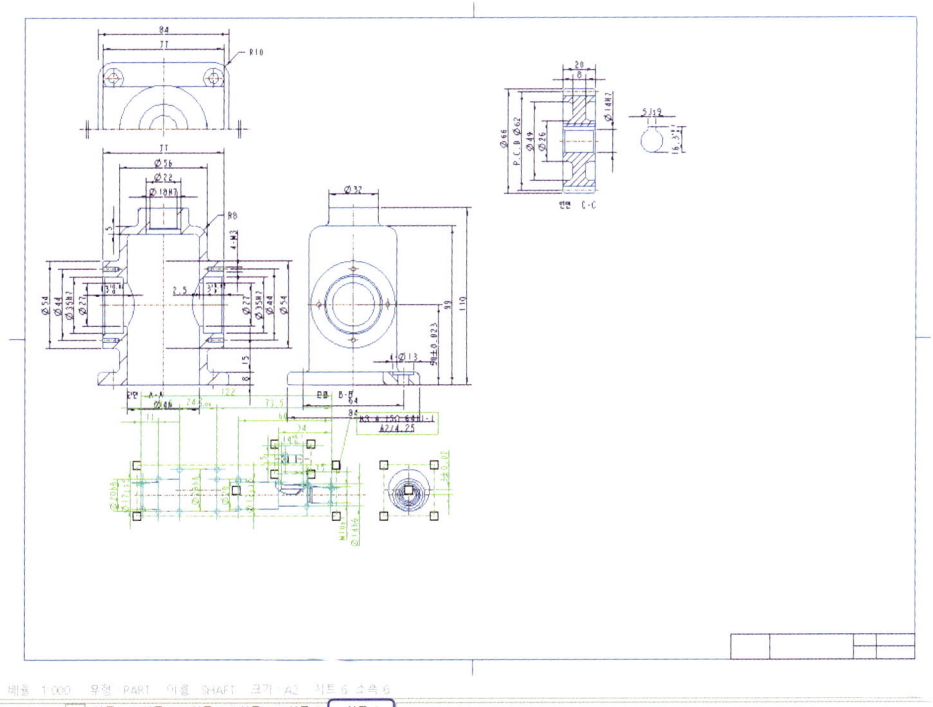

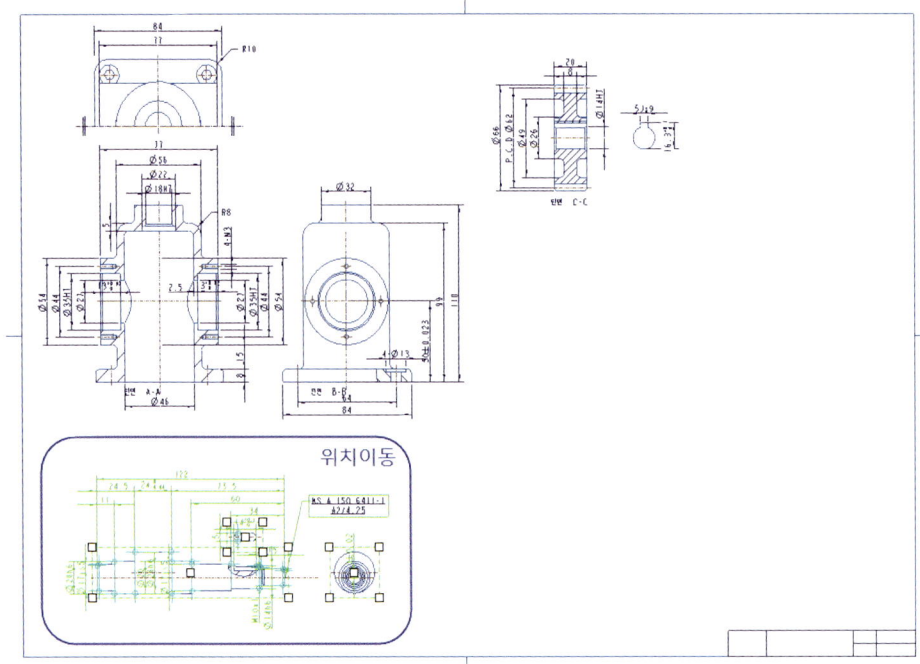

- 시트4로 이동 (하단의 탭 이용)

- 시트4에 배치된 Slider 부품의 모든뷰를 드래그 선택 〉 마우스 오른쪽 버튼 클릭 〉 시트로 이동 클릭 〉 시트6 선택 〉 확인

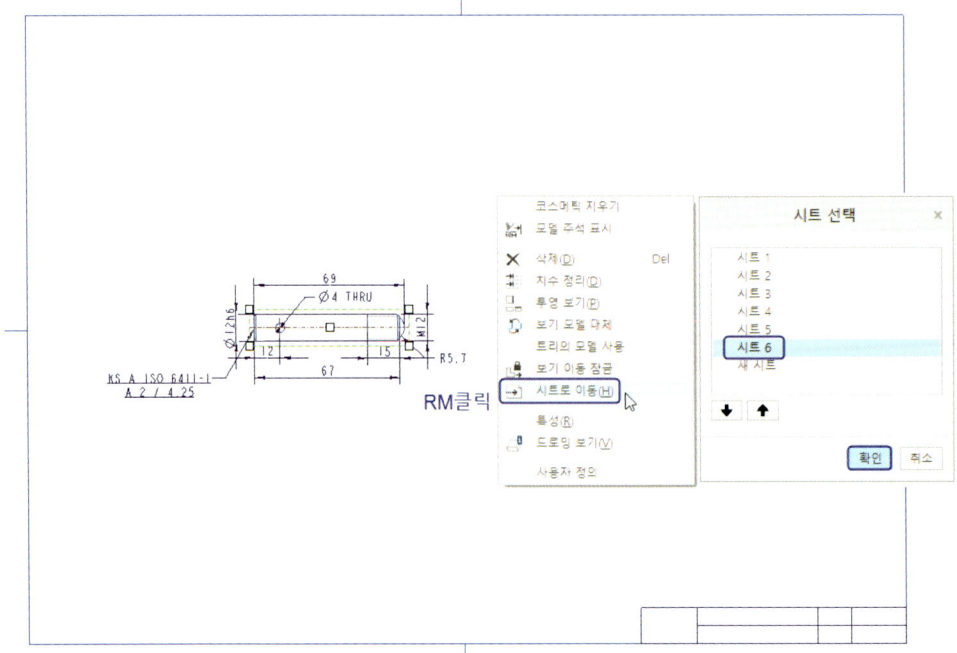

- 시트6에서 이동된 Slider 부품의 뷰 위치 정리 : 해당뷰 선택 후 마우스 드래그 이동

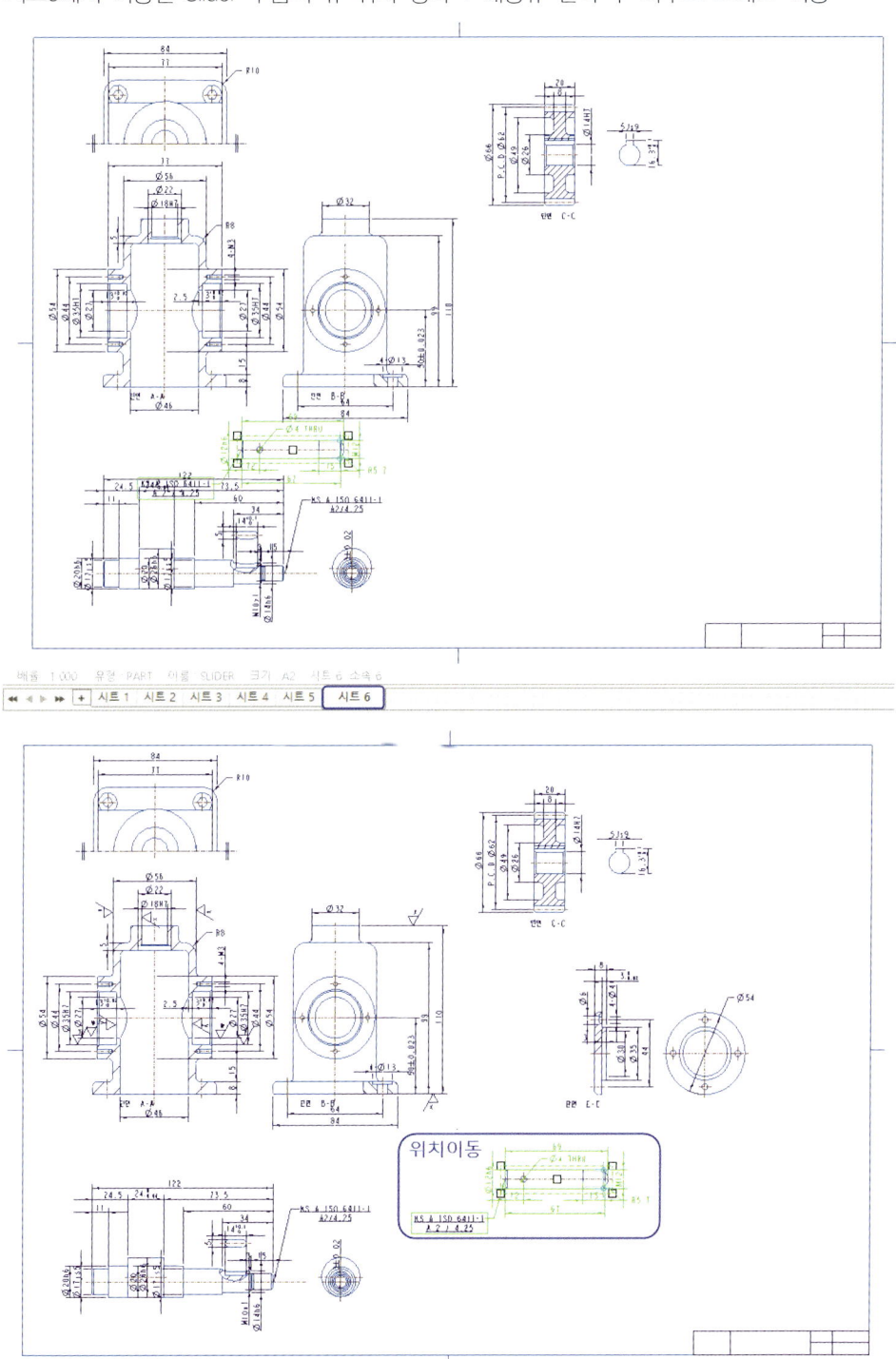

- 시트5로 이동 (하단의 탭 이용)

- 시트5에 배치된 Bearimg_Cover_6 부품의 모든뷰를 드래그 선택 〉 마우스 오른쪽 버튼 클릭 〉 시트로 이동 클릭 〉 시트6 선택 〉 확인

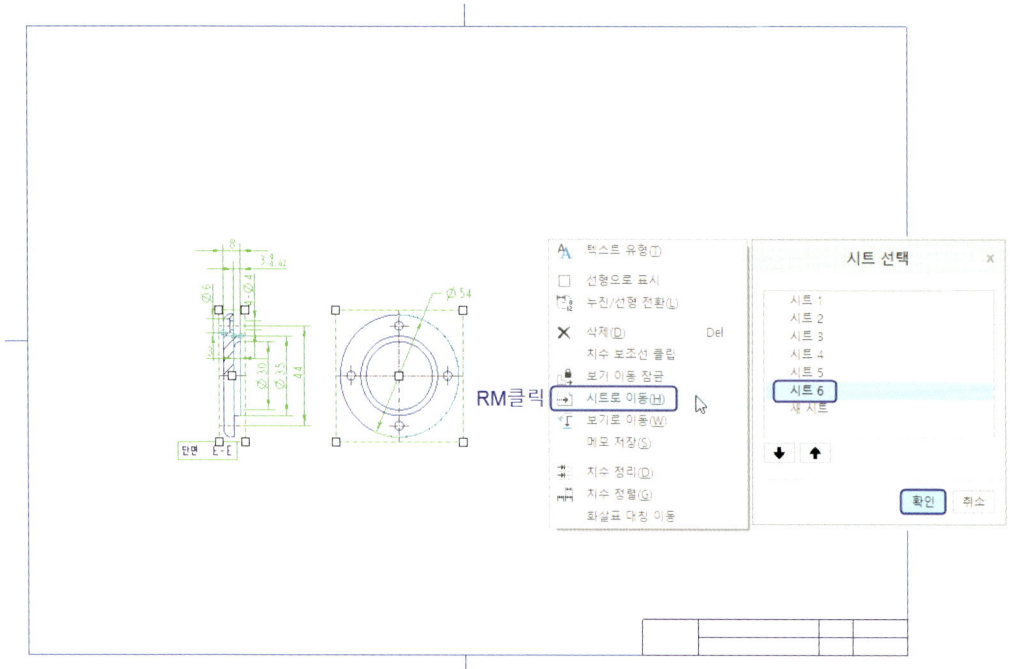

- 시트6에서 이동된 Bearimg_Cover_6 부품의 뷰 위치 정리 : 해당뷰 선택 후 마우스 드래그 이동

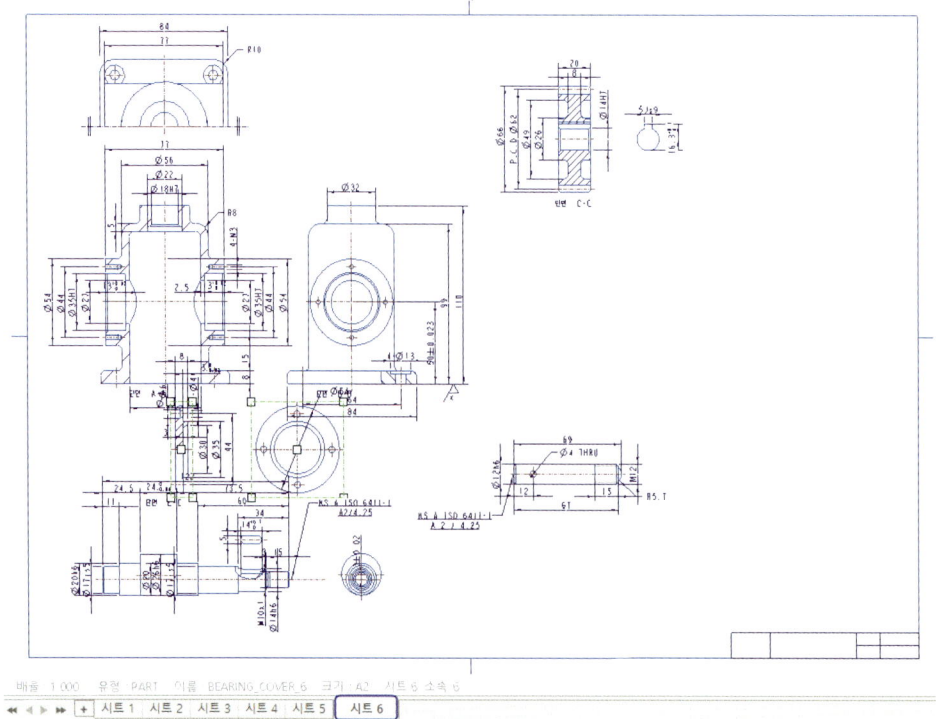

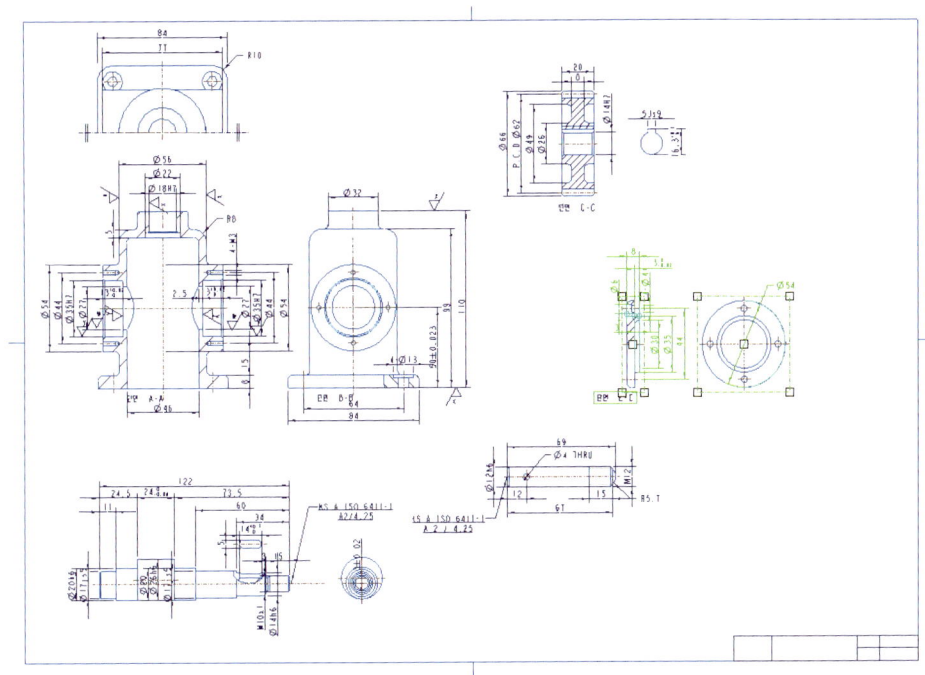

❷ 표면거칠기 및 기하공차 기입 [시트6에서 작업]

[표면거칠기 기입]

- 표면거칠기 기호 생성 · 리본 UI에서 [주석달기>기호-기호갤러리] 클릭

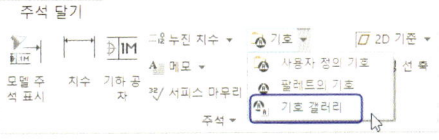

- 메뉴관리자에서 정의 선택 〉 기호이름 입력 [sur_roughness]

- 기존에 정의되어 있는 기호를 복사, 편집하여 새로운 기호를 정의함

- 기호복사 〉 standard1.sym 〉 열기

    (C:PTC/Creo 4.0/M020/Common Files/symbols/surffins/machined 에서 standard1.sym)

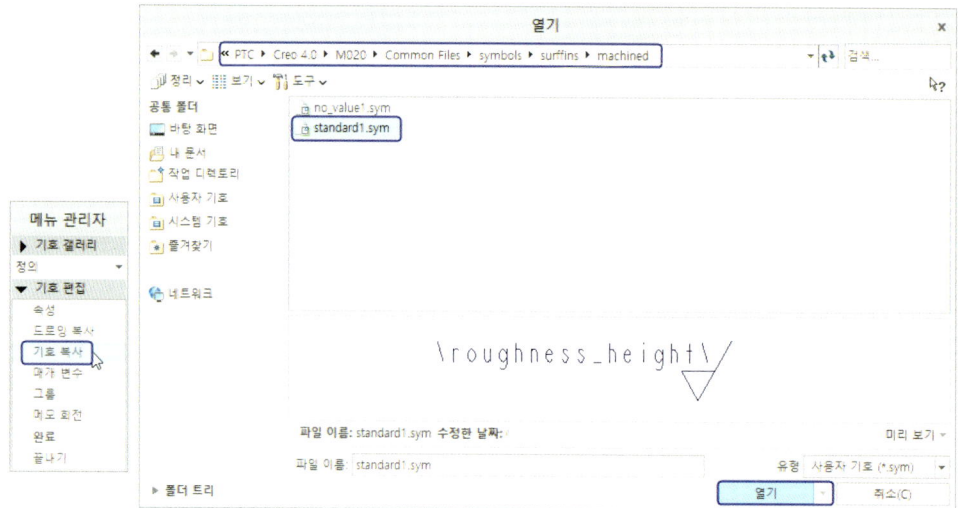

- 기호를 배치할 위치를 정의함. [자유점으로 임의의 위치를 클릭 〉 완료 〉 완료]

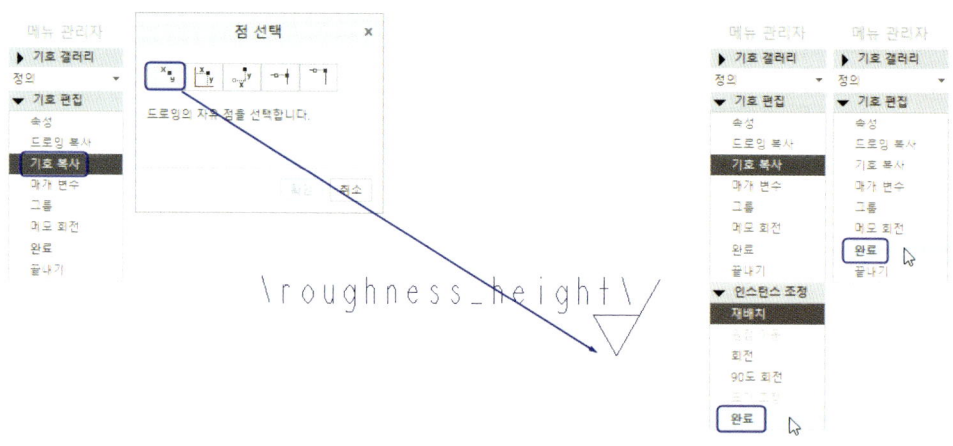

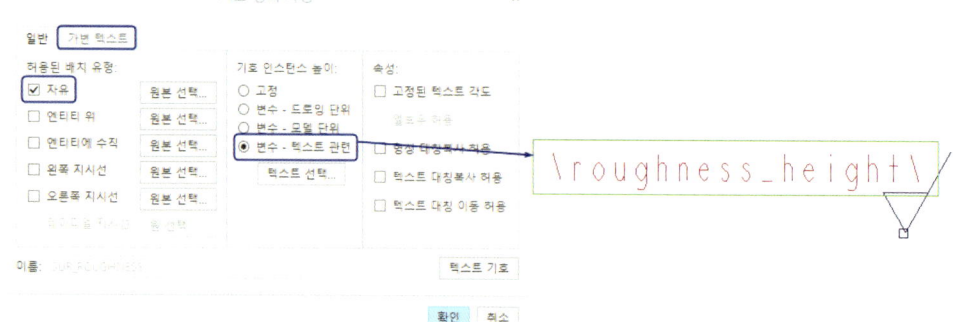

- 기호 정의 속성 대화상자의 일반탭에서 배치유형 정의함
  (배치유형 : 자유 / 배치의 기준점 선택)

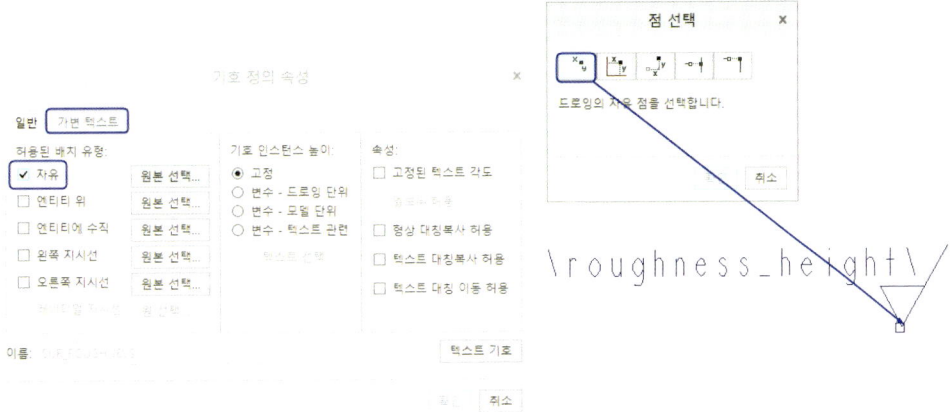

- 기호 인스턴스 높이 항목에서 변수-텍스트 관련을 선택 > 텍스트 선택... 클릭

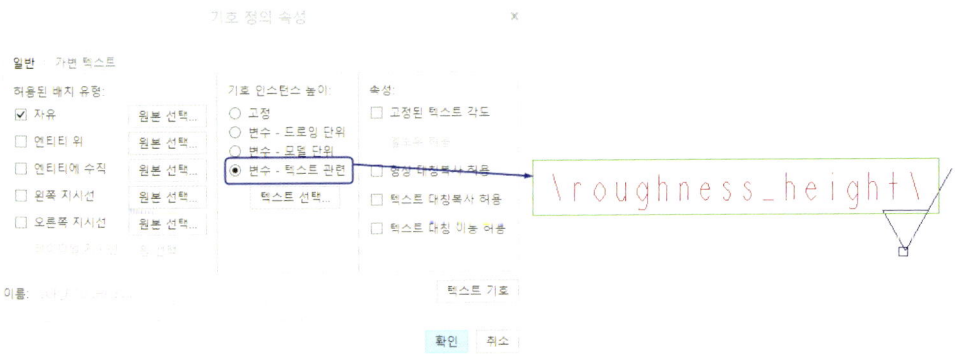

- 가변텍스트 탭에서 설정값 입력 : w, x, y > 확인

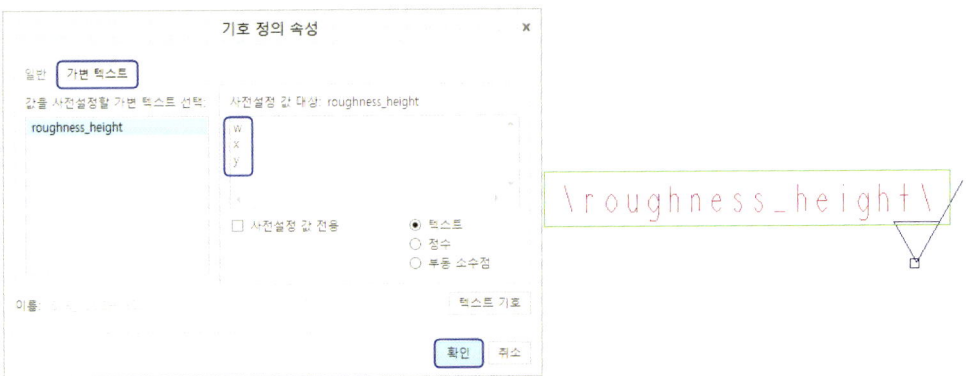

• 메모회전 클릭 〉 변수값 나타내는 메모 선택 〉 완료 〉 완료
  (이때 메시지영역에 나타내는 내용 확인 해야함 – 이 메모는 기호와 함께 회전할것입니다.)

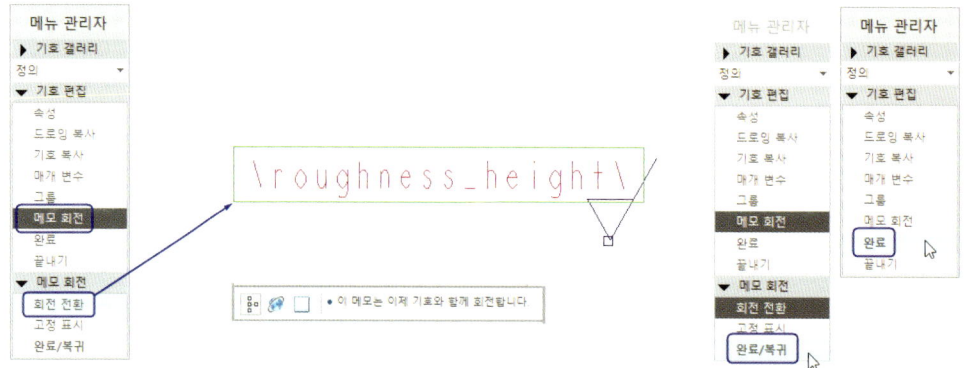

• 거칠기 기호 삽입 : 리본 UI에서 [주석달기>서피스마무리] 클릭

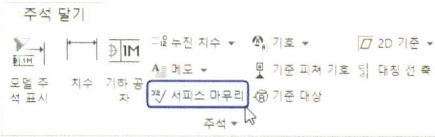

• 서피스 마무리 기호 정의
  [일반탭]
  기호이름 : sur_roughness 선택 / 배치 : 자유 (좌측면도에 배치)] / 각도 : –90도
  (+90도의 아이콘을 클릭하게되면 반시계방향으로 90도씩 회전함)
  [가변텍스트탭]
  변수값 : y

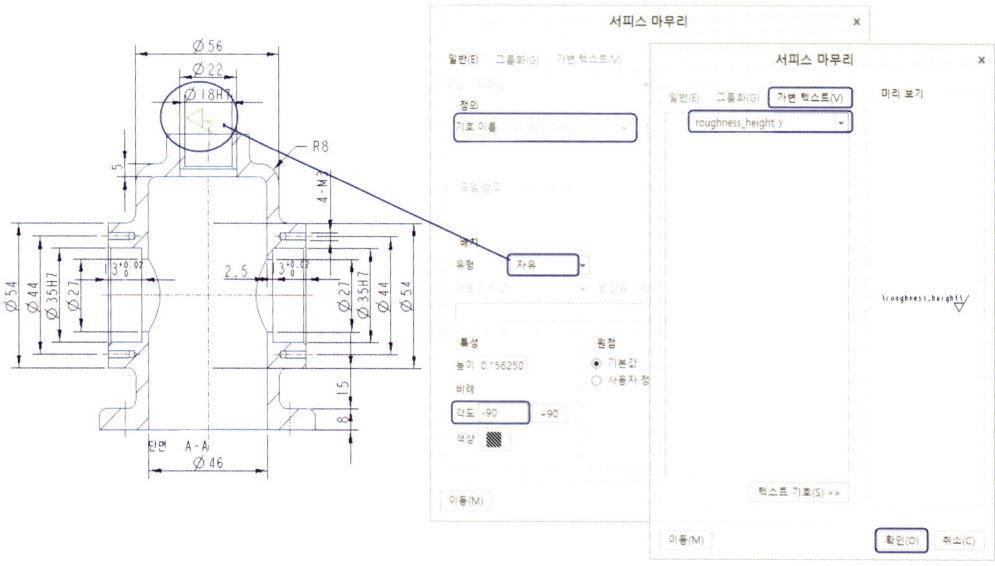

• 거칠기 기호 삽입 : 리본 UI에서 [주석달기>서피스마무리] 클릭

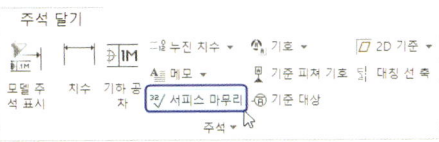

• 서피스 마무리 기호 추가

  [일반탭]

  기호이름 : sur_roughness 선택 / 배치 : 자유 / 가변텍스트 : x

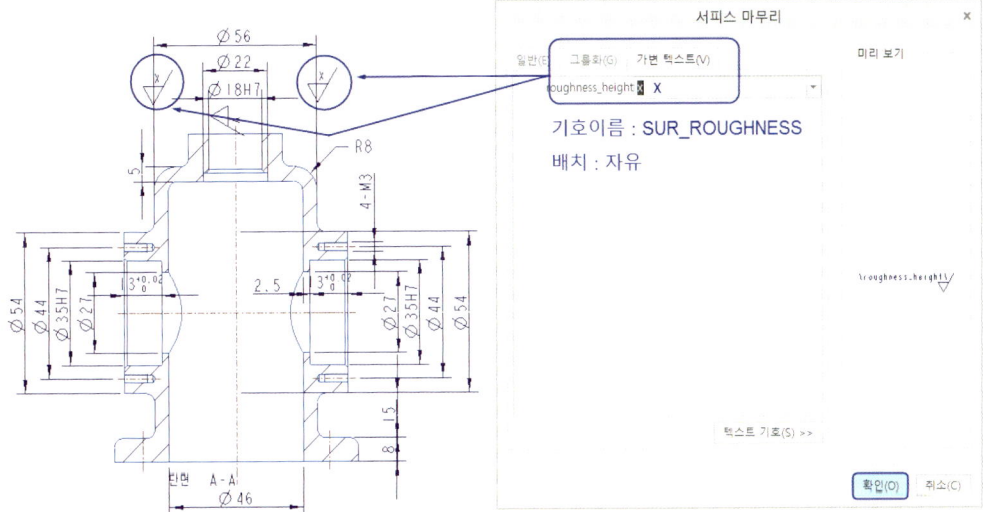

• 서피스 마무리 기호 수정 : 더블클릭하여 각도 수정함

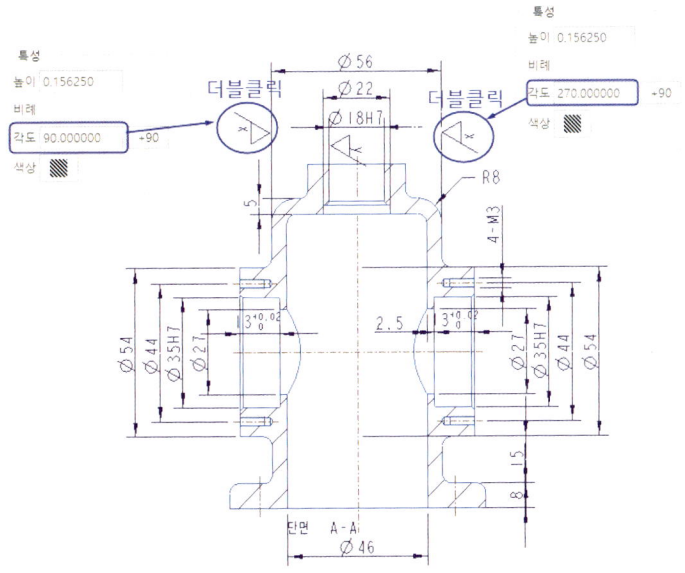

- 서피스 마무리 기호 추가

  [일반탭]

  기호이름 : sur_roughness 선택 / 배치 : 자유 / 가변텍스트 : y

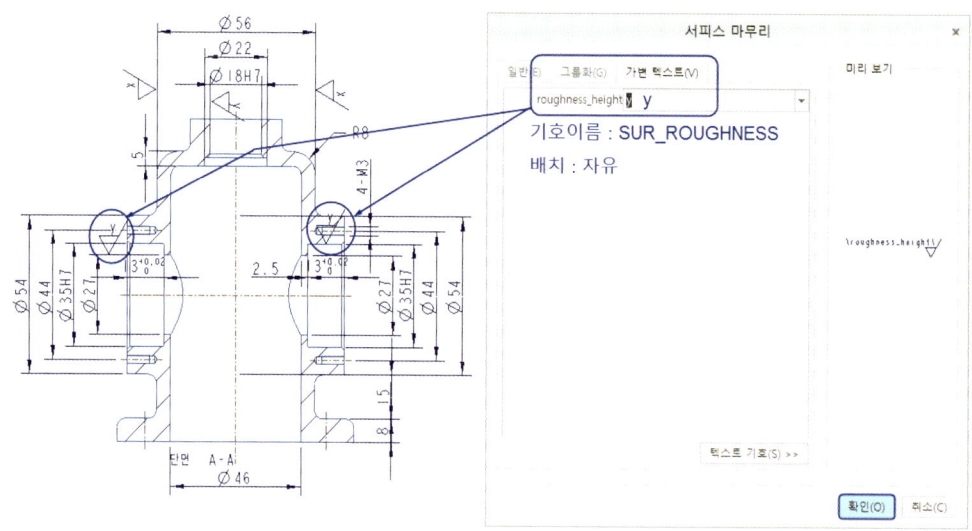

- 서피스 마무리 기호 수정 : 더블클릭하여 각도 수정함

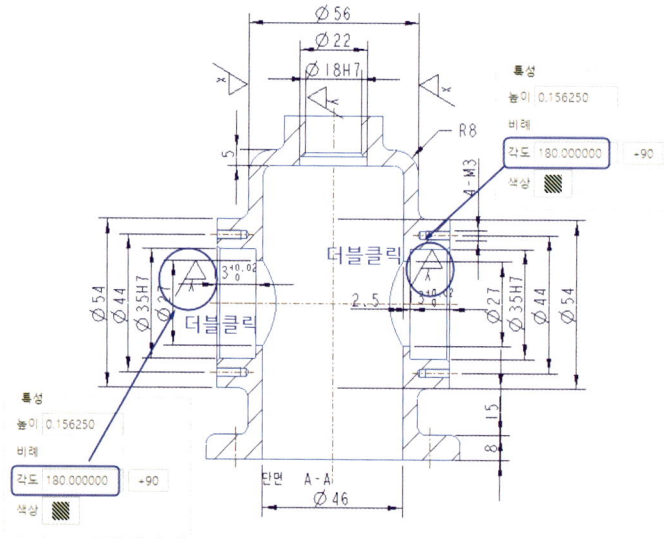

• 서피스 마무리 기호 추가

　[일반탭]

　기호이름 : sur_roughness 선택 / 배치 : 자유 / 가변텍스트 : w

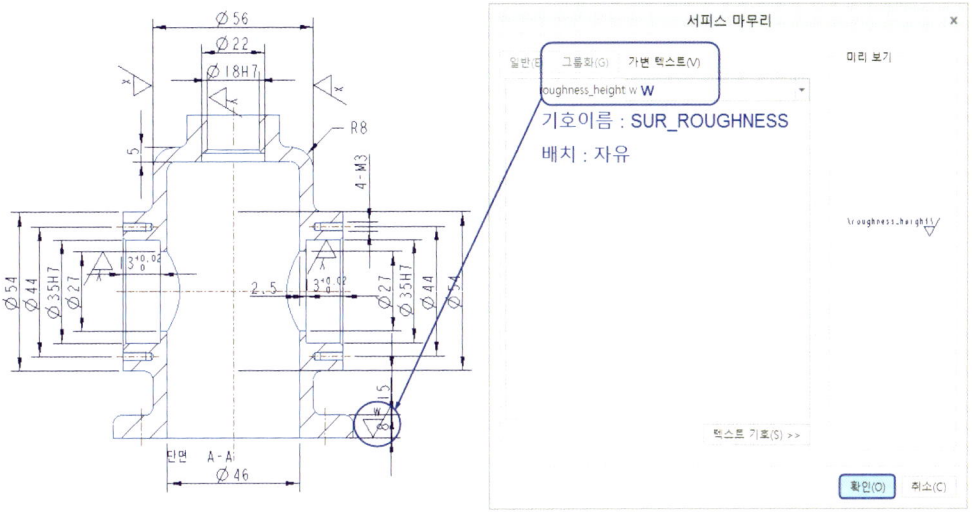

• 서피스 마무리 기호 수정 : 더블클릭하여 각도 수정함

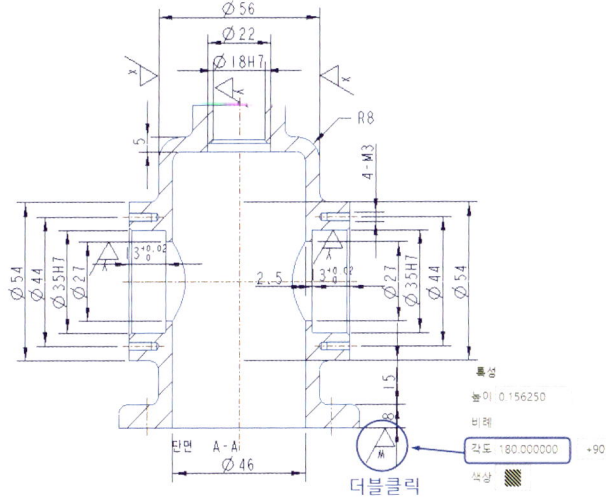

• 동일한 방법으로 Spur_Gear 부품에도 거칠기 기호 삽입

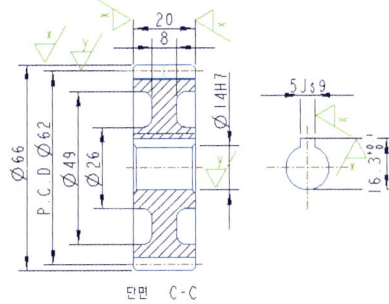

- 동일한 방법으로 Shaft 부품에도 거칠기 기호 삽입

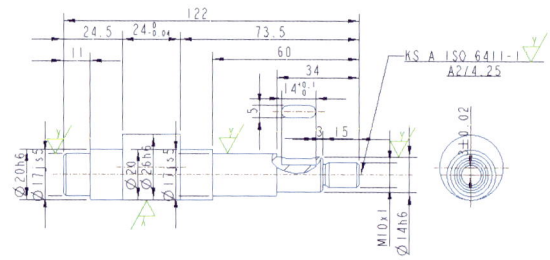

- 동일한 방법으로 Slider 부품에도 거칠기 기호 삽입

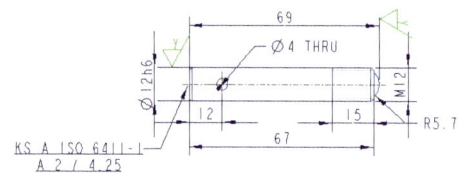

[기하공차 기입] – A

- 기하공차 기입을 위해 형상의 기준이 되는 모델데이텀 생성
- 리본 UI에서 [주석달기>기준 피쳐 기호] 클릭

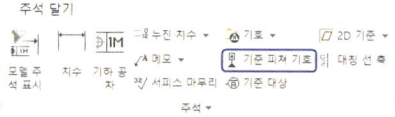

- 데이텀 대화상자에서 정보 입력 : body 부품의 좌측면도에 생성
- 바닥 치수 보조선을 참조로 하여 배치되도록 함 (마우스 왼쪽버튼 (LM) 클릭)
- 데이텀이 아래로 배치되도록 하여 마우스 가운데버튼(MM) 클릭
- 레이블 입력 및 [A] 완료

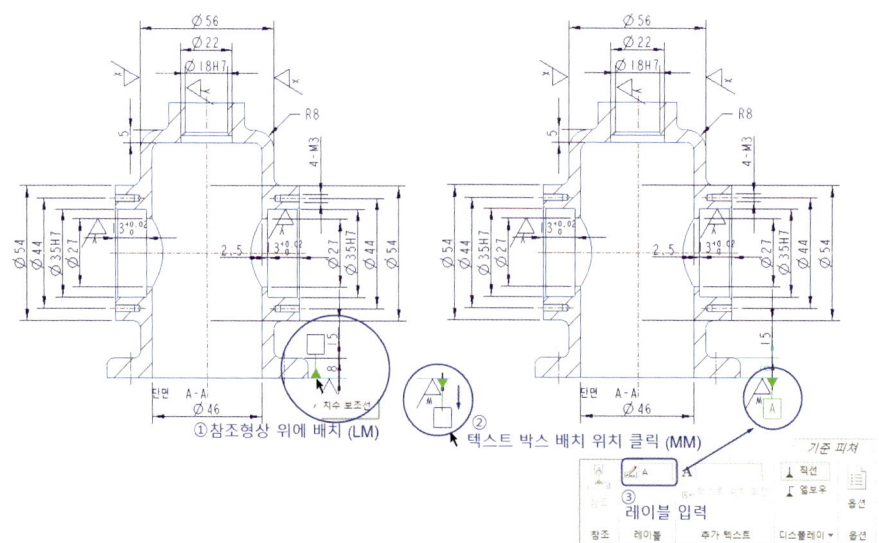

- 기하공차 기입 : 리본 UI에서 [주석달기 > 기하공차] 클릭

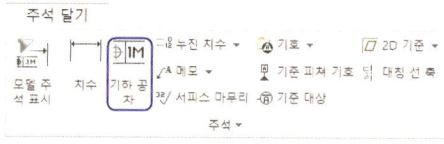

기하공차 리본 탭에서 아래 사항 입력
- 참조할 형상을 선택함 : 모서리 (횡단면 A)
- 배치할 위치 선택 : 임의의 위치에서 마우스 가운데 버튼 클릭(MM)
- 형상특성 기호 변경 : 평행도 선택 (//)
- 공차값 수정 : 0.013
- 기준참조 선택 : A 데이텀

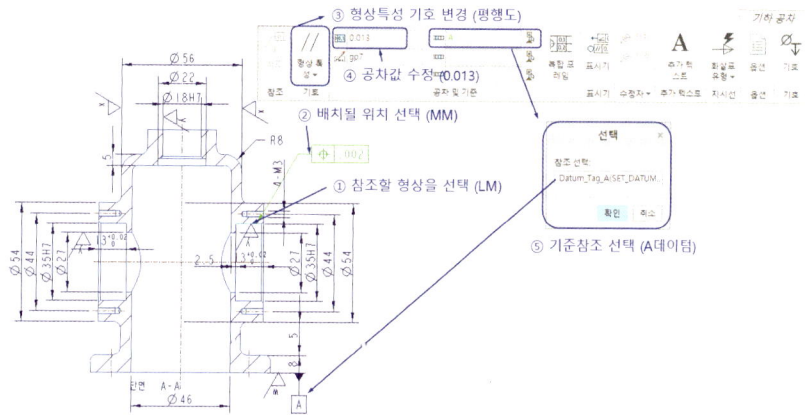

- 지시선 정리 (수직으로 배치) 및 완료

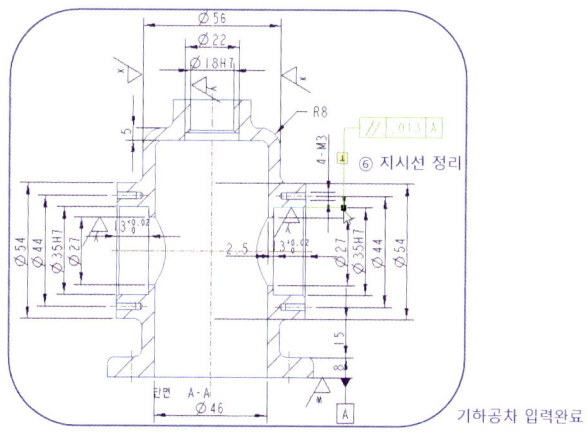

[기하공차 기입] – B
- 기하공차 기입을 위해 형상의 기준이 되는 모델데이텀 생성
- 리본 UI에서 [주석달기 > 주석-기준 피쳐 기호] 클릭

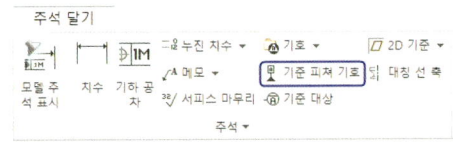

- 데이텀 대화상자에서 정보 입력 : body 부품의 좌측면도에 생성
- 바닥 치수 보조선을 참조로 하여 배치되도록 함 (마우스 왼쪽버튼 (LM) 클릭)
- 데이텀이 위로 배치되도록 하여 마우스 가운데버튼(MM) 클릭
- 레이블 입력 및 [B] 완료

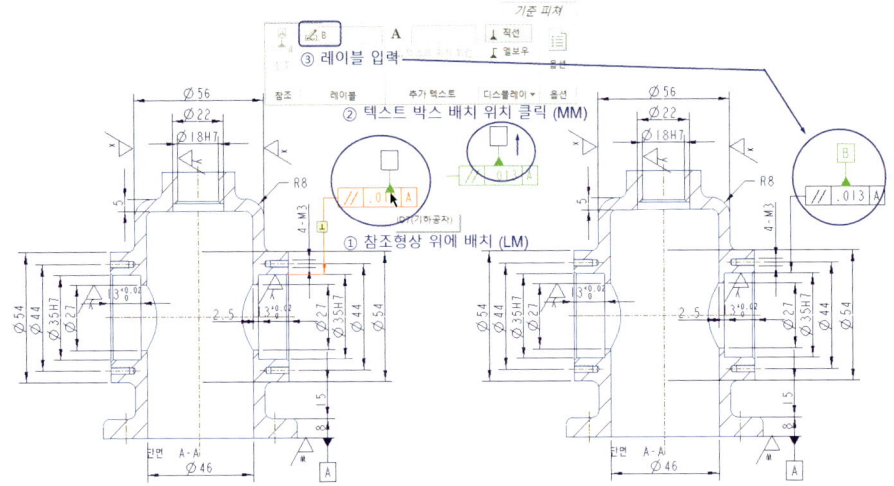

- 기하공차 기입 : 리본 UI에서 [주석달기>기하공차] 클릭

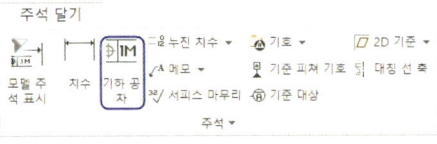

기하공차 리본 탭에서 아래 사항 입력

- 참조할 형상을 선택함 : 모서리
- 배치할 위치 선택 : 임의의 위치에서 마우스 가운데 버튼 클릭(MM)
- 형상특성 기호 변경 : 동심도 선택 (◎)
- 공차값 수정 : 0.008
- 기준참조 선택 : B 데이텀

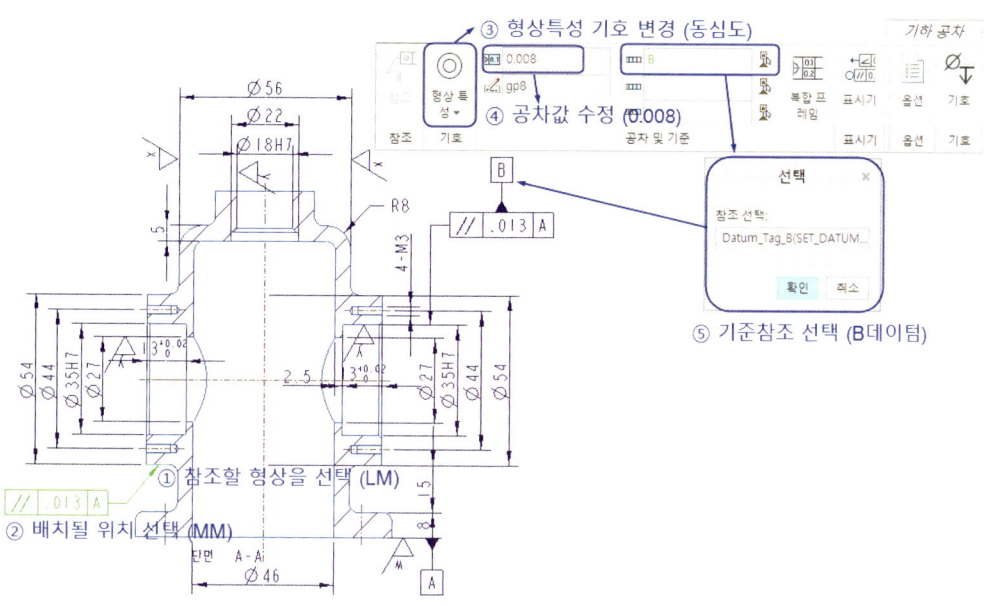

- 지시선 정리 (수직으로 배치) 및 완료

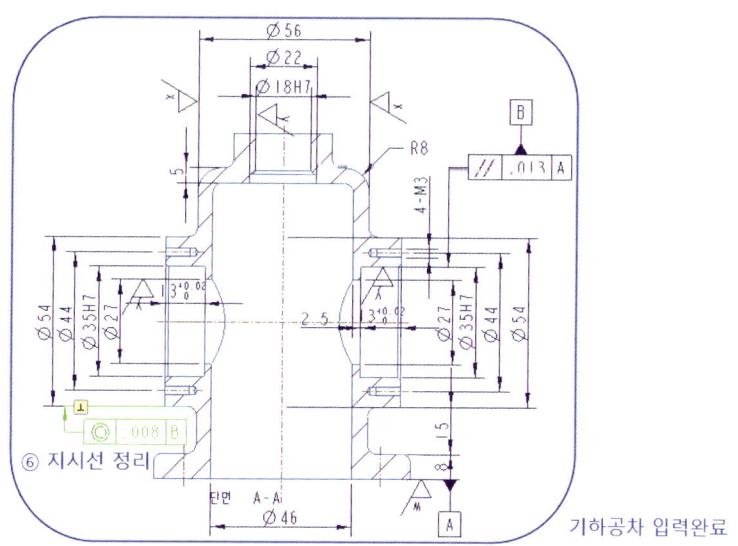

- 기하공차 기입 : 리본 UI에서 [주석달기>기하공차] 클릭

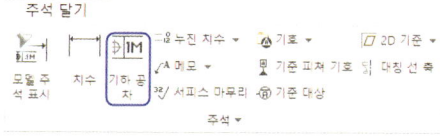

기하공차 리본 탭에서 아래 사항 입력

- 참조할 형상을 선택함 : 모서리
- 배치할 위치 선택 : 임의의 위치에서 마우스 가운데 버튼 클릭(MM)
- 형상특성 기호 변경 : 직각도 선택 (⊥)

- 공차값 수정 : 0.008
- 기준참조 선택 : B 데이텀

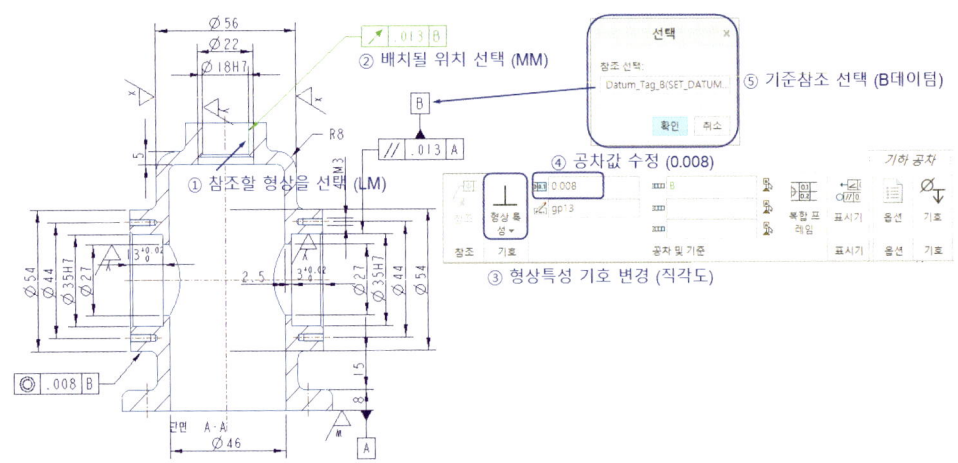

- 지시선 정리 (수직으로 배치) 및 완료

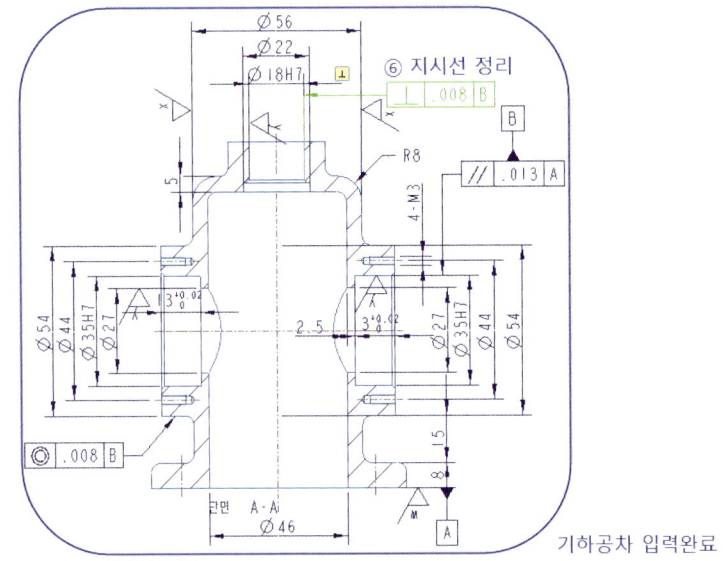

[기하공차 기입] – C

- 기하공차 기입을 위해 형상의 기준이 되는 모델데이텀 생성
- 리본 UI에서 [주석달기>기준 피쳐 기호] 클릭

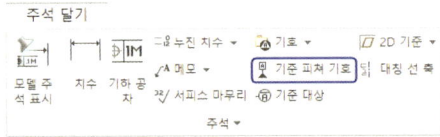

- 데이텀 대화상자에서 정보 입력 : shaft 부품에 생성
- 원통형 서피스를 참조로 하여 배치되도록 함 (마우스 왼쪽버튼 (LM) 클릭)
- 데이텀이 아래로 배치되도록 하여 마우스 가운데버튼(MM) 클릭

- 레이블 입력 및 [C] 완료

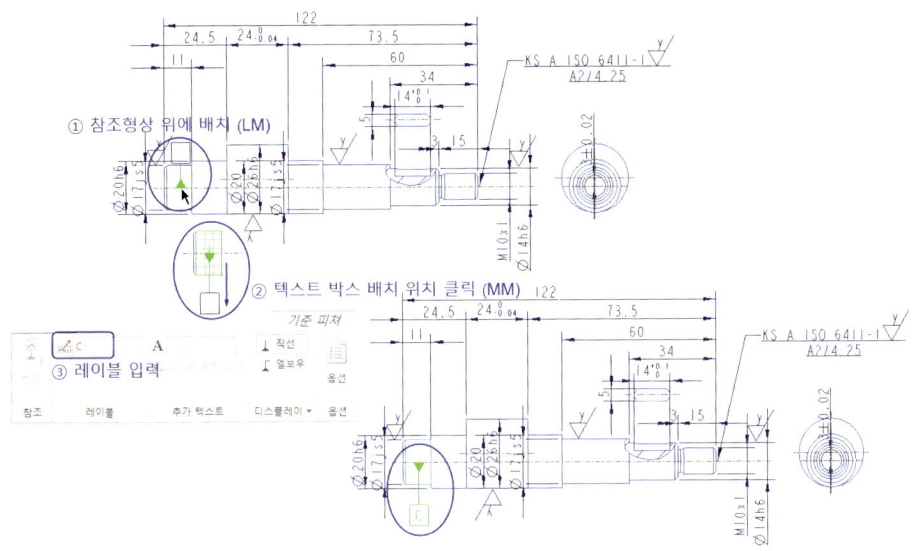

- 기하공차 기입 : 리본 UI에서 [주석달기>기하공차] 클릭

기하공차 리본 탭에서 아래 사항 입력
- 참조할 형상을 선택함 : 모서리
- 배치할 위치 선택 : 임의의 위치에서 마우스 가운데 버튼 클릭(MM)
- 형상특성 기호 변경 : 흔들림 선택 (↗)
- 공차값 수정 : 0.008
- 기준참조 선택 : C 데이텀

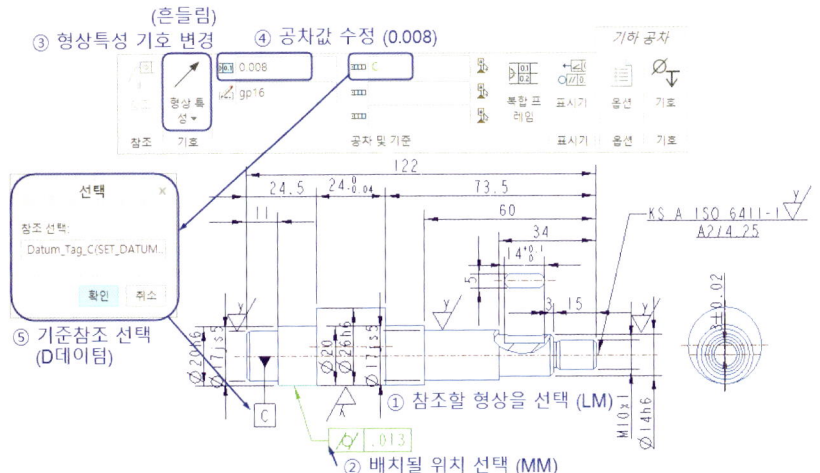

- 지시선 정리 (수직으로 배치) 및 완료

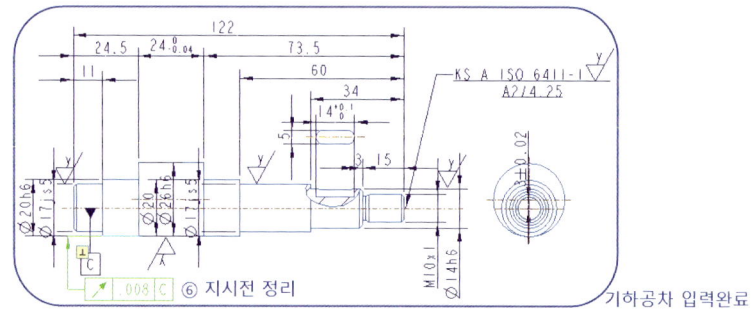

- 기하공차 기입 : 리본 UI에서 [주석달기>기하공차] 클릭

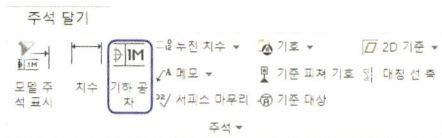

기하공차 리본 탭에서 아래 사항 입력
- 앞서 입력된 자료에 의해서 자동으로 설정값 입력됨

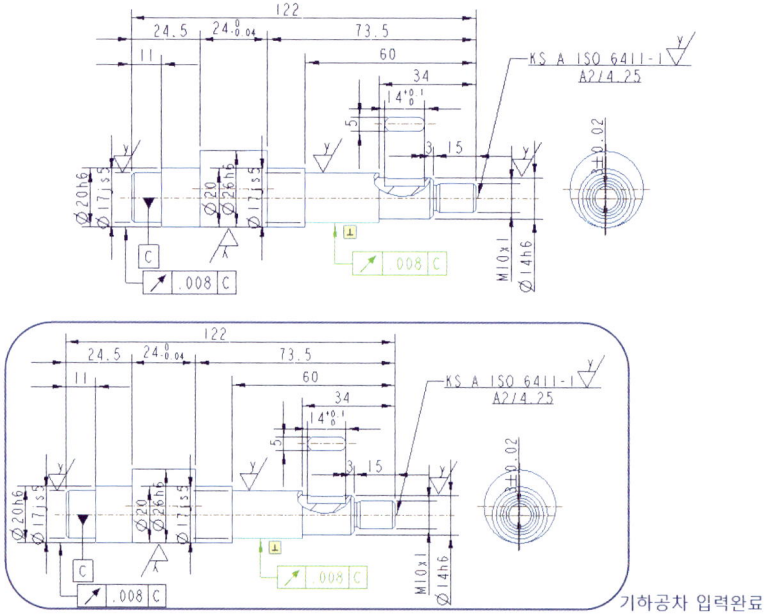

[기하공차 기입] – D

- 기하공차 기입을 위해 형상의 기준이 되는 모델데이텀 생성
- 리본 UI에서 [주석달기>기준 피쳐 기호] 클릭

- 데이텀 대화상자에서 정보 입력 : body 부품의 좌측면도에 생성
- 바닥 치수 보조선을 참조로 하여 배치되도록 함 (마우스 왼쪽버튼 (LM) 클릭)
- 데이텀이 위로 배치되도록 하여 마우스 가운데버튼(MM) 클릭
- 레이블 입력 및 [D] 완료

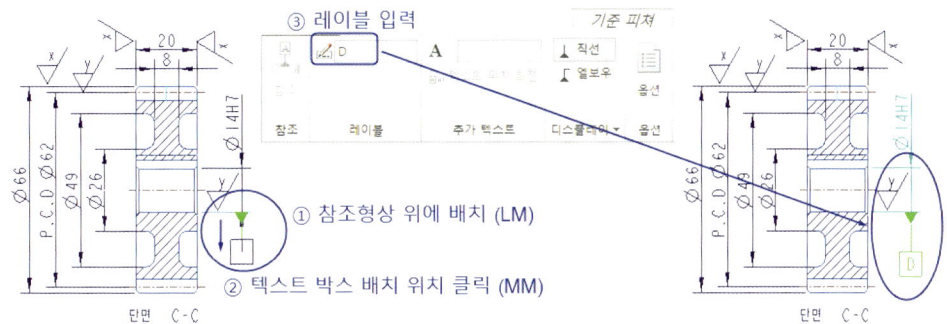

- 기하공차 기입 : 리본 UI에서 [주석달기>기하공차] 클릭

기하공차 리본 탭에서 아래 사항 입력
- 참조할 형상을 선택함 : 모서리
- 배치할 위치 선택 : 임의의 위치에서 마우스 가운데 버튼 클릭(MM)
- 형상특성 기호 변경 : 흔들림 선택 (↗)
- 공차값 수정 : 0.013
- 기준참조 선택 : D 데이텀

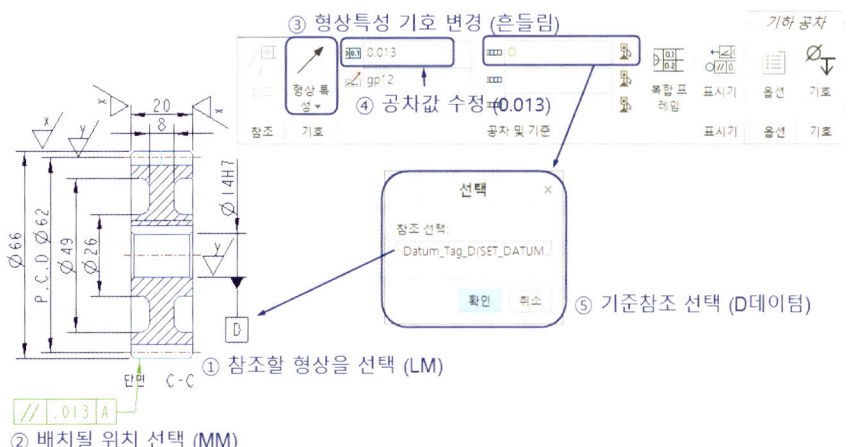

- 지시선 정리 (수직으로 배치) 및 완료

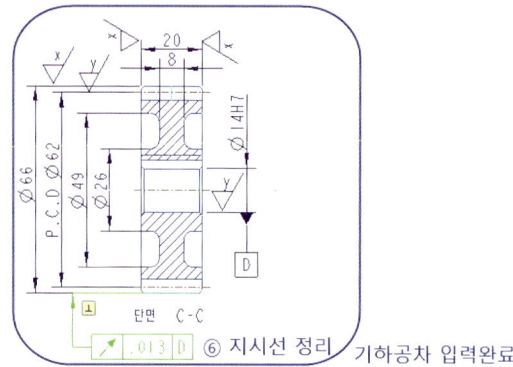

[기하공차 기입] – 참조 데이텀 없이 진행

- 기하공차 기입 : 리본 UI에서 [주석달기>기하공차] 클릭

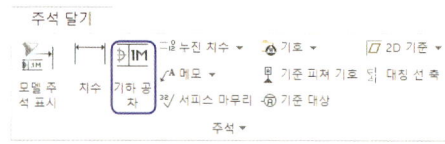

기하공차 리본 탭에서 아래 사항 입력

- 참조할 형상을 선택함 : 원통형 서피스
- 배치할 위치 선택 : 임의의 위치에서 마우스 가운데 버튼 클릭(MM)
- 형상특성 기호 변경 : 원통도 선택 (⌀)
- 공차값 수정 : 0.013
- 기준참조 선택 : 없음
- 지시선 정리 (수직으로 배치) 및 완료

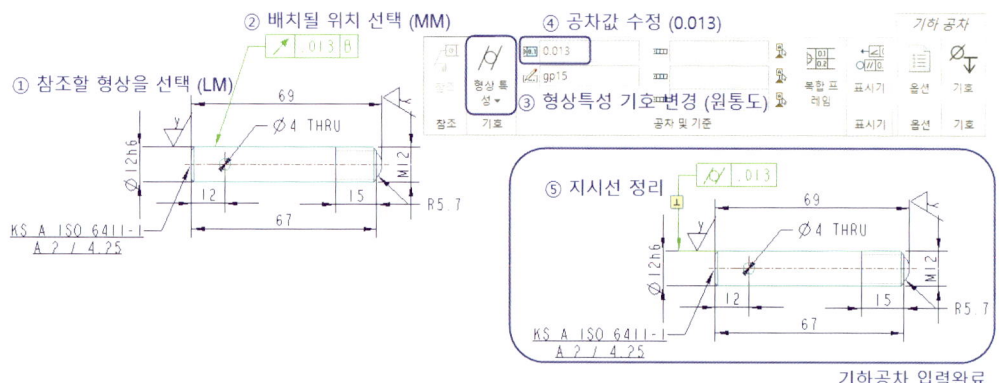

❸ 테이블요소(표제란, 부품란, 요목표) 및 주서 작성
[부품란 테이블 생성]
- 우측 하단에 표제란을 삽입하기 위하여 리본 UI에서
  [테이블 〉 테이블삽입] 선택.

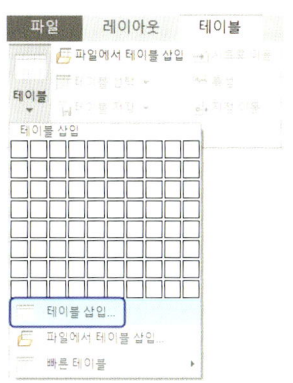

- 테이블 증가 방향 및 크기를 정의함.
  – 테이블 증가 방향 : 왼쪽 및 오름차순
  – 테이블 크기 : 5열 2행 (높이 8, 너비 25)
- 삽입 위치 정의 (정점선택 〉 테두리의 우측하단 선택 〉 확인)

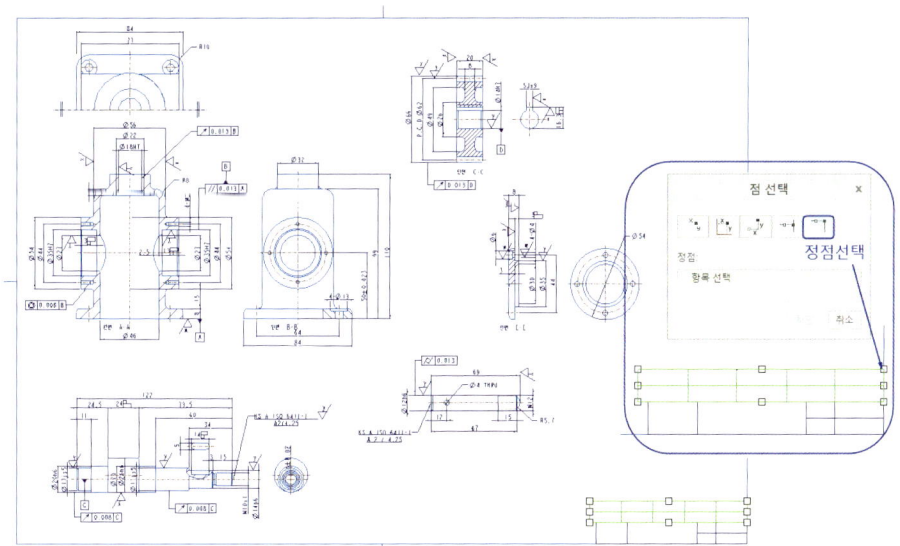

- 테이블 크기를 수정함
  - 너비를 수정할 영역을 드래그 〉 리본 UI에서 [테이블>높이 및 너비 선택] 〉 너비 수정 및 확인

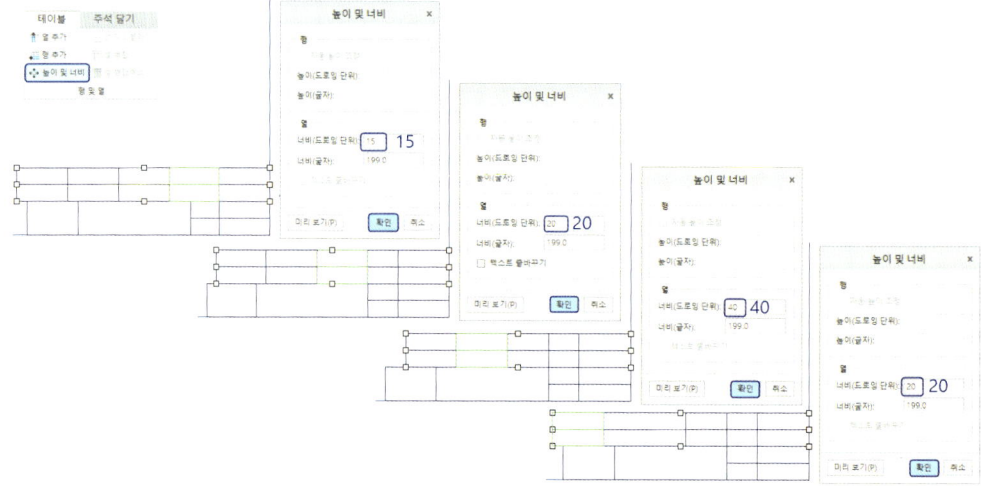

[요목표 테이블 생성]
- 스퍼기어 요목표를 삽입하기 위하여 리본 UI에서 [테이블>테이블삽입] 선택.

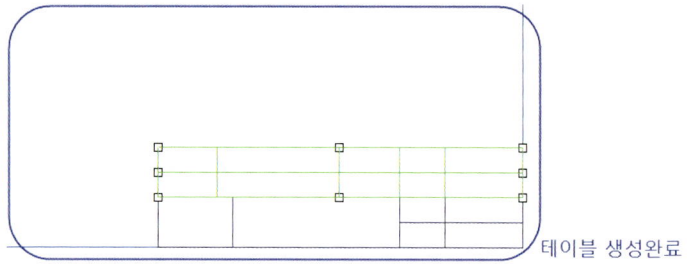

- 테이블 증가 방향 및 크기를 정의함
  - 테이블 증가 방향 : 오른쪽 및 내림차순
  - 테이블 크기 : 3열 9행 (높이 8, 너비 35)

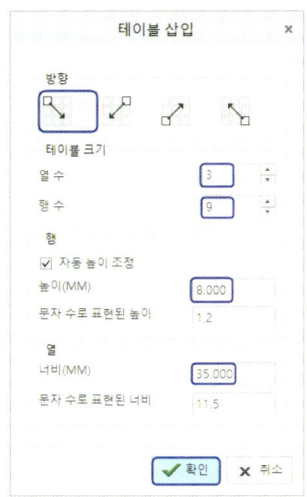

• 삽입 위치 정의 (정점선택 - 스퍼기어 우측에 배치 > 확인)

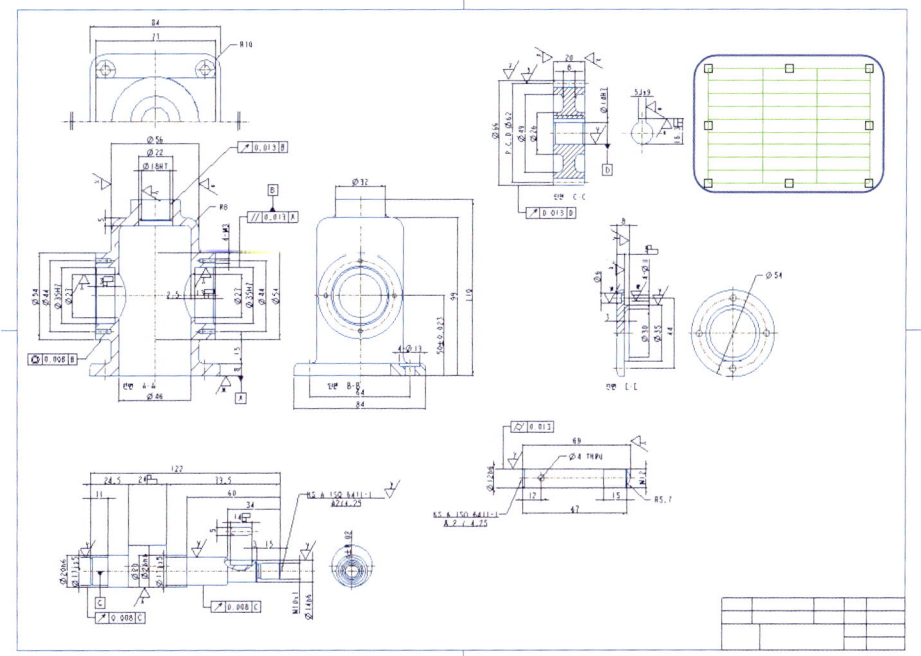

- 테이블 크기를 수정함
    - 너비를 수정할 영역을 드래그 〉 리본 UI에서 [테이블>높이 및 너비] 선택 〉 너비 수정 및 확인

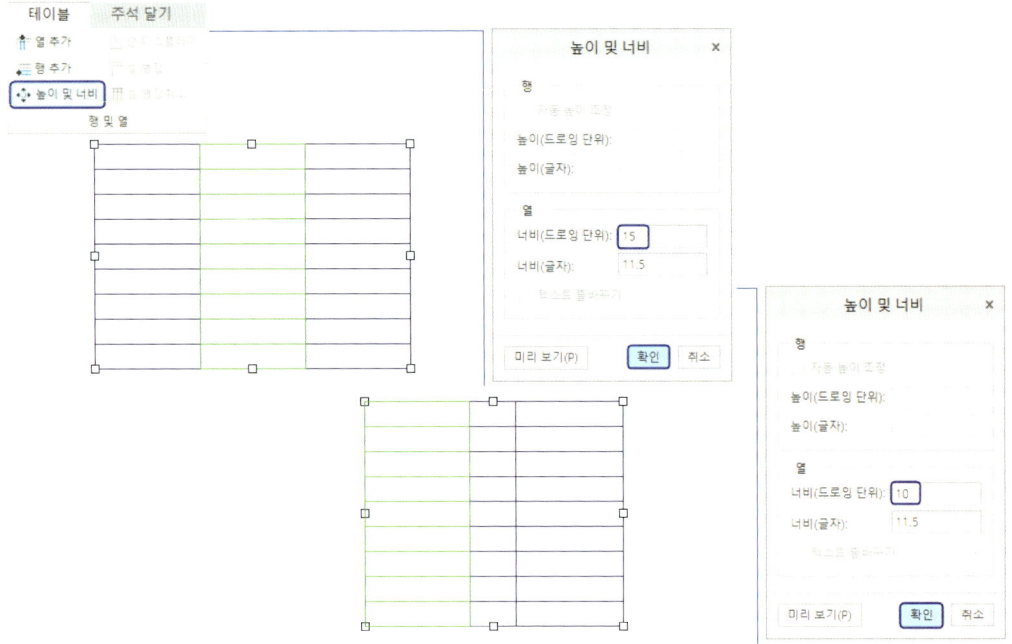

- 셀 병합 : 결합할 칸들을 키보드의 Ctrl key 를 누른 상태에서 선택
    - 리본 UI에서 [테이블>셀 병합 선택] 〉 마우스 가운데 버튼 클릭하여 완료

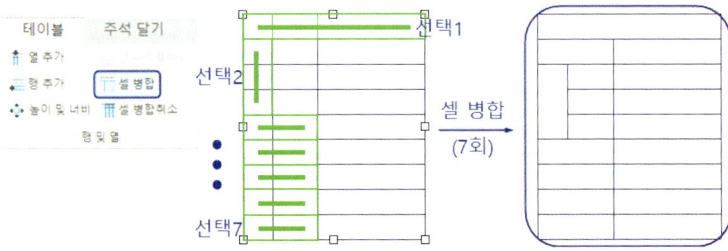

[텍스트 입력-표제란]
- 텍스트가 입력될 칸 선택후 더블클릭 〉 각각의 텍스트 입력

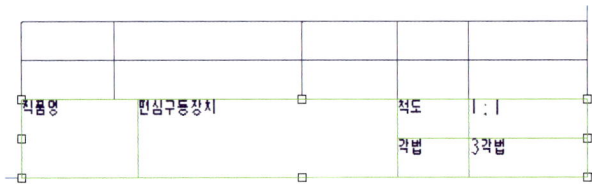

- 입력한 텍스트를 마우스 드래그 하여 선택 후 텍스트 유형 설정 [테이블>텍스트유형)
    - 수평 : 중심 , 수직 : 중간

- 적용 및 확인

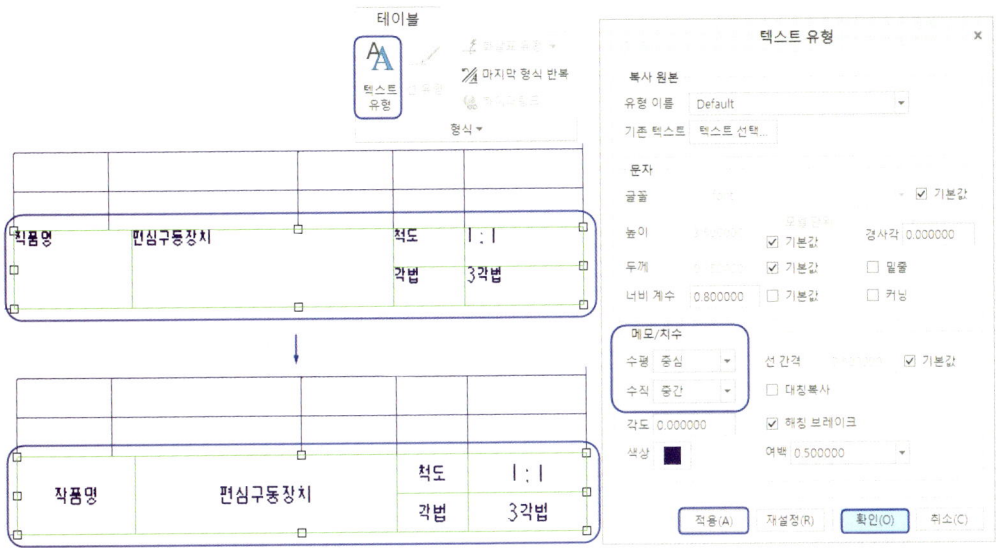

[텍스트 입력-요목표]

- 텍스트가 입력될 칸 선택후 더블클릭 > 각각의 텍스트 입력
- 입력한 텍스트를 마우스 드래그 하여 선택 후 텍스트 유형 설정 [테이블>텍스트유형]
    - 수평 : 중심 , 수직 : 중간
- 적용 및 확인

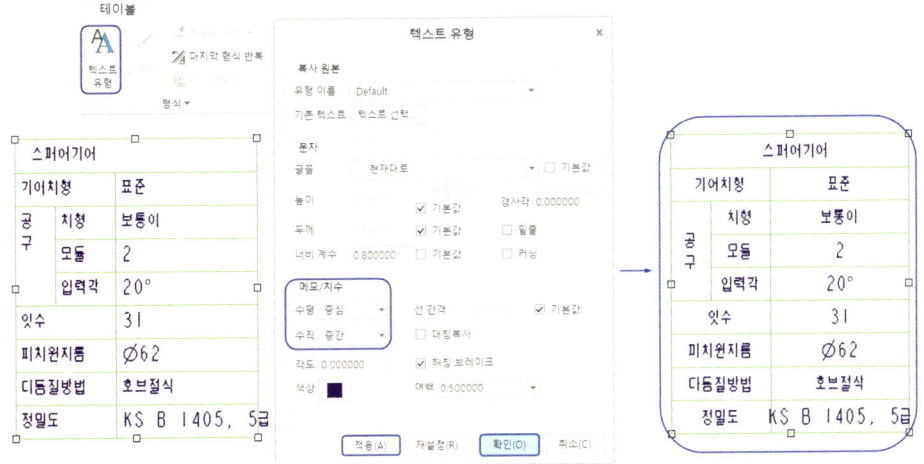

- 요목표의 마지막 행에서 열너비가 부족하므로 열너비 수정
- 너비를 수정할 영역을 드래그 > 리본에서 [테이블>높이 및 너비] 선택 > 너비 수정 및 확인.
- 높이 및 너비 대화 상자에서 열 항목의 드로잉 단위 너비 변경 [35→40] > 확인

[텍스트 입력-부품란]

- 텍스트가 입력될 칸 선택후 더블클릭 〉 각각의 텍스트 입력

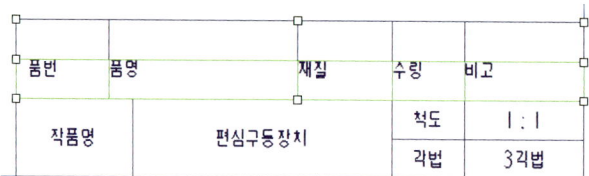

- 입력한 텍스트를 마우스 드래그 하여 선택 후 텍스트 유형 설정 [테이블＞텍스트유형]
  - 수평 : 중심 , 수직 : 중간
- 적용 및 확인

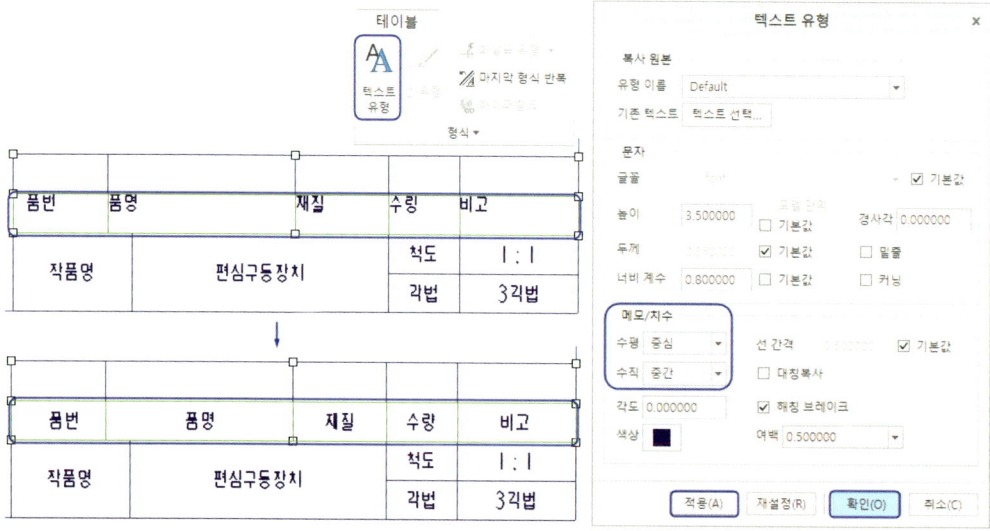

- 도면에 배치된 부품 정보를 입력하기 위하여 행 추가
- 리본UI에서 [테이블＞행 추가] 클릭

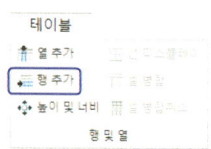

- 행이 추가될 경계 위치를 클릭하여 4개의 행 추가 (LM)

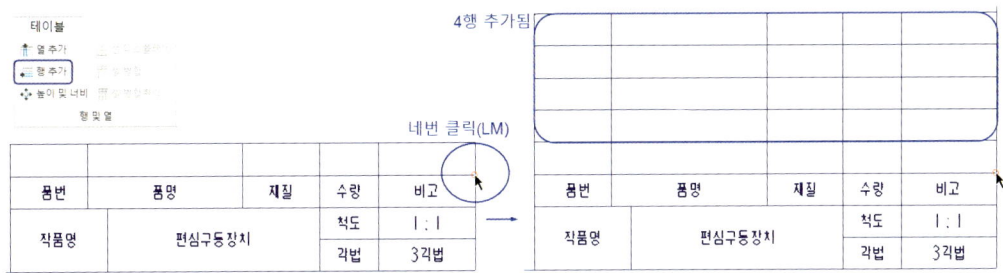

- 텍스트가 입력될 칸 선택후 더블클릭 〉 각각의 텍스트 입력

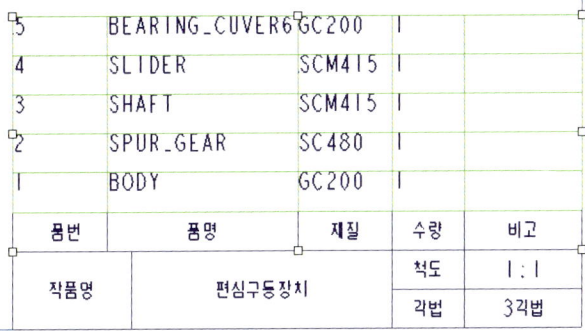

- 입력한 텍스트를 마우스 드래그 하여 선택 후 텍스트 유형 설정 [테이블 >텍스트유형]
  - 수평 : 중심 , 수직 : 중간

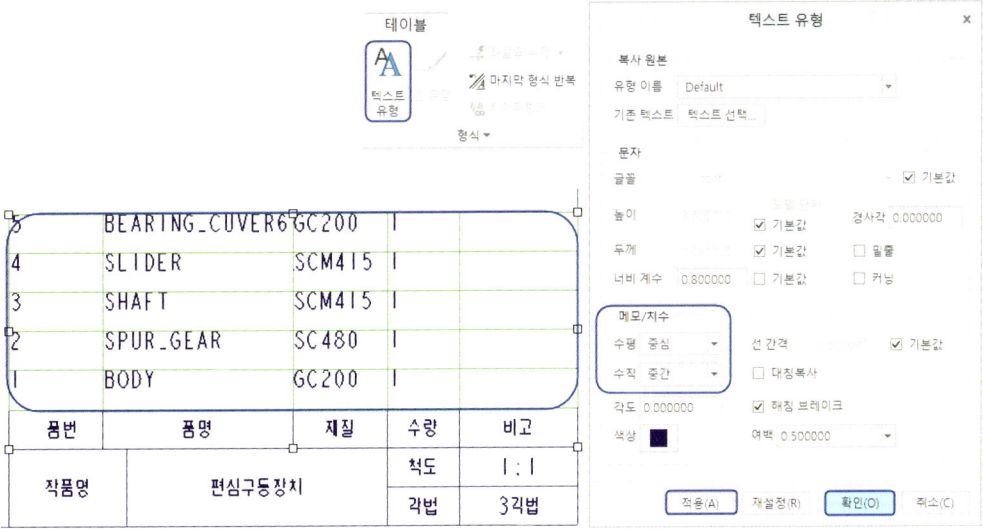

- 적용 및 확인

5	BEARING_CUVER6	GC200	1	
4	SLIDER	SCM415	1	
3	SHAFT	SCM415	1	
2	SPUR_GEAR	SC480	1	
1	BODY	GC200	1	
품번	품명	재질	수량	비고
작품명	편심구동장치		척도	1:1
			각법	3각법

- 주서를 작성하기 위하여 리본 UI에서 [주석 달기>메모-첨부되지 않은 메모] 클릭

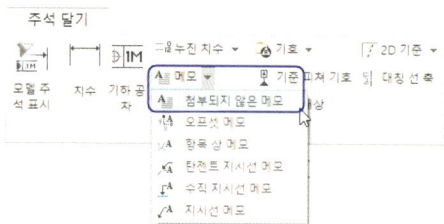

- 메모가 배치될 임의의 점 선택 후 입력

```
1. 일반공차-가)가공부 : KS B ISO 2768-m
              나)주조부 : KS B 0250 CT-11
2. 도시되고 지시없는 모떼기는 1x45°,필렛 및 라운드 R3
3. 일반 모떼기는 0.2x45°
4.   부 외면 명청색, 명적색 도장후 가공 (품번 1,2,5)
5. 전체 열처리 HRC50±2 (품번 3)
6. 표면 거칠기 기호 비교표

    =      ,       ,       ,
    =      , Ry50  , Rz50  , N10
    =      , Ry12.5, Rz12.5, N8
    =      , Ry3.2 , Rz3.2 , N6
```

- 주서의 공란에 들어갈 기호 생성 및 삽입
- 표면거칠기 기호 생성 : 리본 UI에서 [주석달기>기호-기호 갤러리] 클릭

- 메뉴관리자에서 정의 선택 〉기호이름 입력 [sur_roughness]

- 기존에 정의되어 있는 기호를 복사, 편집하여 새로운 기호를 정의함
- 기호복사 〉standard1.sym 〉열기

  (C:PTC/Creo 4.0/M020/Common Files/symbols/surffins/machined 에서 standard1.sym)

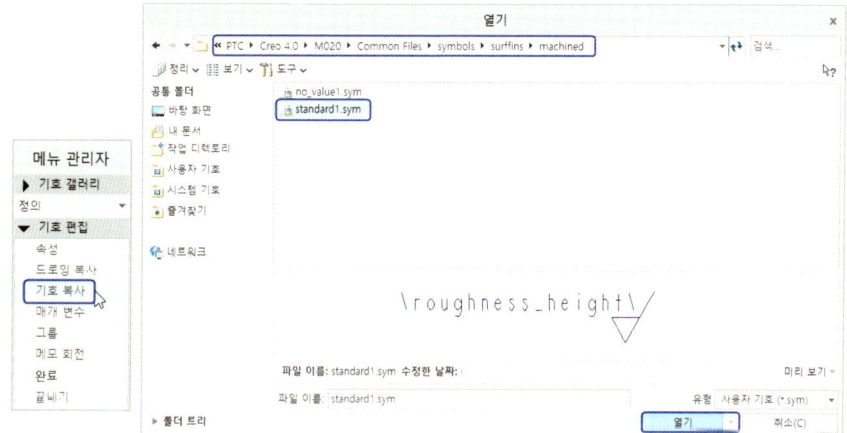

- 기호를 배치할 위치를 정의함. [자유점으로 임의의 위치를 클릭 〉완료 〉완료]

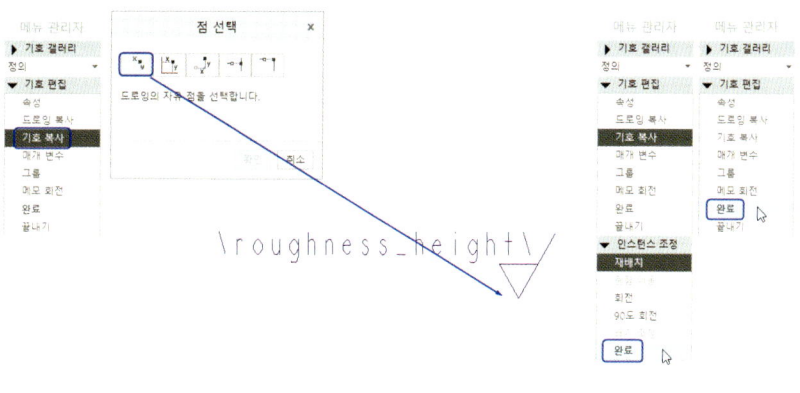

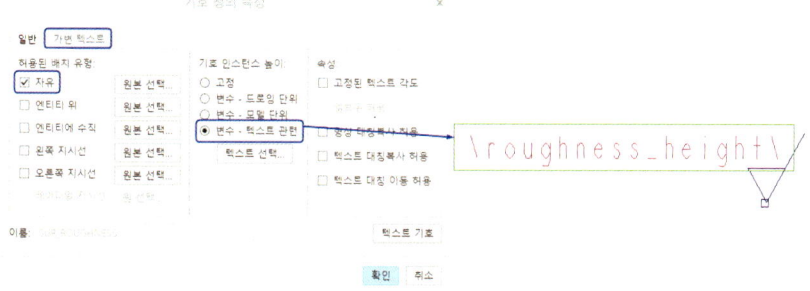

- 기호 정의 속성 대화상자의 일반탭에서 배치유형 정의함
  (배치유형 : 자유 / 배치의 기준점 선택)

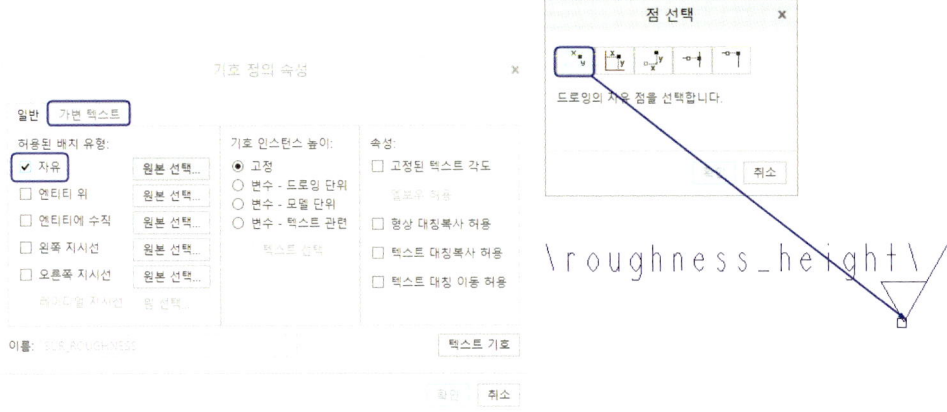

- 기호 인스턴스 높이 항목에서 변수-텍스트 관련을 선택 〉 텍스트 선택... 클릭

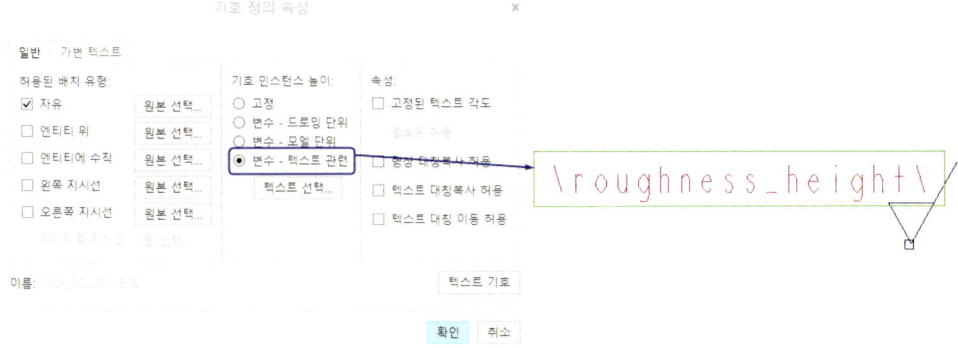

- 가변텍스트 탭에서 설정값 입력 : 12.5, 3.2, 0.8 〉 확인

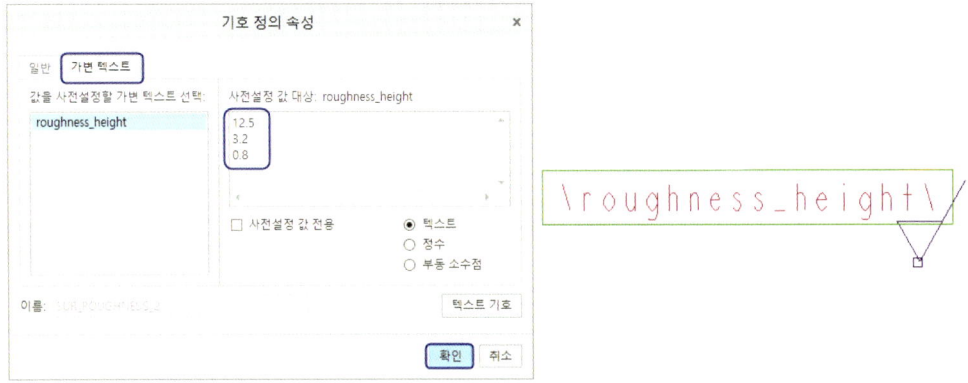

• 메모회전 클릭 > 변수값 나타내는 메모 선택 > 완료 > 완료
(이때 메시지영역에 나타내는 내용 확인 해야함 – 이 메모는 기호와 함께 회전할것입니다.)

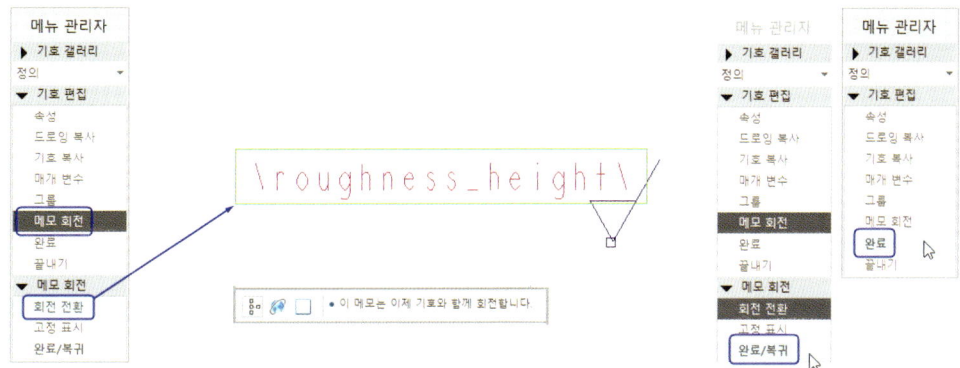

• 거칠기 기호 삽입 : 리본UI에서 [주석달기>서피스 마무리] 클릭

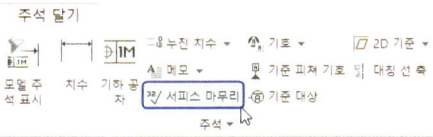

• 서피스 마무리 기호 정의
[일반탭]
기호이름 : sur_roughness 선택 / 배치 : 자유 (주서린 각각의 위치에 배치)
특성 : 높이 2
[가변텍스트탭]
변수값 : w, x, y

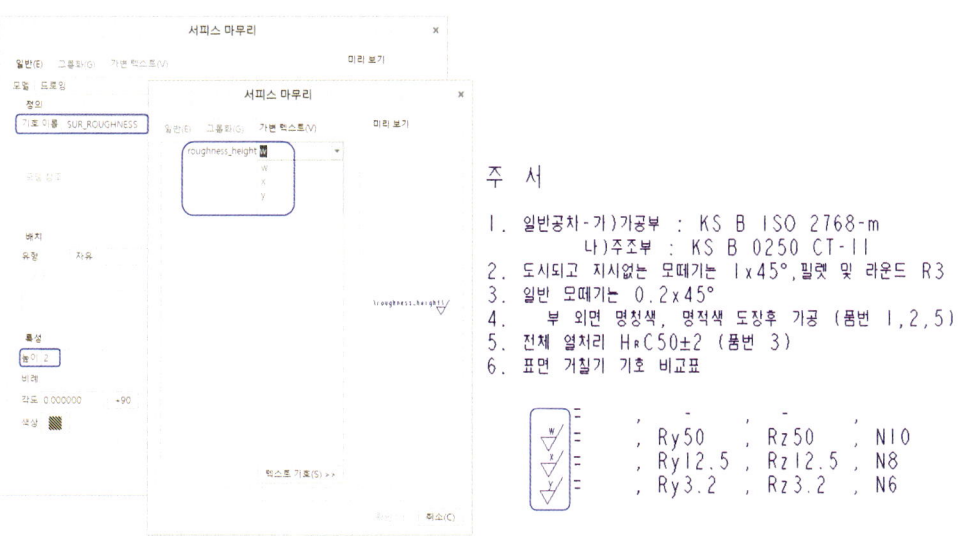

• 동일한 방법으로 sur_roughness_2 기호 삽입

- 거칠기 기호 삽입 : 리본 UI에서 [주석달기>서피스 마무리] 클릭

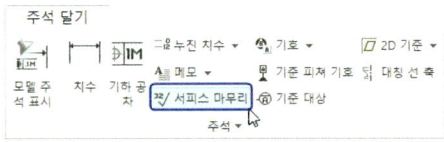

- 서피스 마무리 기호 정의

  [일반탭]

  기호이름 : sur_roughness2 선택 / 배치 : 자유 (주서란 각각의 위치에 배치)

  특성 : 높이 2

  [가변텍스트탭]

  변수값 : 12.5, 3.2, 0.8

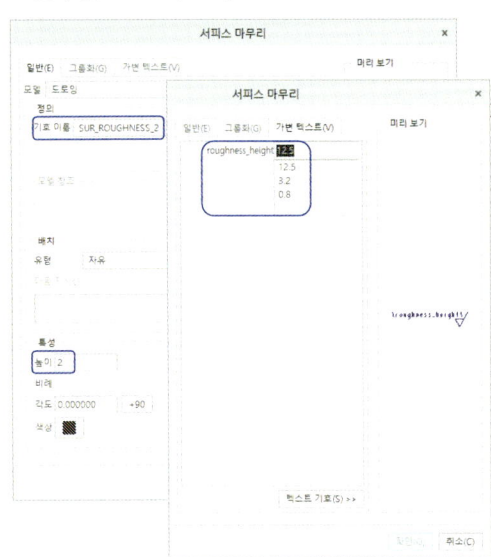

- 추가 거칠기 기호 삽입 : 리본 UI에서 [주석달기>서피스 마무리] 클릭

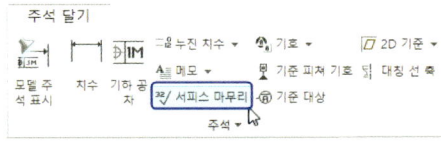

- 서피스 마무리 기호 정의

[일반탭]

기호이름 : no_value2 선택 (찾아보기 클릭)

[C:PTC/Creo 4.0/M020/Common Files/symbols/surffins/unmachined 에서 no_value2.sym]

배치 : 자유 (주서란 각각의 위치에 배치)

특성 : 높이 2

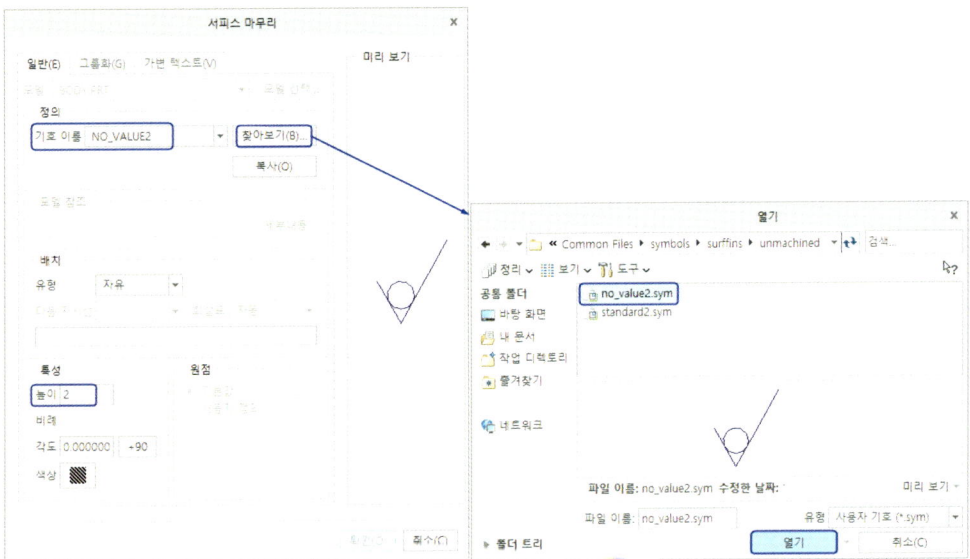

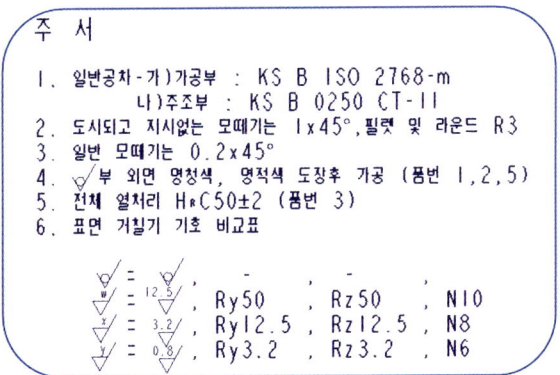

[뷰 항목에 거칠기 기호 및 메모 입력]

뷰 항목의 번호를 작성하기 위하여

- 번호 : 리본 UI에서 [주석 달기>메모–첨부되지 않은 메모] 클릭 → 번호생성

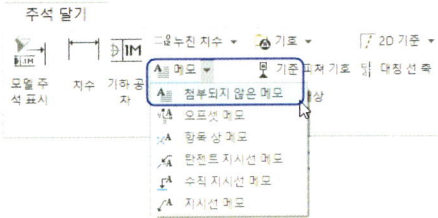

- 원 : 리본 UI에서 [스케치>스케치-원] 클릭 → 원스케치
- 리본 UI에서 [주석달기>서피스 마무리] 클릭→ 기호삽입

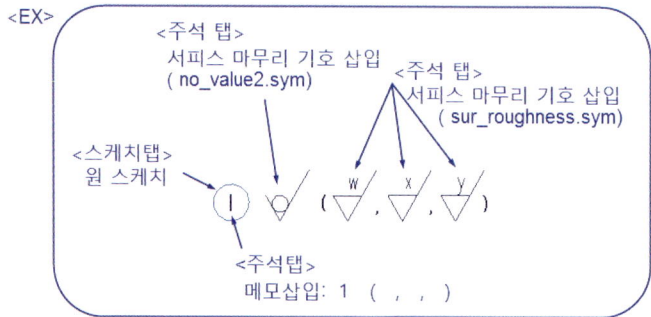

[요목표, 표제란, 부품란, 주서 입력완료]

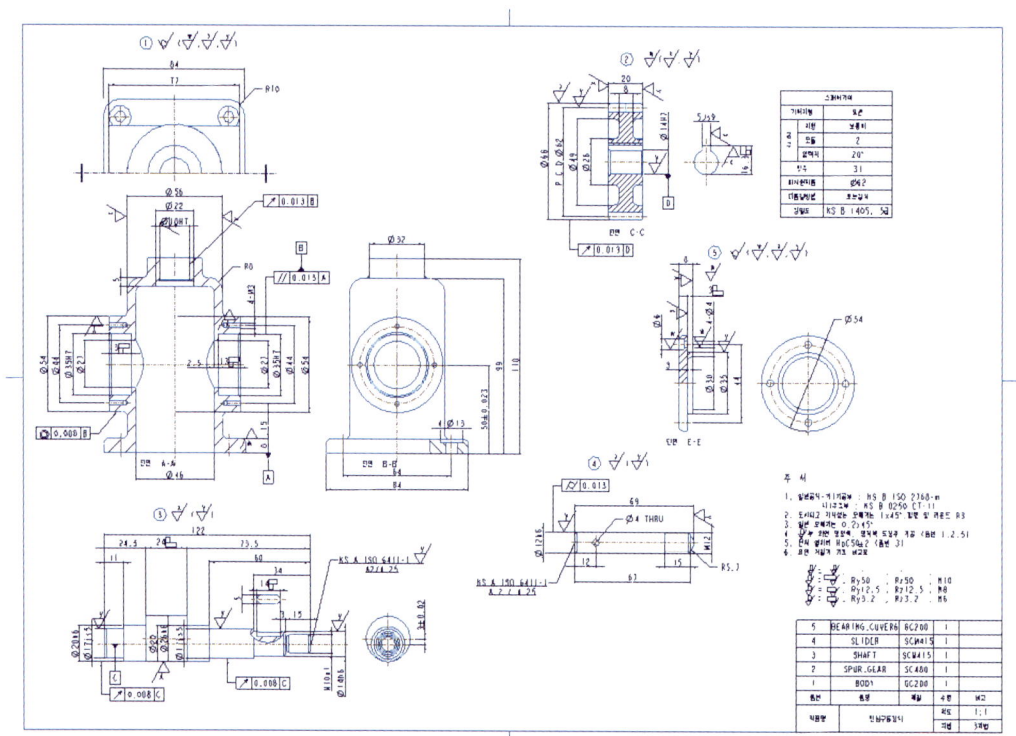

06 공정도 생성하기

❶ 시트 생성
- 새시트 추가 : 리본 UI에서 [레이아웃>새시트] 클릭 or 하단의 탭 이용

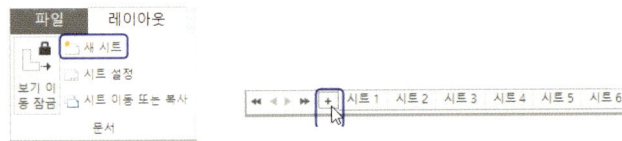

- 시트설정 : 리본 UI에서 [레이아웃>시트설정] 클릭

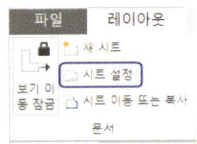

- 시트설정 대화상자에서 시트7의 포맷 변경 : A3 → A2 〉 확인

- 포맷 테이블은 전체유지함

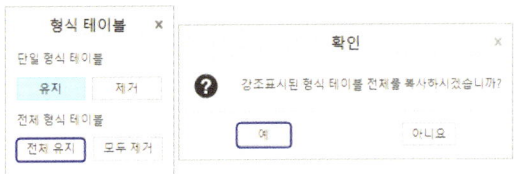

- 테이블 위치 편집을 위해 리본UI에서 [테이블] 탭 클릭

  불필요한 테이블을 선택후 삭제함 : Delete key

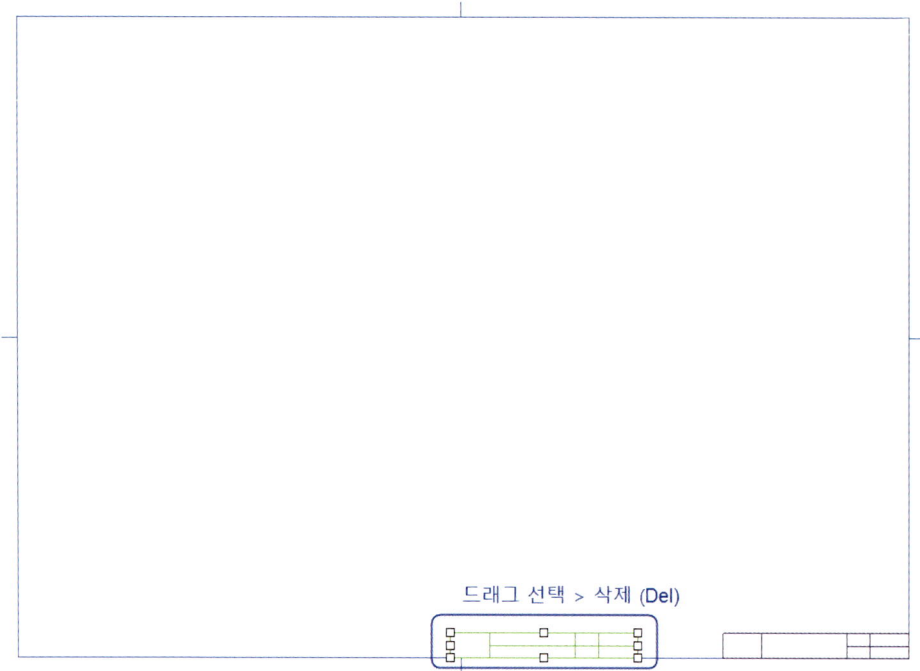

❷ 표제란 및 부품란 생성

[부품란 테이블 생성]

- 우측 하단에 표제란을 삽입하기 위하여 리본 UI에서 [테이블>테이블 삽입] 선택.

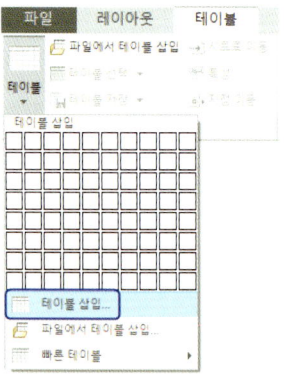

- 테이블 증가 방향 및 크기를 정의함.
  - 테이블 증가 방향 : 왼쪽 및 오름차순
  - 테이블 크기 : 5열 2행 (높이 8, 너비 25)

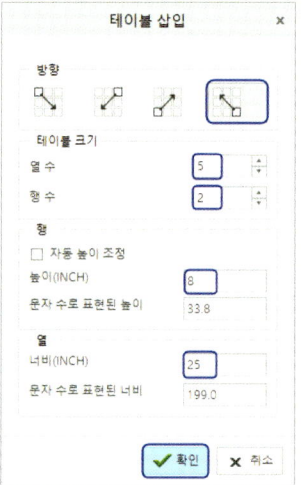

- 삽입 위치 정의 (정점선택 〉테두리의 우측하단 선택 〉확인)

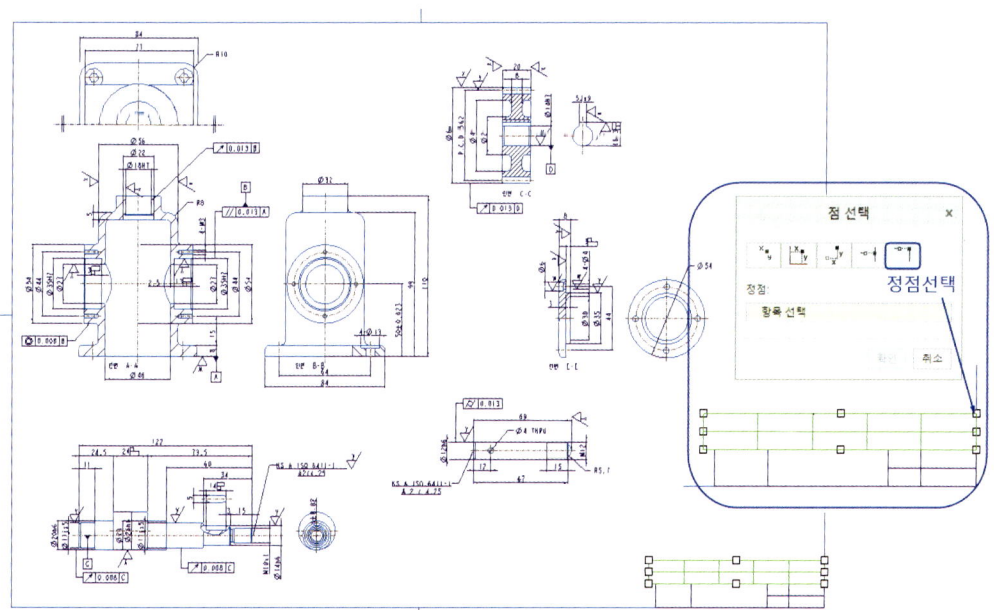

- 테이블 크기를 수정함.
  - 너비를 수정할 영역을 드래그 > 리본U에서 테이블 > 높이 및 너비 선택 > 너비 수정 및 확인

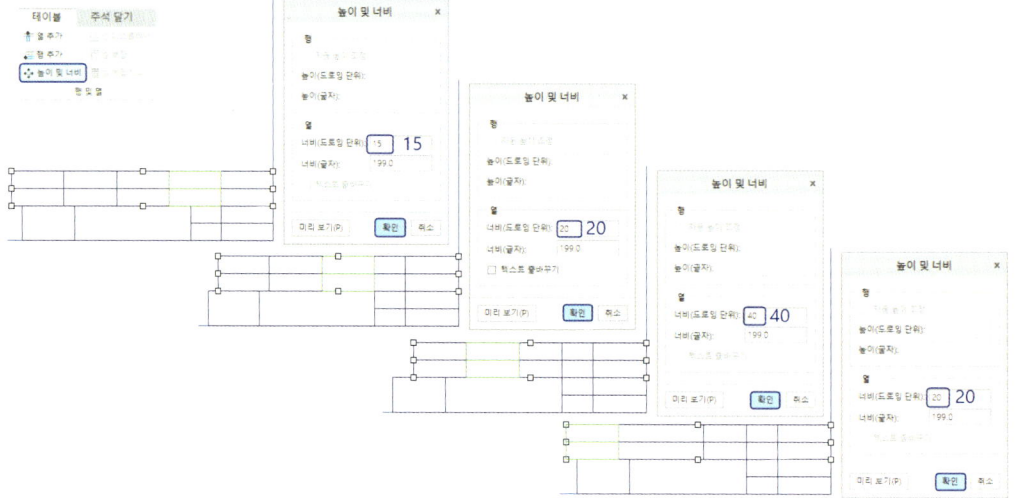

[텍스트 입력-표제란]
- 텍스트가 입력될 칸 선택후 더블클릭 > 각각의 텍스트 입력

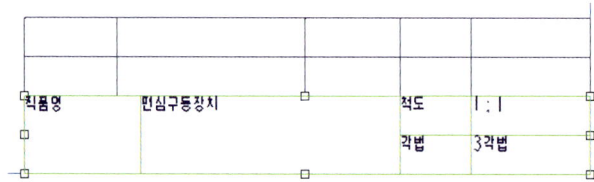

- 입력한 텍스트를 마우스 드래그 하여 선택 후 텍스트 유형 설정 [테이블>텍스트유형]
  - 수평 : 중심 , 수직 : 중간

- 적용 및 확인

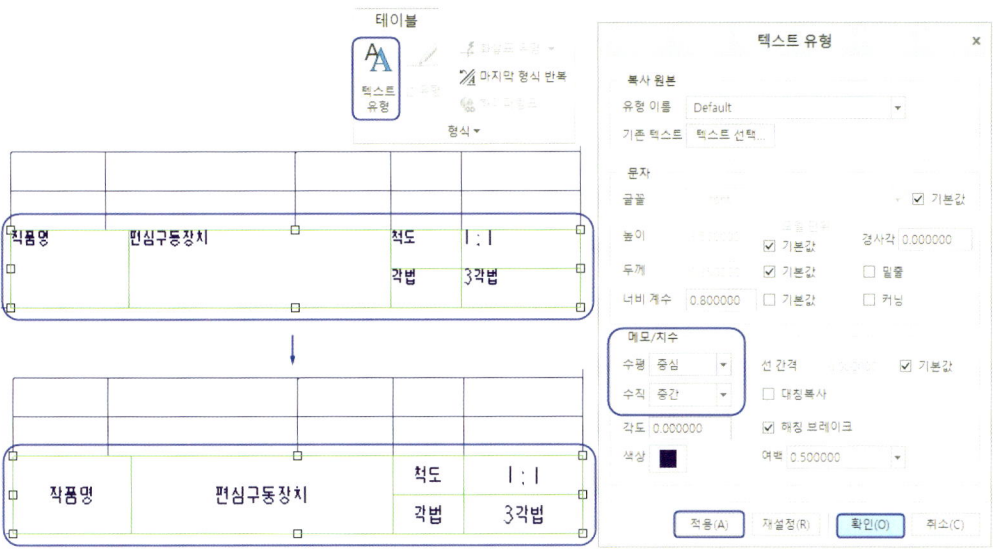

- 텍스트가 입력될 칸 선택후 더블클릭 > 메모특성 대화 상자에서 각각의 텍스트 입력

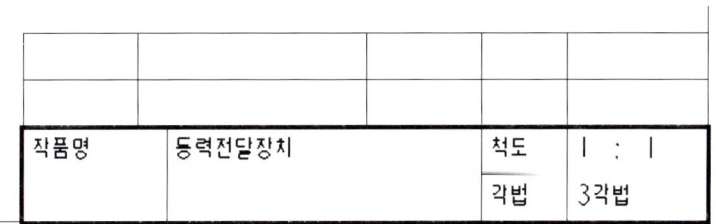

[텍스트 입력-부품란]

- 텍스트가 입력될 칸 선택후 더블클릭 > 각각의 텍스트 입력

- 입력한 텍스트를 마우스 드래그 하여 선택 후 텍스트 유형 설정 [테이블>텍스트유형]
  - 수평 : 중심 , 수직 : 중간

- 적용 및 확인

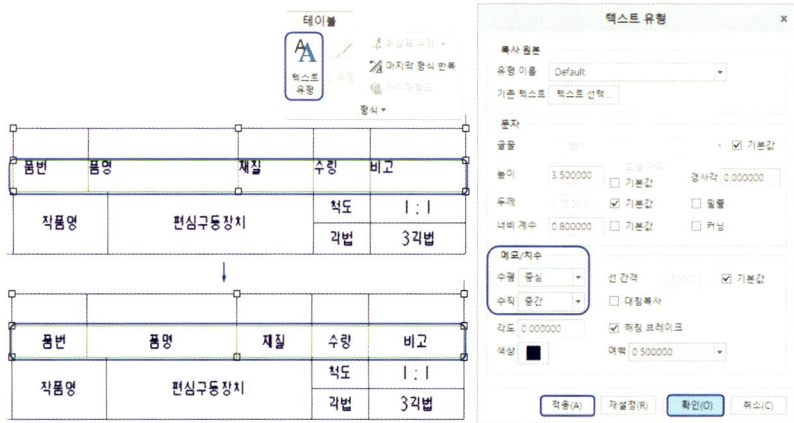

❸ 뷰생성

- Eccentric_Return_Device.asm 마스터표현 지정

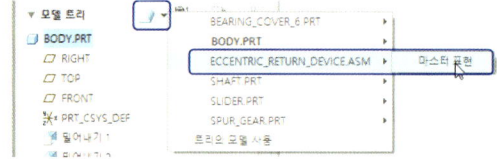

- 뷰 생성 : 리본 UI에서 [레이아웃 〉 일반 보기] 선택. / 결합 상태 없음

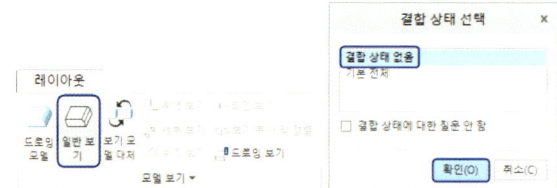

- 뷰 배치 : 도면의 빈영역을 클릭
- 뷰 설정 : 드로잉 보기 대화상자의 카테고리에서 보기 유형을 모델 뷰 이름의 [EXP_VIEW] 선택 및 적용

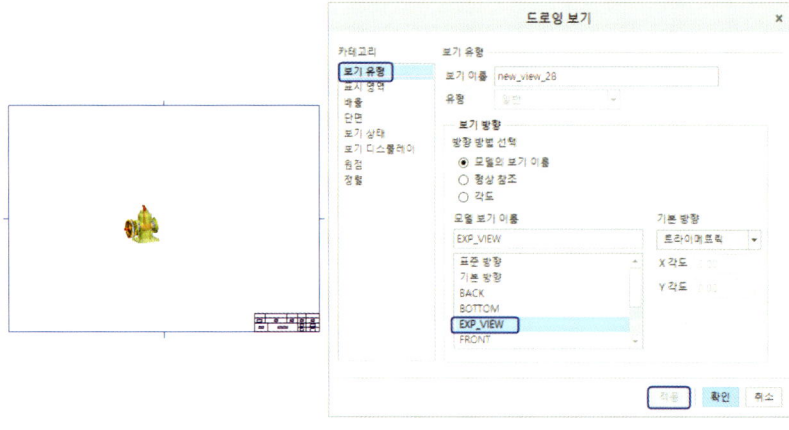

- 뷰 설정 : 드로잉 보기 대화상자의 카테고리에서 뷰 유형을 모델 뷰 이름의 [EXP_VIEW] 선택 및 적용
- 뷰 상태 : 드로잉 보기 대화상자의 카테고리에서 보기 상태를 설정
  분해 뷰 항목에서 컴포넌트 분해 체크 및 어셈블리 분해상태 선택 [EXP0001] 및 적용 / 확인

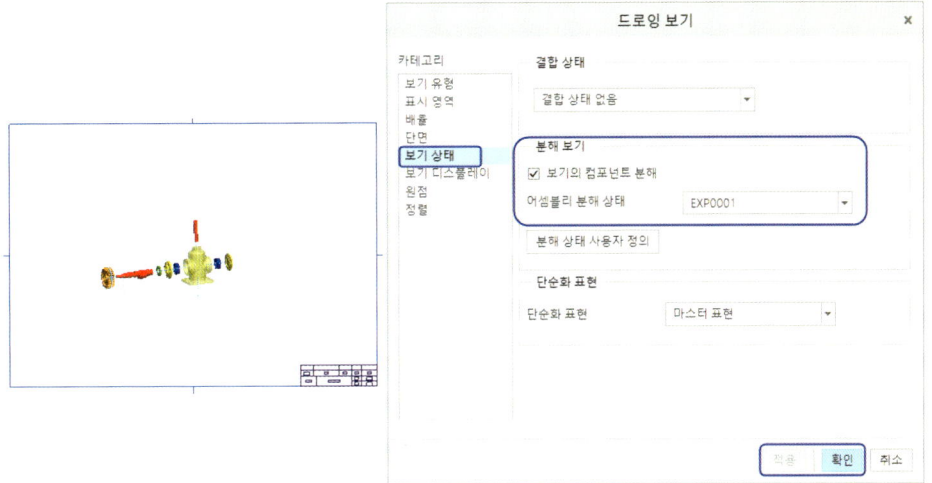

- 도면의 왼쪽 하단에서 배율 항목 더블클릭 〉 새로운 배율값 입력 [1] 〉 완료
  (완료후 배치된 뷰 드래그 이동시켜 도면내에 배치되도록 함)

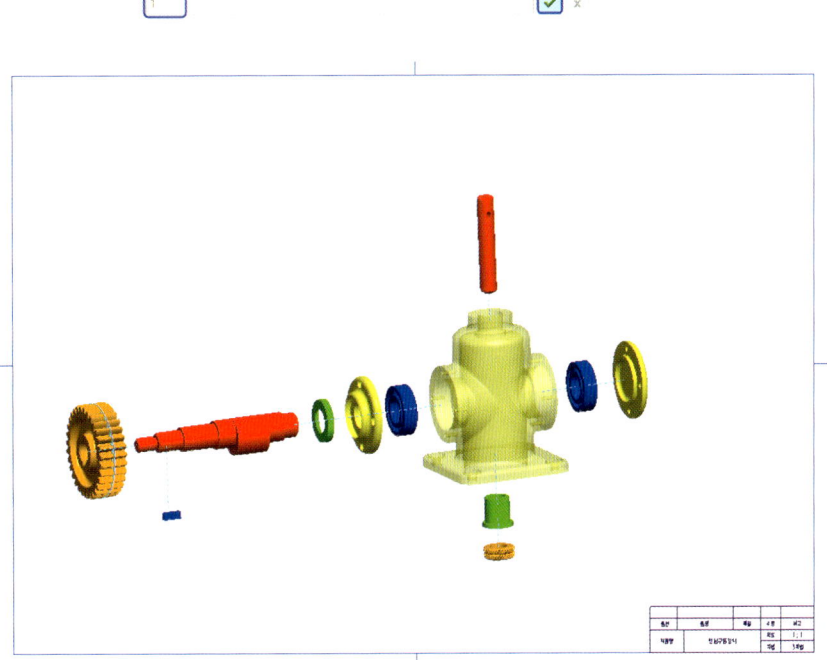

❹ 테이블 생성
- 부품란에 모든 부품의 정보가 자동으로 생성 되도록 하기 위하여 테이블 설정 리본 UI에서 [테이블>반복영역] 클릭

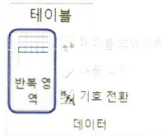

- 반복영역 추가 : 추가 〉 부품란의 가장 왼쪽칸 선택 후 키보드의 Ctrl Key 누른 사태에서 가장 오른쪽칸 선택 〉 완료

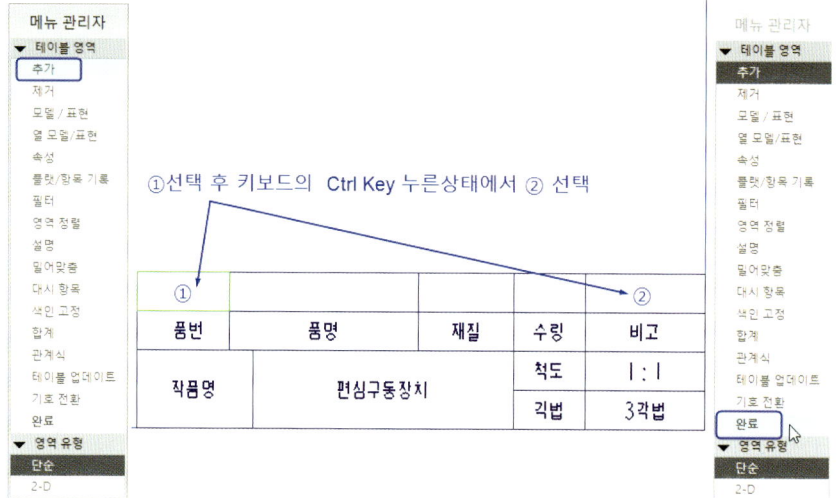

- 추가된 반복영역에 리포트 기호 삽입
  - 첫번째칸 더블클릭 〉 리포트 기호 [rpt... 〉 index]

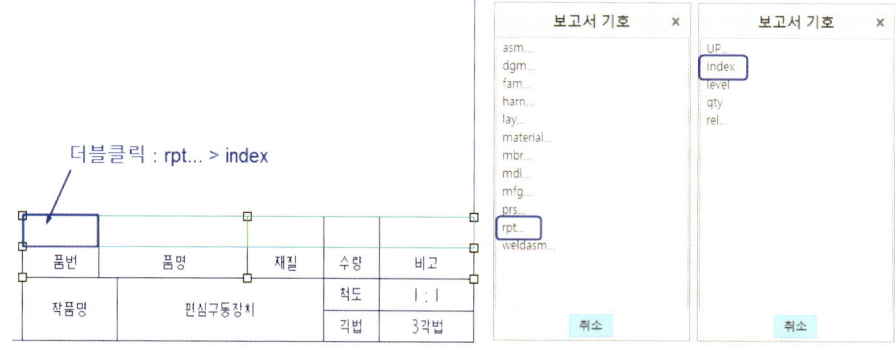

  - 두번째칸 더블클릭 〉 리포트 기호 [asm... 〉 mbr... 〉 name]

- 네 번째칸 더블클릭 〉 리포트 기호 [rpt... 〉 qty]

• 테이블 업데이트 : 리본 UI에서 [테이블>테이블 업데이트] 클릭

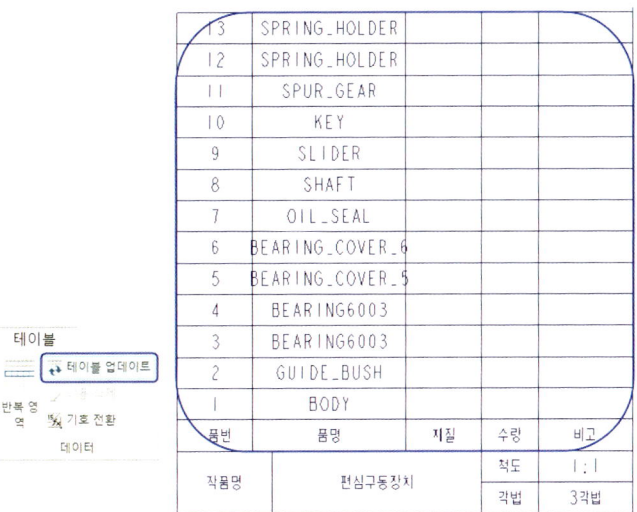

- 테이블 설정 변경 : 복제없음, 반복 〉완료 〉완료
  * 동일한 부품들의 항목이 정리되면서 각 부품의 수량이 표시됨

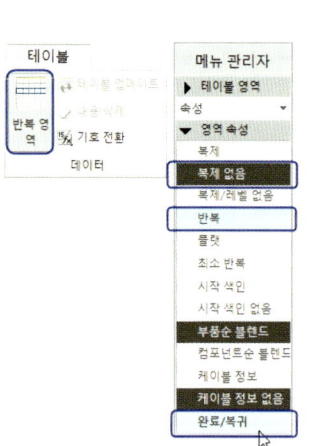

- 테이블 설정 변경 : 리본 UI에서 [테이블>반복영역] 클릭 〉 필터 클릭 〉 부품이 표시된 반복영역 지정

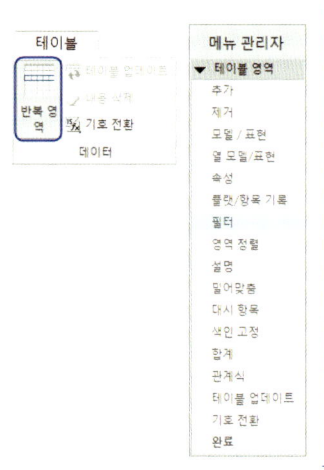

〉 필터유형 [규칙순, 추가] 클릭 〉필터입력[&asm.mbr.type!=assembly] 〉 완료
〉 빈칸으로 완료 〉 완료복귀 〉 완료
  * 어셈블리 유형 (서브어셈블리 포함)은 표시되지 않음

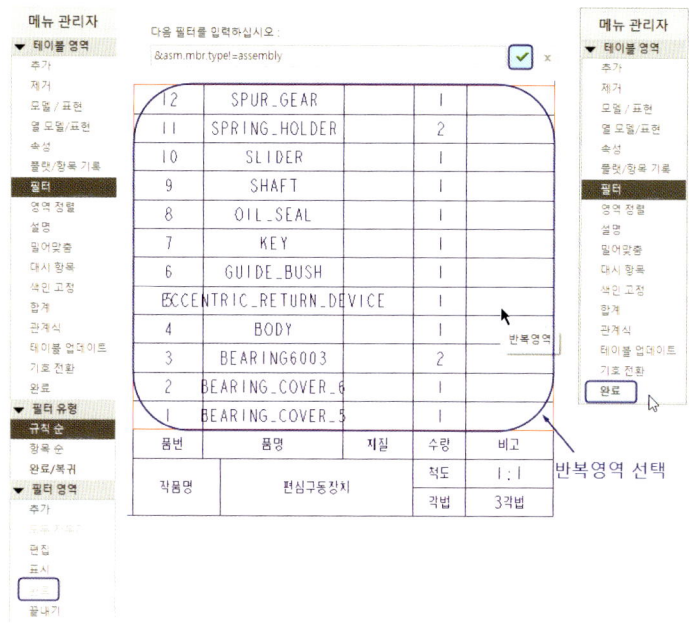

- 테이블 편집 : 열너비 수정
- 너비를 수정할 영역을 드래그 〉 마우스 오른쪽 버튼 클릭 〉 너비
- 높이 및 너비 대화 상자에서 열 항목의 드로잉 단위 너비 변경 [20→10] 〉 확인

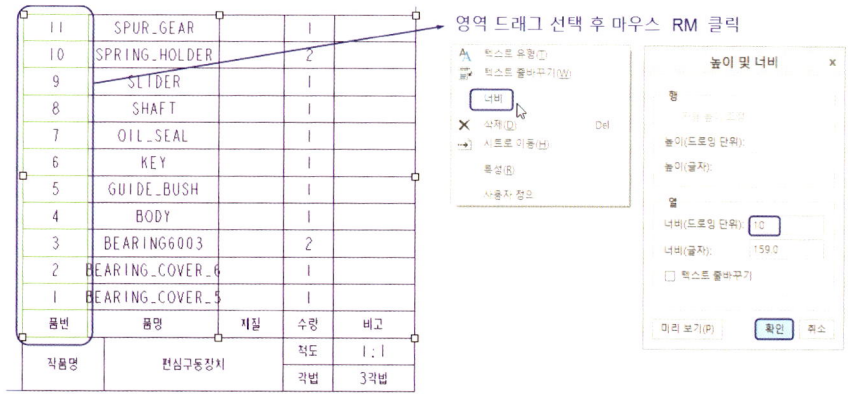

- 테이블 편집 : 열너비 수정
- 너비를 수정할 영역을 드래그 〉 마우스 오른쪽 버튼 클릭 〉 너비
- 높이 및 너비 대화 상자에서 열 항목의 드로잉 단위 너비 변경 [40→50] 〉 확인

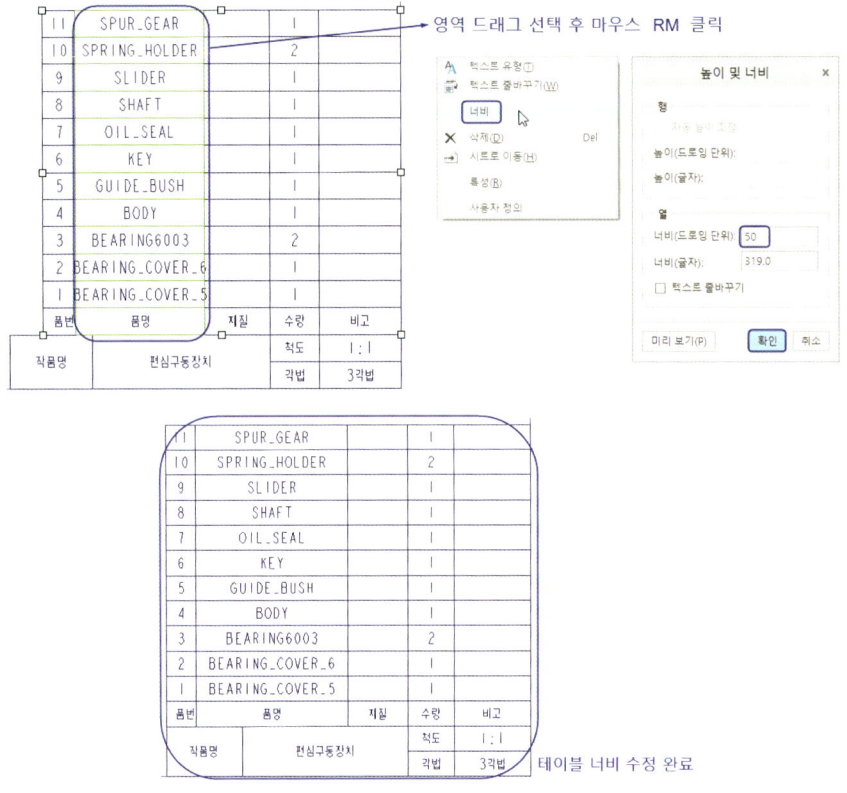

- 풍선생성 : 리본 UI에서 [테이블>풍선생성-보기기준] 클릭 〉 풍선을 표시하고자 하는 해당뷰 선택 〉 풍선 생성됨

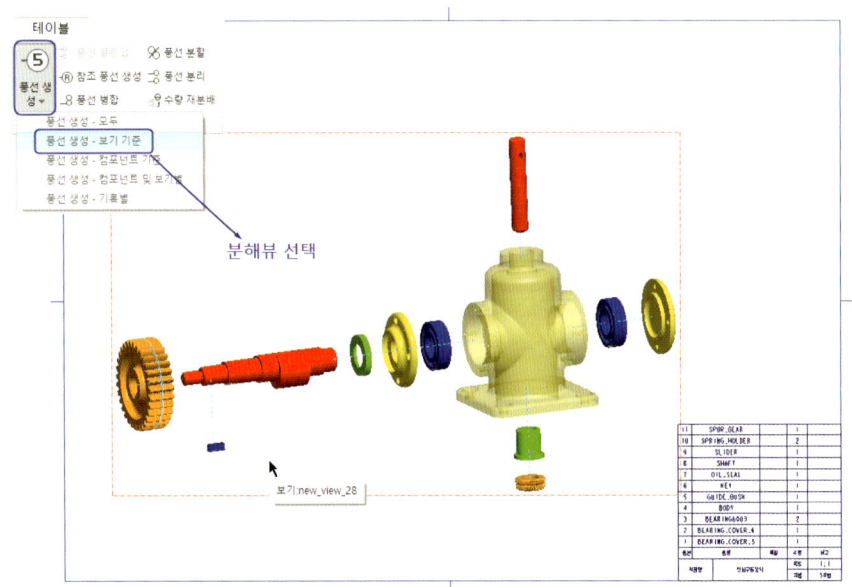

- BOM 풍선 자동 정렬 : 풍선이 생성된 뷰 선택 〉 리본 UI에서 [테이블>풍선클린업] 클릭

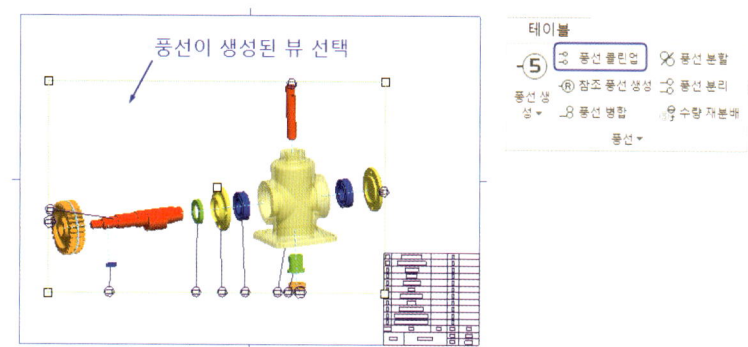

- 풍선정리 대화상자에서 풍선 위치 정리 체크
- 뷰 아웃라인에서 오프셋 값 [10] 입력 〉 확인

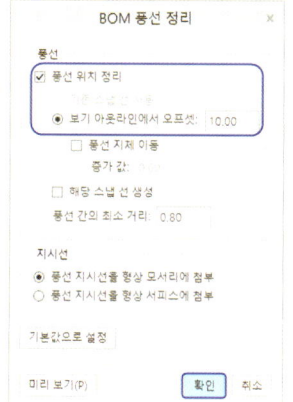 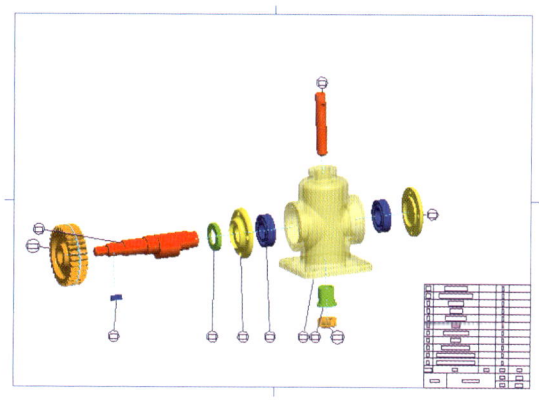

- 도면 완료

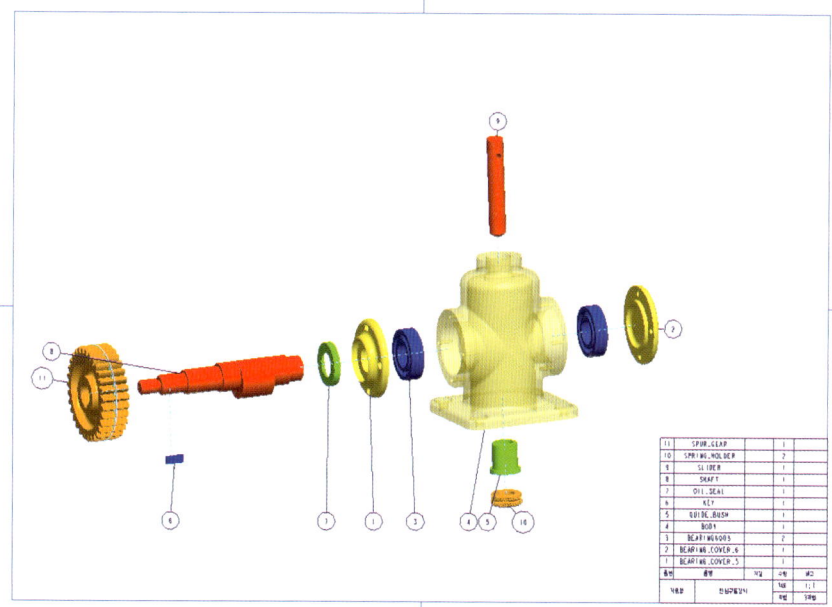

❺ 해당 파일을 저장합니다.

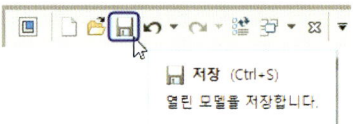

MEMO

Part 02

Surface

CHAPTER

1

Curve의 생성과 편집

01 점 통과 CURVE

□ **학습목표**
점을 통과하는 Curve의 생성에 대한 이해

두 개 이상의 점을 연결하여 필요한 커브를 생성합니다.
커브에 필요한 참조 형상을 생성해보도록 하겠습니다.

❶ 리본UI에서 홈 〉데이터그룹-새로만들기 선택 단축키[Ctrl +N]을 클릭.
❷ 새로만들기 창에서 유형은 부품, 하위유형은 솔리드를 선택 한 후, 파일이름을 입력함.
아래쪽에 있는 기본 템플릿 사용란에 체크 된 것을 확인하고 작업 진행합니다. [prt0001]

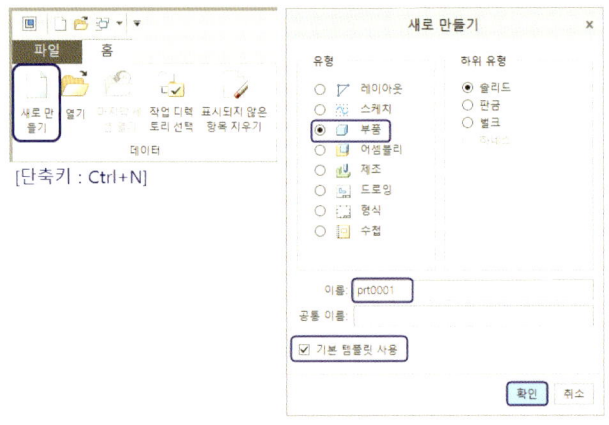

❸ 밀어내기 명령을 실행합니다. [모델>밀어내기]

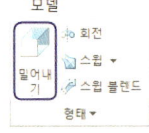

❹ 스케치 기준면을 정의합니다. [Top Datum 선택]

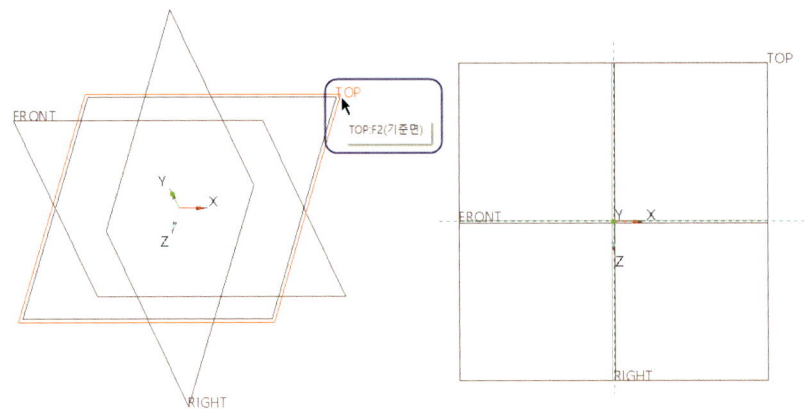

❺ 스케치 작업화면에서 해당 단면 스케치 및 스케치 완료합니다. 확인

- 팔렛트 도구 실행

- 프로파일 탭에서 I-프로파일 선택 (더블클릭) > 임의의 위치에 배치 (LM)

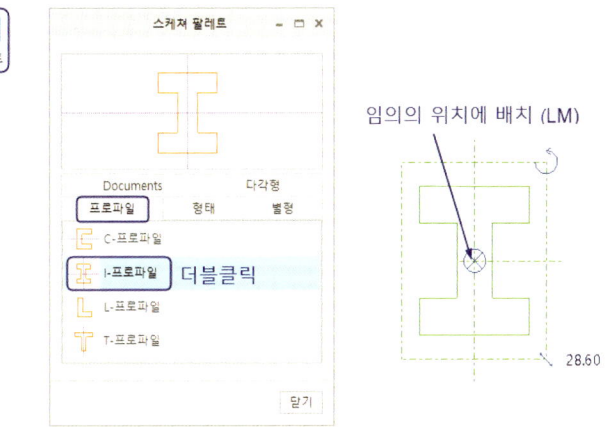

- 원하는 위치로 이동 및 배율 수정 [100] > 단면가져오기 완료

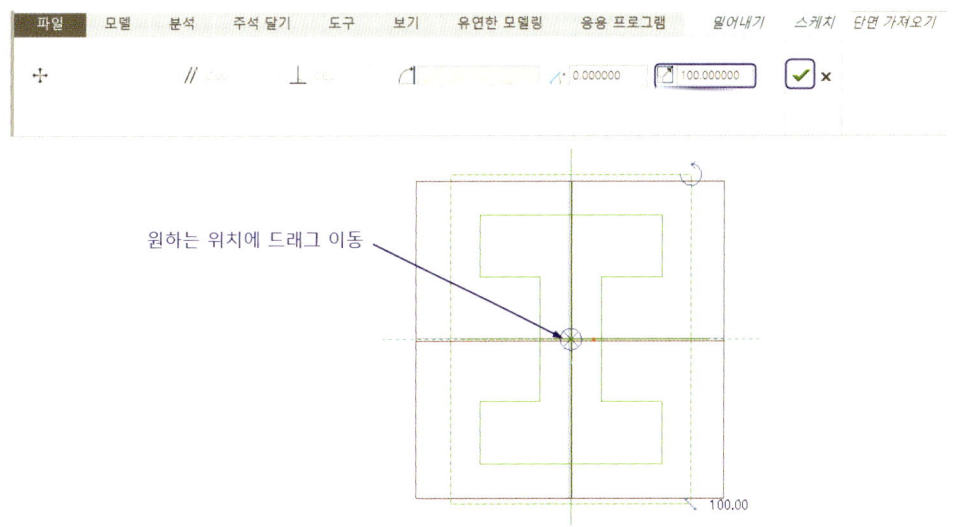

- 스케치 단면 완료.

❻ 대시보드에서 밀어내기 방향 및 두께를 정의합니다. [두께 100 적용]

❼ 형상을 완료합니다.

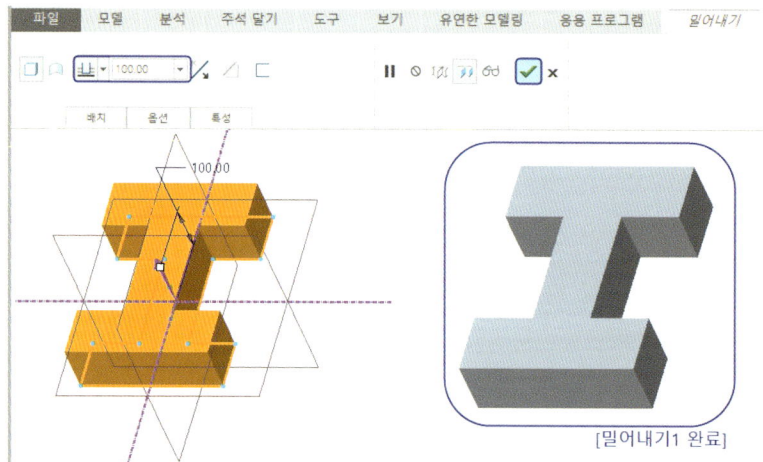

[밀어내기1 완료]

❽ 해당 파일을 저장합니다. [prt0001.prt]

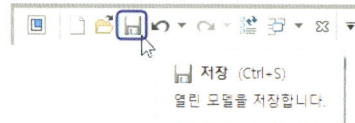

1. 점을 통과하는 스플라인 곡선

준비된 파일에서 작업을 진행합니다. [prt0001.prt]

❶ 리본UI에서 [모델>기준그룹>커브>점 통과 커브] 명령을 실행합니다.

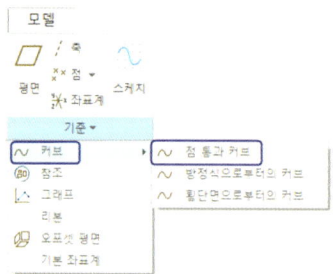

❷ 키보드의 Ctrl 키를 누른 상태에서 네 개의 꼭지점을 선택합니다.

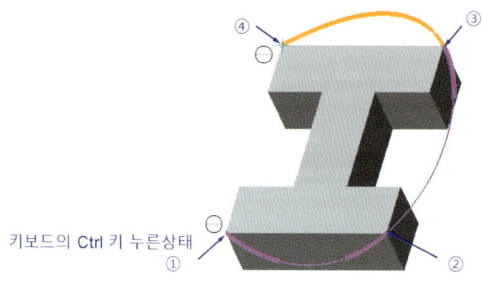

❸ 대시보드의 끝조건 탭에서 끝조건을 변경합니다.

- 시작점 : 자유 → 탄젠트 (해당 모서리에 접하도록 선택)

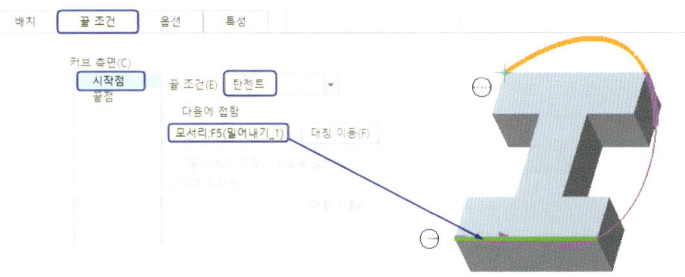

- 끝점 : 자유 → 탄젠트 (해당 모서리에 접하도록 선택)

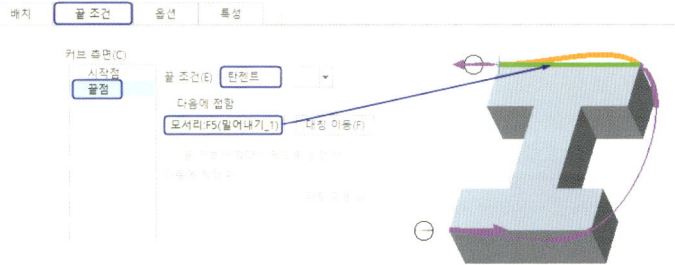

❹ 형상을 완료합니다.

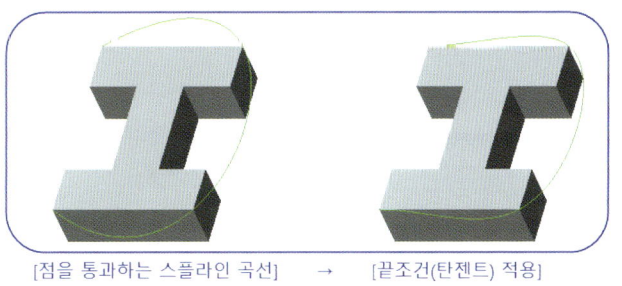

[점을 통과하는 스플라인 곡선] → [끝조건(탄젠트) 적용]

2. 점을 통과하는 직선의 필렛 곡선

준비된 파일에서 작업을 진행합니다. [prt0001.prt]

❶ 리본UI에서 [모델>기준그룹>커브>점 통과 커브] 명령을 실행합니다.

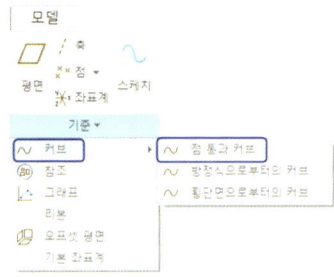

❷ 대시보드에서 직선키보드의 Ctrl 키를 누른 상태에서 다섯개의 꼭지점을 선택합니다.
이때 커브는 직선커브를 선택하여 꼭지점을 연결하는 커브가 직선이 되도록 합니다.

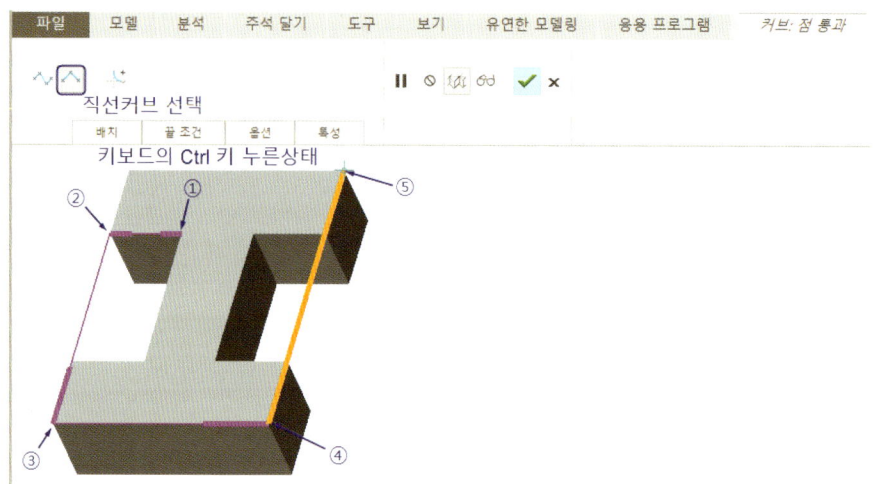

❸ 대시보드의 배치 탭에서 필렛을 적용합니다. [점2, 점3, 점4 에 반지름 15적용]
  • 배치탭에서 점2 선택 후 필렛추가 선택 및 반지름 입력 [15]

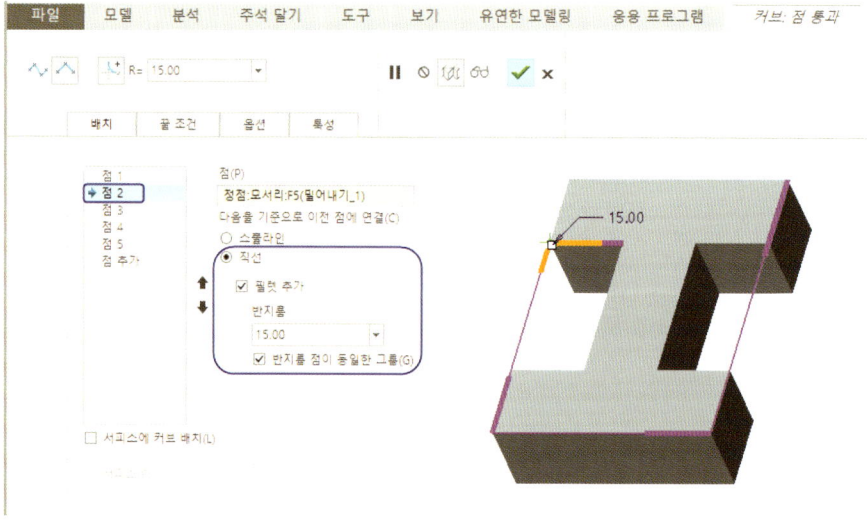

- 배치탭에서 점3 선택 후 필렛추가 선택 및 반지름 입력 [15]

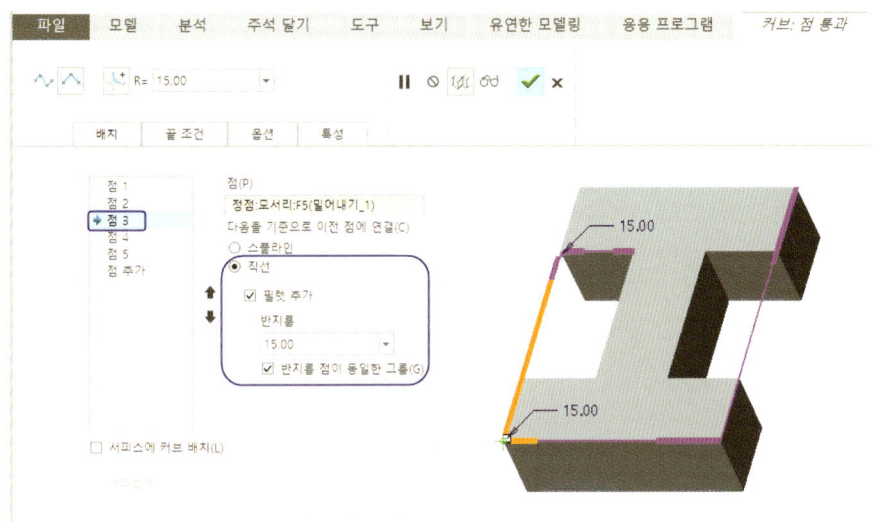

- 배치탭에서 점4 선택 후 필렛추가 선택 및 반지름 입력 [15]

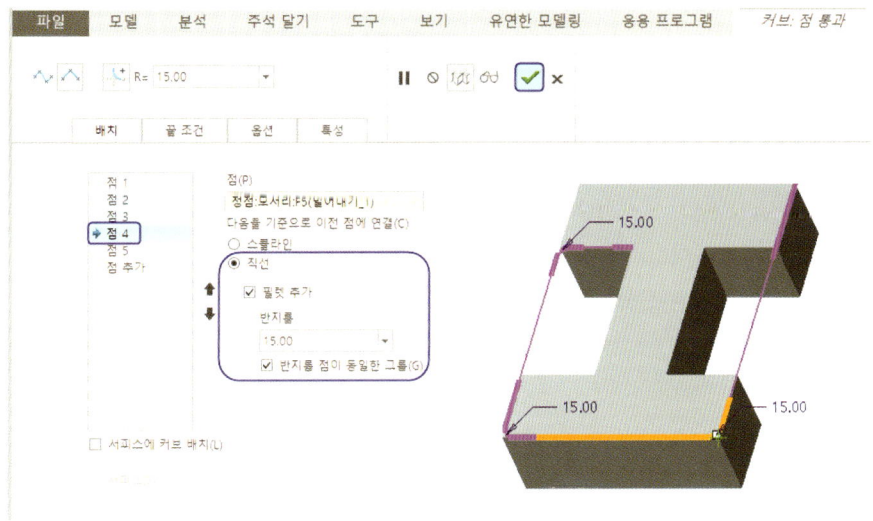

❹ 형상을 완료합니다.

[점을 통과하는 직선의 필렛곡선]

02 방정식 Curve

> ❑ **학습목표**
> 방정식을 적용한 Curve의 생성에 대한 이해

카티시안, 원통, 구형의 좌표계를 이용하고, 수학 방정식을 통한 커브를 생성해보도록 하겠습니다.

1. 카티시안

❶ 리본UI에서 [모델>기준그룹>커브>방정식으로 부터의 커브] 명령을 실행합니다.

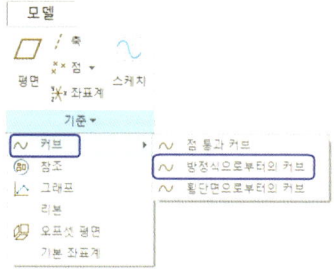

❷ 카티시안 유형을 선택 하여 좌표계 선택 및 방정식을 정의 합니다.
  - 기본 좌표계 선택
  - 방정식 대화상자에서 관계식 입력 (x, y 및 z를 위한 t의 관점)
  - 관계식 검증 버튼을 클릭하여 관계식이 바르게 작성 되었는지 확인

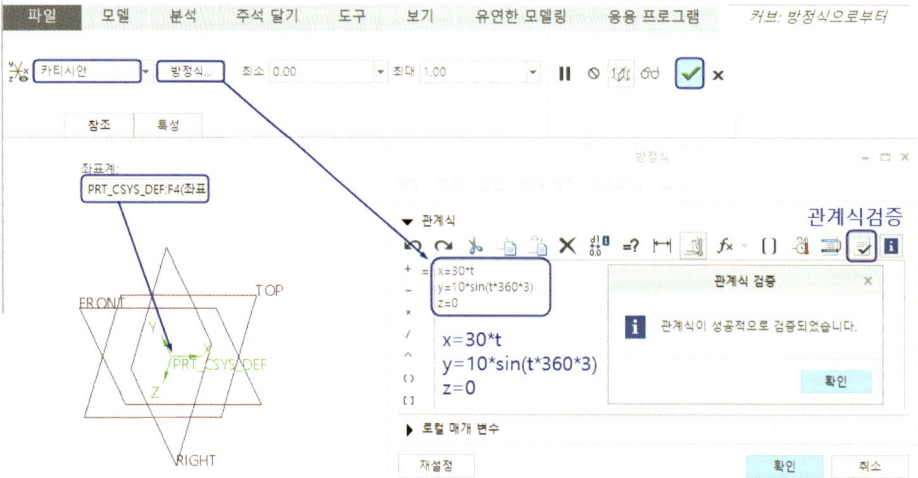

❸ 형상을 완료합니다.

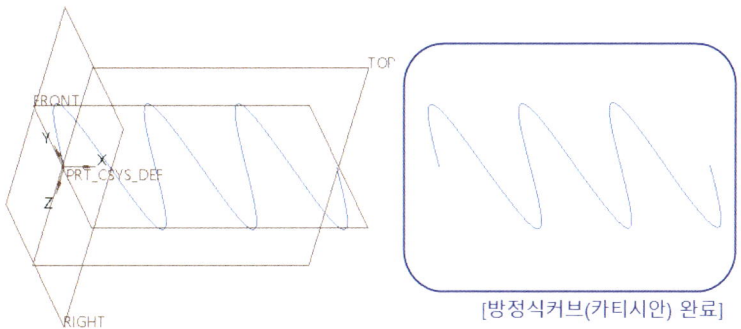

[방정식커브(카티시안) 완료]

2. 원통

❶ 리본UI에서 [모델>기준그룹>커브>방정식으로 부터의 커브] 명령을 실행합니다.

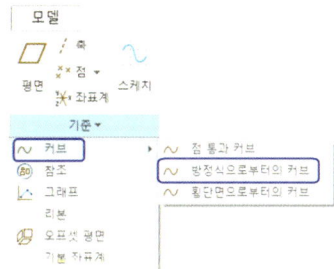

❷ 원통 유형을 선택 하여 좌표계 선택 및 방정식을 정의 합니다.
- 기본 좌표계 선택
- 방정식 대화상자에서 관계식 입력 (r, theta 및 z를 위한 t의 관점)
- 관계식 검증 버튼을 클릭하여 관계식이 바르게 작성 되었는지 확인

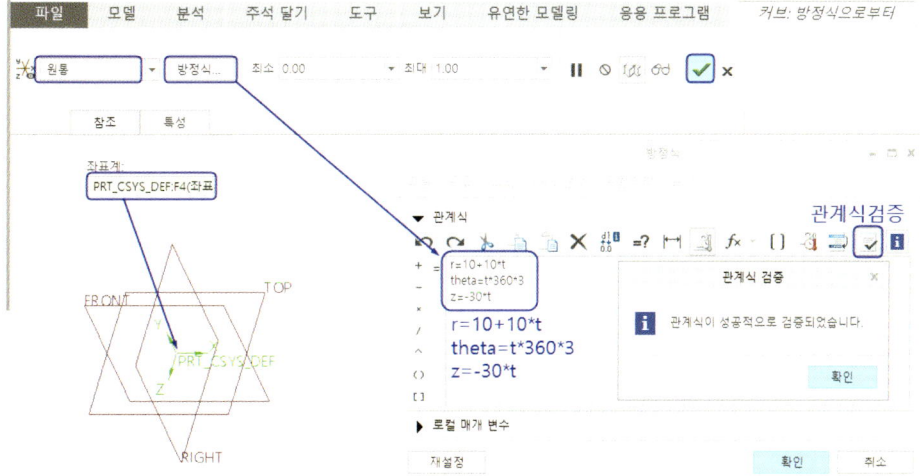

❸ 형상을 완료합니다.

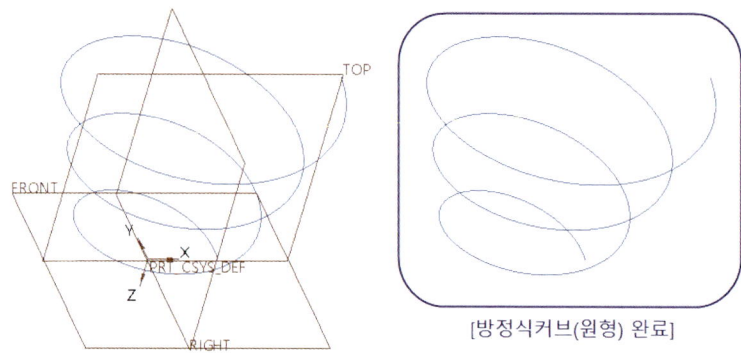

[방정식커브(원형) 완료]

3. 구형

❶ 리본UI에서 [모델>기준그룹>커브>방정식으로 부터의 커브] 명령을 실행합니다.

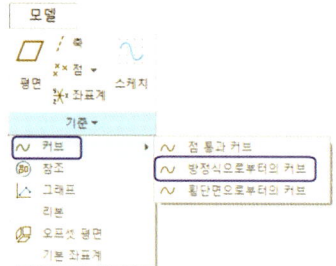

❷ 구형 유형을 선택 하여 좌표계 선택 및 방정식을 정의 합니다.
- 기본 좌표계 선택
- 방정식 대화상자에서 관계식 입력 (rho, theta 및 phi를 위한 t의 관점)
- 관계식 검증 버튼을 클릭하여 관계식이 바르게 작성 되었는지 확인

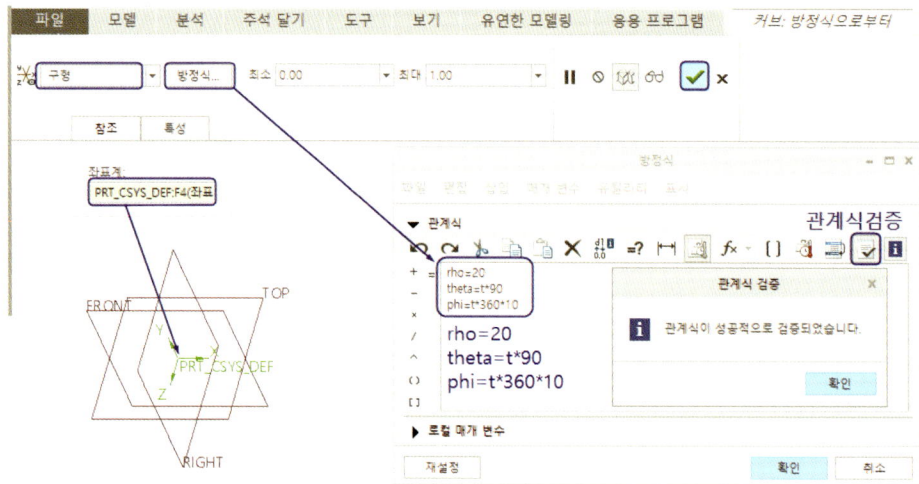

❸ 형상을 완료합니다.

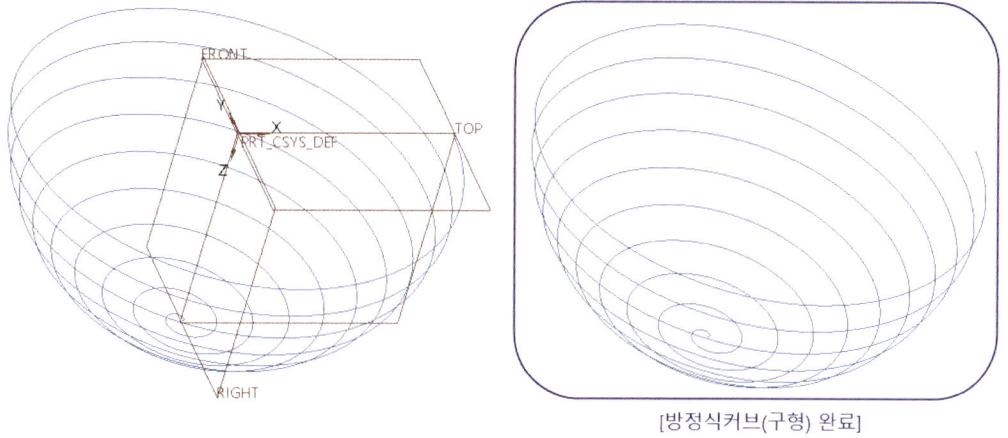

[방정식커브(구형) 완료]

03 횡단면 Curve

> ❏ **학습목표**
> 편면 횡단면과 부품 아웃라인의 교차에 의한 Curve의 생성에 대한 이해

준비된 파일에서 작업을 진행합니다. [prt0001.prt]

[prt0001.prt]

❶ 리본UI에서 [보기>모델디스플레이 그룹>단면>평면] 명령을 실행합니다.

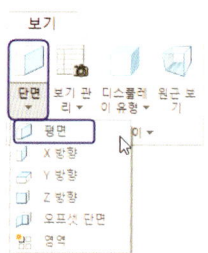

❷ 단면 참조 및 방향을 정의 합니다.
- 단면참조 : Front Datum 선택
- 방향 : 전면이 제거 되도록함

❸ 형상을 완료합니다.

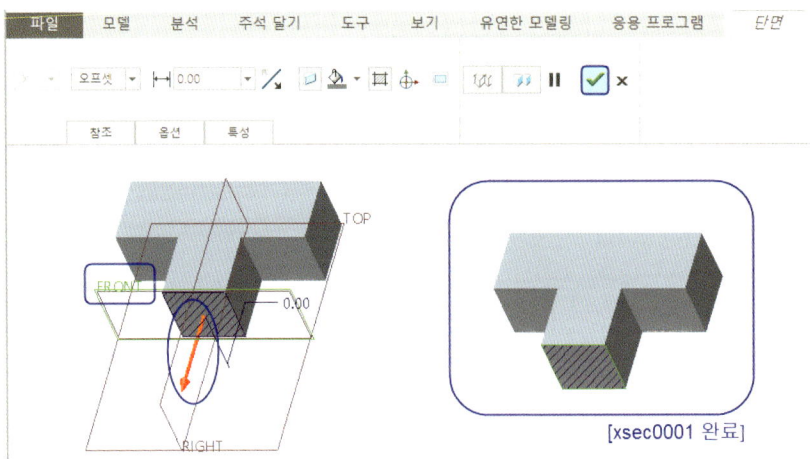

❹ 리본UI에서 [모델>기준그룹>커브>횡단면으로부터의 커브] 명령을 실행합니다.

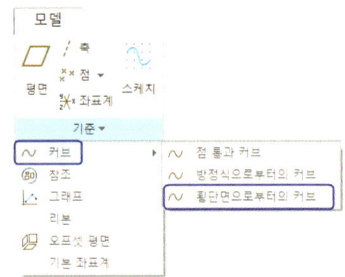

❺ 미리 정의 된 횡단면을 선택 하여 횡단면 커브를 생성합니다.
- 횡단면 xsec0001 선택

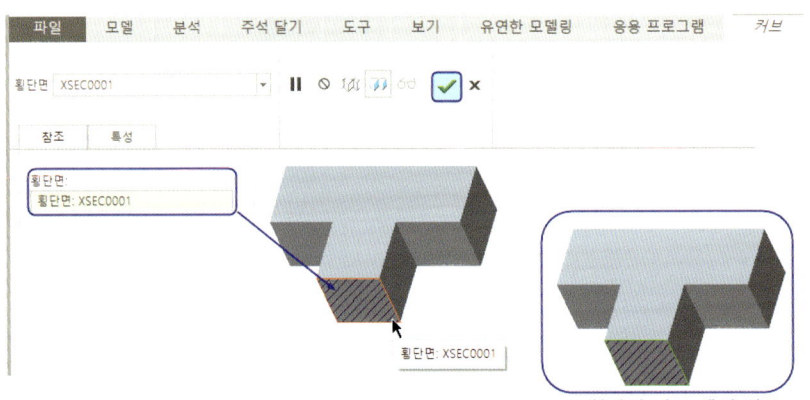

❻ 모델트리에서 횡단면을 선택 후 디스플레이 되지 않도록 정의 합니다.
- 정의 편집 : 해칭패턴 비활성화
- 횡단면 비활성화
- 횡단면 커브형상 확인됨

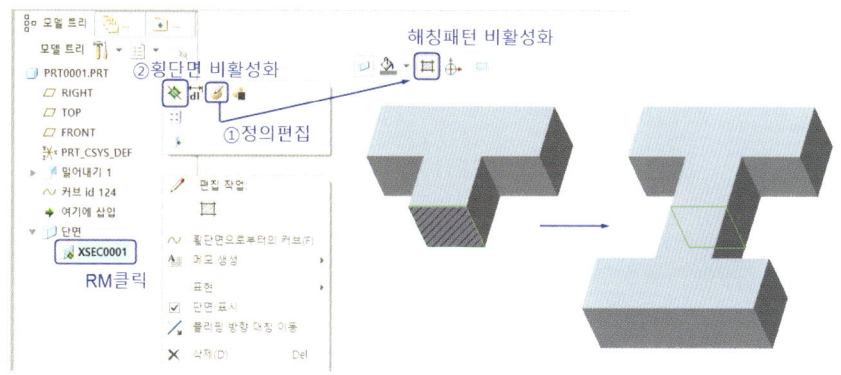

04 복사(복합) Curve

□ **학습목표**
  기존 모서리로부터 복사하여 생성하는 커브에 대한 이해

❶ 준비된 파일에서 작업을 진행합니다. [prt0001.prt]

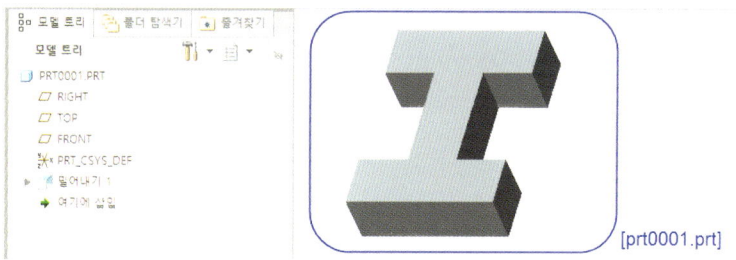

❷ 아래쪽 모서리를 선택한 후 복사하기&붙여넣기 명령을 실행합니다.

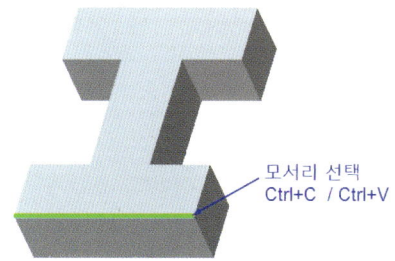

❸ 대시보드에서 형상을 완료합니다.

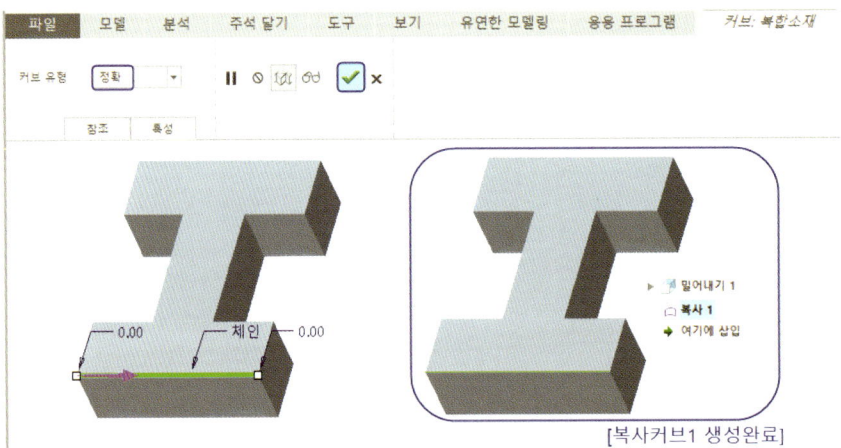

❹ 아래쪽 모서리를 선택한 후 복사하기&붙여넣기 명령을 실행합니다.
- 키보드의 Shift 키를 누른상태에서 순차적으로 선택

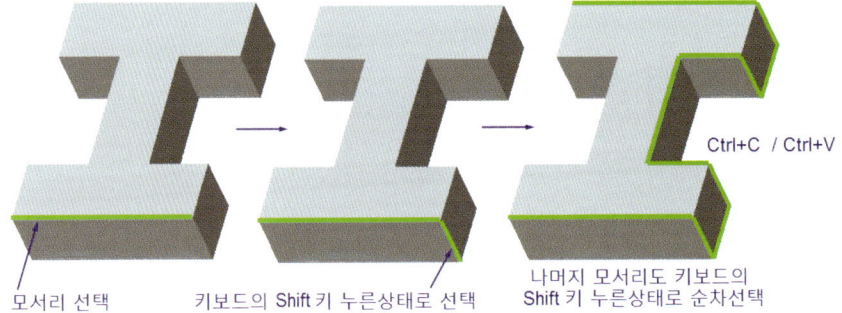

❺ 대시보드에서 시작점 및 끝점의 위치를 조절합니다
- 시작점 재정의 [30] (더블클릭하여 수정)
- 끝점 재정의 [-30] (더블클릭하여 수정)

❻ 형상을 완료합니다.

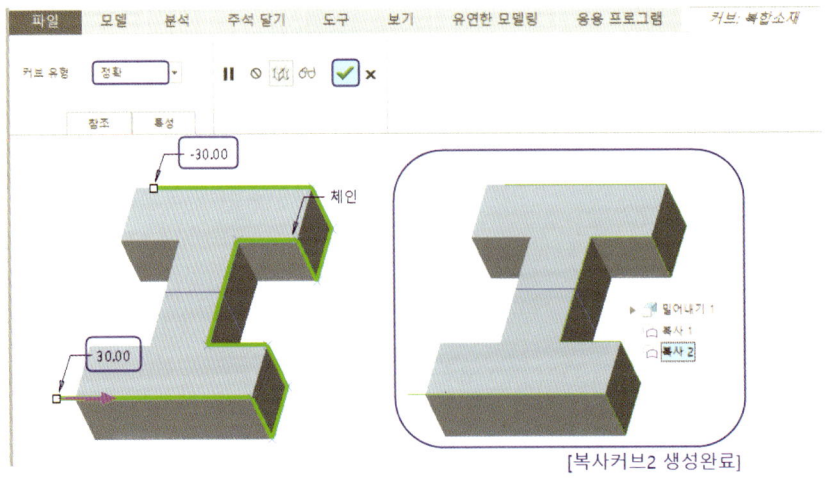

05 교차 Curve

> ❏ **학습목표**
> 미리 생성된 커브와 서피스를 참조로하여 교차지점에 생성되는 커브에 대한 이해

1. 커브참조 교차

교차 커브를 생성하기 위해 참조로 할 두 개의 커브를 생성합니다.

❶ 스케치 커브 생성 [모델>스케치]

- 스케치평면 : Front Datum

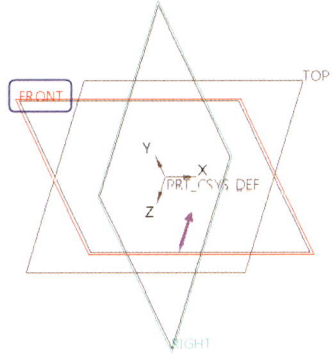 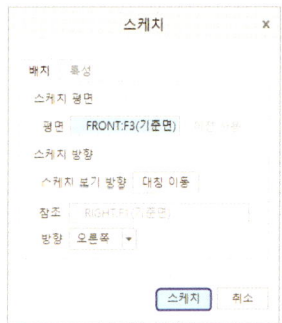

❷ 해당단면 스케치 및 스케치 완료
- 치수는 기입하지 않고 형상만 만듬

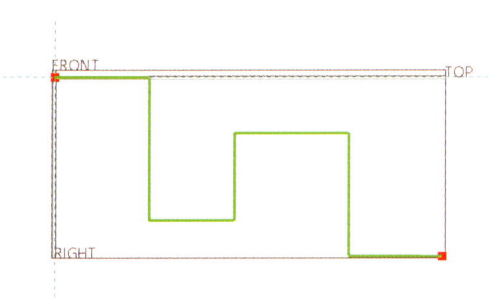 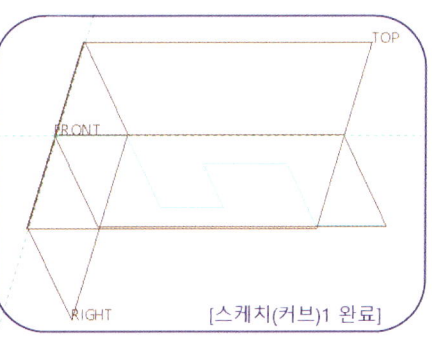

[스케치(커브)1 완료]

❸ 스케치 커브 생성 [모델>스케치]

- 스케치평면 : Top Datum
- 참조평면 : Right Datum(오른쪽방향)

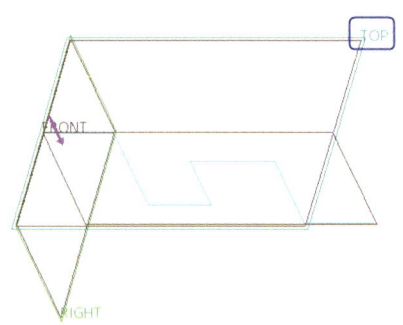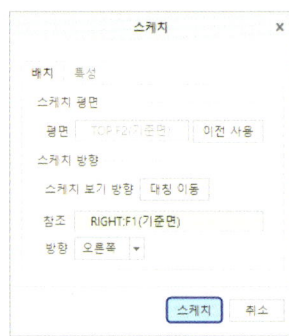

❹ 해당단면 스케치 및 스케치 완료
- 치수는 기입하지 않고 형상만 만듬
- 앞서 생성한 첫 번째 커브의 끝점을 참조하도록 하여 스케치함

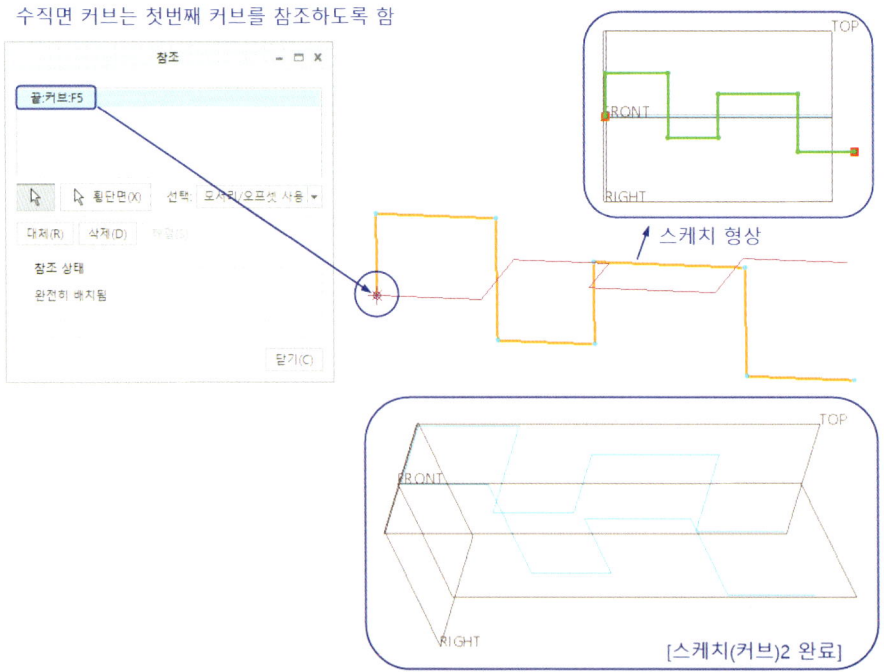

[스케치(커브)2 완료]

❺ 두 개의 커브를 선택 한 후 교차명령 실행합니다.

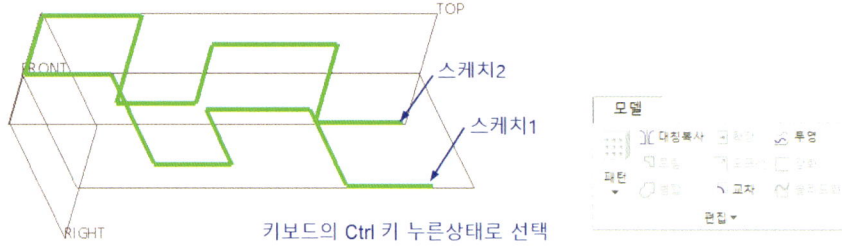

키보드의 Ctrl 키 누른상태로 선택

❻ 형상을 완료합니다.

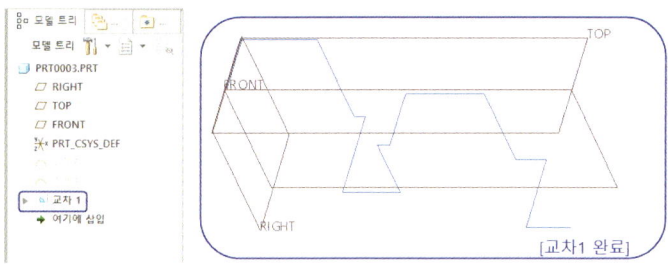

2. 서피스참조 교차

교차 커브를 생성하기 위해 참조로 할 두 개의 서피스를 생성합니다.

❶ 리본UI에서 홈 〉데이터그룹-새로만들기 선택 단축키[Ctrl +N]을 클릭.
❷ 새로만들기 창에서 유형은 부품, 하위유형은 솔리드를 선택 한 후, 파일이름을 입력함.
　　아래쪽에 있는 기본 템플릿 사용란에 체크 된 것을 확인하고 작업 진행합니다. [prt0002]

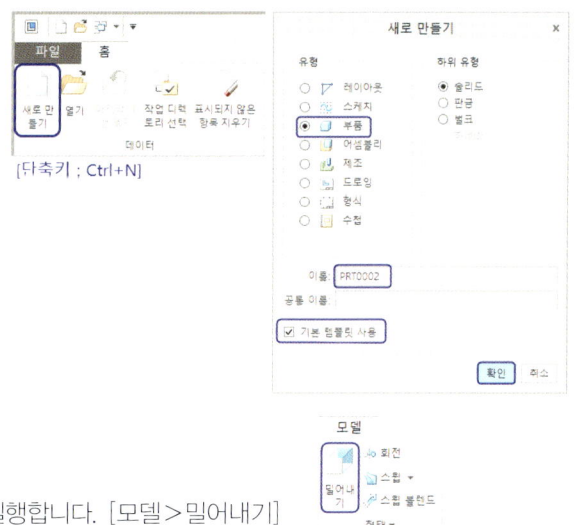

❸ 밀어내기 명령을 실행합니다. [모델＞밀어내기]

❹ 스케치 기준면을 정의합니다. [Top Datum 선택]

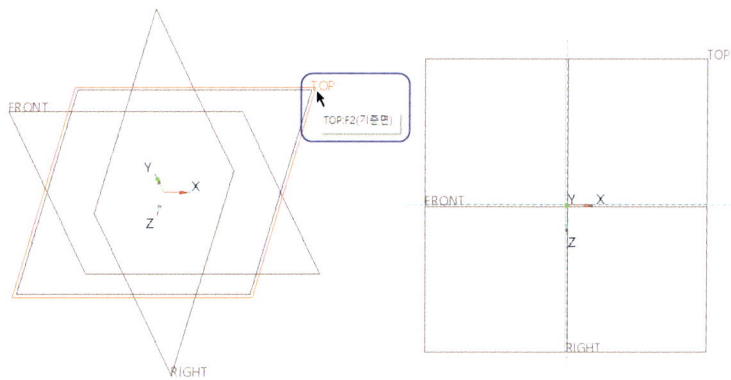

❺ 스케치 작업화면에서 해당 단면 스케치 및 스케치 완료합니다. 확인

- 원 스케치 [지름300]
- 스케치 단면 완료.

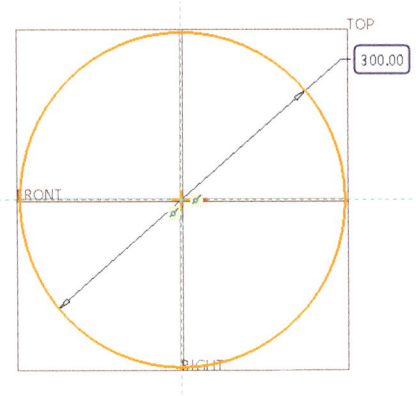

❻ 대시보드에서 밀어내기 방향 및 두께를 정의합니다. [두께 300 적용]
❼ 형상을 완료합니다.

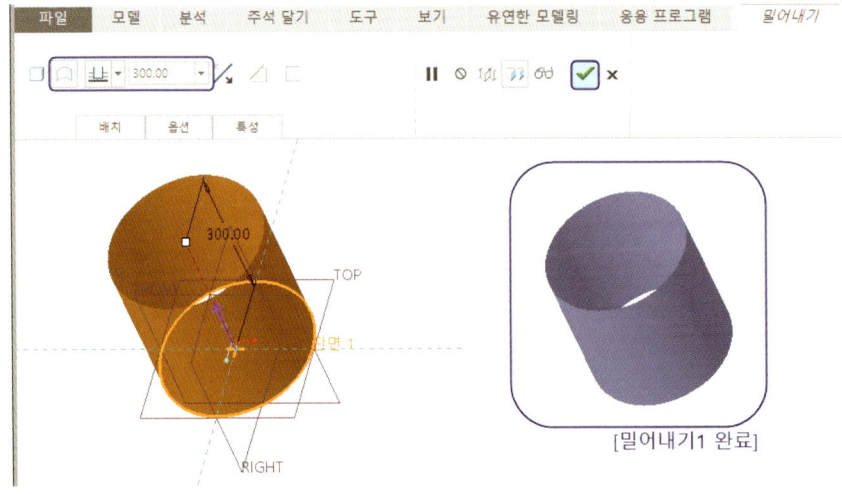

❽ 밀어내기 명령을 실행합니다. [모델>밀어내기]
❾ 스케치 기준면을 정의합니다. [Front Datum 선택]

⑩ 스케치 작업화면에서 해당 단면 스케치 및 스케치 완료합니다. 확인

• 스플라인 스케치 (치수상관 없이 임의의 형상으로 스케치함)

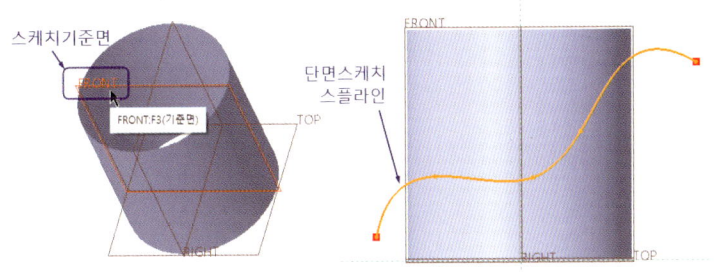

⑪ 대시보드에서 밀어내기 방향 및 두께를 정의합니다. [대칭, 두께 400 적용]
⑫ 형상을 완료합니다.

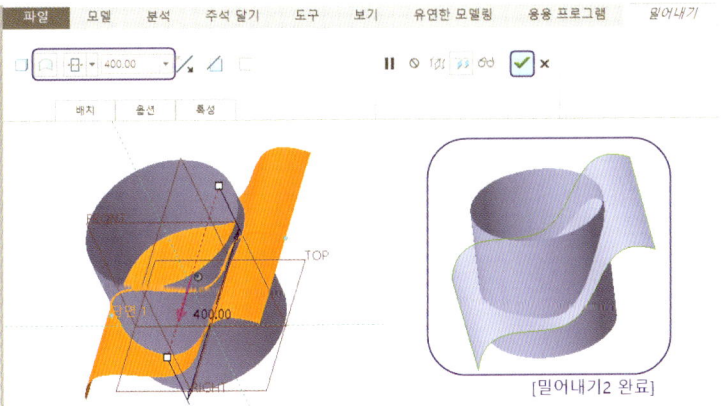

⑬ 해당 파일을 저장합니다.

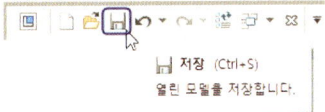

⑭ 두 개의 서피스를 선택하여 교차명령을 실행합니다. [모델>편집-교차]
• 키보드의 Ctrl 키를 누른상태에서 밀어내기1, 밀어내기2 서피스 선택
• 교차명령 활성화 되면 실행

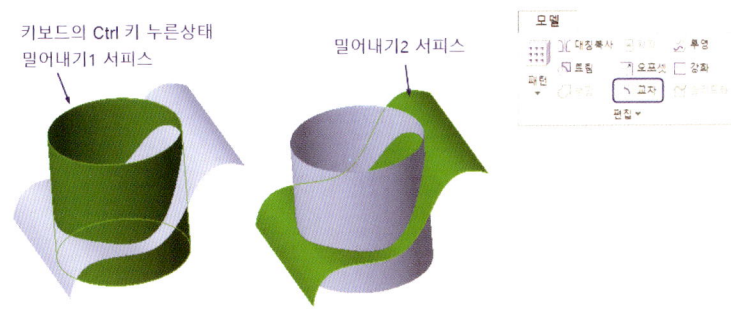

⓯ 교차커브를 확인합니다.

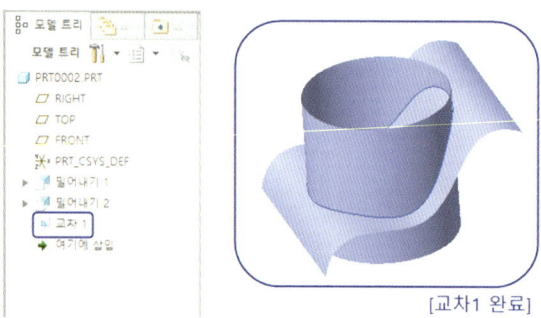

- 모델트리에서 밀어내기1, 밀어내기2 피쳐를 선택후 마우스오른쪽버튼 클릭(RM) > 숨기기하여 커브 형상만 표시되도록 하여 확인함.

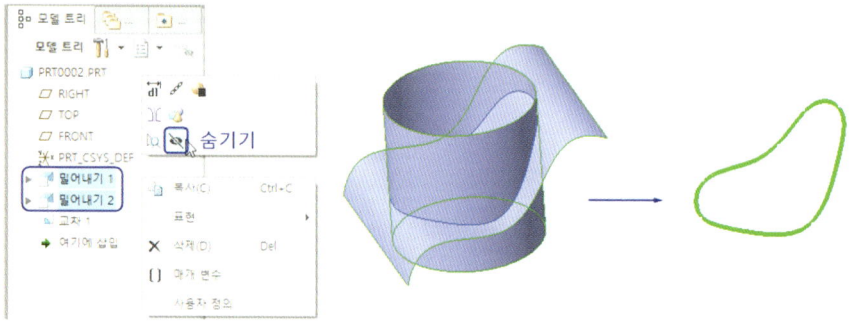

06 투영 CURVE

❑ **학습목표**
　미리 생성된 커브를 서피스에 투영시켜 생성하는 커브에 대한 이해

앞서 생성한 두 개의 서피스가 있는 형상에서 작업을 진행합니다. [prt0002]

❶ 밀어내기1 피쳐를 솔리드로 변환합니다.
  - 밀어내기1 피쳐 선택 후 정의편집 실행

• 서피스 피쳐를 솔리드로 변환

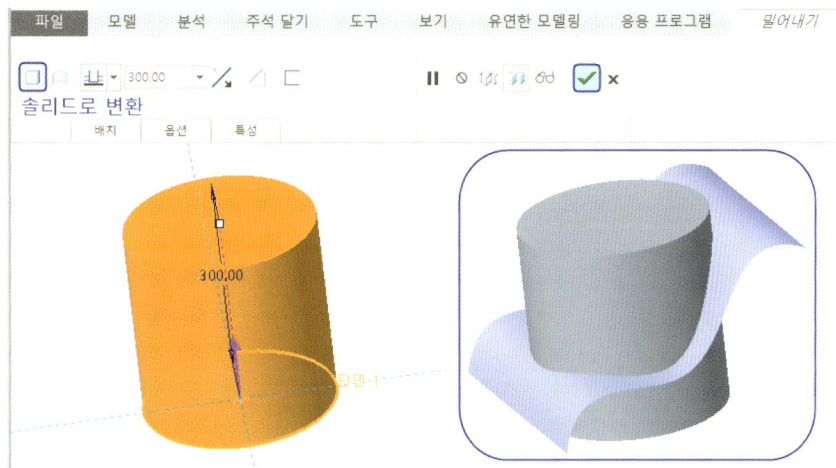

❷ 밀어내기2 피쳐 선택 후 솔리드화 명령을 실행합니다. [모델>편집-솔리드화]

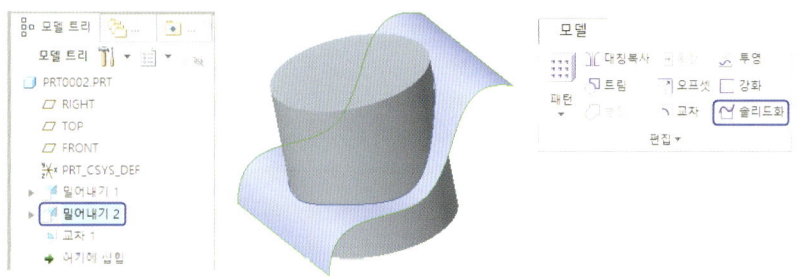

• 해당피쳐로 밀어내기1(솔리드)의 윗면을 형상제거함

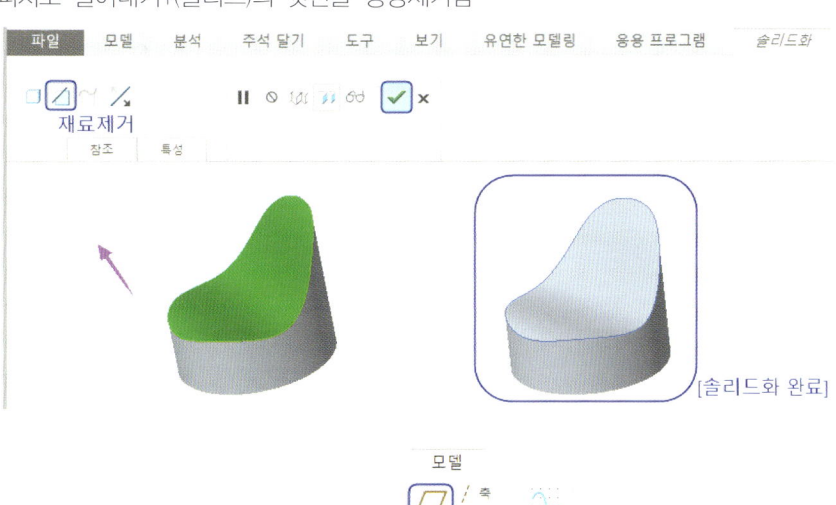

❸ 데이터평면을 생성합니다. [모델>기준_평면]

- Top Datum을 참조로 하여 위쪽 방향으로 [400] 오프셋

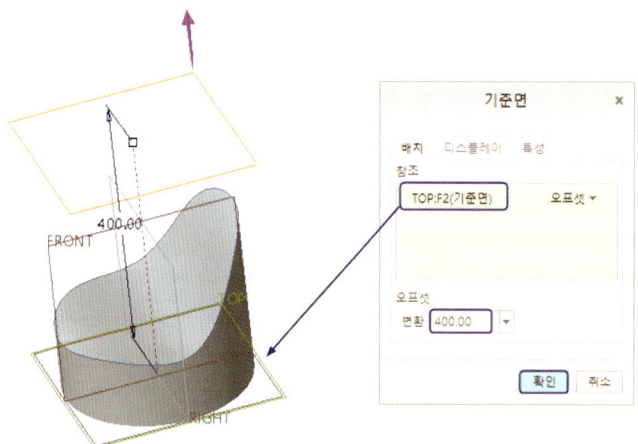

❹ 스케치 커브를 생성합니다 [모델>기준-스케치]

- 스케치평면 : DTM1 Datum

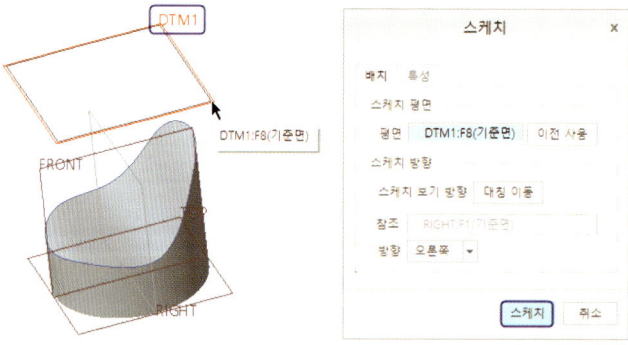

- 원 스케치 [지름 80] 및 완료

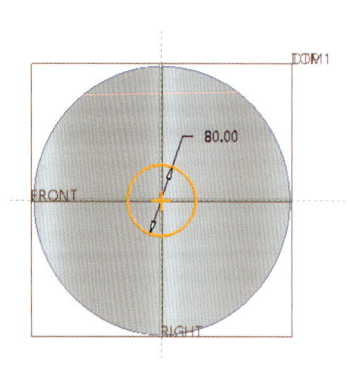 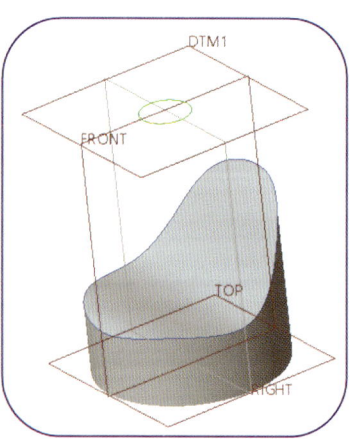

❺ 스케치 커브 선택 후 투영명령을 실행합니다. [모델>편집-투영]

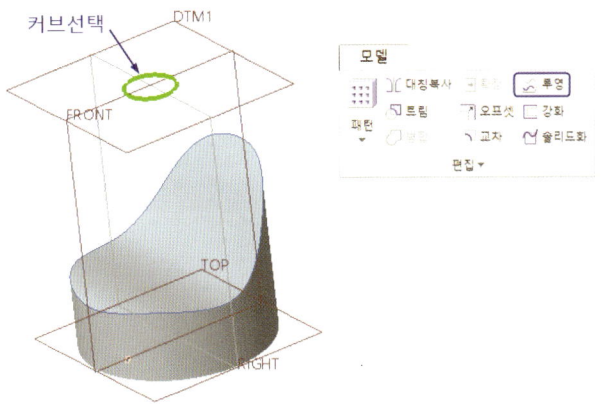

• 커브를 투영시킬 서피스 선택 및 완료

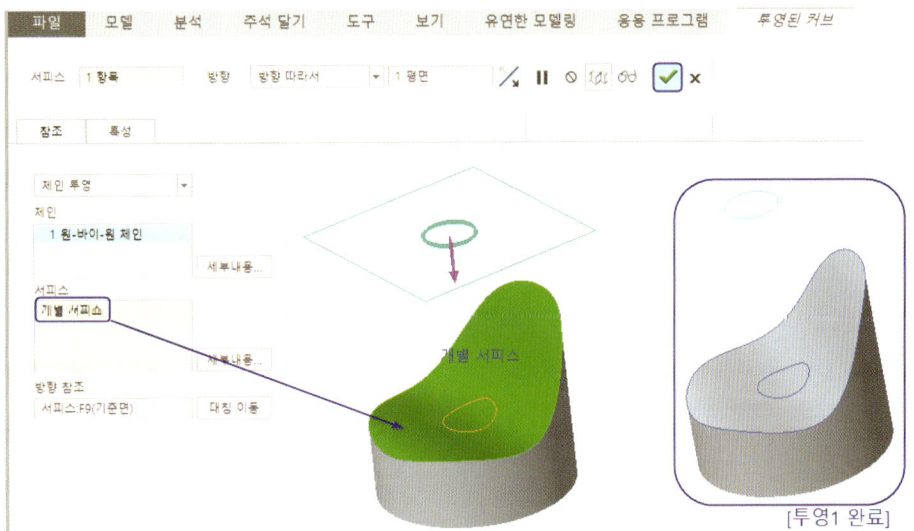

[투영1 완료]

❻ 투영된 커브의 방향을 재정의 합니다.
• 투영커브 선택 후 정의편집 실행
• 방향 재정의 : 방향따라서 → 서피스에 수직으로 변경
• 형상 확인 및 완료

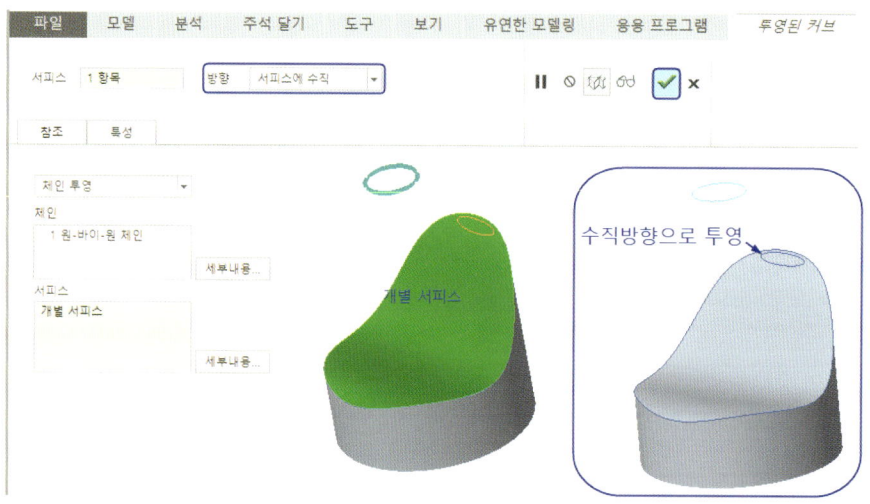

07 랩 CURVE

□ **학습목표**
면위를 감싸듯이 생성되는 랩커브에 대한 이해

랩커브는 선택한 면을 감싸듯이 생성되며, 실제 커브의 길이는 변하지 않습니다.
랩커브 생성과정을 알아보고, 앞서 학습한 투영커브와의 차이점을 비교 해보도록 하겠습니다.

1. 스케치커브 (형상)

❶ 랩 명령을 실행합니다. [모델＞편집-랩]

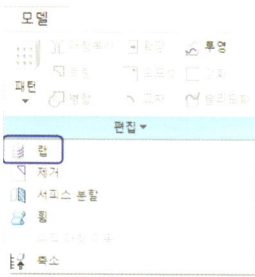

❷ 랩 형상을 정의합니다.
  • 스케치1 커브가 이미 생성된 솔리드 형상에 랩 되도록 함

- 형상 확인 및 완료

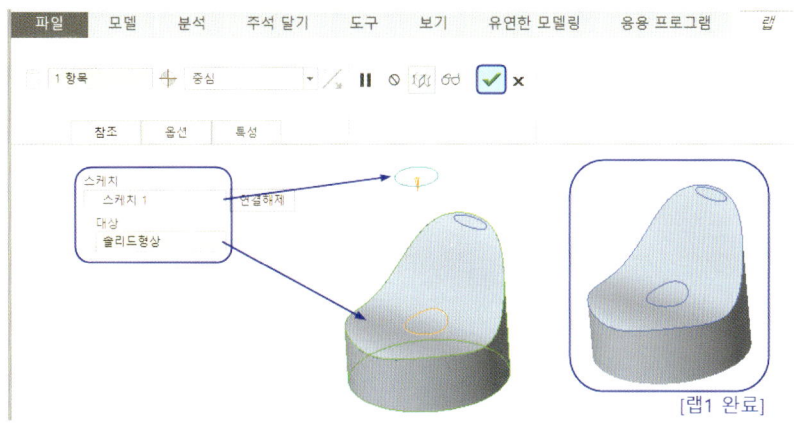

[랩1 완료]

❸ 앞서 생성한 투영 커브를 정의편집 합니다.
  - 투영커브 선택 후 정의편집 실행
  - 방향 재정의 : 서피스에 수직 → 방향따라서로 변경
  - 형상 확인 및 완료

투영커브 방향재정의 완료

❹ 투영커브와 랩 커브의 형상을 비교합니다.
  - 투영일때는 투시되는 면이 서피스임에도 Top View에서 원의 형상이 변함이 없다.
    즉 서피스면을 따라 길이가 늘어나게 된다.
  - 랩은 그 면에 씌워지는 형상이므로 서피스면을 따라 원이 길이가 변하지 않고 만들어 진다.

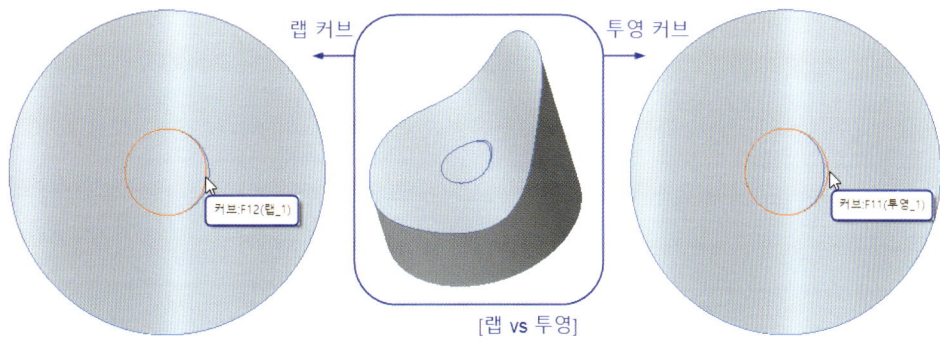

[랩 vs 투영]

2. 텍스트 랩

❶ 데이텀평면을 생성합니다. [모델＞기준-평면]

- Front Datum을 참조로 하여 오른쪽 방향으로 [300] 오프셋

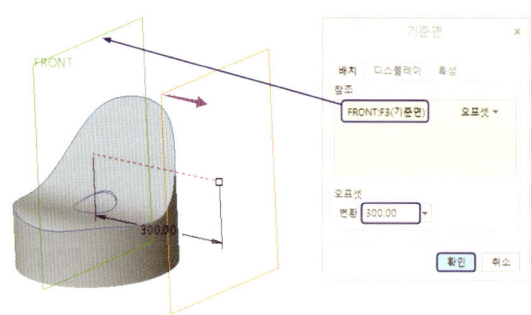

❷ 스케치 커브를 생성합니다 [모델＞기준-스케치]

- 스케치평면 : DTM1 Datum

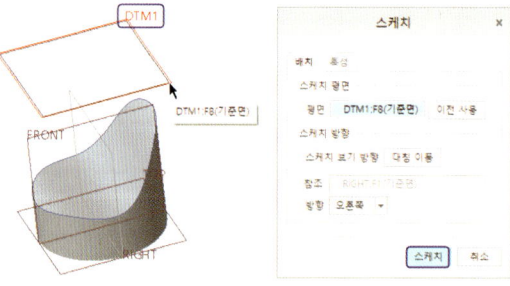

- 텍스트 입력 및 완료 [Creo Parametirc]

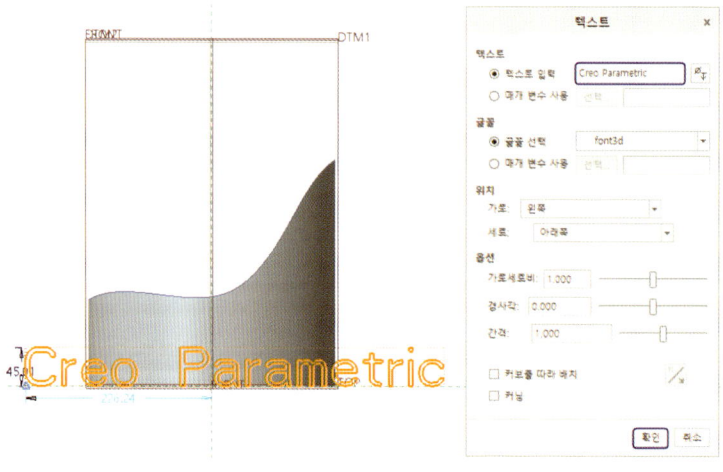

- 텍스트 오른쪽에 가로 선 스케치 및 스케치 완료

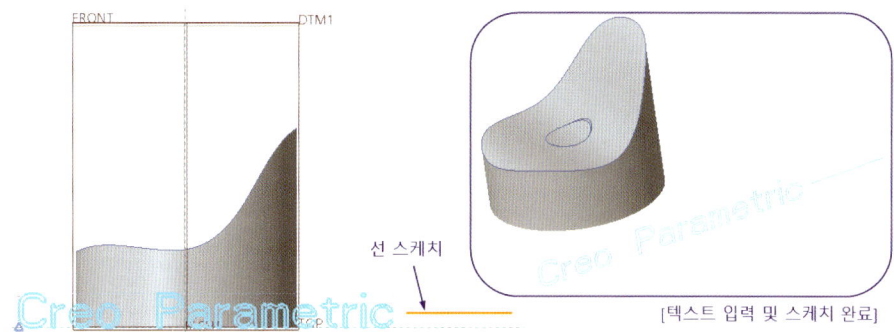

❸ 랩 명령을 실행합니다. [모델＞편집-랩]

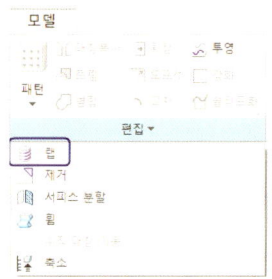

❹ 랩 형상을 정의합니다.
- 스케치2(텍스트) 커브가 이미 생성된 솔리드 형상에 랩 되도록 함
- 형상 확인 및 완료

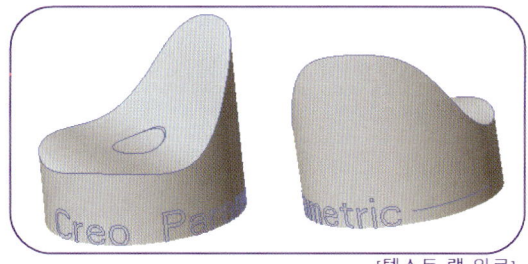

[텍스트 랩 완료]

08 오프셋 CURVE

> ❏ **학습목표**
> 면위의 커브를 오프셋 시켜 생성되는 커브에 대한 이해

기본적으로 면위의 커브는 오프셋 명령을 실행하게 되면 면을 따라 오프셋하여 커브가 생성됩니다. 경우에 따라 오프셋 방향을 변경하여 수직방향으로 오프셋을 정의할 수 있으며, 시작점, 끝점의 위치를 입력하여 길이를 조절할 수 있습니다.

❶ 스케치 커브 선택 후 오프셋명령을 실행합니다. [모델＞편집-오프셋]
  • 오프셋 할 커브 선택 및 오프셋 명령 실행

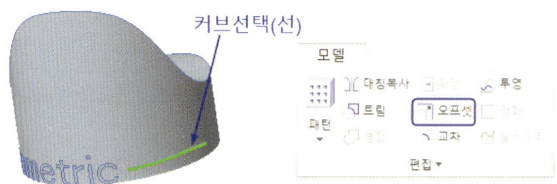

❷ 측정 탭에서 오프셋을 정의 합니다 [10]
  • 서피스를 따라 오프셋 되도록 함
  • 오프셋 거리 / 위치 : 10 / 0
  • 오프셋 추가 : 마우스 오른쪽 버튼 클릭 ＞ 추가

❸ 측정 탭에서 추가된 오프셋을 정의 합니다.
- 오프셋 거리 / 위치 : 20 / 0.5
- 오프셋 추가 : 마우스 오른쪽 버튼 클릭 〉 추가

❹ 측정 탭에서 추가된 오프셋을 정의 합니다.
- 오프셋 거리 / 위치 : 50 / 1
- 형상 확인 및 완료

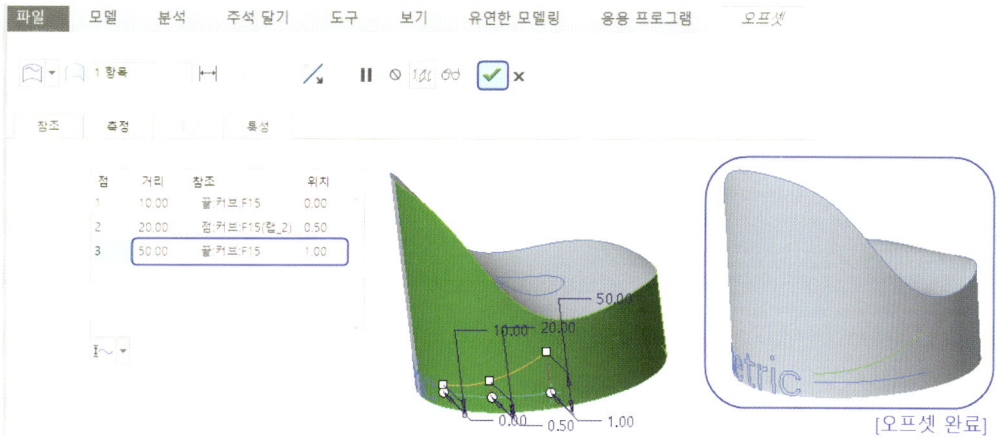

[오프셋 완료]

❺ 스케치 커브 선택 후 오프셋명령을 실행합니다. [모델＞편집-오프셋]
- 오프셋 할 커브 선택 및 오프셋 명령 실행

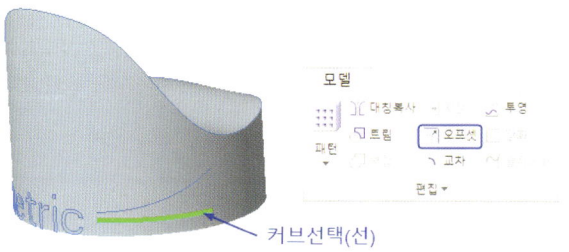

커브선택(선)

❻ 수직방향 오프셋을 정의 합니다
- 서피스에 수직으로 오프셋 되도록 함
- 오프셋 거리 : 50
- 형상 확인 및 완료

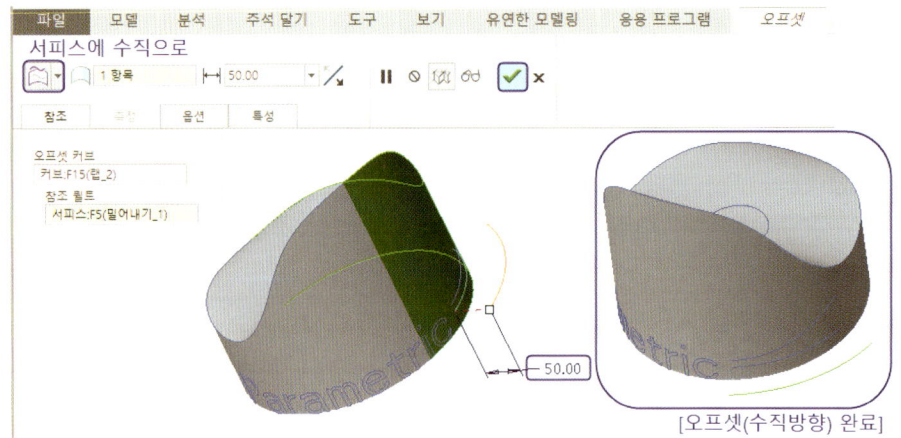

09 트림 CURVE

□ 학습목표

트림된 커브에 대한 이해

하나의 커브를 트림하여 두 개로 분할 또는 지정한 한쪽을 유지할 수 있습니다.

❶ 스케치 커브 생성 [모델 > 스케치]

- 스케치평면 : Front Datum

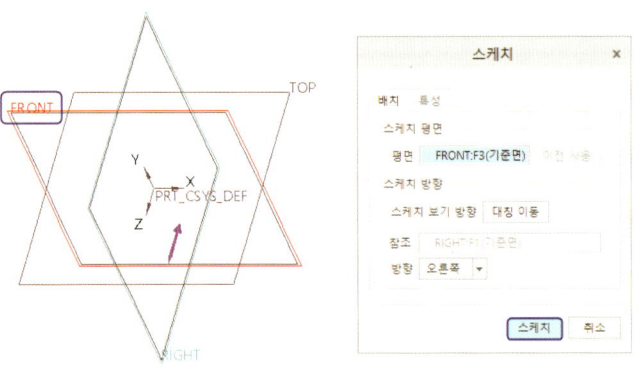

❷ 해당단면 스케치 및 스케치 완료
- 치수는 기입하지 않고 형상만 만듬

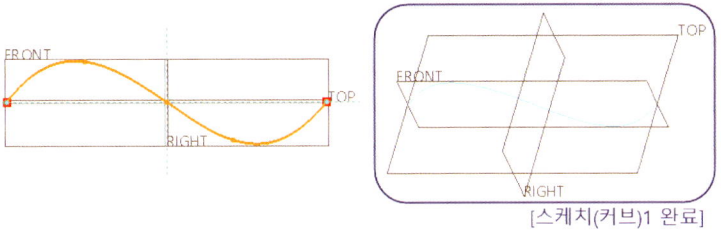

[스케치(커브)1 완료]

❹ 스케치한 커브를 선택 한 후 트림명령 실행합니다.

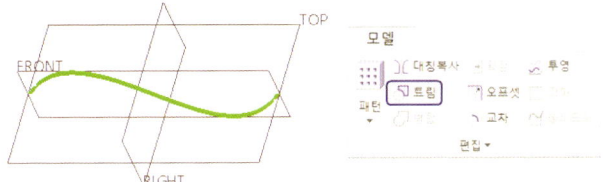

❺ 커브 트림을 정의합니다.
- 트리밍 객체 : Right Datum
- 방향1 확인 : 트리밍 객체 기준 좌측 제거

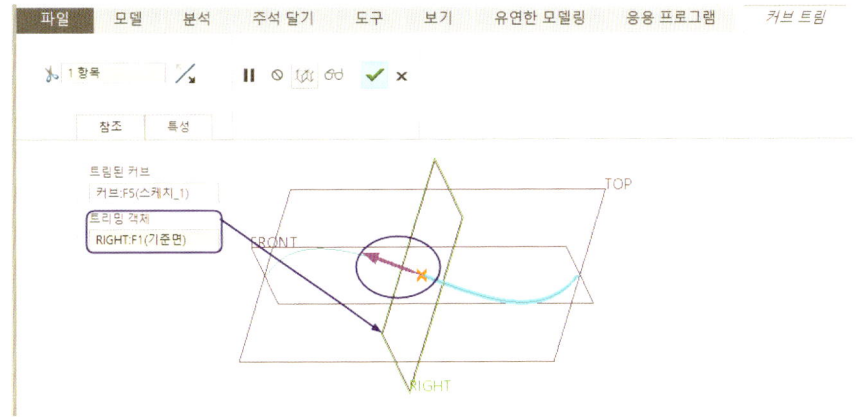

- 방향전환
- 방향2 확인 : 트리밍 객체 기준 우측 제거

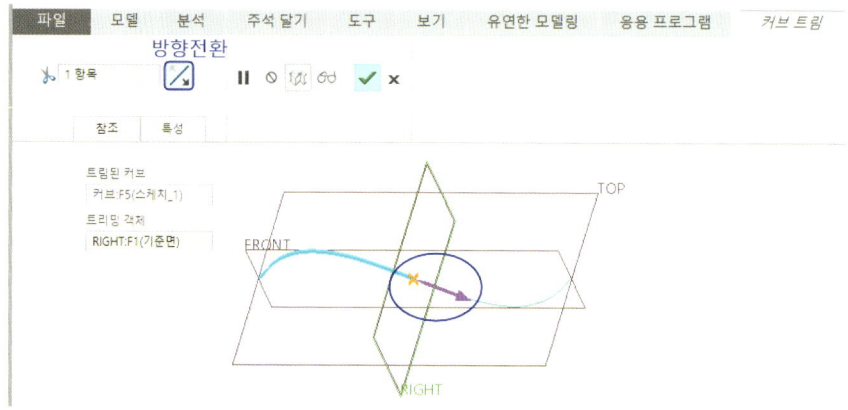

- 방향전환
- 방향3 확인 : 트리밍 객체 기준 제거 되는 형상없이 분할만 됨

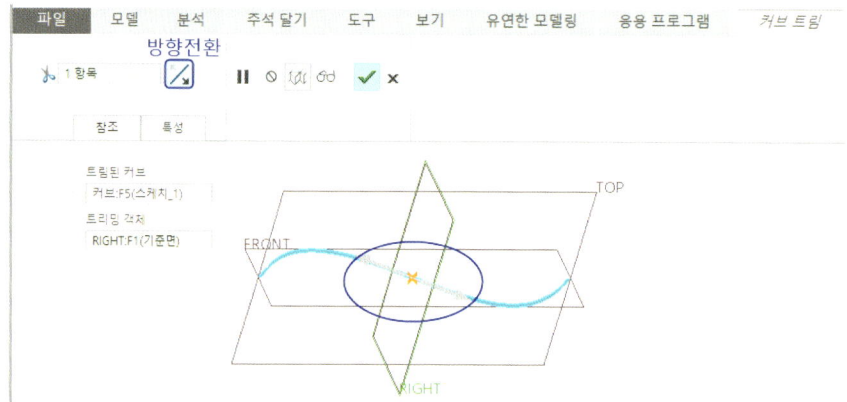

- 방향전환
- 방향1 확인 후 완료

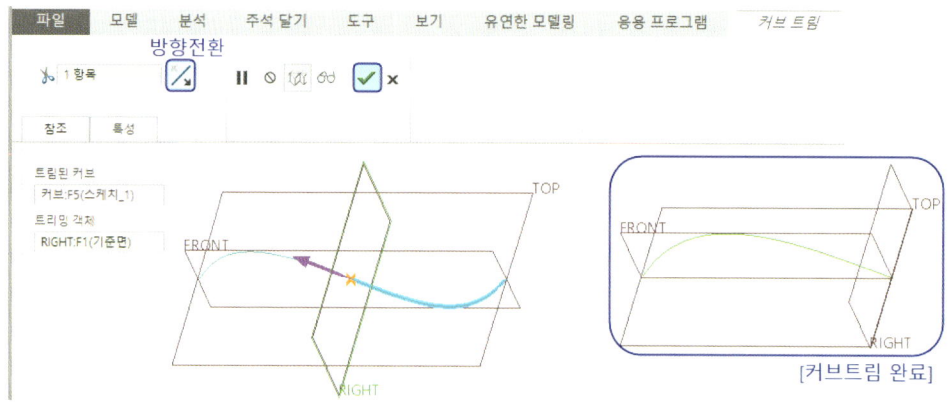

[커브트림 완료]

⟩⟩⟩ CURVE 연습하기

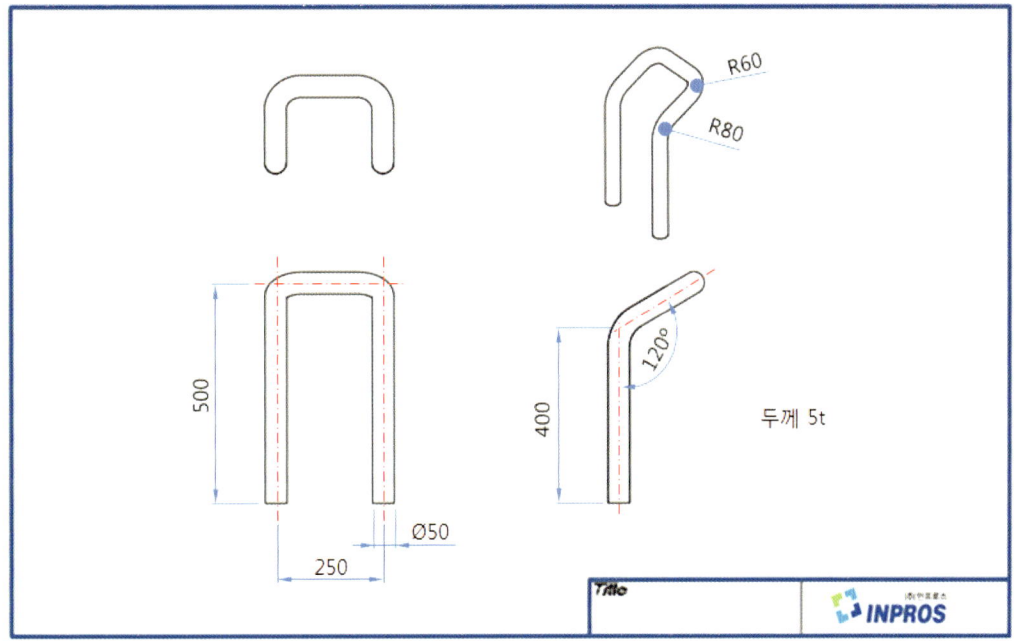

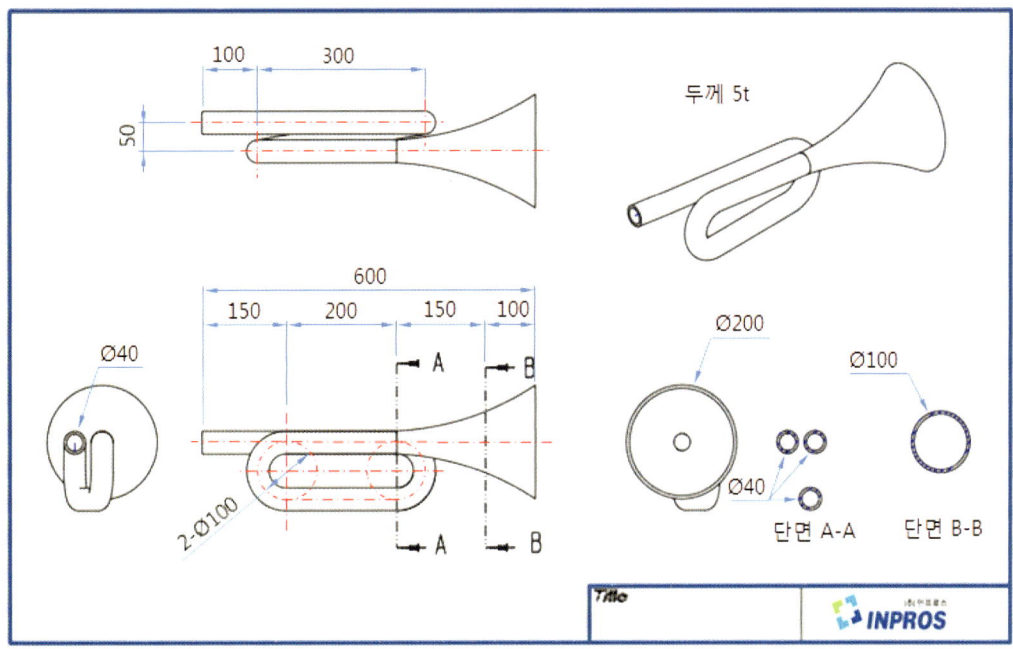

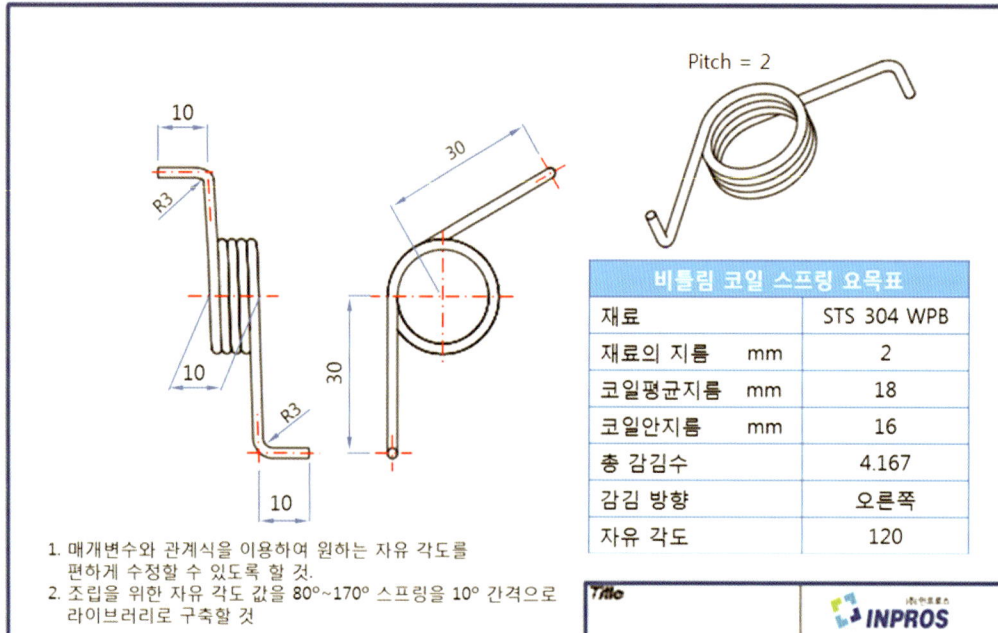

비틀림 코일 스프링 요목표	
재료	STS 304 WPB
재료의 지름 mm	2
코일평균지름 mm	18
코일안지름 mm	16
총 감김수	4.167
감김 방향	오른쪽
자유 각도	120

1. 매개변수와 관계식을 이용하여 원하는 자유 각도를 편하게 수정할 수 있도록 할 것.
2. 조립을 위한 자유 각도 값을 80°~170° 스프링을 10° 간격으로 라이브러리로 구축할 것

MEMO

Part 02

Surface

CHAPTER

2

Surface 생성

01 밀어내기

> **학습목표**
> 밀어내기 명령을 이용한 서피스 생성에 대한 이해

밀어내기 명령을 이용하여 서피스 형상을 생성해보도록 하겠습니다.
스케치 평면에 수직방향으로 단면을 밀어내어 형상이 만들어집니다.

새로운 작업을 시작하여 밀어내기 명령을 설명하도록 하겠습니다.

❶ 리본UI에서 홈 > 데이터그룹-새로만들기 선택 단축키[Ctrl +N]을 클릭.
❷ 새로만들기 창에서 유형은 부품, 하위유형은 솔리드를 선택 한 후, 파일이름을 입력함.
   아래쪽에 있는 기본 템플릿 사용란에 체크 된 것을 확인하고 작업 진행합니다. [part01]

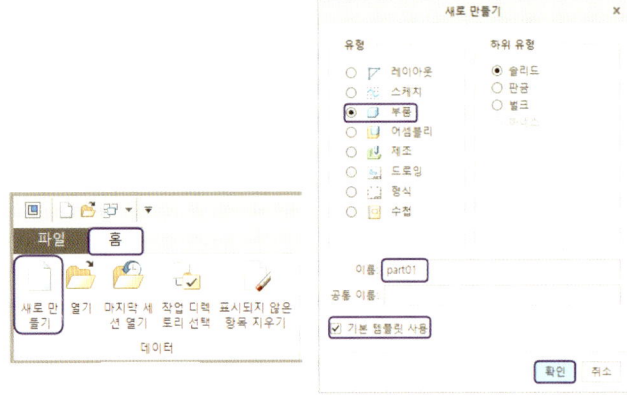

❸ 밀어내기 명령을 실행합니다. [모델>밀어내기]
❹ 스케치 기준면을 정의합니다. [Top Datum 선택]
   → 스케치면을 정의하기 위한 별도의 작업 없이 해당평면을 클릭하면 바로 적용됨

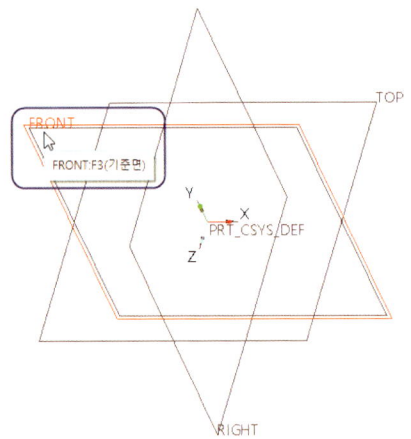

❺ 스케치 작업화면에서 해당 단면 스케치 및 스케치 완료합니다. 확인

- 팔레트 도구 실행
- 스케쳐 팔레트 대화상자에서 프로파일 도구선택 〉 더블클릭 [I-프로파일]
- 작업화면에 배치

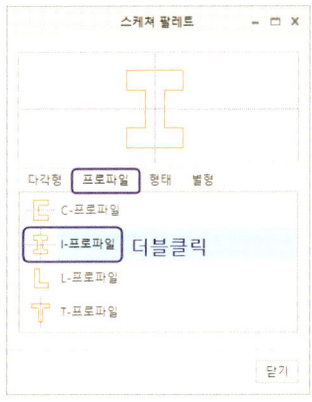 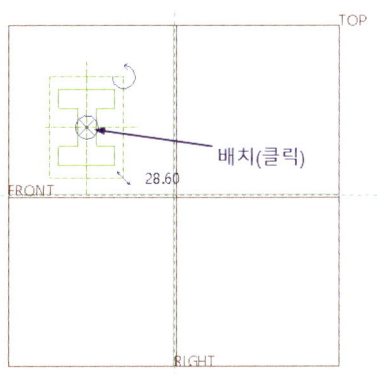

- 대시보드에서 설정값 입력 및 단면가져오기 완료
  [중심·중앙에 배치], [배율 : 100]

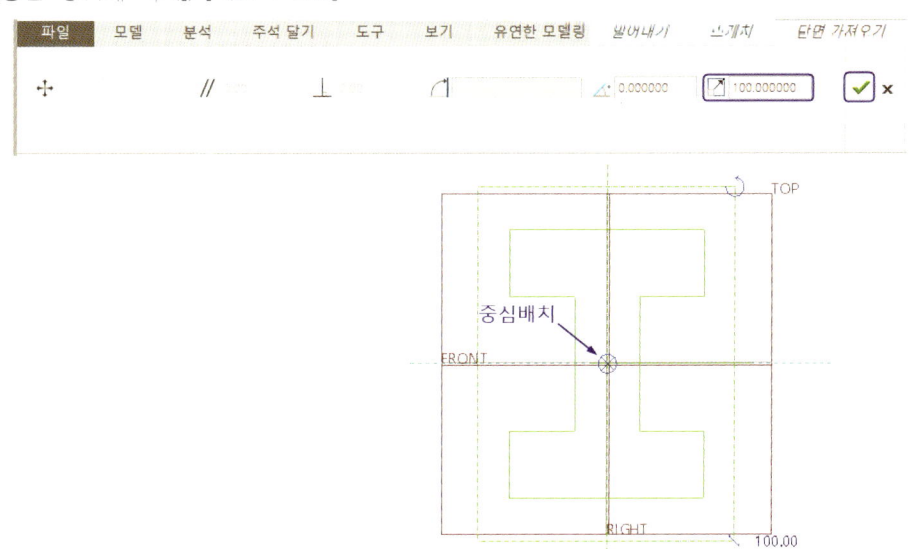

- 스케치 단면 검사 후 완료.

❻ 대시보드에서 밀어내기 방향 및 두께를 정의합니다.
- 서피스로 전환
- 위쪽방향으로 두께 100 적용

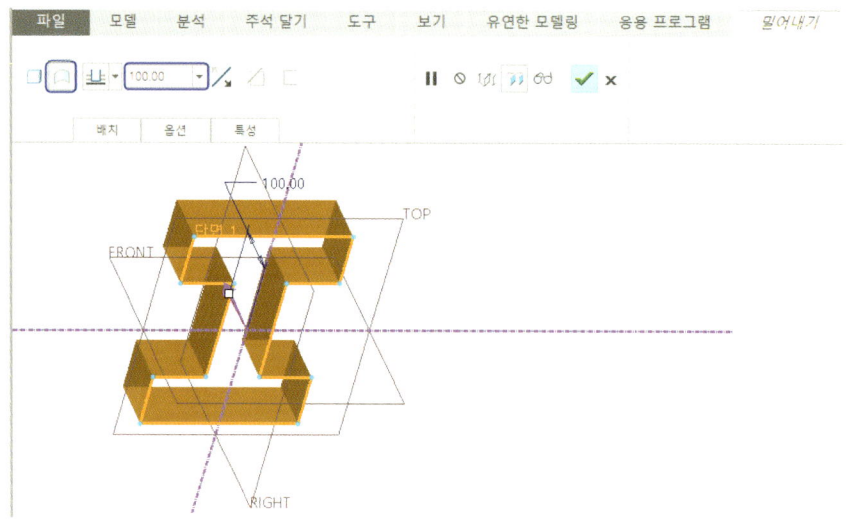

❼ 옵션탭에서 형상을 추가합니다.
- 닫힌끝 추가 (위/아래 서피스 형상이 추가됨)
- 테이퍼추가 [10도] (스케치면을 기준으로 각도가 적용 됨)

❽ 형상을 완료합니다.

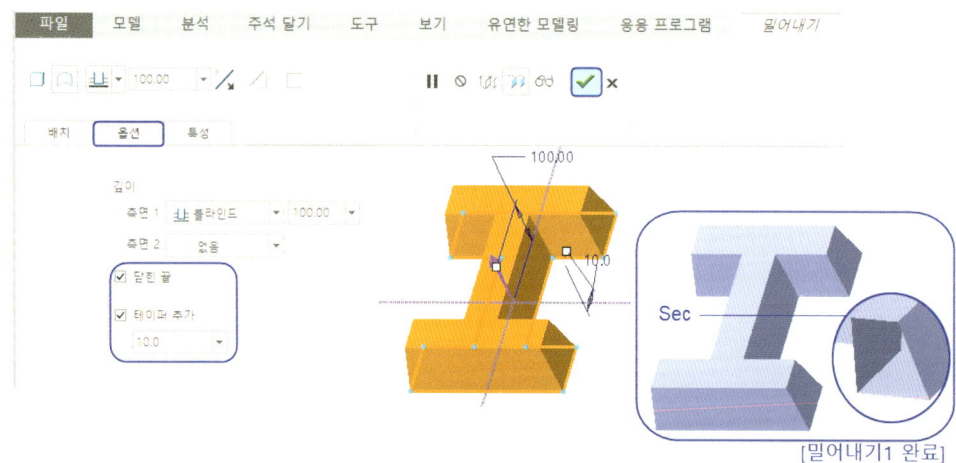

[밀어내기1 완료]

02 회전

> **□ 학습목표**
> 회전명령을 이용한 서피스 생성에 대한 이해

회전 명령을 이용하여 서피스 형상을 생성해보도록 하겠습니다.
스케치된 단면을 회전축을 중심으로 지정한 각도만큼 회전시켜 형상이 생성됩니다.

새로운 작업을 시작하여 회전 명령을 설명하도록 하겠습니다.

❶ 리본UI에서 홈 〉 데이터그룹-새로만들기 선택 단축키[Ctrl +N]을 클릭.
❷ 새로만들기 창에서 유형은 부품. 하위유형은 솔리드를 선택 한 후, 파일이름을 입력함.
  아래쪽에 있는 기본 템플릿 사용란에 체크 된 것을 확인하고 작업 진행합니다. [part02]

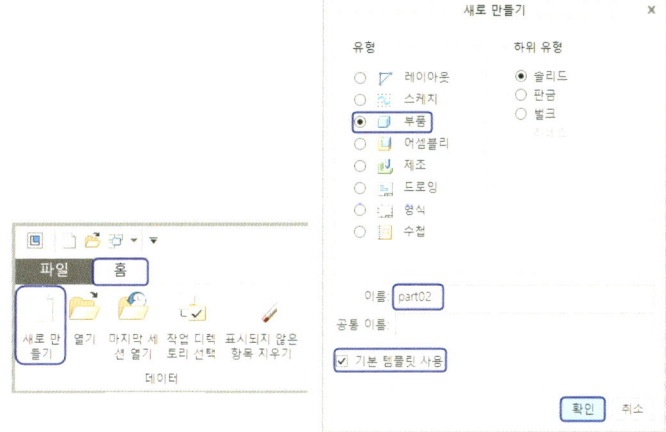

❸ 회전 명령을 실행합니다. [모델〉회전]
❹ 스케치 기준면을 정의합니다. [Front Datum 선택]
  → 스케치면을 정의하기 위한 별도의 작업 없이 해당평면을 클릭하면 바로 적용됨

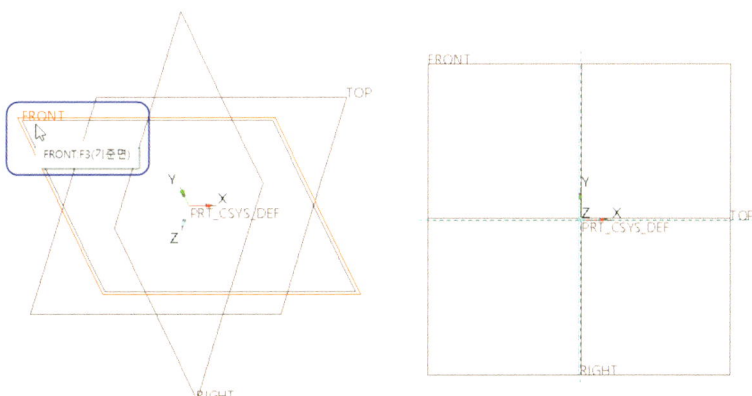

❺ 스케치 작업화면에서 해당 단면 스케치 및 스케치 완료합니다. 확인
  • 세로 형상중심선을 스케치 함. (회전축으로 정의됨)
  • 중심직사각형 스케치 [10x50]
  • 스케치 단면 검사 후 완료.

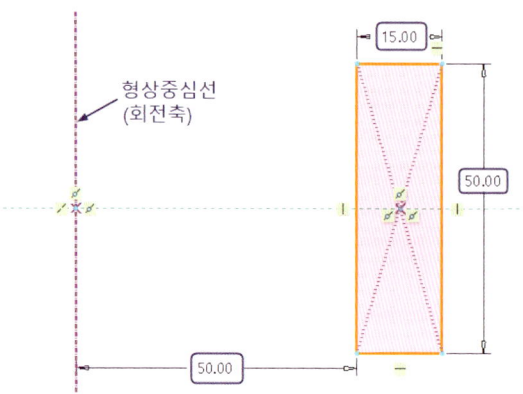

❻ 대시보드에서 회전 방향 및 두께를 정의합니다.
  • 서피스로 전환
  • 두께(회전각도) 300 적용

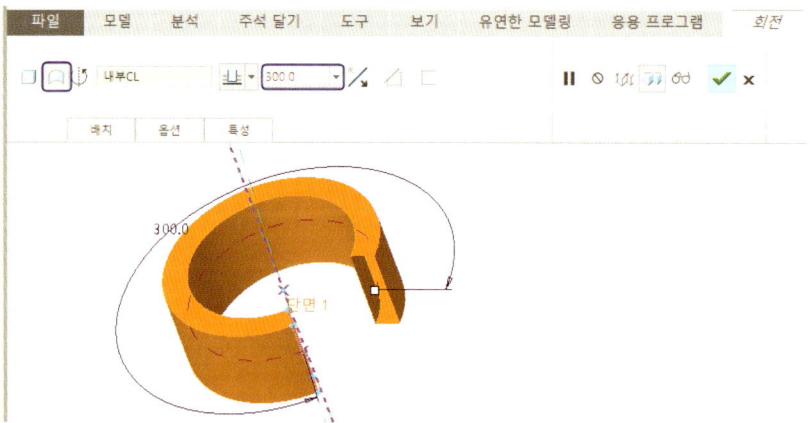

❼ 옵션탭에서 형상을 추가합니다.
  • 닫힌끝 추가 (양쪽 서피스 형상이 추가됨)
❽ 형상을 완료합니다.

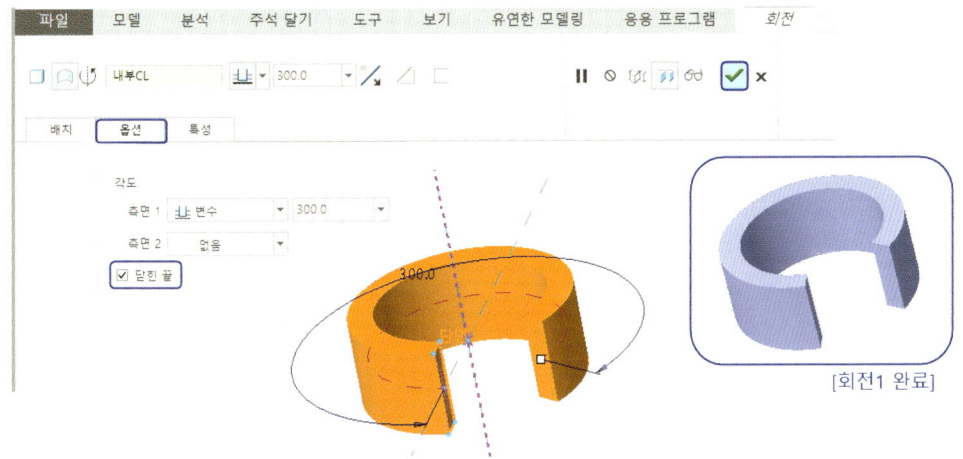

[회전1 완료]

03 스윕 / 가변단면스윕

□ **학습목표**
스윕 명령을 이용한 서피스 생성에 대한 이해

스윕 명령을 이용하여 서피스 형상을 생성해보도록 하겠습니다.
스케치된 단면이 궤적을 따라 이동하며 형상이 생성됩니다.

1. 스윕

새로운 작업을 시작하여 스윕 명령을 설명하도록 하겠습니다.

❶ 리본UI에서 홈 〉 데이터그룹-새로만들기 선택 단축키[Ctrl +N]을 클릭.
❷ 새로만들기 창에서 유형은 부품, 하위유형은 솔리드를 선택 한 후, 파일이름을 입력함.
  아래쪽에 있는 기본 템플릿 사용란에 체크 된 것을 확인하고 작업 진행합니다. [part03]

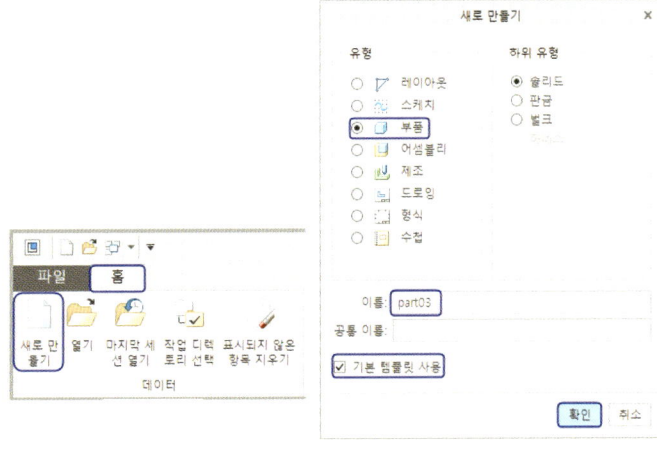

스윕 작업을 위하여 다음과 같이 궤적으로 사용할 경로를 스케치 합니다.

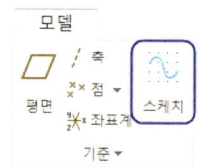

❸ 스케치 명령을 실행합니다. [모델＞스케치]

❹ 스케치 기준면을 정의합니다. [Front Datum 선택]

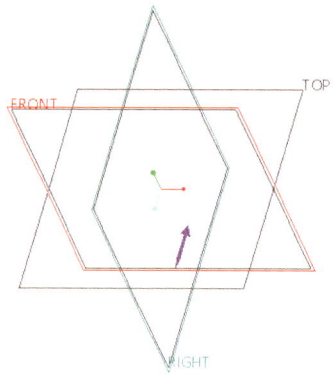 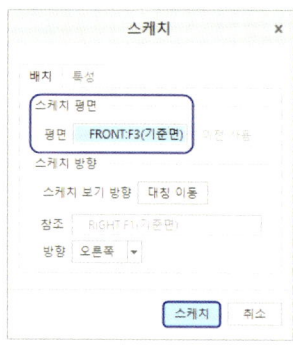

❺ 스케치 작업화면에서 해당 단면 스케치 및 스케치 완료합니다. 확인

- 선과 호를 이용하여 궤적 스케치
- 스케치 단면 완료.

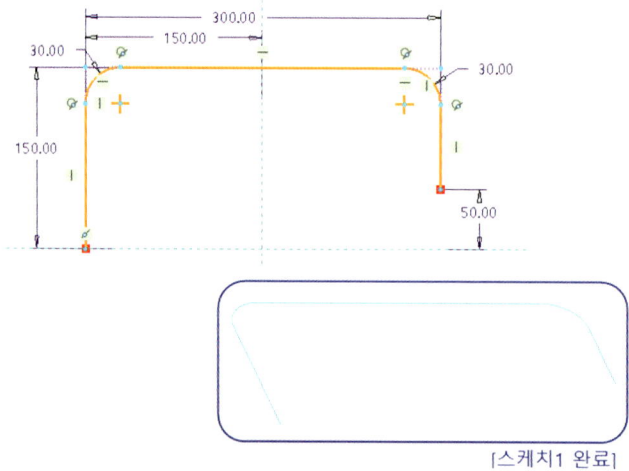

[스케치1 완료]

❻ 스윕 명령을 실행합니다. [모델＞스윕]

❼ 궤적 및 단면을 정의 합니다.
- 궤적 : 스케치1 커브 선택

- 단면 : 단면스케치 아이콘 〉 원 스케치 [지름30] 〉 스케치 완료

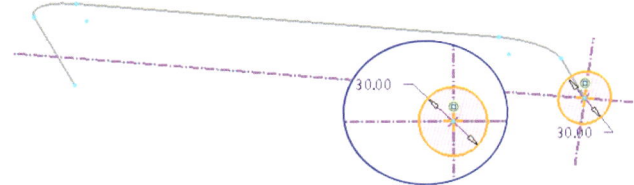

❽ 대시보드에서 형상을 정의 합니다
- 서피스로 전환

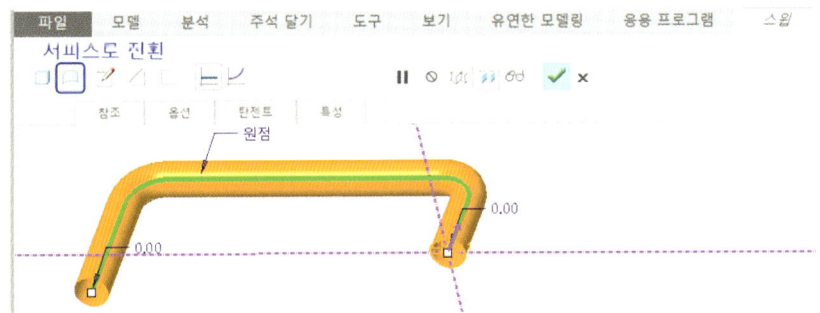

❾ 옵션탭에서 형상을 추가합니다.
- 닫힌끝 추가 (양쪽 서피스 형상이 추가됨)

❿ 형상을 완료합니다.

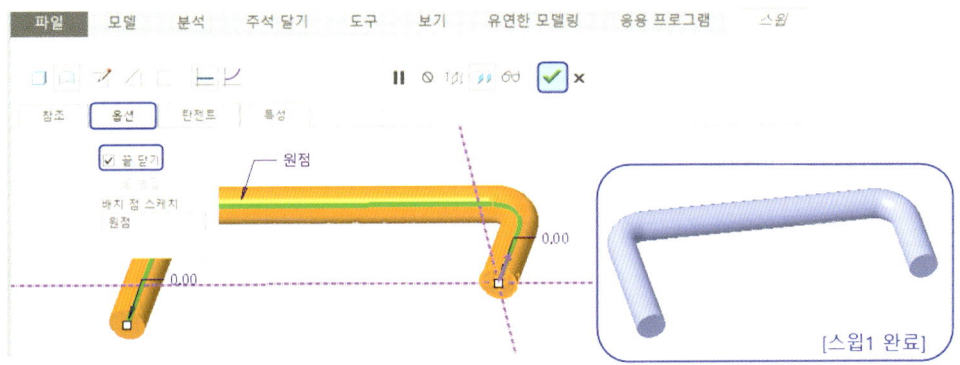

[스윕1 완료]

2. 가변단면스윕

가변단면스윕 명령을 이용하여 서피스 형상을 생성해보도록 하겠습니다.
가변단면스윕 서피스는 2개 이상의 궤적과 그 궤적에 의해 제어되는 단면을 이용하여 형상을 생성합니다.

❶ 여기에 삽입 위치를 스윕1 작업 이전으로 드래그이동 합니다.

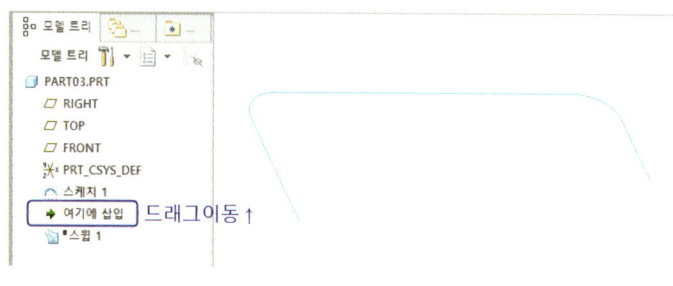

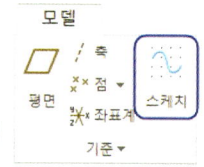

❷ 스케치 명령을 실행합니다. [모델>스케치]

❸ 스케치 기준면을 정의합니다. [Front Datum 선택]

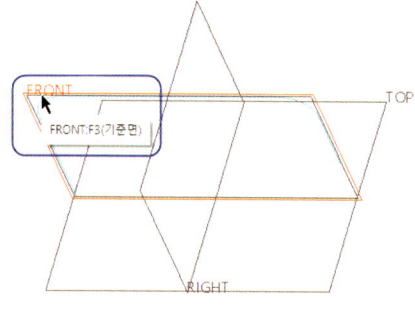

❹ 스케치 작업화면에서 해당 단면 스케치 및 스케치 완료합니다. 확인
  • 오프셋 커브 생성. (스케치1 커브를 바깥쪽으로 10 오프셋 되도록 함)

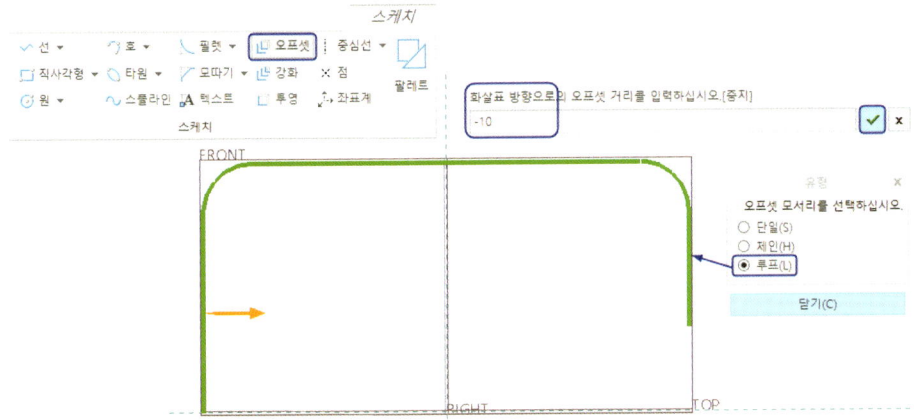

- 불필요한 형상 제거 및 추가형상 스케치 (3개의 타원 스케치)

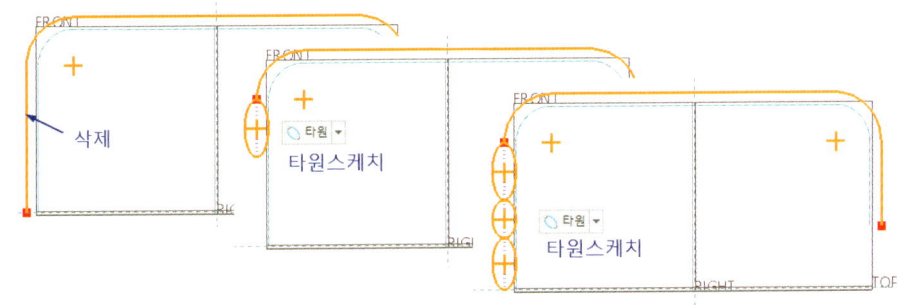

- 스케치한 3개의 타원은 주축이 동일 길이가 되도록 정의 함 (구속조건-같음)

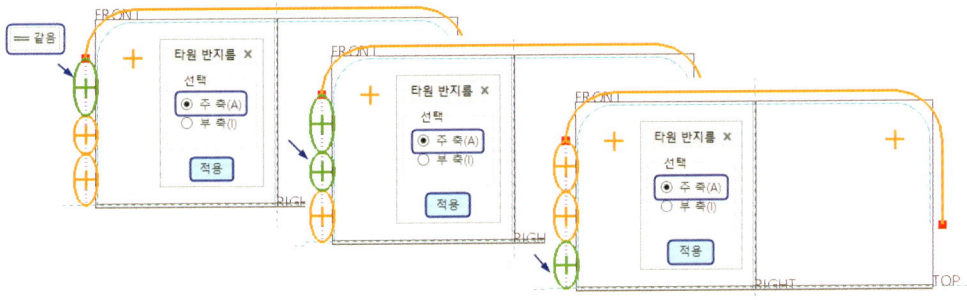

- 불필요한 형상 제거 및 스케치 완료

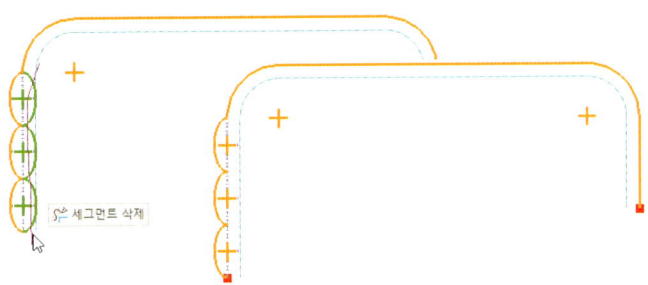

❺ 스윕 명령을 실행합니다. [모델>스윕]

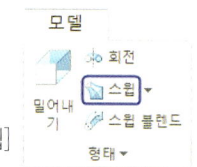

❻ 궤적 및 단면을 정의 합니다.
- 궤적 : 스케치1 커브 선택 〉 키보드의 Ctrl 키 누른상태에서 스케치2 커브 선택
- 가변단면스윕으로 명령 전환 됨 (직접 선택해도 됨)

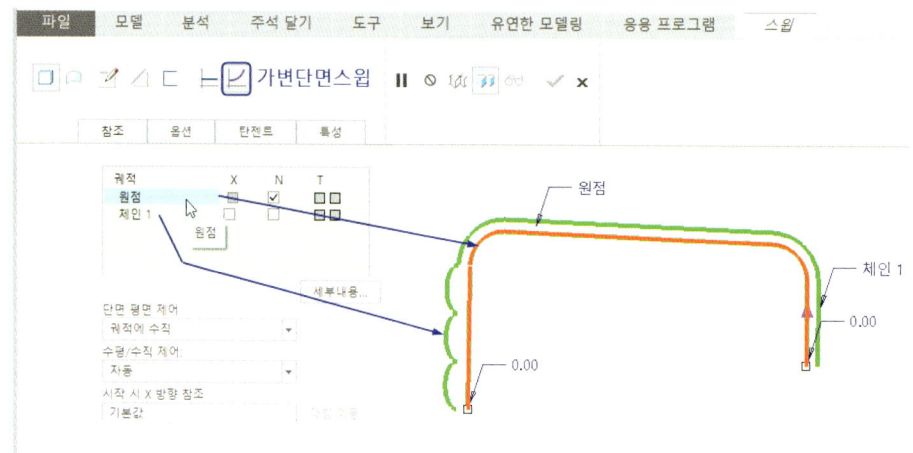

- 단면 : 단면스케치 아이콘 〉 원 스케치 [두 궤적의 끝점을 참조함] 〉 스케치 완료

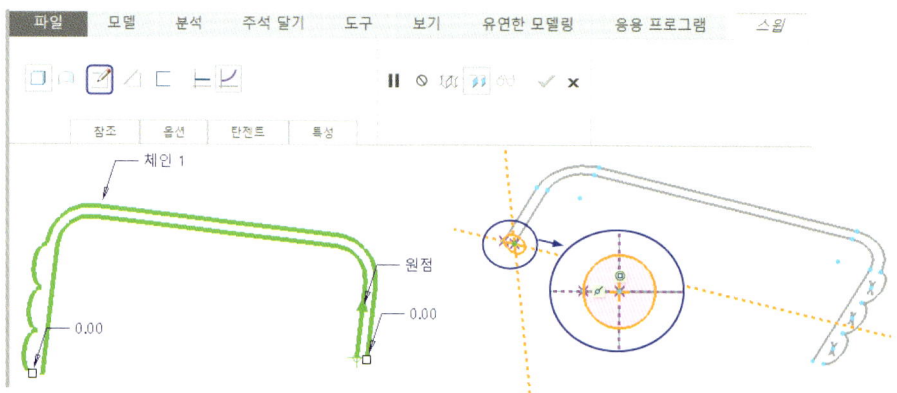

❼ 대시보드에서 형상을 정의 합니다
- 서피스로 전환
- 닫힌끝 추가 (양쪽 서피스 형상이 추가됨)

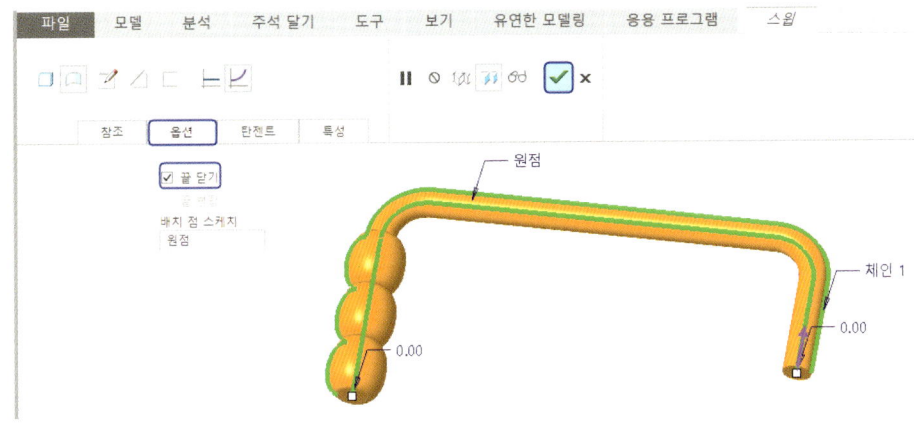

❽ 형상을 완료합니다.

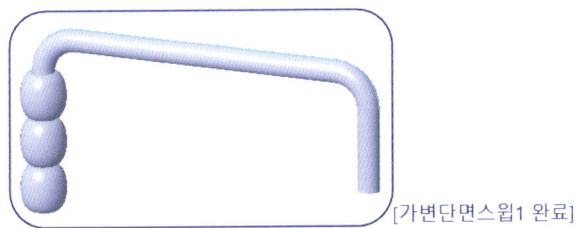

[가변단면스윕1 완료]

04 헬리컬스윕

> ▢ **학습목표**
> 헬리컬스윕 명령을 이용한 서피스 생성에 대한 이해

헬리컬스윕 명령을 이용하여 서피스 형상을 생성해보도록 하겠습니다.
헬리컬스윕 서피스는 참조형상이나 데이텀커브를 생성하는데 주로 사용되며, 나선모양의 경로를 따라 단면이 배치되는 형상입니다.

새로운 작업을 시작하여 헬리컬스윕 명령을 설명하도록 하겠습니다.

❶ 리본UI에서 홈 〉 데이터그룹→새로만들기 선택 단축키[Ctrl +N]을 클릭.
❷ 새로만들기 창에서 유형은 부품. 하위유형은 솔리드를 선택 한 후, 파일이름을 입력함.
   아래쪽에 있는 기본 템플릿 사용란에 체크 된 것을 확인하고 작업 진행합니다. [part04]

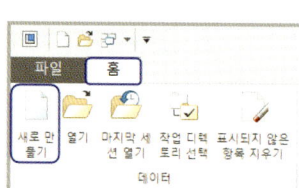
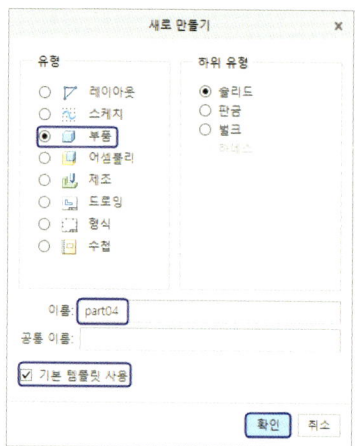

❸ 헬리컬스윕 명령을 실행합니다. [모델>헬리컬스윕]

참조 탭에서 헬릭스 스윕 프로파일을 정의 합니다. [Front Datum 선택]
- 회전축이 될 형상중심선 스케치
- 프로파일 형상 스케치
- 스케치 단면 완료.

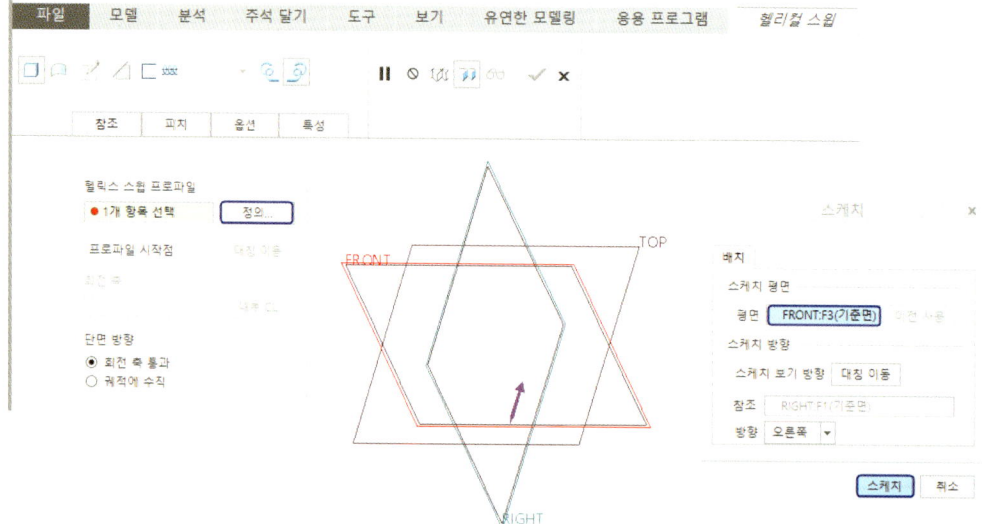

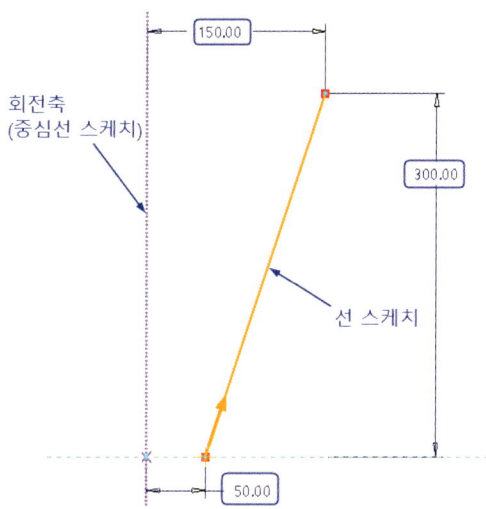

❸ 단면을 스케치 합니다.
- 프로파일 끝점에 원 스케치 [지름20]
- 스케치 단면 완료.

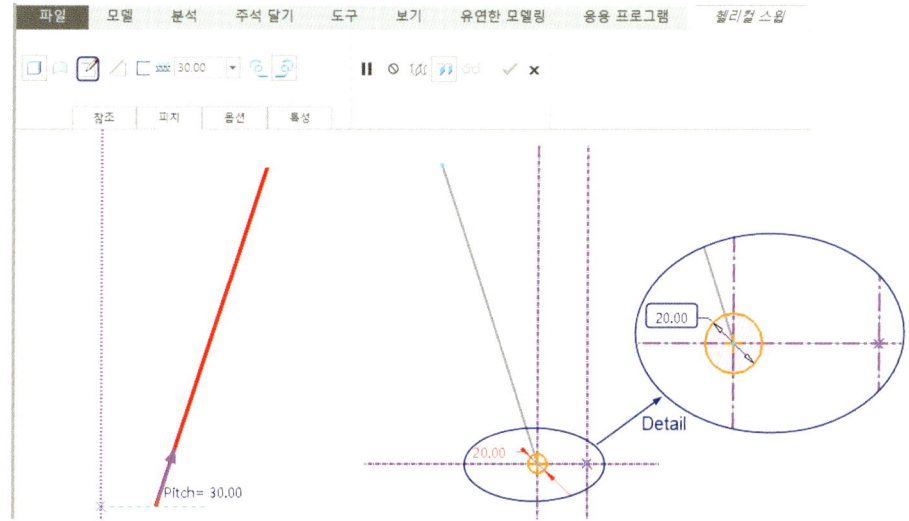

❹ 피치값 입력 및 형상을 완료합니다.

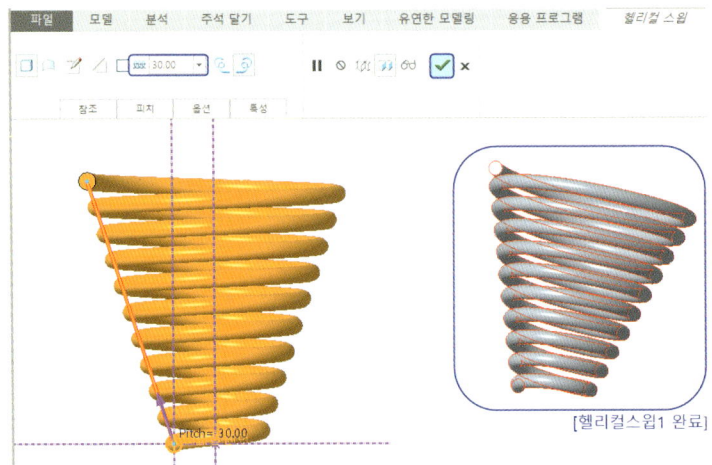

❺ 모델트리에서 RM클릭하여 방금 생성한 헬리컬스윕 피쳐를 정의편집 합니다.
- 얇은피쳐를 생성 [두께3]
- 왼손법칙을 사용 [반시계방향으로 회전]
- 피치값을 추가 [지정한 위치에서 간격(피치값)이 변하게 생성]

❻ 형상을 완료합니다.

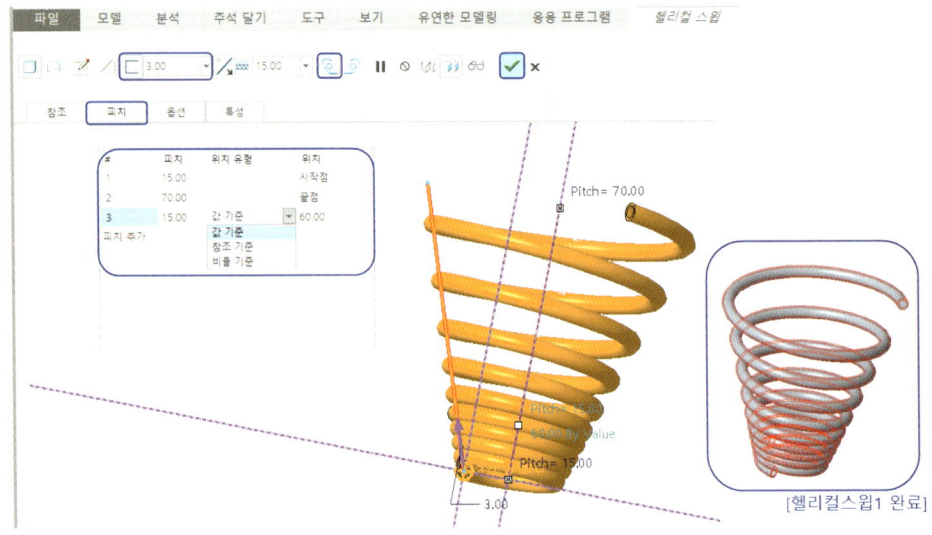

05 블렌드 / 회전블렌드

> ❏ **학습목표**
> 블렌드 명령을 이용한 서피스 생성에 대한 이해

블렌드 명령으로 생성된 피쳐는 여러 개의 단면이 연결되어 만드는 형상입니다. 각 단면의 꼭지점과 꼭지점이 서로 연결되어 형상을 만들게 됩니다.

단면들의 위치와 연결되는 면의 형성방법에 따라 블렌드 명령과 회전블렌드 명령으로 구분됩니다.
- 블렌드 : 단면들이 서로 평행하게 위치
- 회전블렌드 : 단면들이 서로 평행하게 위치하지만 하나의 축을 중심으로 일정한 각도만큼 회전하여 위치(-120도〈회전각〈120도)

1. 블렌드

새로운 작업을 시작하여 블렌드 명령을 설명하도록 하겠습니다.

❶ 리본UI에서 홈 〉 데이터그룹-새로만들기 선택 단축키[Ctrl +N]을 클릭.
❷ 새로만들기 창에서 유형은 부품, 하위유형은 솔리드를 선택 한 후, 파일이름을 입력함. 아래쪽에 있는 기본 템플릿 사용란에 체크 된 것을 확인하고 작업 진행합니다. [part05]

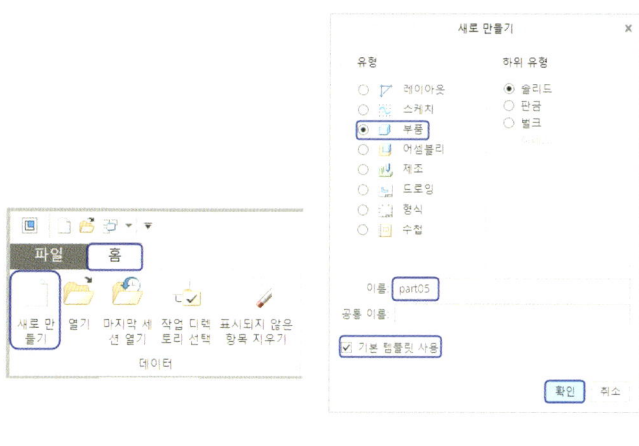

❸ 블렌드 명령을 실행합니다. [모델〉블렌드]

❹ 단면 탭에서 단면을 정의 합니다. [Front Datum 선택]
- 원 스케치 [지름50]

- 스케치 단면 완료.

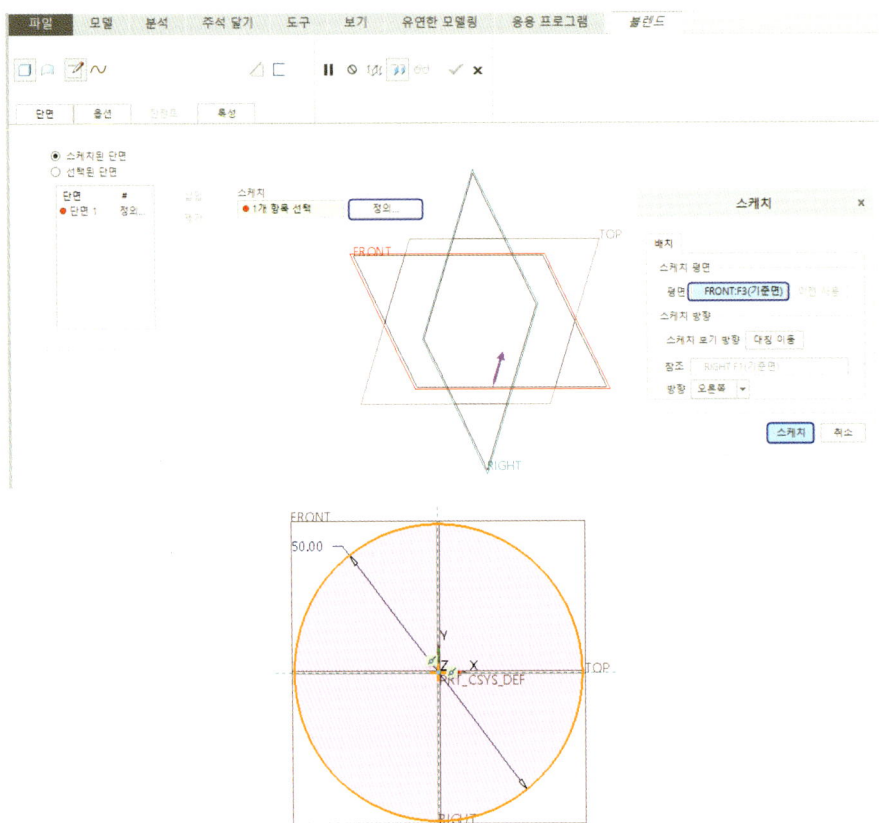

❺ 단면 탭에서 두 번째 단면을 정의 합니다.
- 원 스케치 [지름60]
- 스케치 단면 완료.
- 오프셋 값 입력. [15] (단면1~단면2 간격)

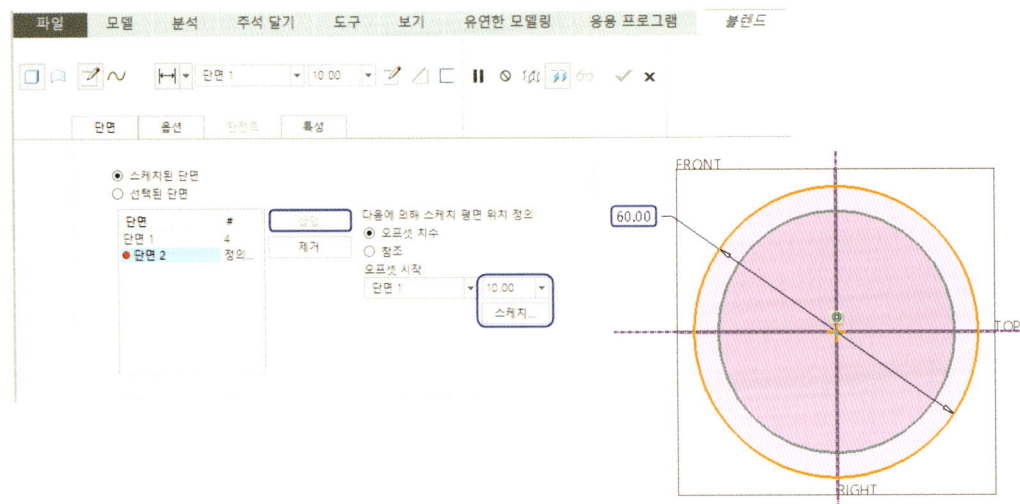

❻ 단면 탭에서 삽입을 클릭하여 세 번째 단면을 정의 합니다.
- 원 스케치 [지름20]
- 스케치 단면 완료.
- 오프셋 값 입력. [10] (단면2~단면3 간격)

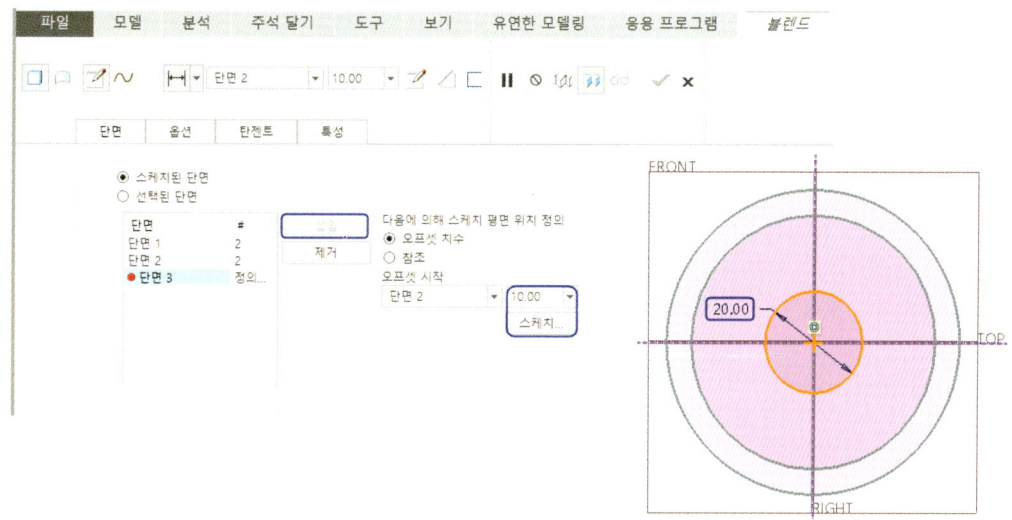

❼ 단면 탭에서 삽입을 클릭하여 네 번째 단면을 정의 합니다.
- 원 스케치 [지름10]
- 스케치 단면 완료.
- 오프셋 값 입력. [15] (단면3~단면4 간격)

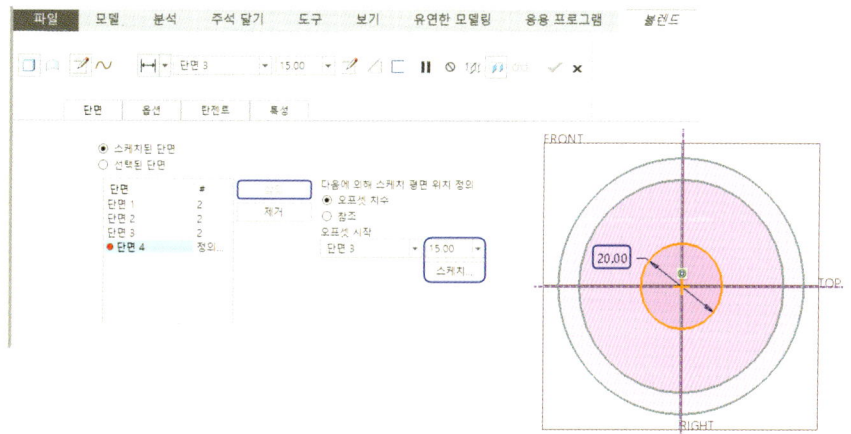

❽ 단면 탭에서 삽입을 클릭하여 다섯 번째 단면을 정의 합니다.
- 원 스케치 [지름60]
- 스케치 단면 완료.
- 오프셋 값 입력. [50] (단면4~단면5 간격)

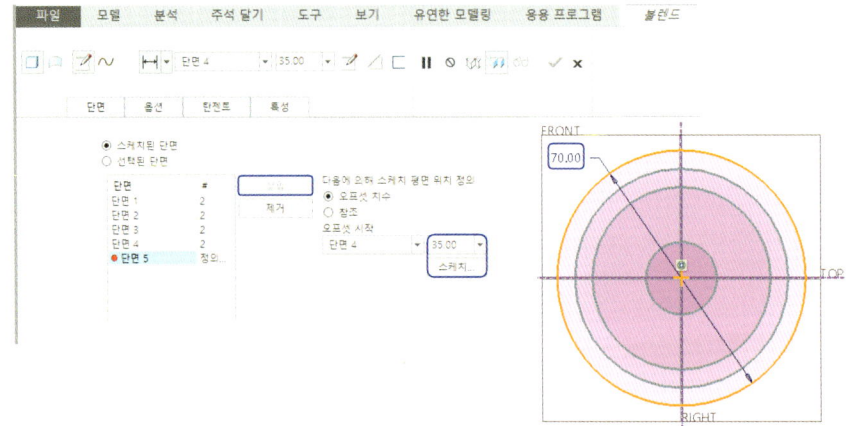

❾ 대시보드에서 형상을 정의합니다.
- 미리보기 아이콘으로 형상 확인 후 서피스로 전환

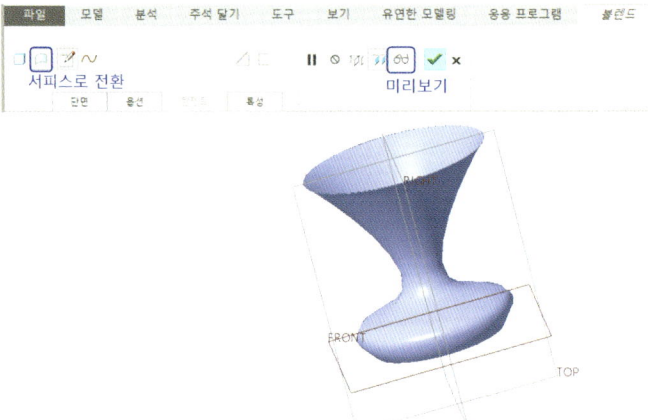

- 옵션탭에서 블렌드 서피스 옵션을 직선으로 선택하여 형상 비교

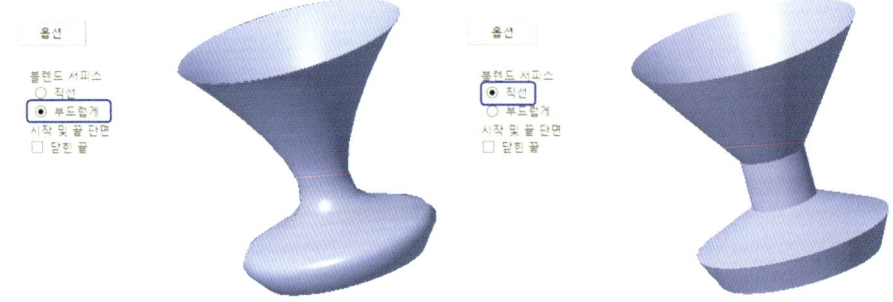

❿ 형상을 완료합니다.

[블렌드1 완료]

2. 회전블렌드

새로운 작업을 시작하여 회전블렌드 명령을 설명하도록 하겠습니다.

❶ 리본UI에서 홈 〉 데이터그룹-새로만들기 선택 단축키[Ctrl +N]을 클릭.
❷ 새로만들기 창에서 유형은 부품, 하위유형은 솔리드를 선택 한 후, 파일이름을 입력함.
   아래쪽에 있는 기본 템플릿 사용란에 체크 된 것을 확인하고 작업 진행합니다. [part06]

❸ 회전블렌드 명령을 실행합니다. [모델＞회전블렌드]

❹ 단면 탭에서 첫 번째 단면을 정의 합니다. [Front Datum 선택]
  • 수직방향의 형상중심선 및 원 스케치 [지름5]

  • 스케치 단면 완료

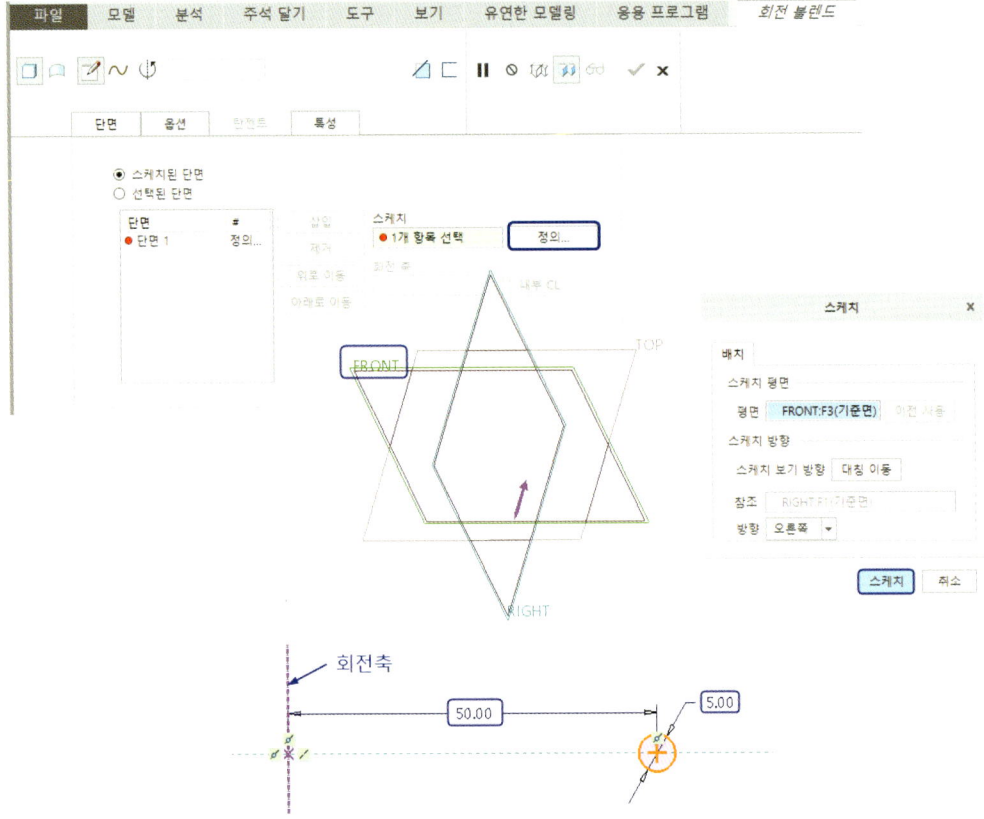

❹ 단면 탭에서 삽입 클릭하여 두 번째 단면을 정의 합니다.

• 원 스케치 [지름10]

• 스케치 단면 완료 ✓ 확인

• 오프셋 값 입력. [45] (단면1~단면2 회전각도)

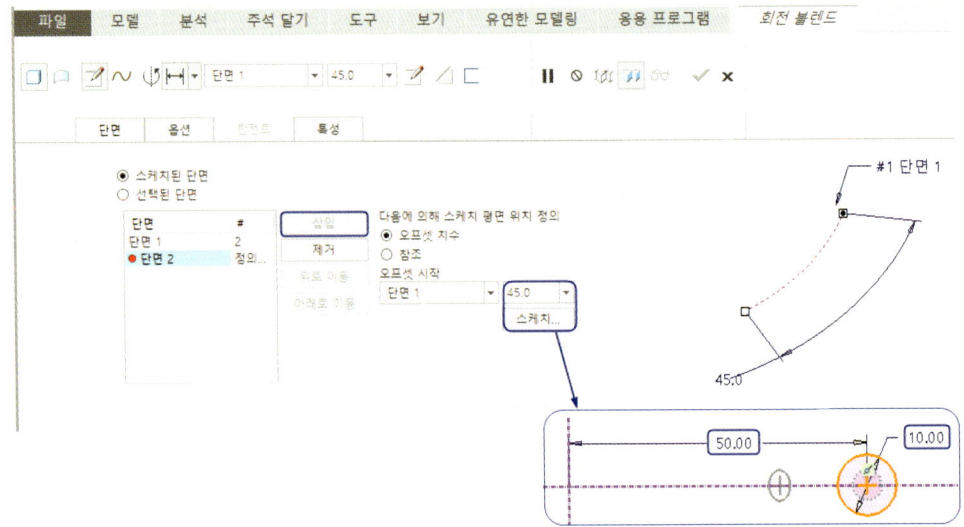

❹ 단면 탭에서 삽입 클릭하여 세 번째 단면을 정의 합니다.
- 원 스케치 [지름10]

- 스케치 단면 완료 확인

- 오프셋 값 입력. [90] (단면2~단면3 회전각도)

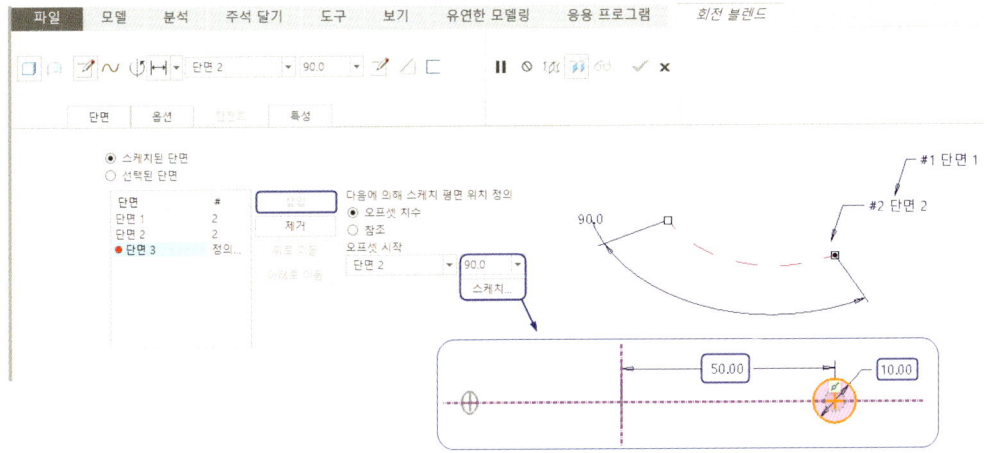

❹ 단면 탭에서 삽입클릭하여 네번째 단면을 정의 합니다.
- 원 스케치 [지름5]

- 스케치 단면 완료 확인

- 오프셋 값 입력. [45] (단면3~단면4 회전각도)

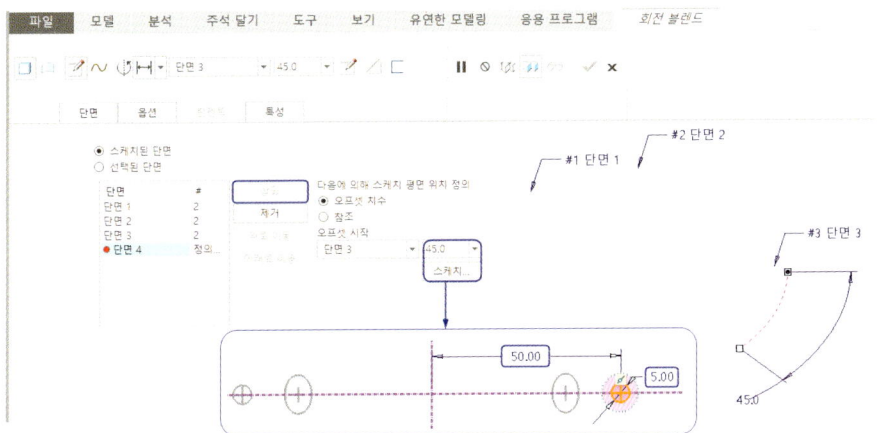

❹ 단면 탭에서 삽입 클릭하여 다섯번째 단면을 정의 합니다.
- 형상점 스케치

- 스케치 단면 완료 확인

- 오프셋 값 입력. [60] (단면4~단면5 회전각도)

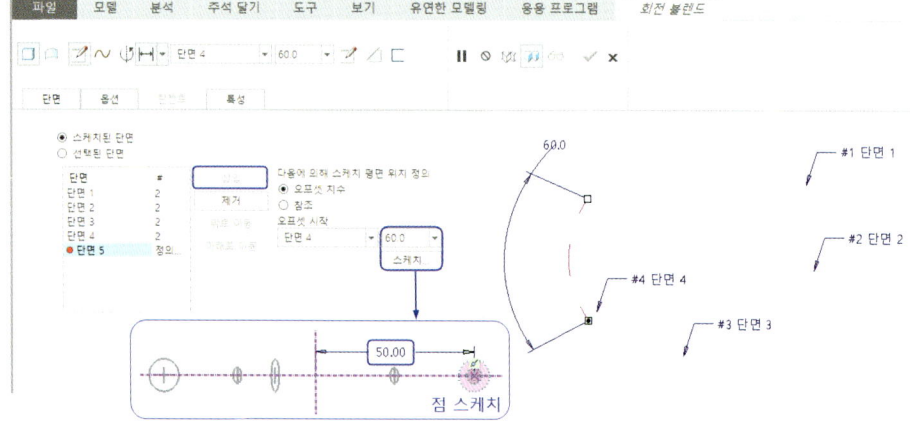

대시보드에서 형상을 정의합니다.

- 미리보기 아이콘으로 형상 확인 후 서피스로 전환

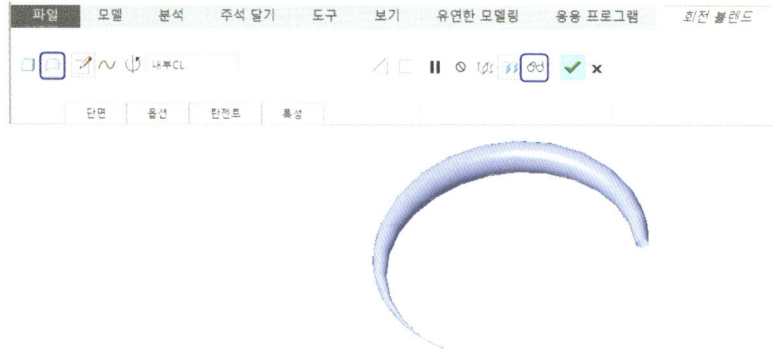

- 옵션탭에서 블렌드 서피스 옵션을 직선으로 선택하여 형상 비교

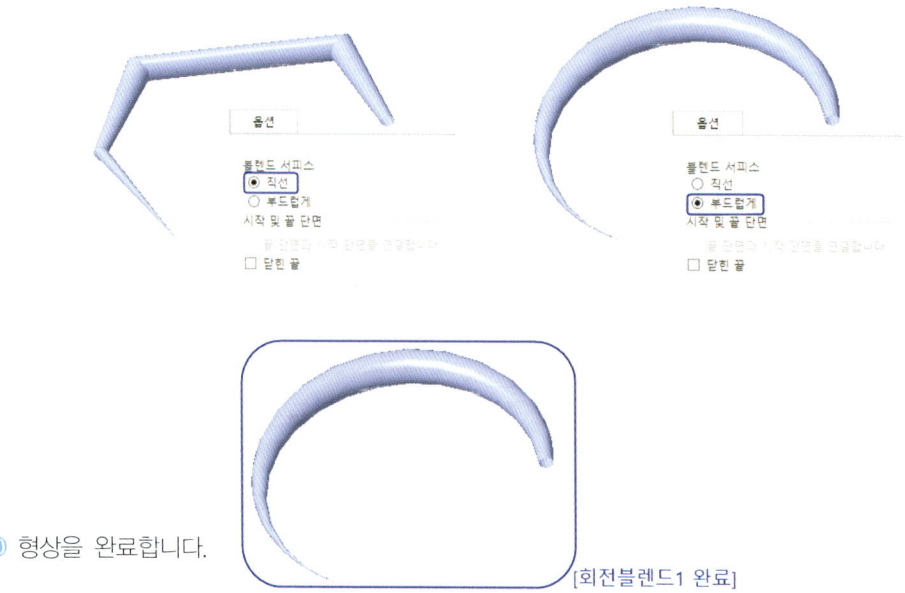

⑩ 형상을 완료합니다.

[회전블렌드1 완료]

06 스윕블렌드

> **□ 학습목표**
> 스윕블렌드 명령을 이용한 서피스 생성에 대한 이해

스윕블렌드 명령을 이용하여 서피스 형상을 생성해보도록 하겠습니다.
스윕블렌드 피쳐는 지정한 궤적에 여러개의 단면을 배치하여 형상을 생성합니다.

새로운 작업을 시작하여 스윕블렌드 명령을 설명하도록 하겠습니다.

❶ 리본UI에서 홈 〉데이터그룹–새로만들기 선택 단축키[Ctrl +N]을 클릭.
❷ 새로만들기 창에서 유형은 부품. 하위유형은 솔리드를 선택 한 후, 파일이름을 입력함.
   아래쪽에 있는 기본 템플릿 사용란에 체크 된 것을 확인하고 작업 진행합니다. [part07]

❸ 스케치 커브를 생성합니다.

- 리본UI에서 [모델＞스케치] 명령 실행
- 스케치면 선택 [Top Datum]
- 양 끝점이 Right Datum 및 Front Datum에 일치하는 R125의 호 스케치

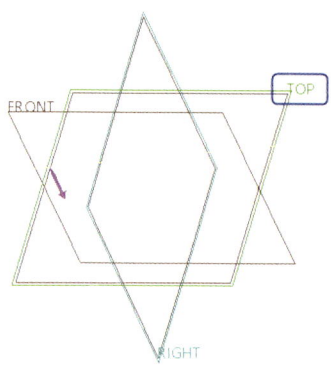 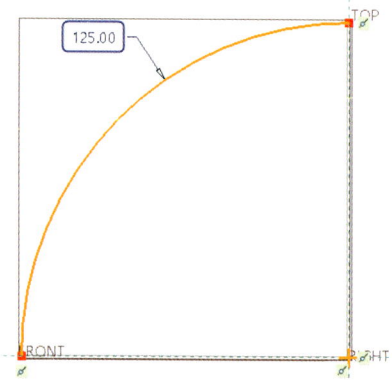

❹ 데이텀 평면을 생성합니다. [DTM1 생성]

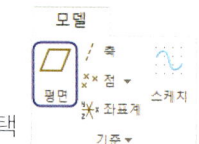

- 리본UI에서 [모델>평면] 아이콘 선택

- Right Datum 평면에 평행하고 Top Datum에 스케치한 호 형상의 끝점을 통과하도록 생성

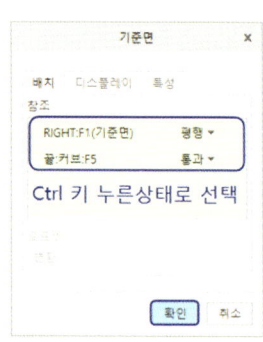 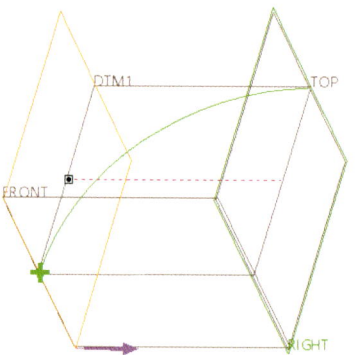 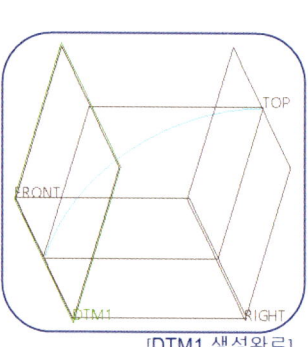

[DTM1 생성완료]

❺ 스케치 커브를 생성합니다.

- 리본UI에서 [모델>스케치] 명령 실행
- 스케치면 선택 [DTM1 Datum]

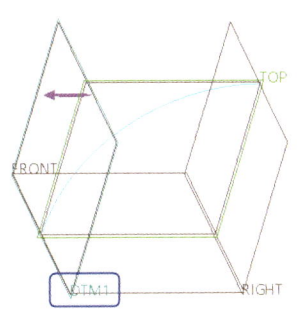 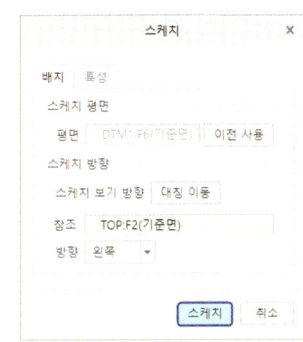

- R10, R30의 호 스케치 (R10인 호의 끝점은 Top Datum에 스케치한 호의 끝점과 일치할 것)

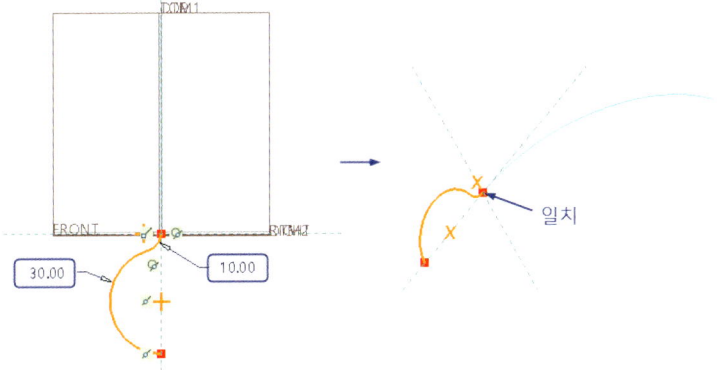

❻ 위에서 생성한 커브를 1개의 연속된 커브로 만듭니다. (복사커브)
- 하나의 커브 클릭 〉다시 한번 더 클릭 (두껍게 선택됨) 〉Shift 키를 누른상태에서 마우스 포인트를 두껍게 선택된 커브 근처에 가져감 〉원-바이-원 항목이 나타남 〉다시 한번 더 클릭 〉연결될 나머지 커브들을 선택 (Shift 키 누른상태) 〉복사와 붙여넣기 명령 실행 〉완료

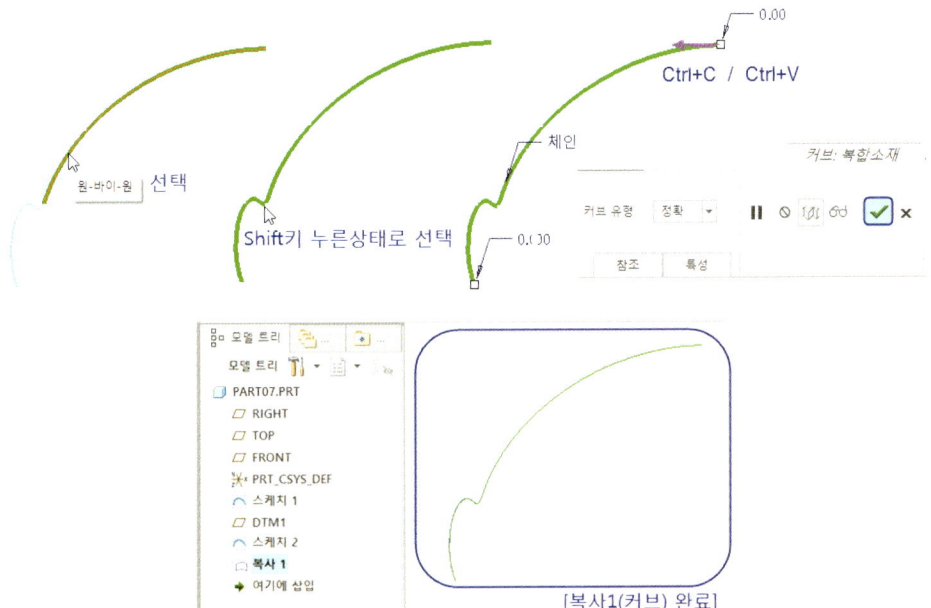

❼ 스윕블렌드 명령을 실행합니다. [모델>스윕블렌드]

❽ 궤적을 선택합니다. [스케치1]

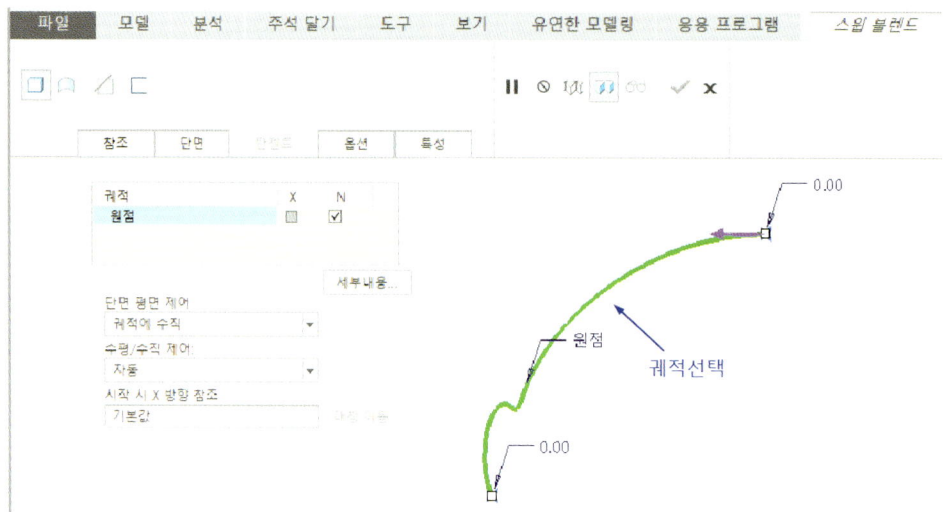

❾ 단면탭을 활성화 하여 첫 번째 단면을 정의 합니다.
- 시작점에 배치
- 타원 스케치. [10x20]
- 스케치 완료.

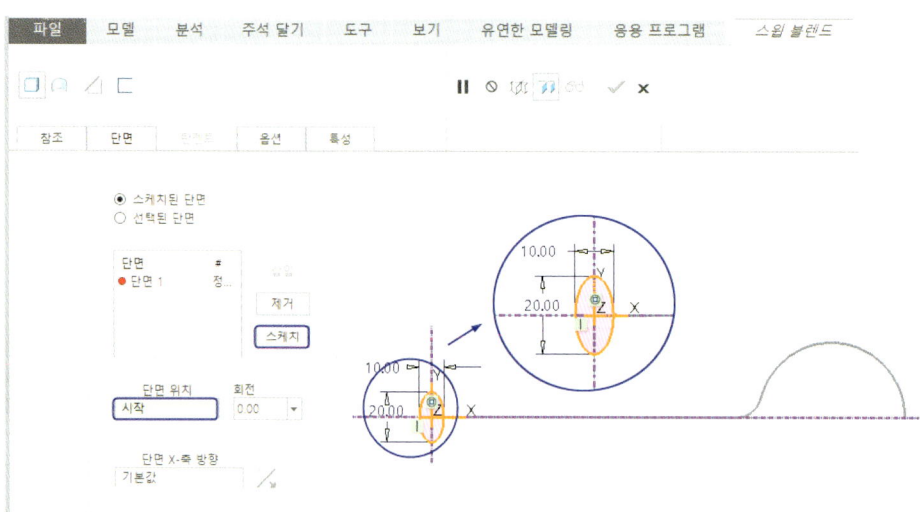

❿ 단면탭에서 삽입을 클릭하여 두번째 단면을 정의 합니다.
- 스케치1 커브의 끝점에 배치
- 타원 스케치. [6x14]

- 스케치 완료.

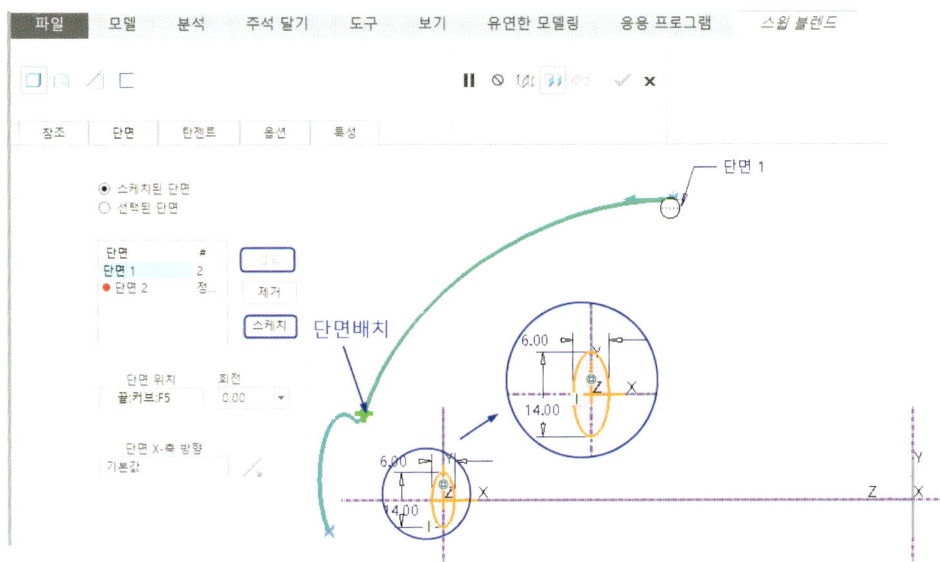

⓫ 단면탭에서 삽입을 클릭하여 세번째 단면을 정의 합니다.
- 스케치2 커브의 끝점에 배치
- 타원 스케치. [4x10]
- 스케치 완료.

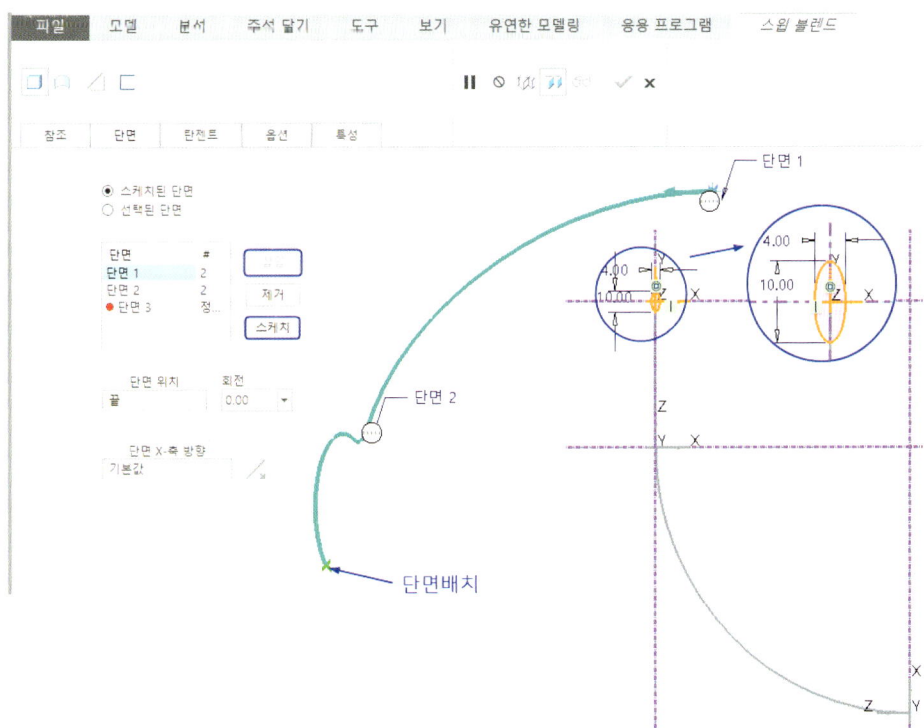

⑫ 대시보드에서 서피스로 전환 후 형상을 완료합니다.

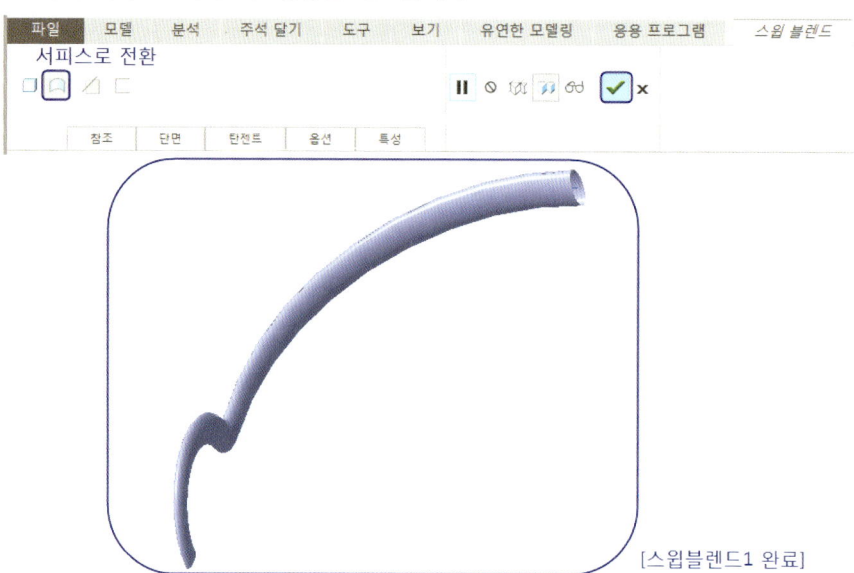

[스윕블렌드1 완료]

⑬ 모델트리에서 스윕블렌드1 피쳐를 선택 후 대칭복사 명령을 실행합니다.

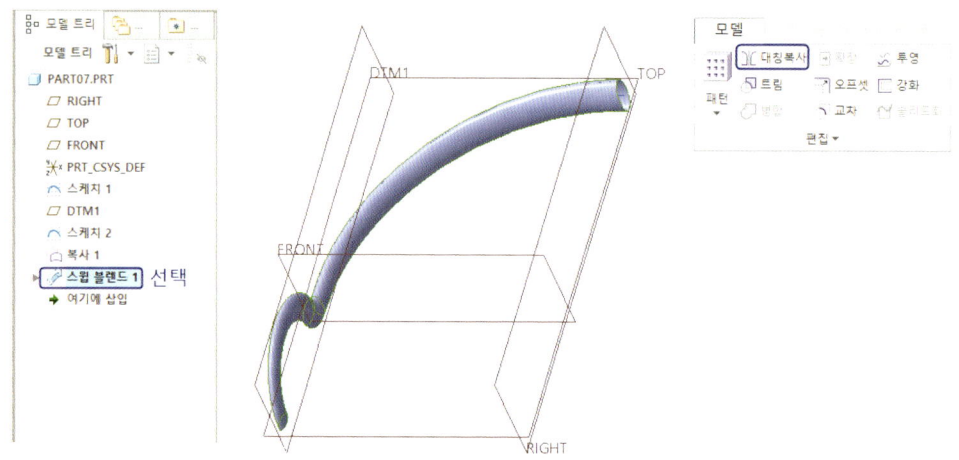

⑭ 대칭복사 평면을 정의 합니다.[Right Datum]

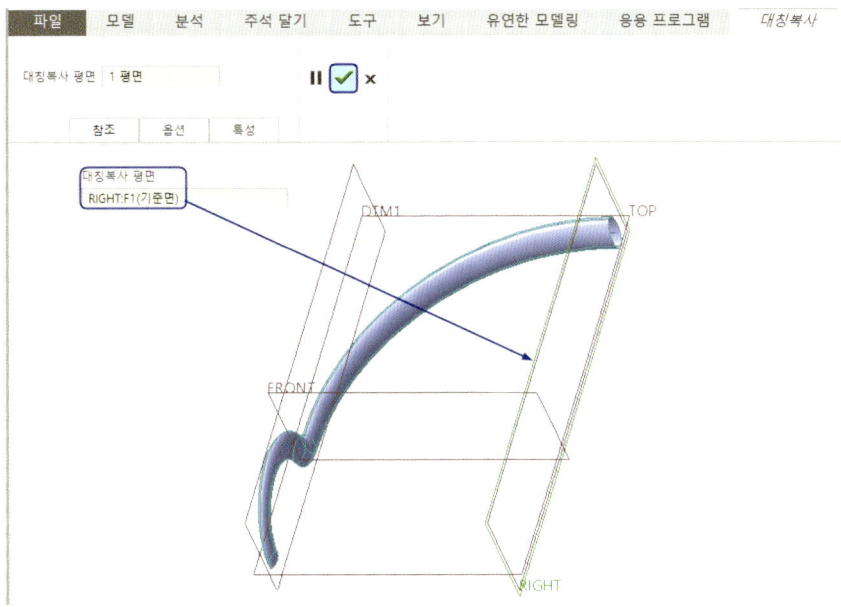

⑮ 형상을 완료합니다.

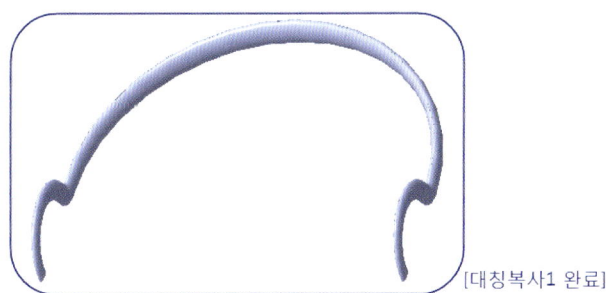

[대칭복사1 완료]

07 경계블렌드

> ❏ **학습목표**
> 경계블렌드 명령을 이용한 서피스 생성에 대한 이해

경계블렌드 명령을 이용하여 서피스 형상을 생성해보도록 하겠습니다.

경계블렌드 서피스는 커브나 모서리를 통해 정의되는 경계를 이용하여 형상을 생성합니다.

새로운 작업을 시작하여 블렌드 명령을 설명하도록 하겠습니다.

❶ 리본UI에서 홈 〉 데이터그룹-새로만들기 선택 단축키[Ctrl +N]을 클릭.

❷ 새로만들기 창에서 유형은 부품, 하위유형은 솔리드를 선택 한 후, 파일이름을 입력함.
아래쪽에 있는 기본 템플릿 사용란에 체크 된 것을 확인하고 작업 진행합니다. [part08]

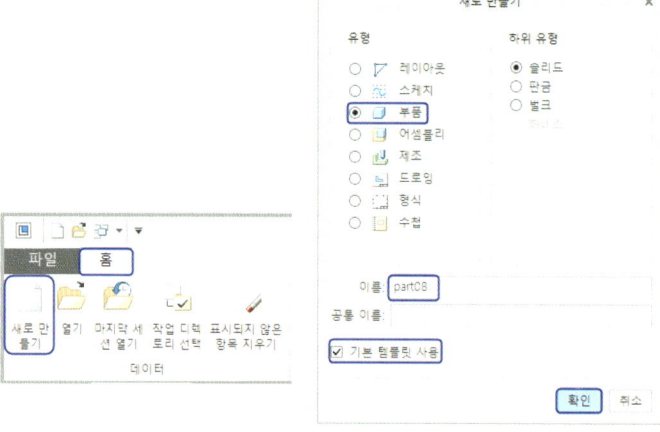

❸ 스케치 커브를 생성합니다.

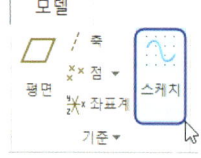

- 리본UI에서 [모델>스케치] 명령 실행
- 스케치면 선택 [Top Datum]
- 중심사각형 스케치 후 모서리에 라운드 추가 [300x350 / R50]
- 스케치 완료.

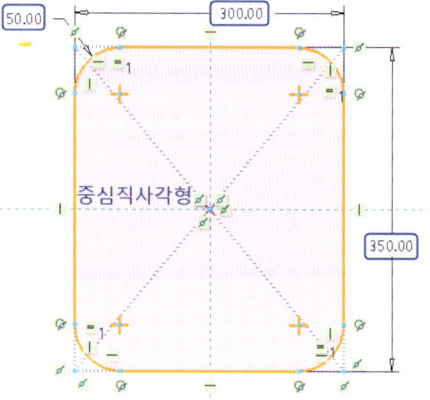

❹ 스케치 커브를 생성합니다.

- 리본UI에서 [모델>스케치] 명령 실행
- 스케치 평면 : DTM1 (Top Datum에서 위쪽 방향으로 50 Offset 시킴)

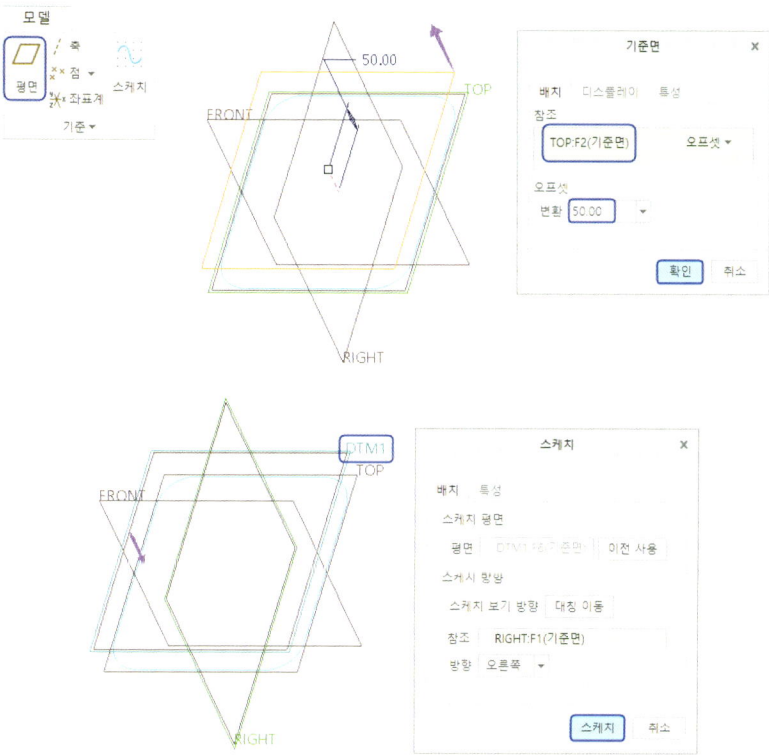

- 스케치 : 앞서 생성한 커브를 안쪽 방향으로 30 Offset 시킴

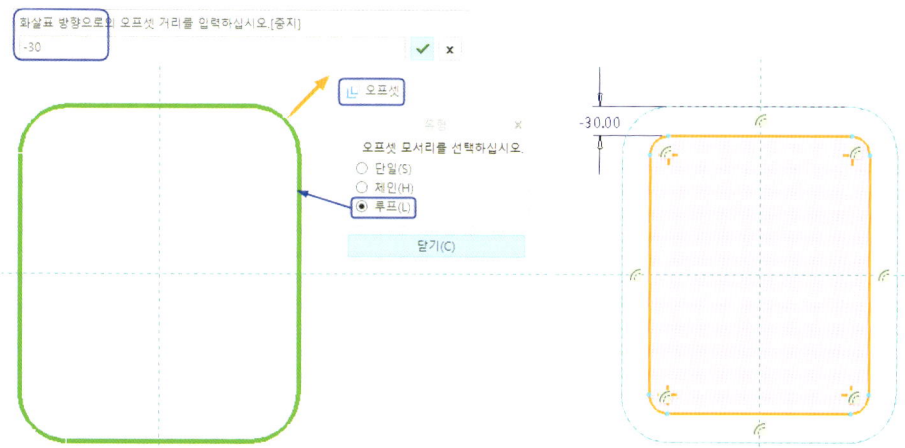

- 스케치 완료.

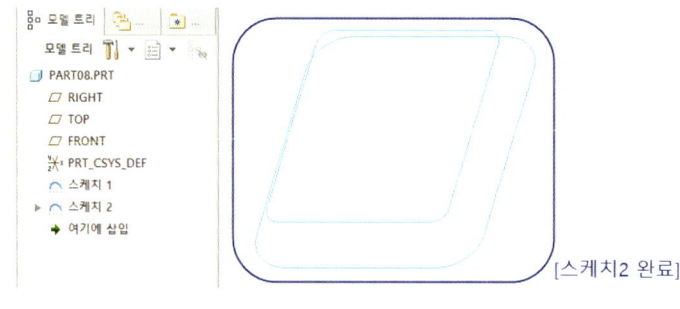

[스케치2 완료]

❺ 스케치 커브를 생성합니다.

- 리본UI에서 [모델>스케치] 명령 실행
- 스케치 평면 : Front Datum

- 앞서 생성한 커브와 Front Datum이 교차하는 곳을 참조로 하여 호 스케치
- 스케치 완료.

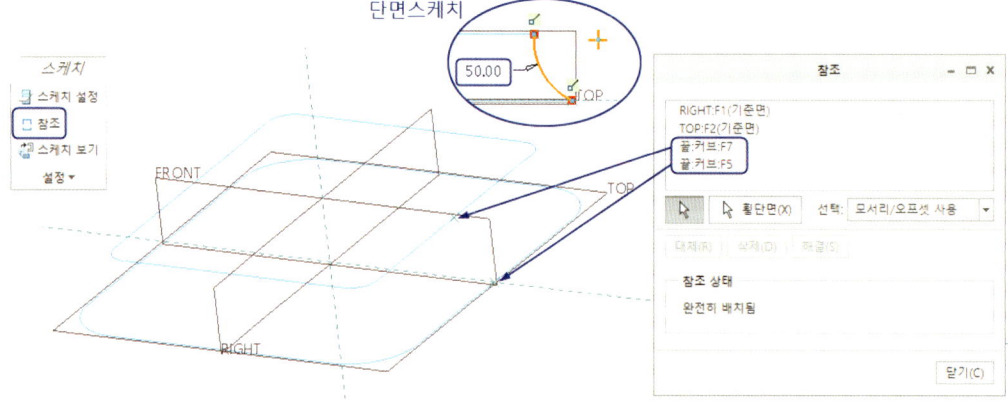

CHAPTER 2 Surface 생성

❻ 스케치 커브를 생성합니다.

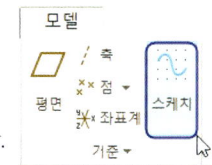

- 리본UI에서 [모델>스케치] 명령 실행
- 스케치 평면 : Right Datum

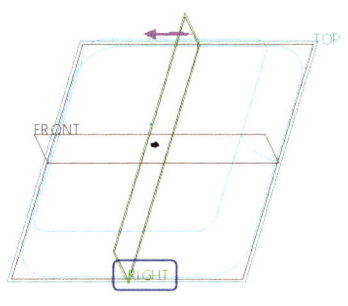 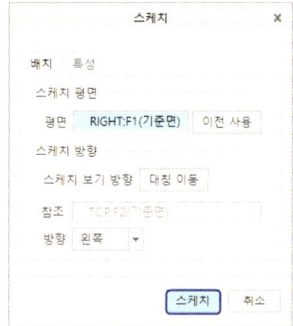

- 앞서 생성한 커브와 Right Datum이 교차하는 곳을 참조로 하여 호 스케치
- 스케치 완료.

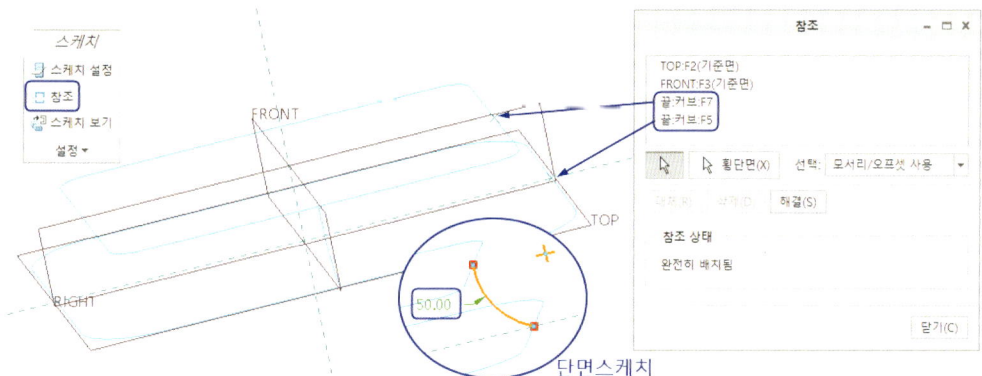

❼ 해당피쳐 선택 후 대칭복사 명령을 실행합니다.

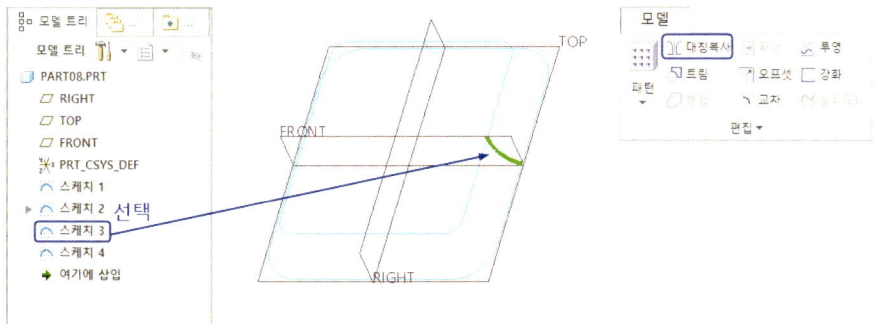

❽ 대칭복사 평면을 정의 합니다.[Right Datum]
❾ 형상을 완료합니다.

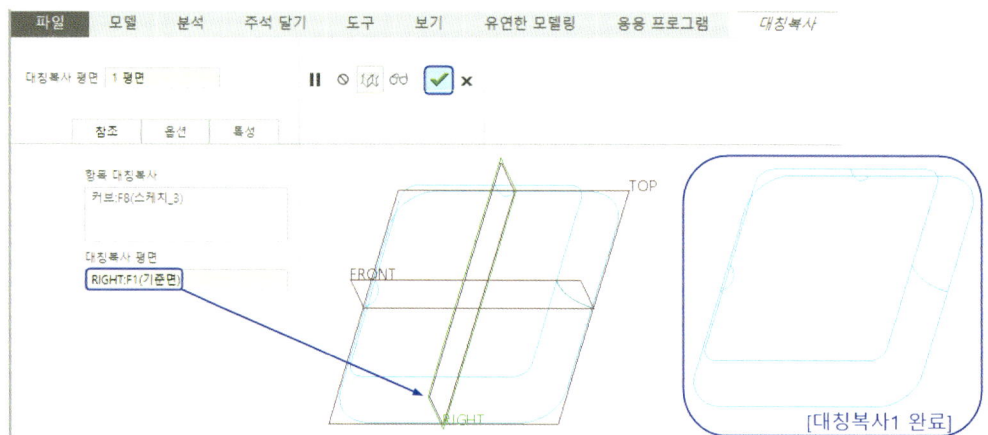

❿ 해당피쳐 선택 후 대칭복사 명령을 실행합니다.

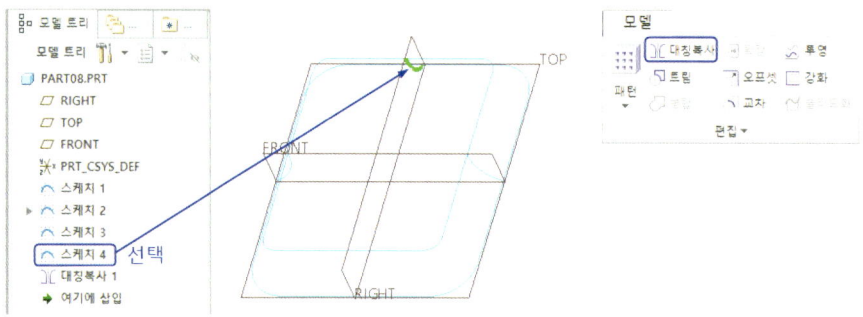

⓫ 대칭복사 평면을 정의 합니다.[Front Datum]
⓬ 형상을 완료합니다.

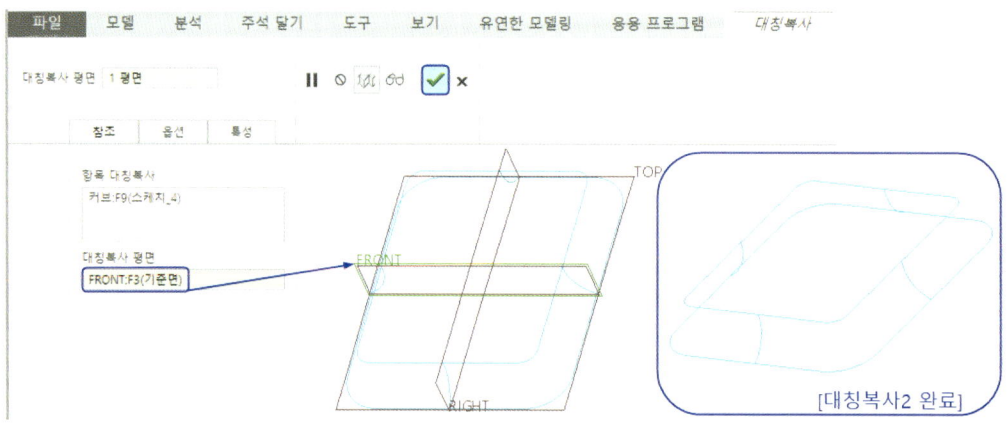

⓭ 경계블렌드 명령을 실행합니다. [모델＞경계블렌드]

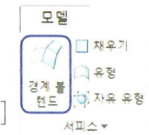

첫 번째 방향 커브 선택.
- ①,②에서 생성한 루프형상의 커브

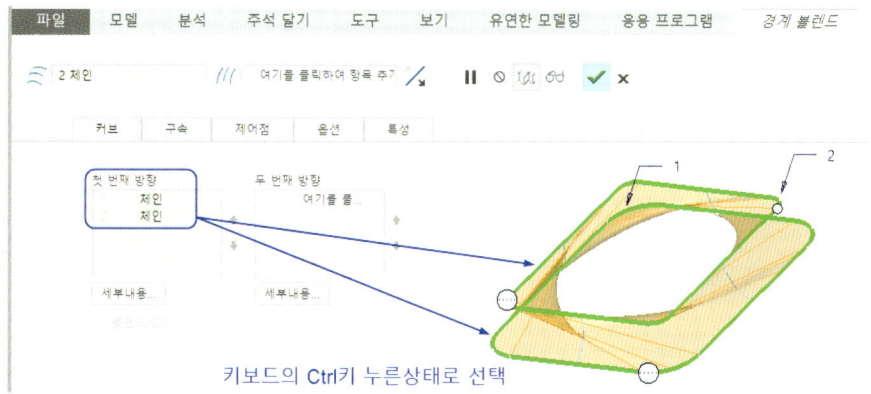

두 번째 방향 커브 선택.
- ④,⑤에서 생성한 R50의 커브

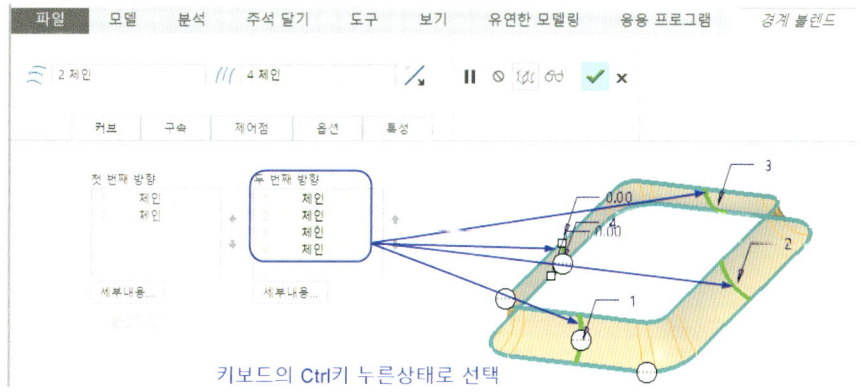

⑭ 커브에 나타나는 각 정점을 선택하여 정점을 지나는 서피스를 단순화합니다
- 제어점 탭에서 각각의 점(1,2)이 연결되도록 클릭함.

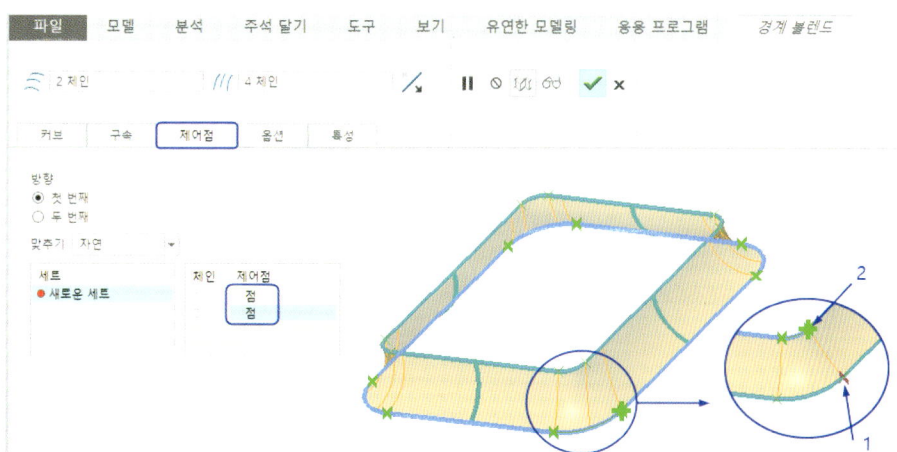

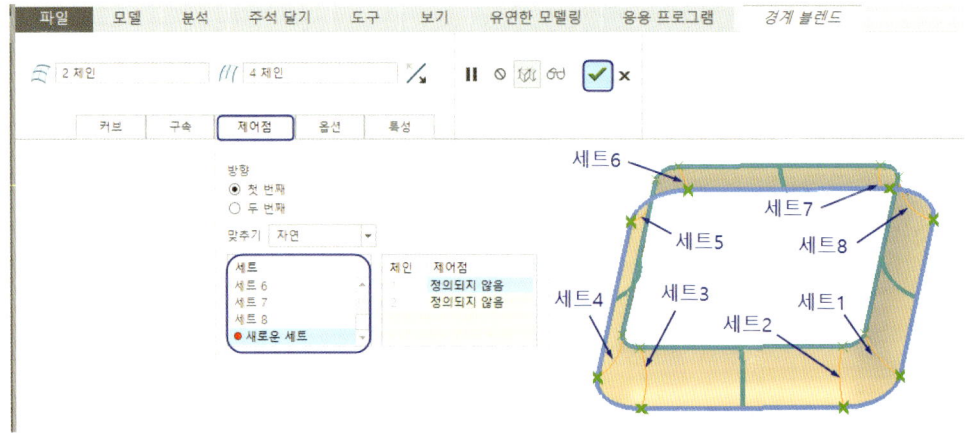

⑮ 형상을 완료합니다.

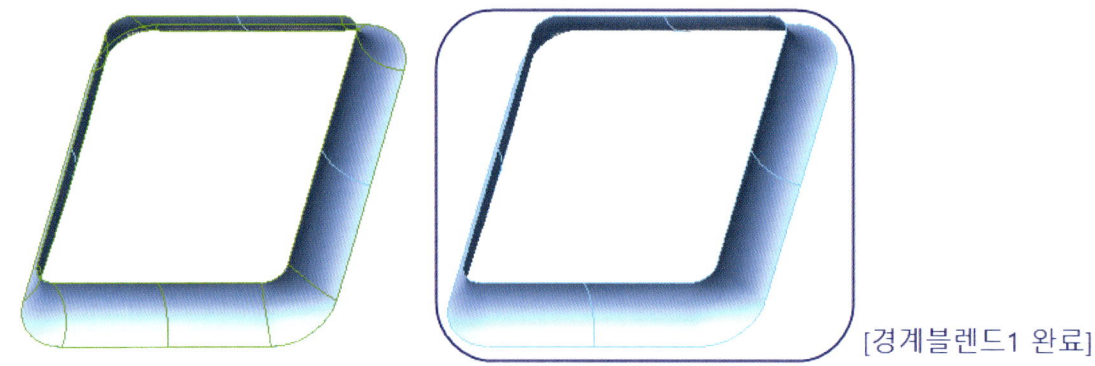

[경계블렌드1 완료]

부록 01〉

01 경계블렌드 옵션 – 한방향 & 두방향 경계블렌드

☐ 한방향으로 경계 블렌드

- 한방향으로 배열된 두 개이상의 커브나 모서리를 연결하여 생성할수 있습니다.
- 커브들이 닫힌 루프형상을 이루지 않아도 됩니다.
- 블렌드닫기 : 마지막 커브와 첫 번째 커브를 연결하여 닫혀진 형상을 만듭니다.

☐ 두방향으로 경계 블렌드

- 두방향으로 생성할 때에는 일반적으로 네 개 이상의 커브를 이용하여 생성합니다.
- 경계를 정의하는 두방향의 커브들은 닫혀진 루프 형상이어야 합니다.
- 각 방향에서의 첫 번째, 마지막 커브 대신에 데이텀 점을 선택 할수 있습니다.

02 경계블렌드 옵션 – 구속

☐ 경계조건

경계블렌드 모서리와 인접한 서피스의 경계 형상을 제어 할 수 있습니다.

- 자유 : 제약 조건없이 서피스 경계를 따라 자유롭게 연결됩니다.
- 탄젠트 : 서피스 경계를 따라 탄젠트 하도록 서피스가 생성됩니다.
- 곡률 : 서피스 경계를 따라 곡률 연속성을 지니도록 서피스가 생성됩니다.
- 수직 : 서피스 경계나 데이텀 평면에 대해 수직하도록 서피스가 생성됩니다.

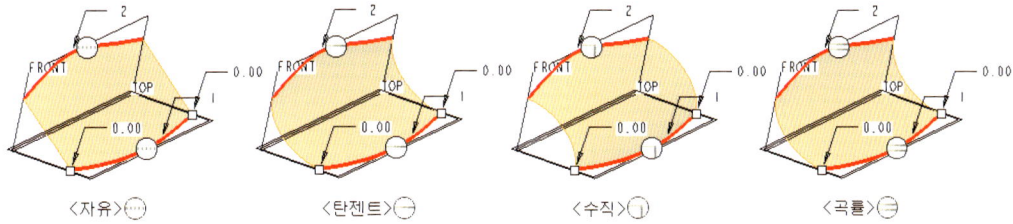

☐ 측면 커브 영향 추가

한방향 블렌드 서피스에서 경계 조건을 탄젠트나 곡률로 지정하였을 때, 측면 커브의 영향을 추가 할수 있습니다.
측면 커브 영향을 추가하면 형성된 서피스의 측면 모서리가 참조의 측면 모서리에 탄젠트 하게 생성됩니다.

☐ 내부모서리 탄젠트 추가

여러 세그먼트를 포함하는 경계에서 탄젠트한 내부 모서리 조건이 설정됩니다. 즉 내부 모서리를 따라 탄젠트한 패치가 있는 블렌드 서피스를 생성할수 있습니다.

03 경계블렌드 옵션 – 제어점 분석

선택한 커브상에 표시되는 제어점을 분석하여 서피스의 형태를 정의합니다.

- 자연 : 일반 블렌드 방법으로 서피스를 블렌드 합니다.
- 호길이 : 원본 커브를 최소화 하여 동일조각으로 나뉜 조각별로 블렌드 합니다.
- 조각에서 조각 : 조각별로 서피스를 블렌드 합니다.
- 점대점 : 첫 번째 점 ~ 첫 번째 점 과 같이 점별로 서피스를 블렌드 합니다.
- 전개가능 : 탄젠트 커브에 대해 전개 가능 옵션의 필요 여부를 결정합니다.

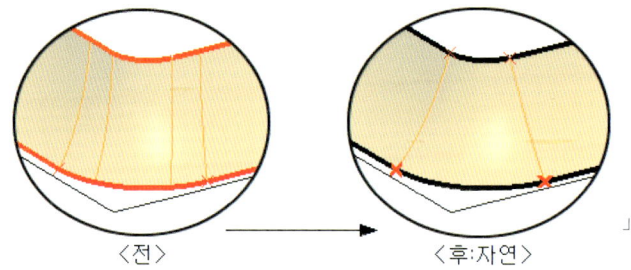

〈전〉 → 〈후:자연〉

>>> Surface 생성 연습하기

경계블랜드시 자유와 수직의 차이점 이해할 것.(경계블랜드 시 자유와 수직을 번갈아 수정하고 검사)

①, ② 두 개의 경계블랜드 서피스를 생성한 후 ③, ④는 대칭 복사를 하고 서피스 품질 검사할 것.
①, ②를 한 번에 경계블랜드 서피스로 생성한 후 ③, ④는 대칭 복사를 하고 서피스 품질 검사할 것.

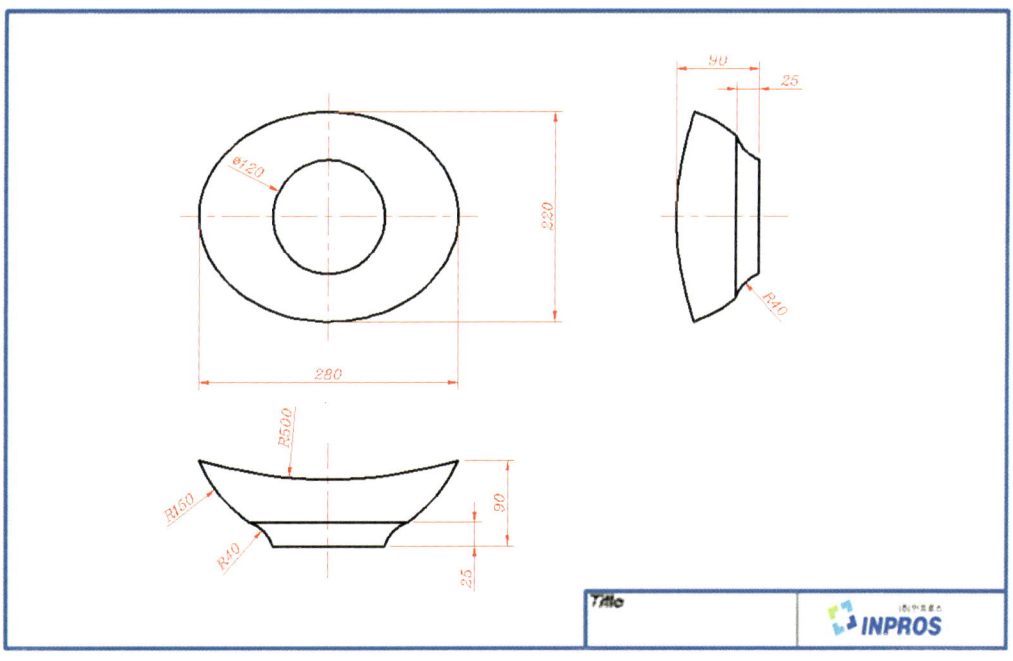

Part 02

Surface

CHAPTER

3

Surface 편집

01 채우기

□ **학습목표**
채우기 명령을 이용한 서피스 편집에 대한 이해

채우기 명령을 이용하면 원하는 형상의 내부에 Flat한 Surface를 생성 할 수 있습니다.

❶ 리본UI에서 홈 〉 데이터그룹-새로만들기 선택 단축키[Ctrl +N]을 클릭.
❷ 새로만들기 창에서 유형은 부품, 하위유형은 솔리드를 선택 한 후, 파일이름을 입력함. 아래쪽에 있는 기본 템플릿 사용란에 체크 된 것을 확인하고 작업 진행합니다. [edit1]

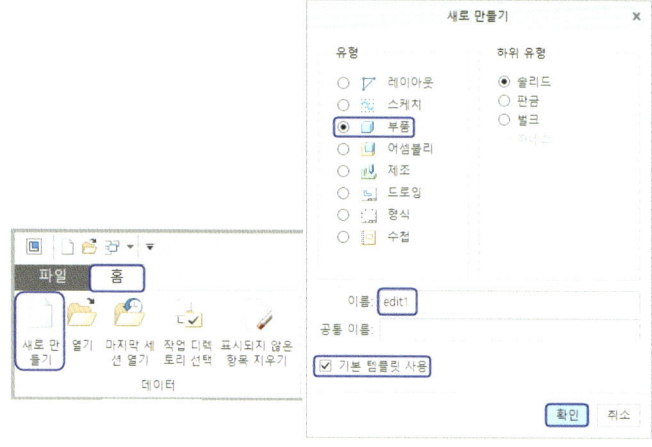

❸ 밀어내기 명령을 실행합니다. [모델〉밀어내기]
❹ 스케치 기준면을 정의합니다. [Top Datum 선택]

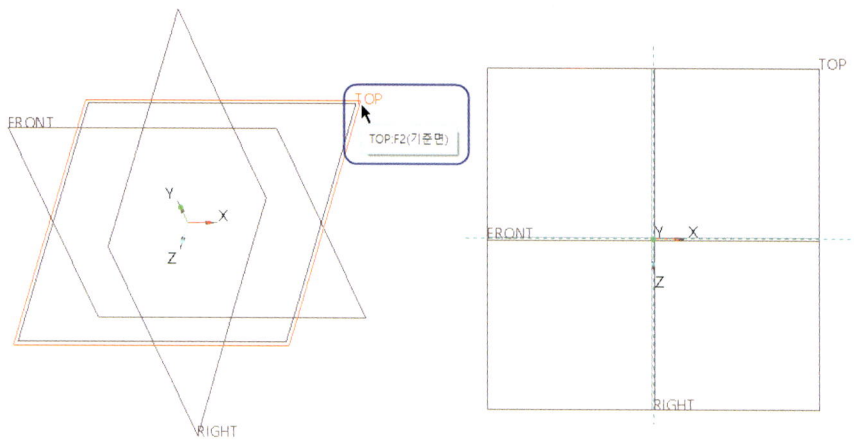

❺ 스케치 작업화면에서 해당 단면 스케치 및 스케치 완료합니다. 확인

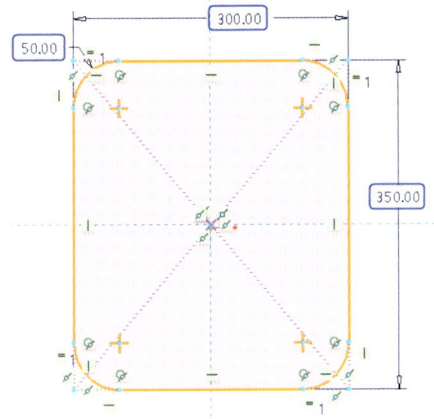

❻ 대시보드에서 밀어내기 방향 및 두께를 정의합니다.
- 두께 : 150
- 옵션탭 : 테이퍼추가 [10]

❼ 형상을 완료합니다.

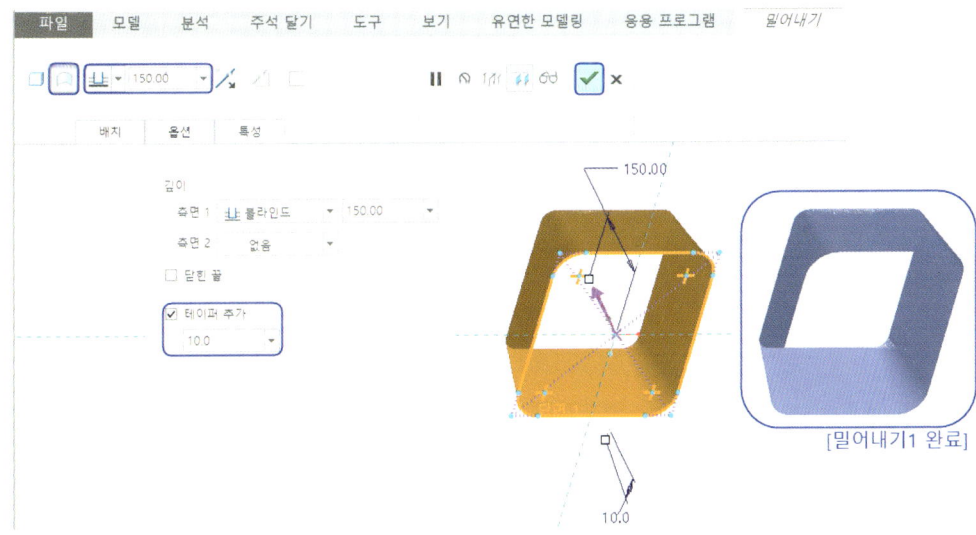

[밀어내기1 완료]

❽ 해당 파일을 저장합니다. [edit1.prt]

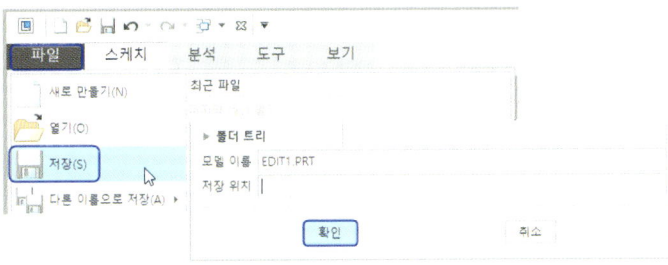

⑨ 채우기 명령을 실행합니다. [모델>채우기]

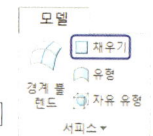

⑩ 채우기할 영역을 스케치 합니다.
  • 스케치면 : Top Datum

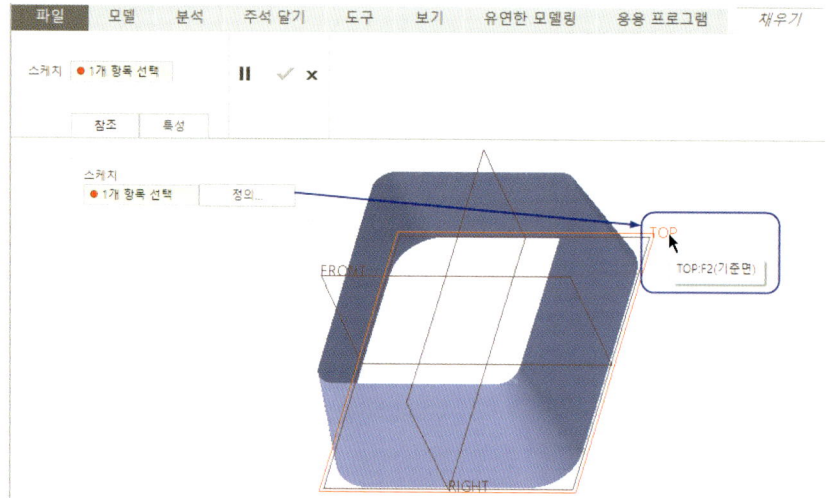

  • 단면스케치 : 밀어내기1 서피스의 아래쪽 모서리 형상과 동일하게 스케치
    투영명령 실행 > 체인유형선택 > 키보드의 Ctrl키 누른상태로 두 개의 모서리 선택 > 전체 모서리가
    선택 되도록 하여 적용시킴 (루프형상)

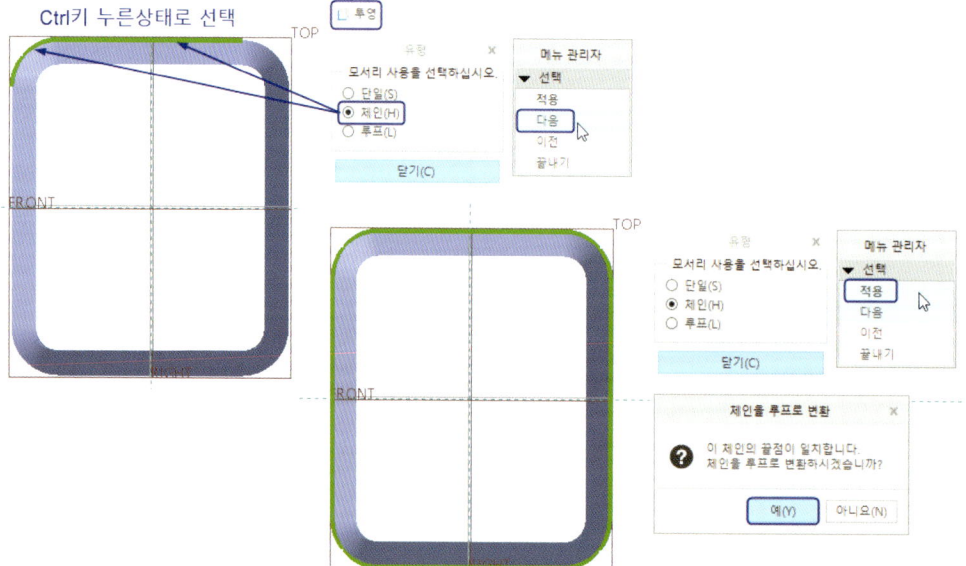

⑪ 대시보드에서 형상을 완료합니다.

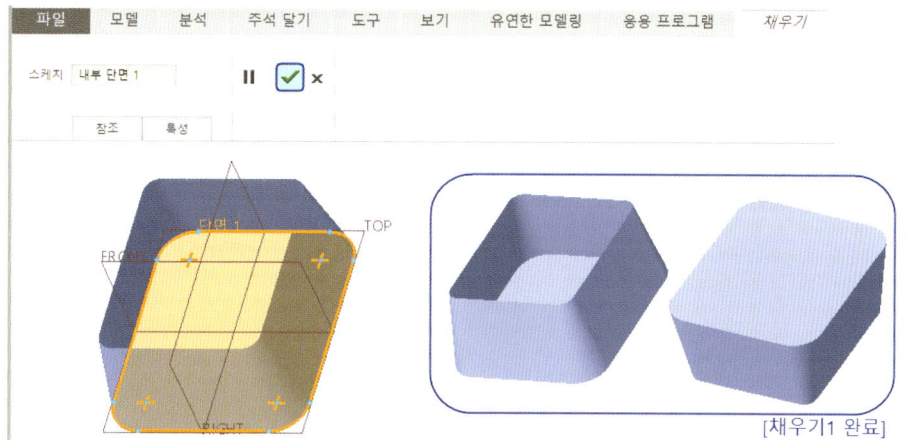

⑫ 채우기 명령을 실행합니다. [모델>채우기]

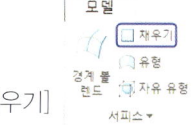

⑬ 채우기할 영역을 스케치 합니다.

- 스케치면 : DTM1 데이텀 생성 [모델>평면]

(Top Datum 에 평행하고 밀어내기1 서피스의 위쪽 모서리를 통과하도록함)

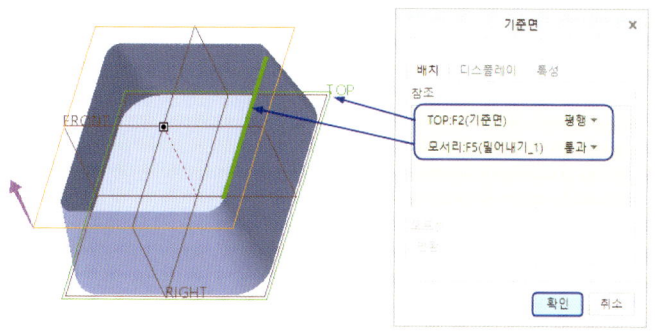

• 단면스케치 : 밀어내기1 서피스의 위쪽 모서리 형상과 동일하게 스케치
   투영명령 실행 〉 체인유형선택 〉 키보드의 Ctrl키 누른상태로 두 개의 모서리 선택 〉 전체 모서리가
   선택 되도록 하여 적용시킴 (루프형상)

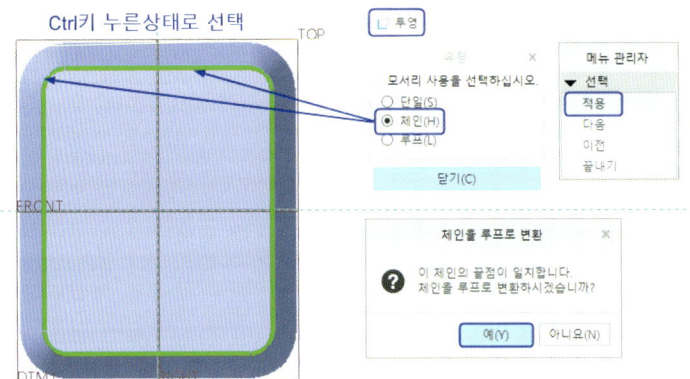

⑭ 대시보드에서 형상을 완료합니다.

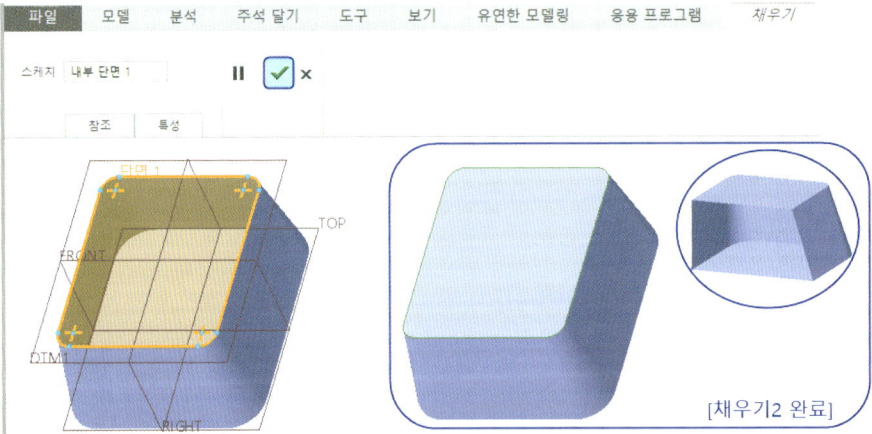

⑮ 해당 파일을 저장합니다.

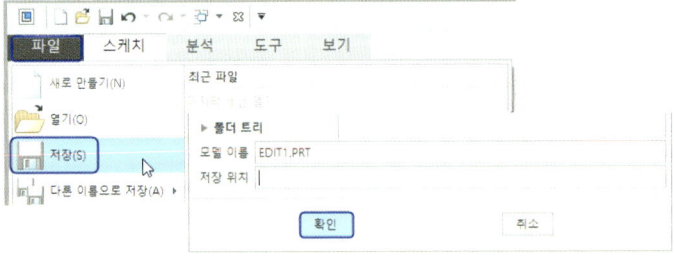

02 병합

> ❏ **학습목표**
> 병합 명령을 이용한 서피스 편집에 대한 이해

병합 명령을 이용하면 두개의 서피스가 겹쳐 있을 때 원하는 경계를 기준으로 필요없는 부분은 잘라내고 필요한 부분만을 결합시켜 원하는 형상의 Surface를 생성 할 수 있습니다.

앞서 생성한 edit1.prt 파일에서 진행 하겠습니다.
모델트리에서 앞서 작업된 채우기1,2 서피스를 삭제합니다.

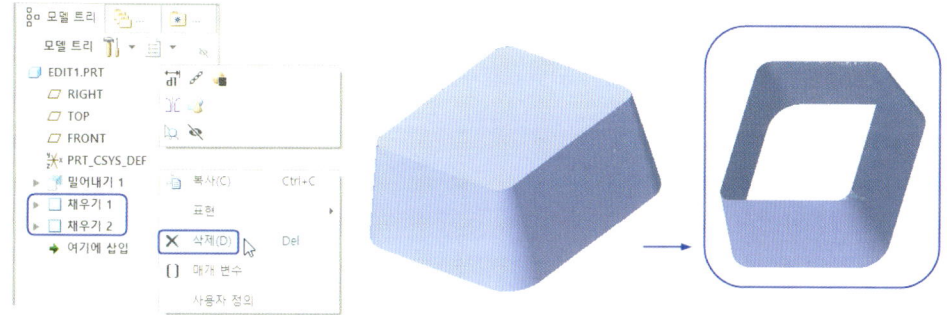

❶ 밀어내기 명령을 실행합니다. [모델>밀어내기]

❷ 스케치 기준면을 정의합니다. [Front Datum 선택]

❸ 스케치 작업화면에서 해당 단면 스케치 및 스케치 완료합니다. ✔ 확인
  • 위쪽 서피스에 일치하는 수평선 스케치

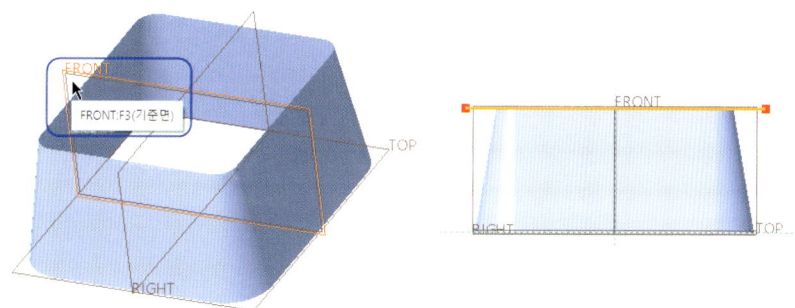

❹ 대시보드에서 밀어내기 방향 및 두께를 정의합니다.
  • 서피스 전환

- 두께 : 대칭으로 300

❺ 형상을 완료합니다.

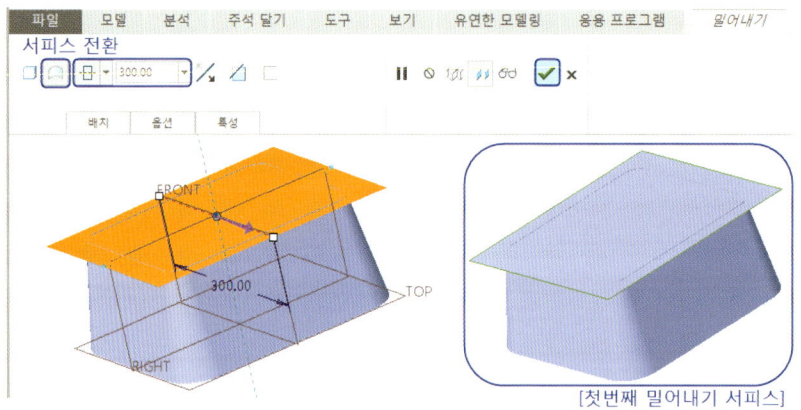

❻ 동일한 방법으로 두번째, 세번째 밀어내기 서피스를 생성합니다.
- 두번째 밀어내기 서피스 : 아래쪽 서피스에 일치하는 수평선 스케치 〉 서피스전환 〉 대칭으로 400

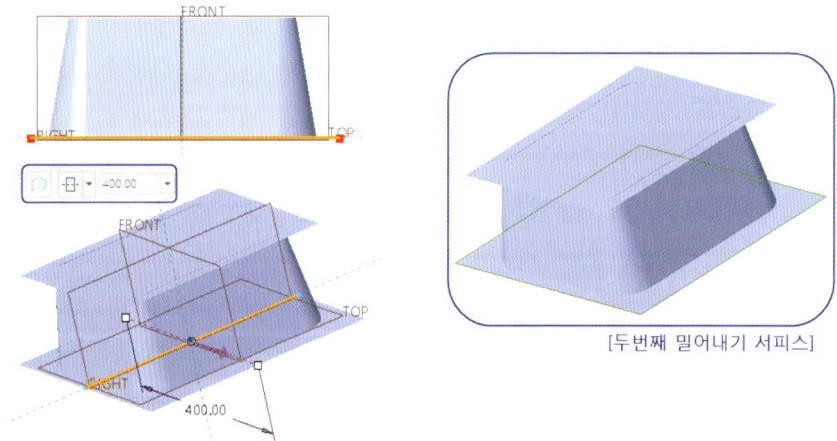

- 세번재 밀어내기 서피스 : 중간 높이에 스플라인 곡선 스케치 〉 서피스전환 〉 대칭으로 350

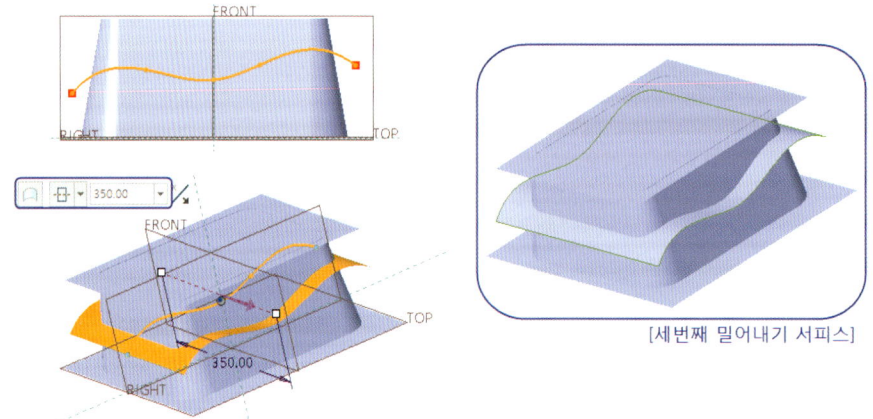

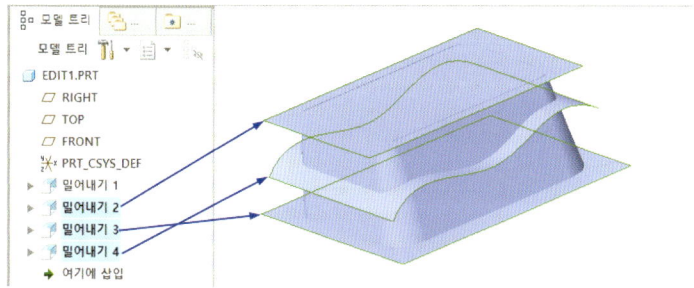

❼ 밀어내기1, 2 서피스를 선택 후 병합 명령을 실행합니다. [모델>병합]

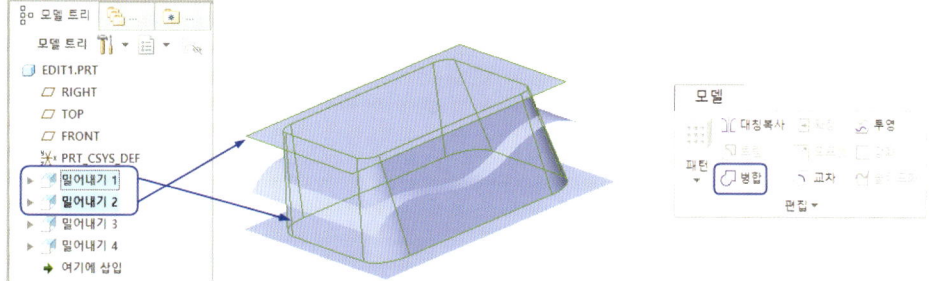

❽ 대시보드의 옵션 탭에서 결합할 형상 정의 후 완료합니다

❾ 병합된 서피스와 밀어내기3 서피스를 선택 후 병합 명령을 실행합니다. [모델>병합]

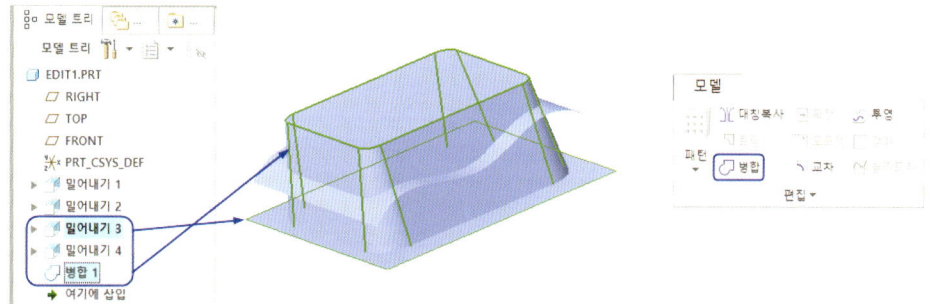

⑩ 대시보드의 옵션 탭에서 결합할 형상 정의 후 완료합니다.

⑪ 해당파일을 저장합니다.

[결합 방향 정의에 따른 결과]

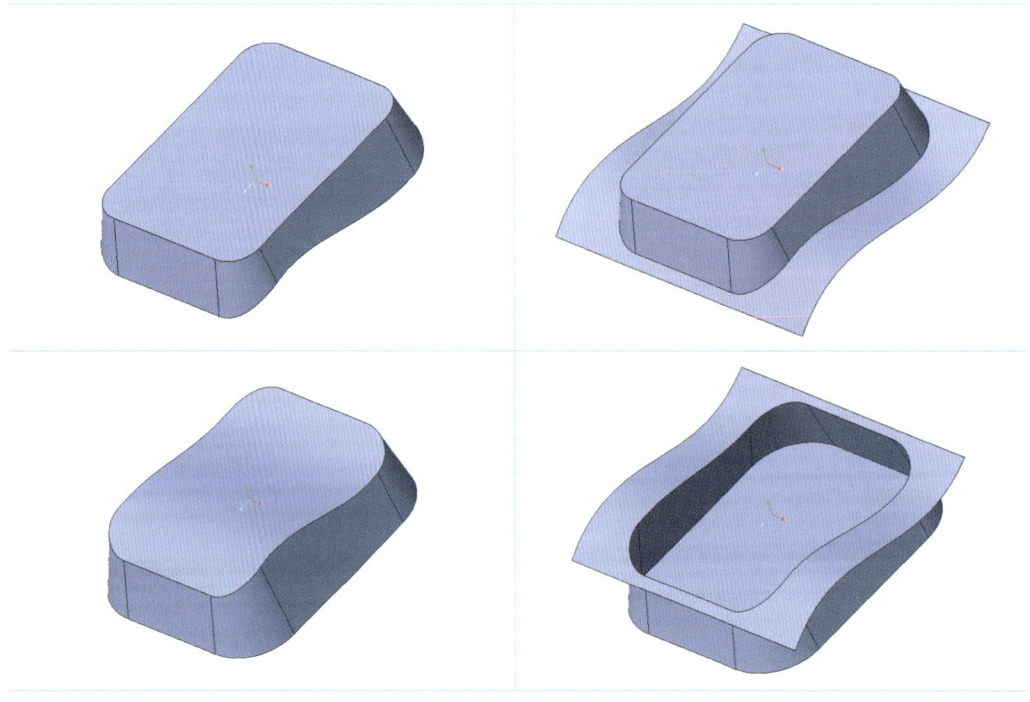

부록 02〉

01 결합 옵션

☐ 결합

2개의 인접한 퀼트를 결합합니다.

한 퀼트의 한면 모서리는 반드시 다른 퀼트상에 있어야 합니다.

미리보기 형상에서 메쉬 처리된 부분이 유지될 부분입니다.

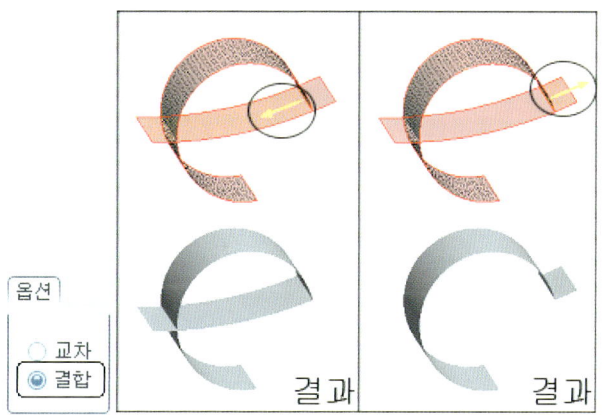

☐ 교차

서로 교차하는 2개의 퀼트를 결합합니다.

화살표 방향에 따라 원본 퀼트의 부분을 유지하며, 미리보기 형상에서 메쉬처리 되어 표현 됩니다.

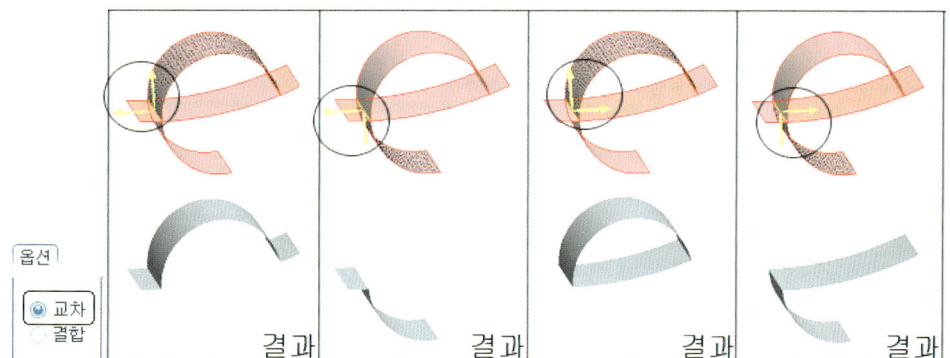

03 솔리드화

❏ 학습목표
솔리드화 명령을 이용한 서피스 편집에 대한 이해

솔리드화 명령을 이용하면 서피스 피쳐를 솔리드 형상으로 변환 할 수 있습니다.
즉 솔리드 재료를 추가하거나 제거, 대체 할 수 있으며 이러한 작업을 통하여 해당형상을 설계 요구사항에 맞도록 변환 할 수 있습니다.

앞서 생성한 edit1.prt 파일에서 계속진행 하겠습니다.
❶ 마지막으로 작업한 병합2 서피스를 선택합니다.
❷ 솔리드화 명령을 실행합니다. [모델>솔리드화]

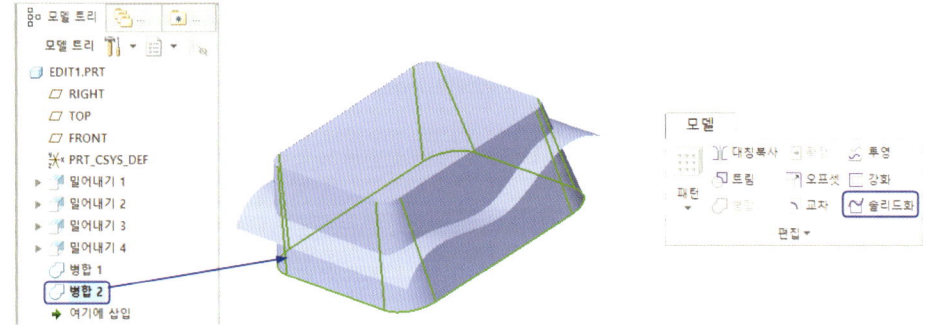

❸ 솔리드로 채우기를 선택합니다.

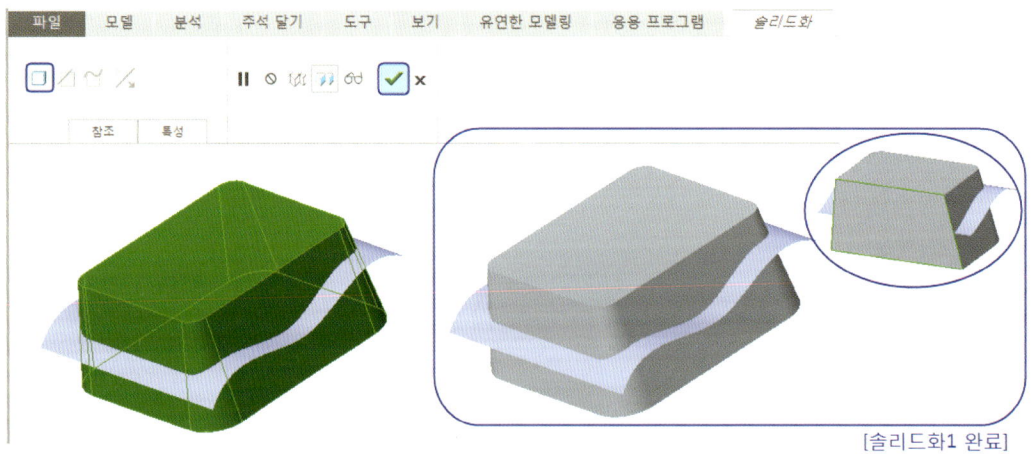

[솔리드화1 완료]

❹ 밀어내기4 서피스를 선택 후 솔리드화 명령을 실행합니다. [모델>솔리드화]

❺ 재료제거를 선택합니다.

[솔리드화2 완료]

❻ 해당파일을 저장합니다.

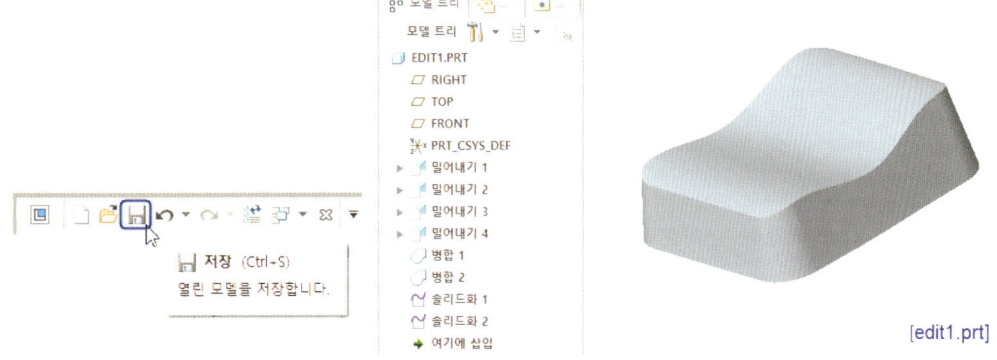

[edit1.prt]

[솔리드화 패치 조건]

패치 조건은 퀼트가 아래의 조건을 만족할 경우에만 활성화 됩니다.
- 열린퀼트,
  모든경계가 솔리드 서피스 위에 있어야 하며 퀼트가 솔리드 형상 외부에 존재하는 경우
- 열린퀼트,
  모든경계가 솔리드 서피스 위에 있어야 하며 퀼트가 솔리드 형상 내부에 존재하는 경우
- 모든 경계가 솔리드 서피스 위에 있어야하며 퀼트가 솔리드 형상과 교차하는 경우

04 오프셋

> ❑ 학습목표
> 오프셋 명령을 이용한 서피스 편집에 대한 이해

오프셋 명령을 이용하면 서피스나 커브를 일정한 거리만큼 오프셋하여 형상을 생성할수 있습니다. 오프셋 방법에 따라 일정거리만큼 띄우는 단순한 오프셋 형상을 만들거나, 선택한 면에 대하여 구배를 주거나 대체하는 등의 다양한 형상을 만들 수 있습니다.

1. 서피스 오프셋 (표준 · 구배 · 확장 · 대체)

앞서 생성한 edit1.prt 파일에서 계속진행 하겠습니다.
❶ 솔리드화 작업후 생성된 서피스 선택 후 오프셋 명령을 실행합니다. [모델>오프셋]

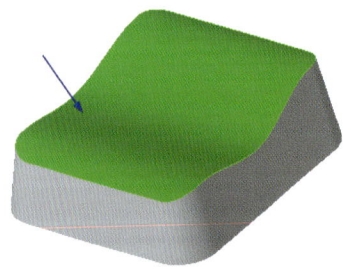
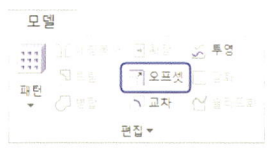

❷ 대시보드에서 오프셋 유형을 정의 합니다.
- 표준오프셋
- 오프셋 거리 : 30
- 옵션 : 서피스에 수직, 측면 서피스 생성
- 미리보기 기능을 이용하여 형상 확인

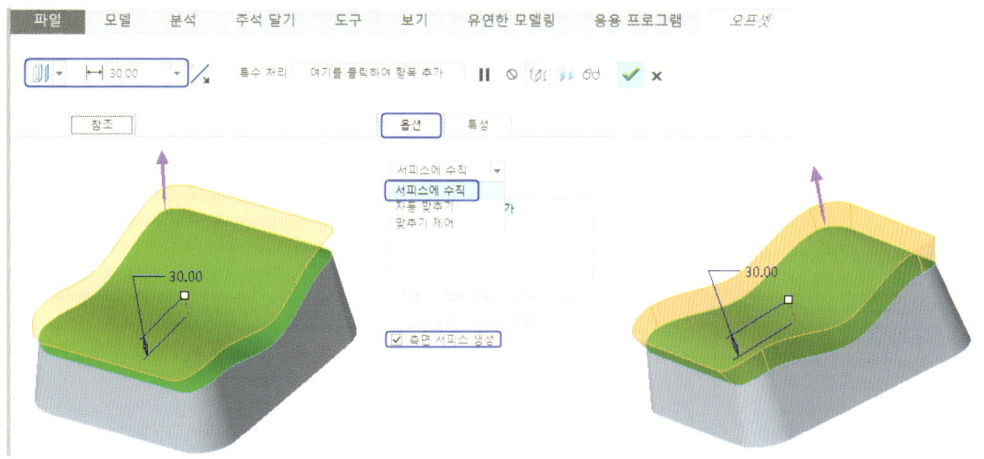

❸ 대시보드에서 오프셋 유형을 재정의 합니다.
- 구배오프셋
- 구배가 적용될 형상 스케치 : 스케치 아이콘 클릭 > 스케치 평면 선택 (바닥면) > 단면스케치

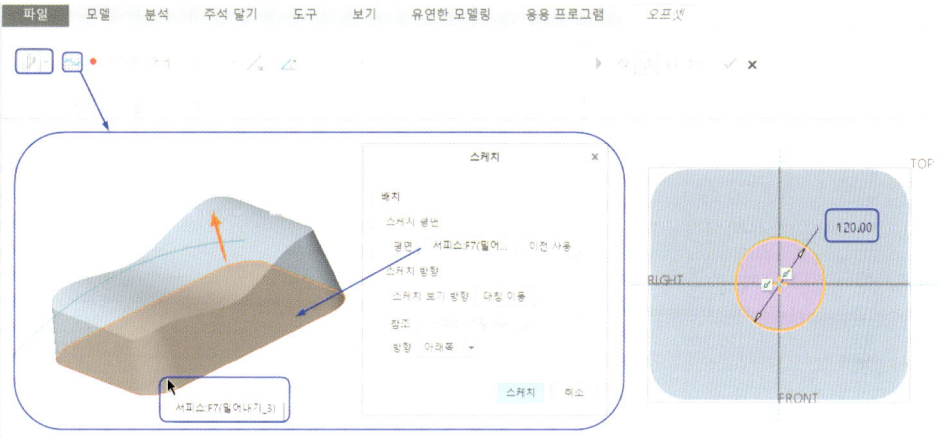

- 오프셋 거리 : 30
- 구배각도 : 15도

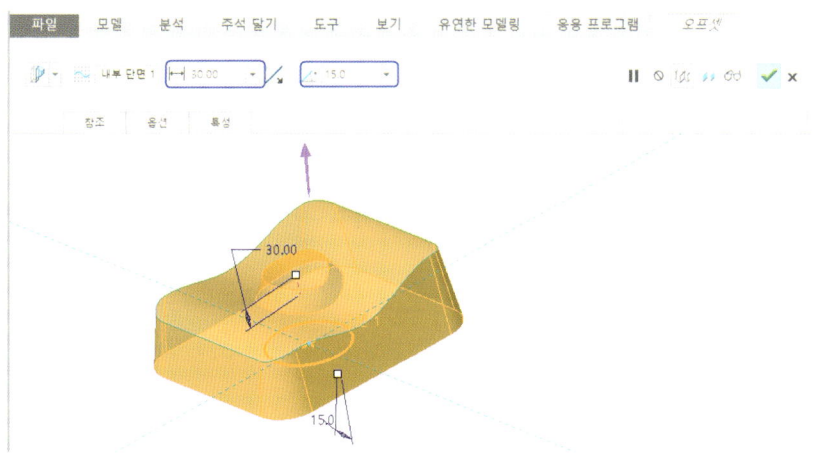

- 옵션 : 서피스에 수직, 측면 서피스의 수직 참조 및 모서리형상 정의
- 미리보기 기능을 이용하여 형상 확인

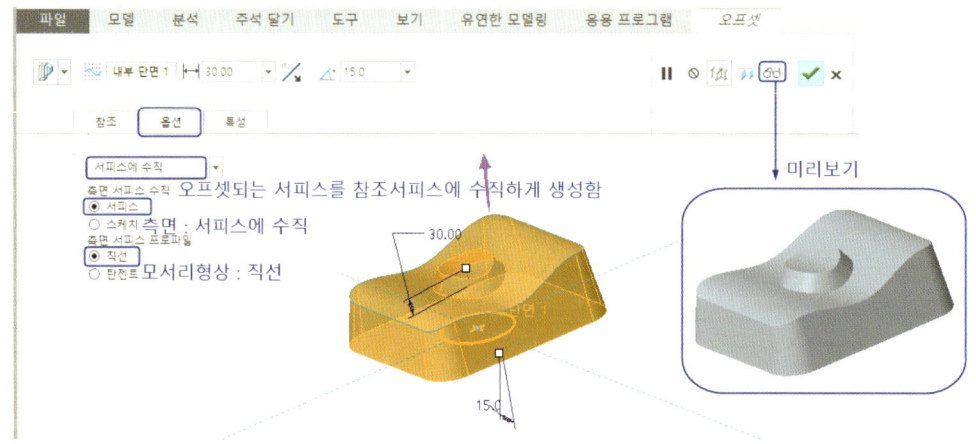

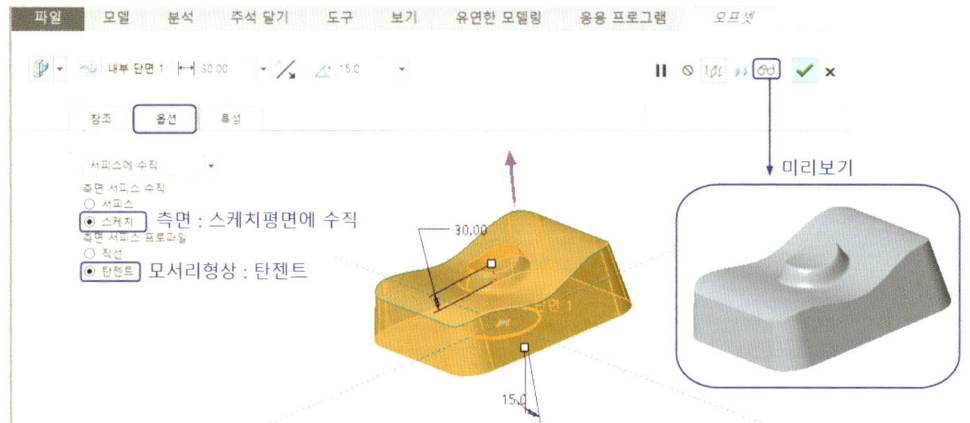

❹ 대시보드에서 오프셋 유형을 재정의 합니다.
- 확장오프셋
- 오프셋거리 : 30
- 옵션 : 서피스에 수직, 전체서피스
- 미리보기 기능을 이용하여 형상 확인

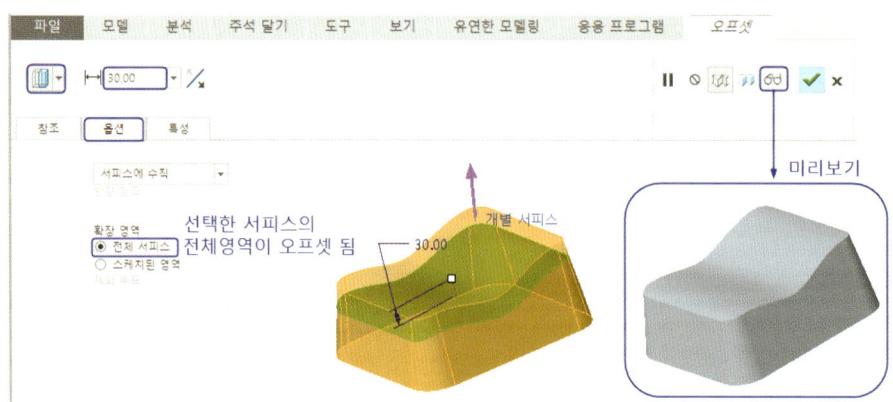

- 옵션 : 서피스에 수직, 스케치된 영역, 측면서피스의 수직 참조 정의
- 미리보기 기능을 이용하여 형상 확인
- 명령을 완료하지 않고 종료함(취소)

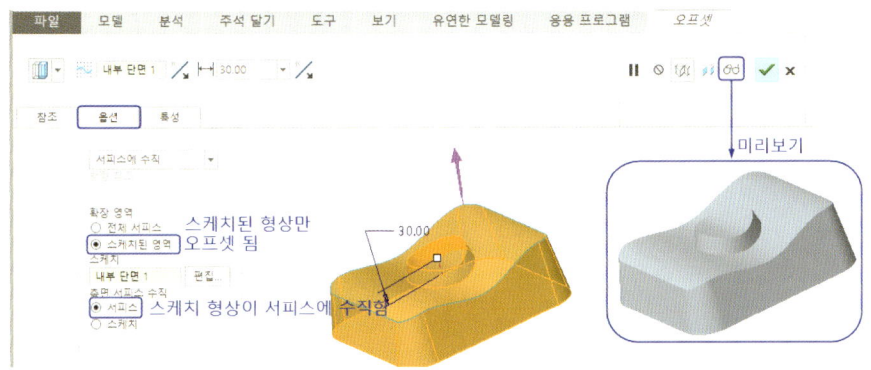

❺ 밀어내기 명령을 실행합니다. [모델>밀어내기]

❻ 스케치 기준면을 정의합니다. [Right Datum 선택]

❼ 스케치 작업화면에서 해당 단면 스케치 및 스케치 완료합니다.
- 기존 현상보다 넓은 영역의 호 스케치

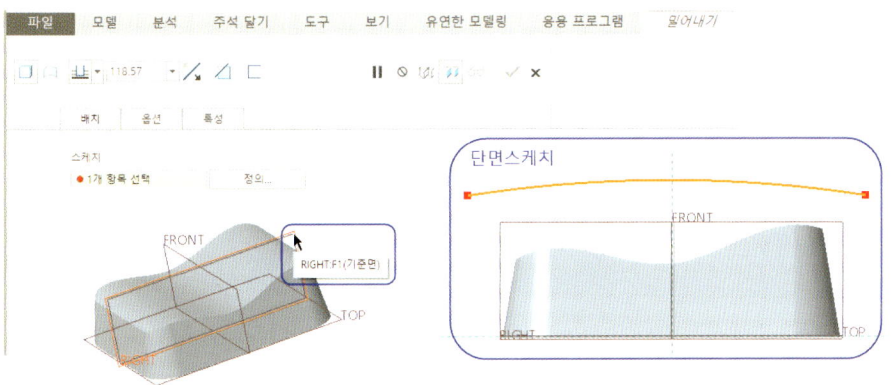

❽ 대시보드에서 밀어내기 방향 및 두께를 정의합니다. [서피스 전환, 대칭으로, 400]

❾ 형상을 완료합니다.

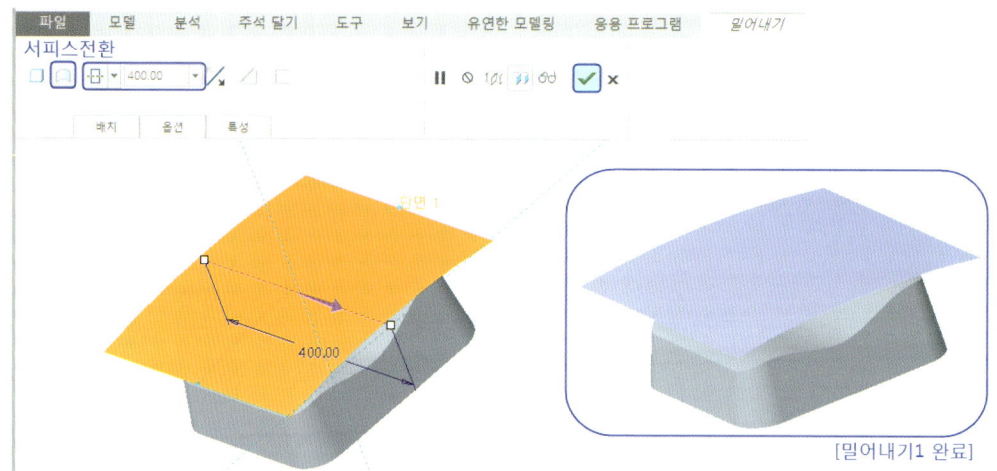

[밀어내기1 완료]

❿ 솔리드화 작업후 생성된 서피스 선택 후 오프셋 명령을 실행합니다. [모델>오프셋]

⓫ 대시보드에서 오프셋 유형을 재정의 합니다.
- 대체오프셋
- 대체할 퀼트 : 앞서 생성한 밀어내기 서피스 선택
- 미리보기 기능을 이용하여 형상 확인 (선택한 서피스가 대체 퀼트로 대체됨)

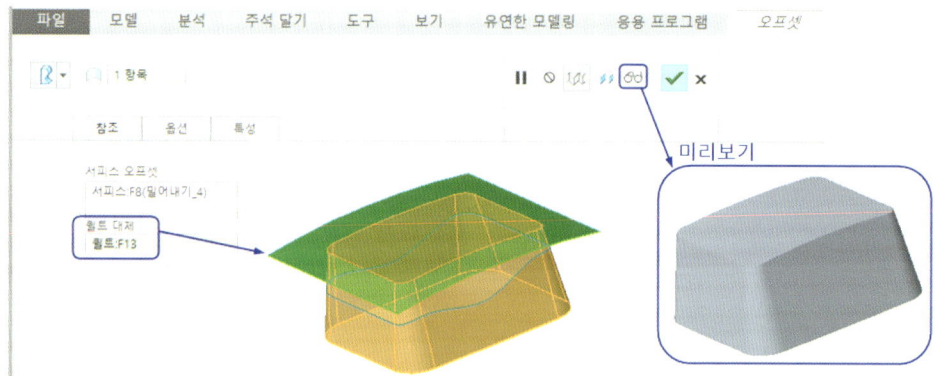

- 옵션탭에서 대체 퀼트 유지 체크

- 미리보기 기능을 이용하여 형상 확인 (대체 퀼트가 유지됨)

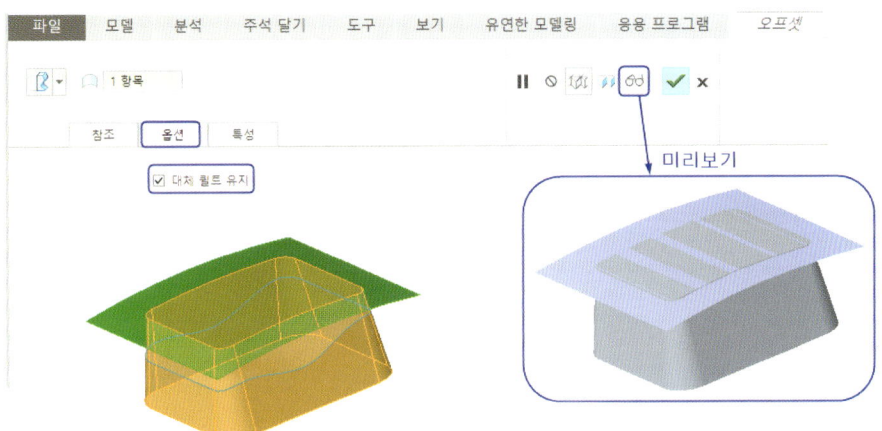

⑫ 형상을 완료합니다.

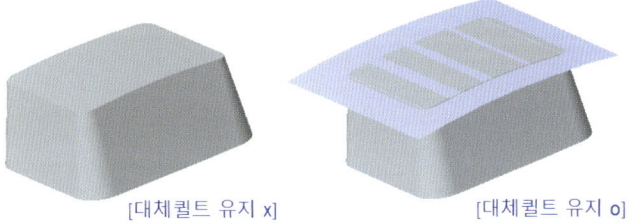

[대체퀼트 유지 x]　　　　　　　[대체퀼트 유지 o]

부록 03〉

01 오프셋 방법에 대한 옵션

- 서피스에 수직 : 오프셋 되는 서피스를 참조서피스에 수직하게 함.
- 변환 : 오프셋 되는 서피스를 참조서피스의 형상과 동일하게 오프셋 함.

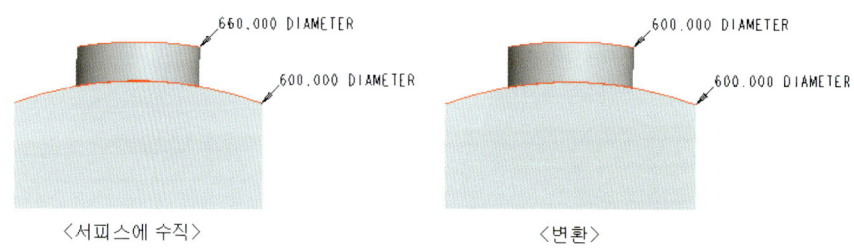

〈서피스에 수직〉　　　　〈변환〉

- 측면수직-서피스 : 측면서피스를 참조서피스에 수직하게 생성함.
- 측면수직-스케치 : 측면서피스를 스케치면에 수직하게 생성함.

〈서피스에 수직〉　　　　〈스케치면에 수직〉

- 측면 서피스 프로파일 – 직선 : 직선 측면 서피스를 생성함.
- 측면 서피스 프로파일 – 탄젠트 : 인접서피스와 측면서피스를 필렛함.

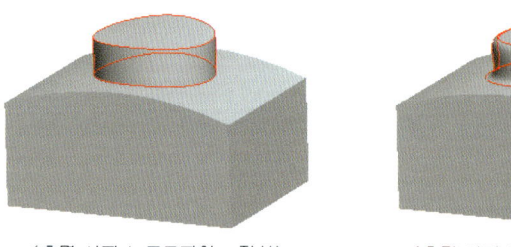

〈측면 서피스 프로파일 – 직선〉　　　　〈측면 서피스 프로파일 – 탄젠트〉

2. 서피스의 모서리 확장

새로운 작업을 시작하여 밀어내기 명령을 설명하도록 하겠습니다.

❶ 리본UI에서 홈 〉데이터그룹-새로만들기 선택 단축키[Ctrl +N]을 클릭.

❷ 새로만들기 창에서 유형은 부품, 하위유형은 솔리드를 선택 한 후, 파일이름을 입력함. 아래쪽에 있는 기본 템플릿 사용란에 체크 된 것을 확인하고 작업 진행합니다. [edit2]

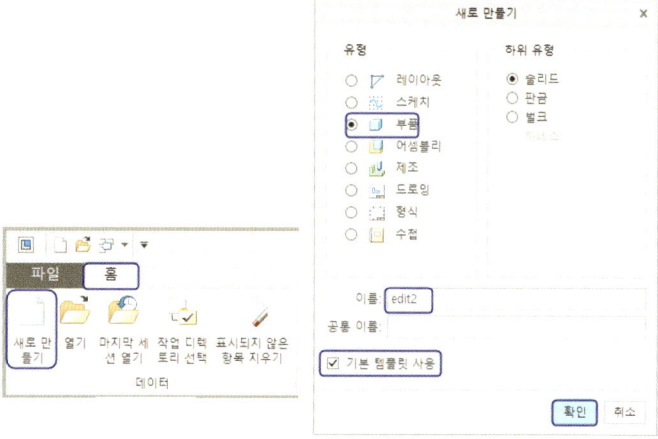

❸ 밀어내기 명령을 실행합니다. [모델＞밀어내기]

❹ 스케치 기준면을 정의합니다. [Front Datum 선택]

❺ 스케치 작업화면에서 해당 단면 스케치 및 스케치 완료합니다. 확인

• Right Datum 의 왼쪽에 스플라인 스케치

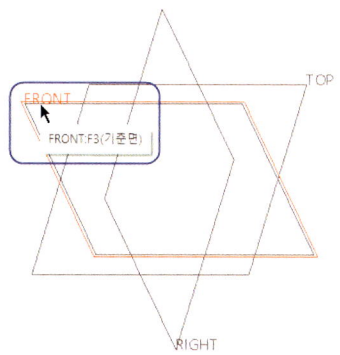
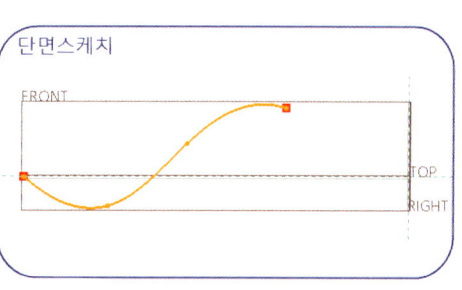

❻ 대시보드에서 밀어내기 방향 및 두께를 정의합니다. [서피스 전환, 블라인드, 200]
❼ 형상을 완료합니다.

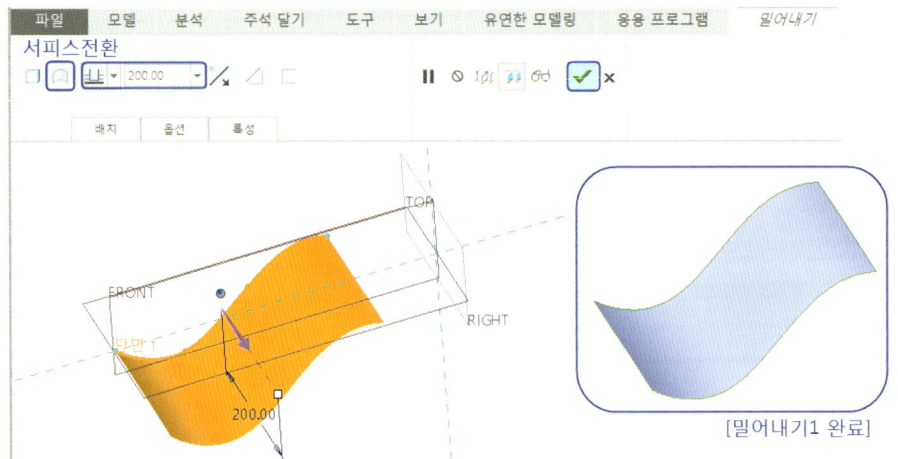

❽ 밀어내기1 서피스의 모서리를 선택 후 확장 명령을 실행합니다. [모델〉편집-확장]

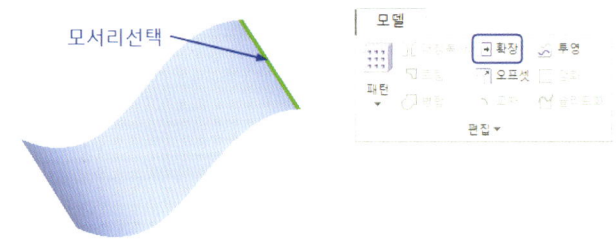

- 원래 서피스를 따라 확장함
- 옵션 : 동일 (기준 서피스의 형태를 유지하면서 확장됨)
- 미리보기 기능을 이용하여 형상 확인

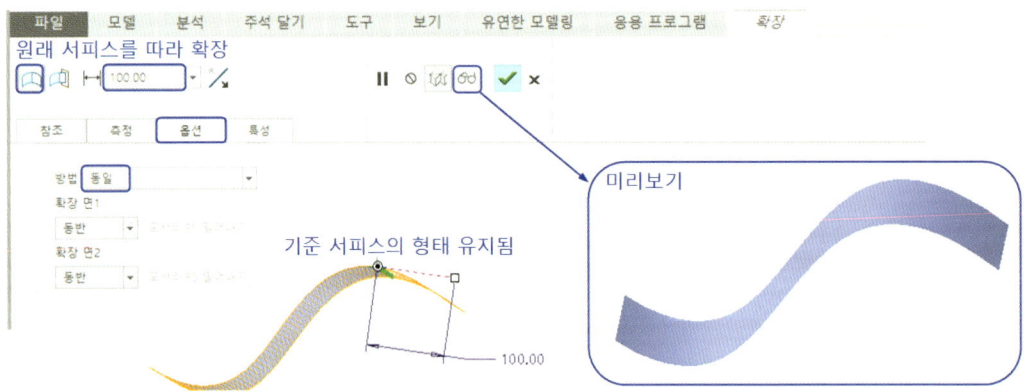

- 원래 서피스를 따라 확장함
- 옵션 : 탄젠트 (기준 서피스의 탄젠트 방향으로 확장됨)
- 미리보기 기능을 이용하여 형상 확인

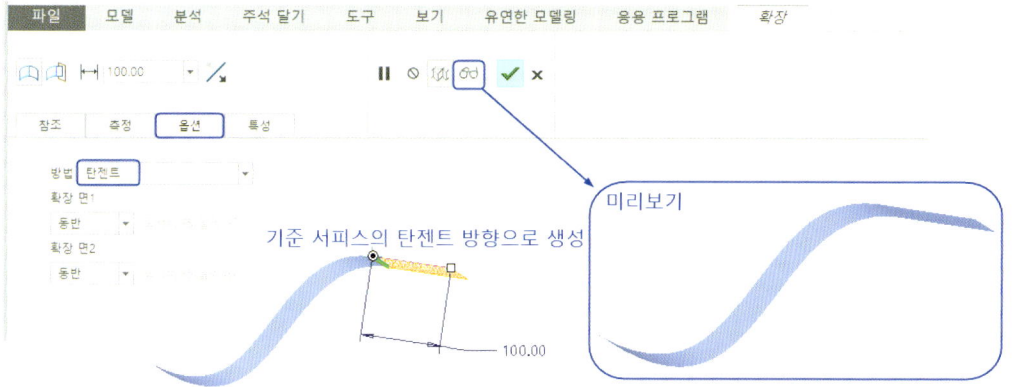

- 참조 평면까지 확장함
- 형상완료

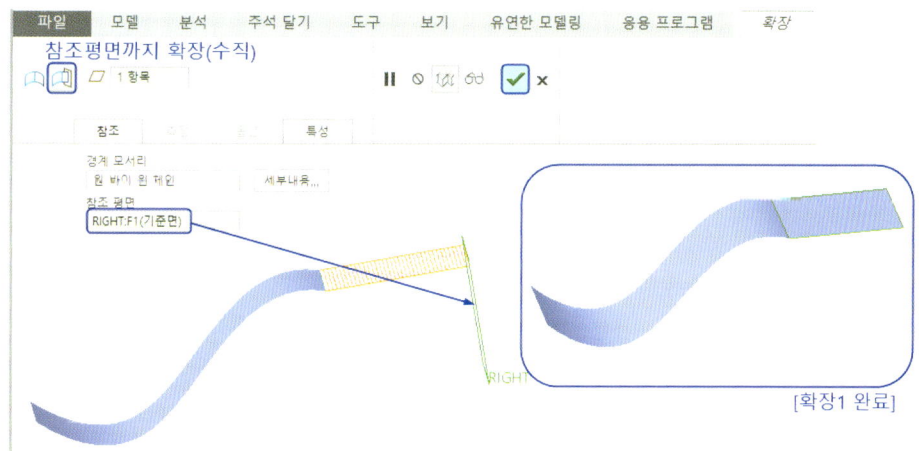

>>> Surface 편집 연습하기

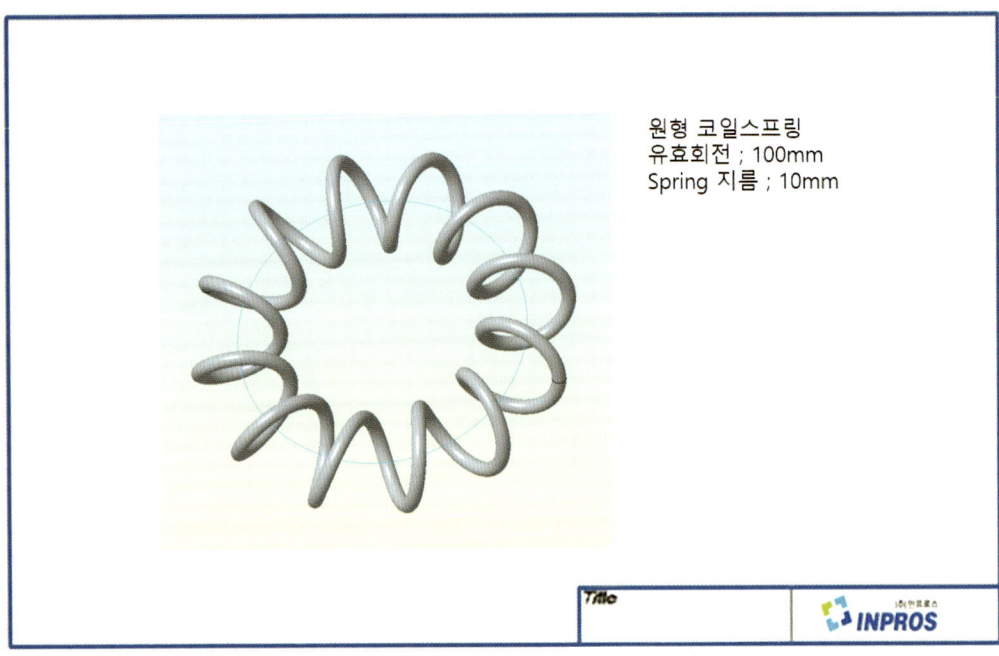

원형 코일스프링
유효회전 ; 100mm
Spring 지름 ; 10mm

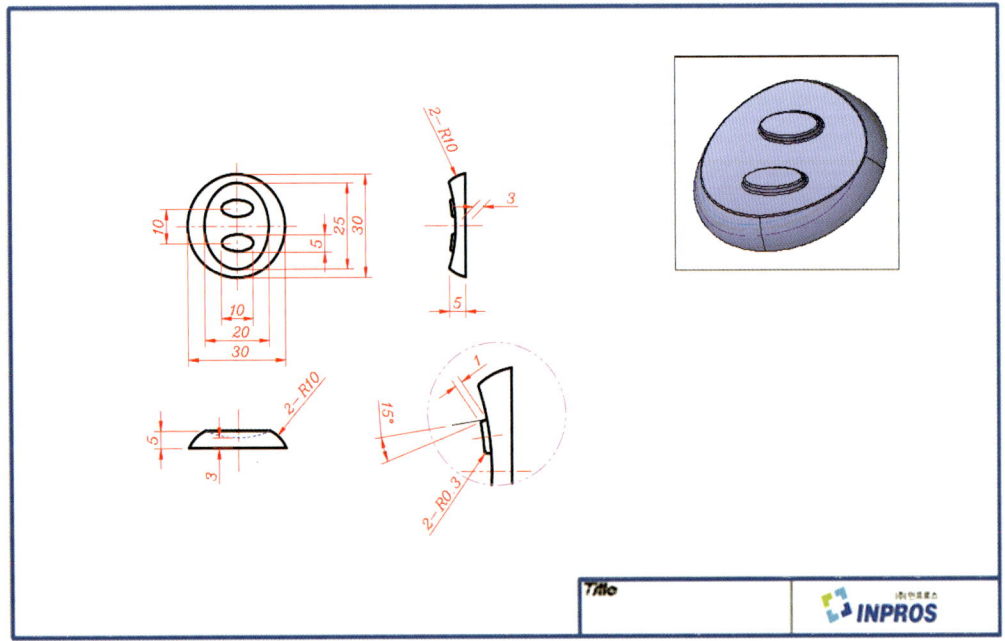

MEMO

Part 02

Surface

CHAPTER

4

고급서피스

01 서피스에 탄젠트 블렌드

> **□ 학습목표**
> 탄젠트한 서피스(구배면) 생성에 대한 이해

서피스를 모서리로부터의 블렌드 되는 탄젠트한 서피스(구배면)를 생성 할 수 있습니다.
탄젠트 구배면 유형은 다음과 같습니다.

- 커브 제어 탄젠트 구배면 : 참조 커브와 선택한 서피스 사이에 있는 파팅면의 한면 또는 양면에 탄젠트 서피스 생성.
- 구배면 외부의 고정 각도 탄젠트 구배 : 참조 커브의 궤적을 따라 잡아당기는 방향으로 고정된 각도를 사용하여 서피스 생성.
- 구배면 내부의 고정 각도 탄젠트 구배 : 구배면 내부의 고정 구배 각도를 사용하여 서피스 생성.

기본 모델을 생성합니다.

❶ 리본UI에서 홈 〉 데이터그룹-새로만들기 선택 단축키[Ctrl +N]을 클릭.
❷ 새로만들기 창에서 유형은 부품, 하위유형은 솔리드를 선택 한 후, 파일이름을 입력함.
아래쪽에 있는 기본 템플릿 사용란에 체크 된 것을 확인하고 작업 진행합니다. [T_Blend]

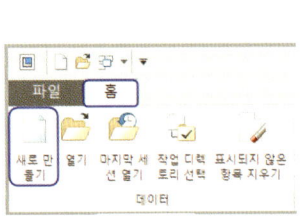
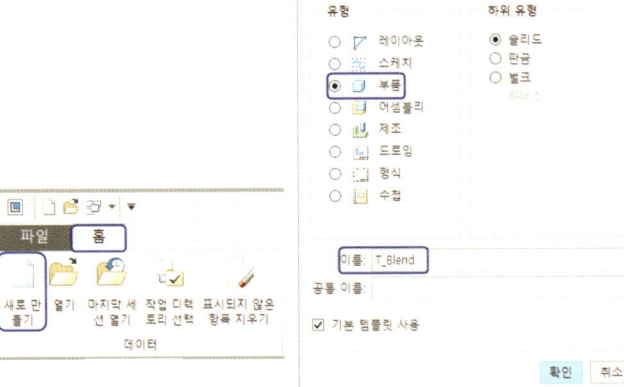

❸ 회전 명령을 실행합니다. [모델>회전]

❹ 스케치 기준면을 정의합니다. [Front Datum 선택]

❺ 스케치 작업화면에서 해당 단면 스케치 및 스케치 완료합니다.   확인

- 세로 방향의 형상중심선 스케치 함 (회전축)
- 선도구를 이용하여 형성 스케치 및 치수 정의 함
- 스케치 단면 검사 후 완료.

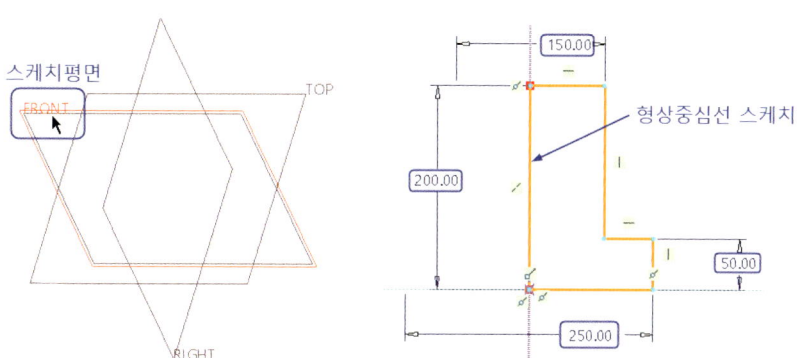

⑥ 대시보드에서 회전 방향 및 두께를 정의합니다. [두께 360° 적용]
⑦ 형상을 완료합니다.

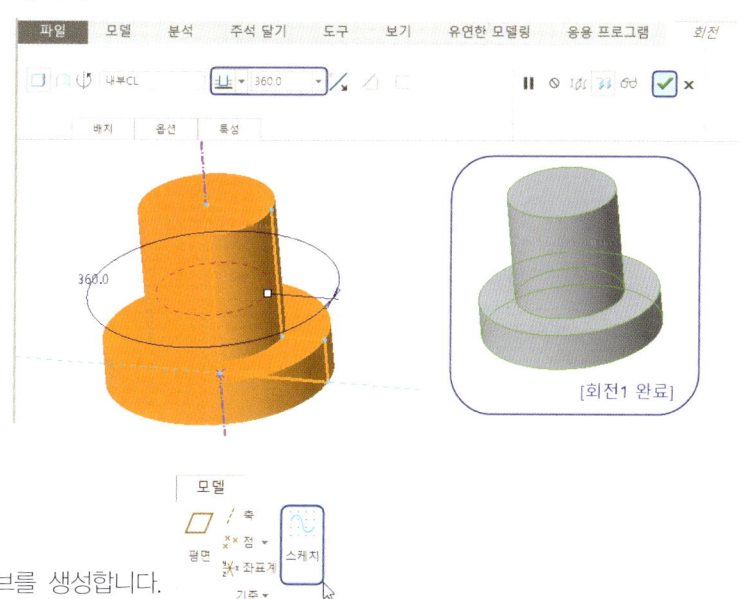

⑧ 스케치 커브를 생성합니다.

- 리본UI에서 [모델>스케치] 명령 실행
- 스케치면 선택 [아래쪽 회전 형상의 윗면 선택]

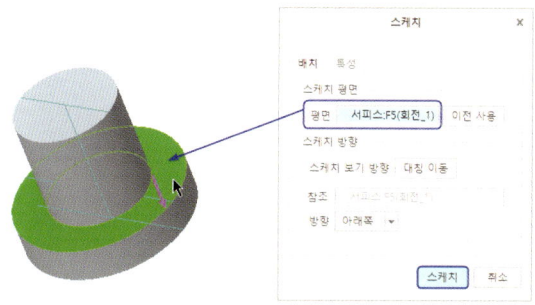

- 원하는 형상의 커브 스케치 및 치수정의 [지름 195]
- 형상 완료

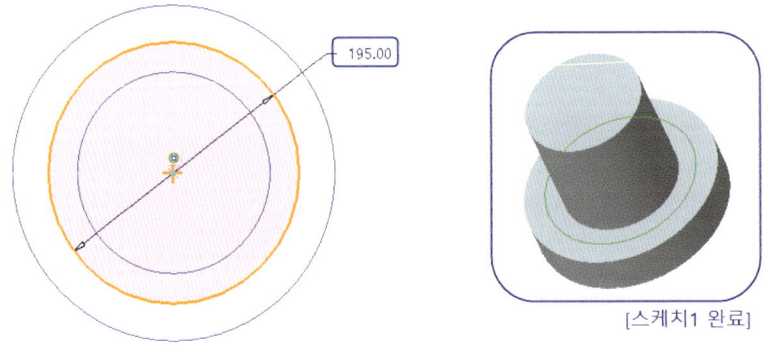

❾ 해당 파일을 저장합니다.

1. 커브 제어 탄젠트 구배면

❶ 서피스에 탄젠트 블렌드 명령을 실행합니다.
　　[모델 > 서피스 – 서피스에 탄젠트 블렌드]

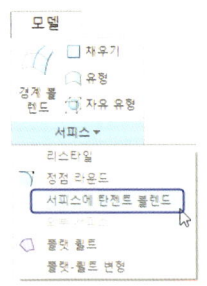

❷ 기본 옵션 및 방향을 정의 합니다.
- 옵션 : 커브 제어 탄젠트 구배면
- 방향 : 한면 / 아래쪽 회전 형상의 윗면 선택 (잡아 당기는 방향으로서 직각의 평면) 화살표가 위쪽으로 향하도록 함. 〉 확인

[한면 vs 양면]
- 한면 : 구배가 참조 커브의 한면에만 생성됨.
- 양면 : 구배가 참조 커브의 양면에 생성됨.

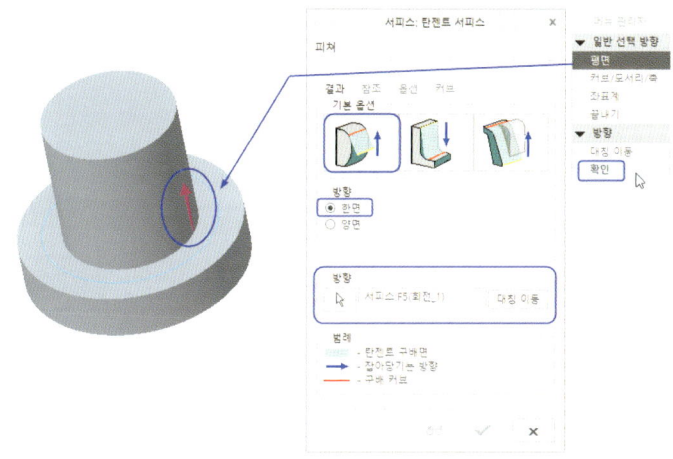

❸ 참조탭에서 구배선을 정의 합니다.
  • 키보드의 Ctrl 키를 누른 상태에서 원형의 스케치 커브 선택 〉완료.

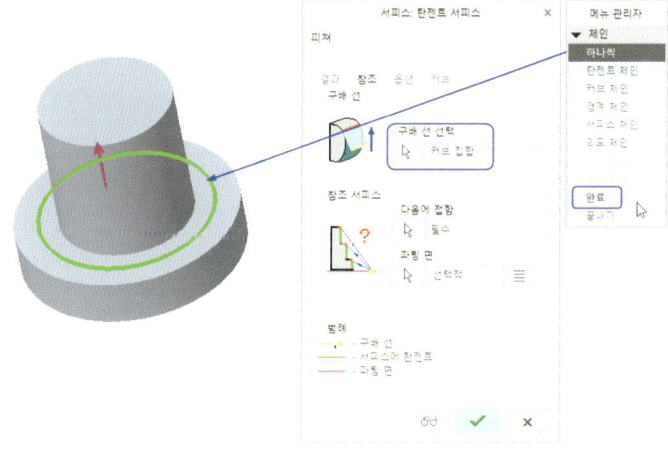

❹ 참조탭에서 참조서피스(탄젠트)를 정의합니다.
  • 키보드의 Ctrl 키를 누른상태에서 원기둥의 서피스 선택 〉확인.

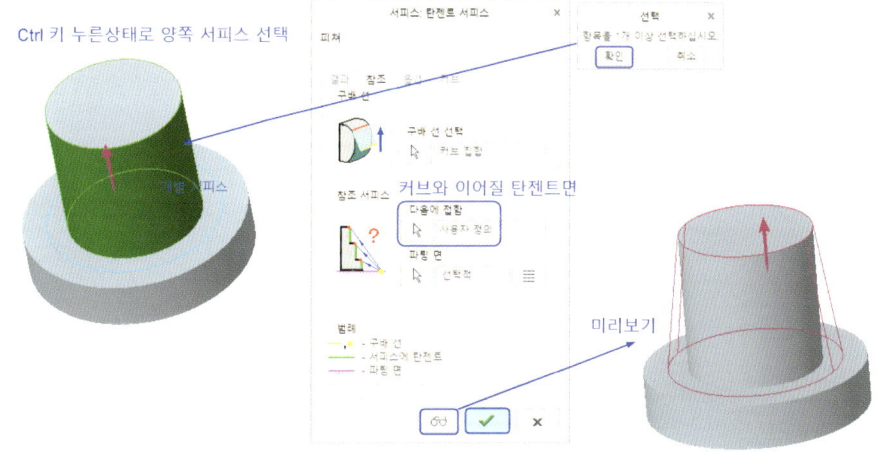

❺ 형상을 완료합니다.

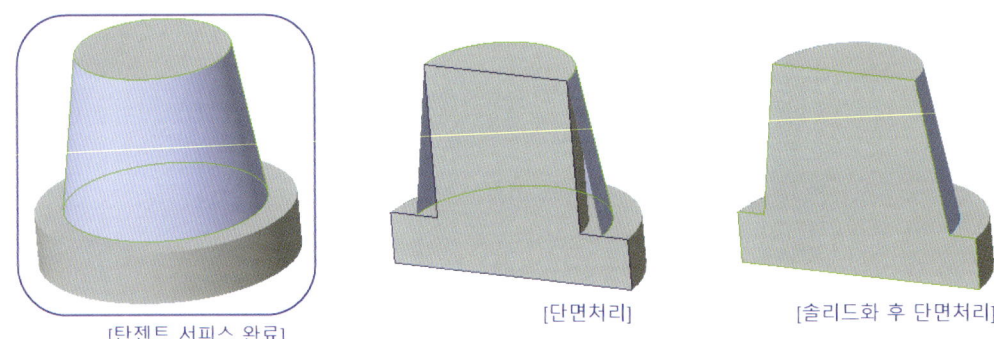

[탄젠트 서피스 완료]   [단면처리]   [솔리드화 후 단면처리]

2. 구배면 외부의 고정 각도 탄젠트 구배

❶ 서피스에 탄젠트 블렌드 명령을 실행합니다.
   [모델 > 서피스-서피스에 탄젠트 블렌드]

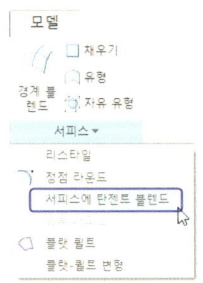

❷ 기본 옵션 및 방향을 정의 합니다.
- 옵션 : 구배면 외부의 고정 각도 탄젠트 구배
- 방향 : 한면 / 아래쪽 회전 형상의 윗면 선택 (잡아 당기는 방향으로서 직각의 평면)
  화살표가 아래쪽으로 향하도록 함. (대칭이동 클릭) 〉 확인.

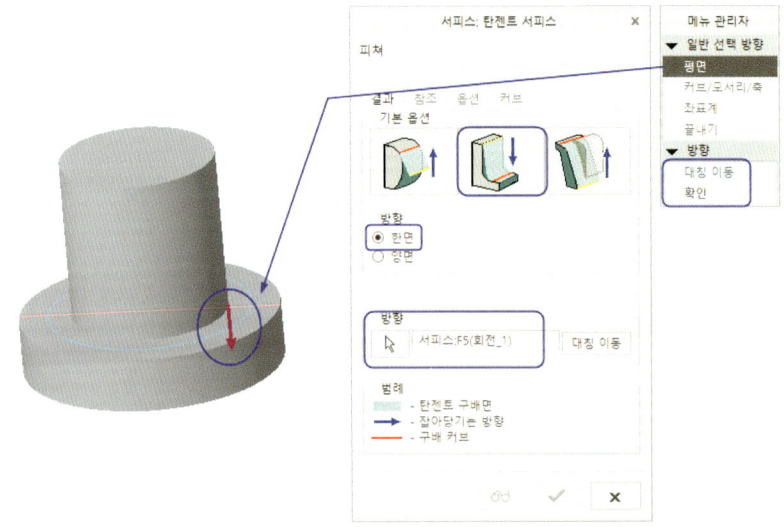

❸ 참조탭에서 구배선을 정의 합니다.
- 키보드의 Ctrl 키를 누른상태에서 회전 형상의 위쪽 모서리 선택 〉 확인.

❹ 참조탭에서 구배 매개변수 입력 합니다.
- 각도 (구배각도) : 10도
- 반지름 (구배면과 인접서피스가 연결되는 부분의 반지름 값) : 10

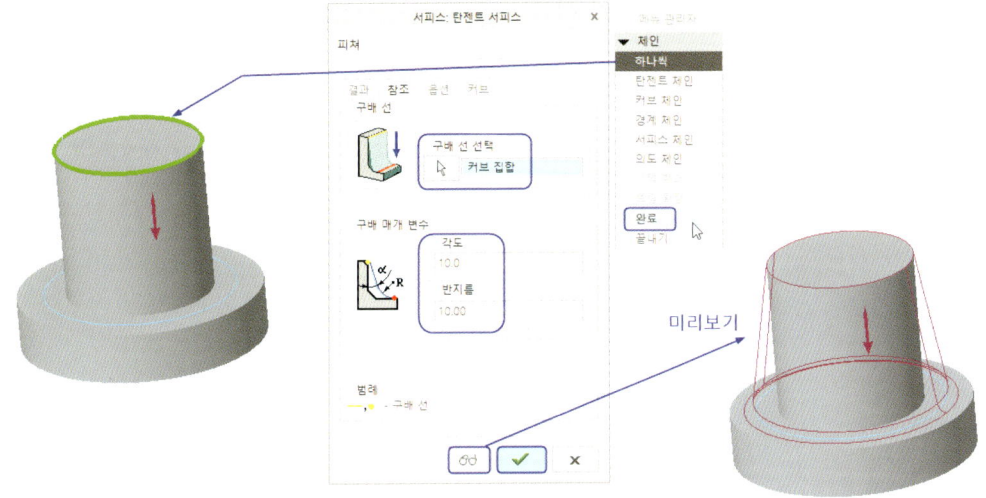

❺ 형상을 완료합니다.

[탄젠트 서피스 완료] [단면처리] [솔리드화 후 단면처리]

3. 구배면 내부의 고정 각도 탄젠트 구배

❶ 서피스에 탄젠트 블렌드 명령을 실행합니다.
 [모델>서피스-서피스에 탄젠트 블렌드]

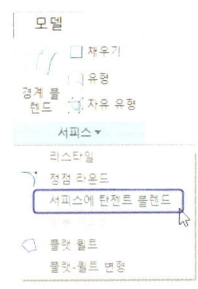

❷ 기본 옵션 및 방향을 정의 합니다.
- 옵션 : 구배면 내부의 고정 각도 탄젠트 구배
- 방향 : 한면 / 아래쪽 회전 형상의 윗면 선택 (잡아 당기는 방향으로서 직각의 평면) 화살표가 위쪽으로 향하도록 함. 〉 확인

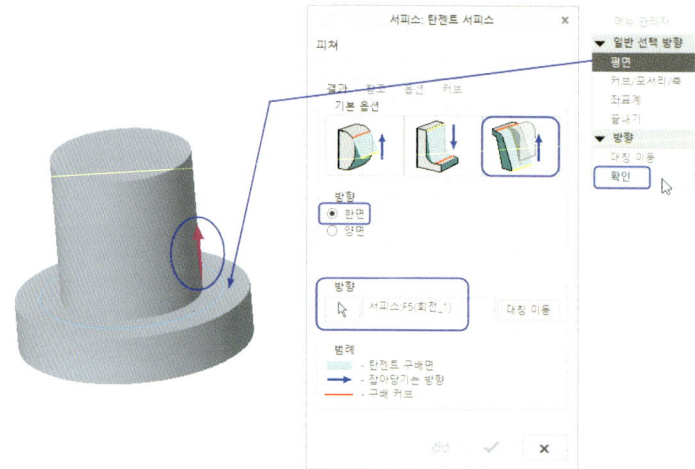

❸ 참조탭에서 구배선 정의
- 키보드의 Ctrl 키를 누른 상태에서 원기둥의 아래쪽 모서리 선택 〉 확인.

❹ 참조탭에서 구배 매개변수 입력 및 형상완료.
- 각도 (구배각도) : 10도
- 반지름 (구배면과 인접서피스가 연결되는 부분의 반지름 값) : 10

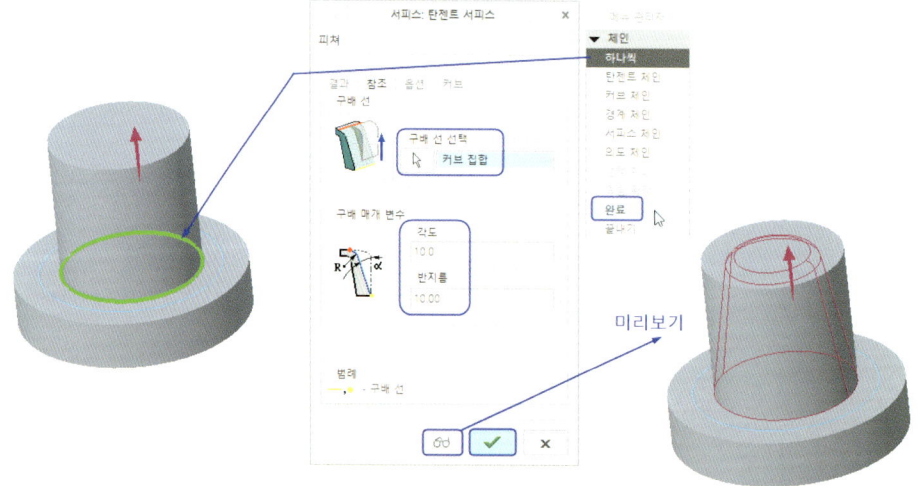

❺ 형상을 완료합니다.

[탄젠트 서피스 완료]

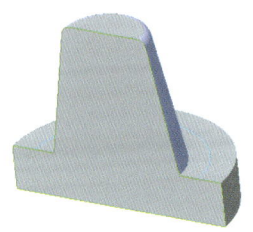

[솔리드화 후 단면처리]

02 자유유형 (Free Style)

> ❏ **학습목표**
> 동적 조작을 통한 자유유형 서피스 생성에 대한 이해

자유유형 서피스에 대해 알아보도록 하겠습니다.

[파라메트릭 서피스 vs 자유유형 서피스]

	Parametric Surface	FreeForm	
		Style	Freestyle
Parametric	Parametric 제어	Parametric거의 없다	Non Parametric
형상	Curve나 관계식으로 생성	Curve와 서피스로 생성	기본 형태인 구나 도넛 등으로 시작한다
적용	균형적인 느낌이나 도면에 표현가능한 치수로 만들어진 형상으로 제작	미적인 감각이 필요한 형상 제작에 사용하며 Freestyle은 메쉬형상으로 조작한다	

[자유유형 피처의 특징]
- 자유 유형 모델링 환경은 다각형 제어 메쉬를 사용하여 부드럽고 잘 정의된 B 스플라인 서피스를 쉽고 빠르게 생성한다.
- 제어 메쉬의 면,모서리 또는 교점을 조작하고 반복적으로 세분화하여 새 교점과 면을 생성한다.
- 제어 메쉬에서 새 교점의 위치는 가까운 이전 교점의 위치에 기초하여 계산된다.
- 자유 유형 서피스는 NURBS 및 다각형 서피스의 특성을 모두 가지고 있다.
- 자유 유형 서피스는 NURBS 서피스와 마찬가지로 부드러운 형상을 생성할 수 있으며 극히 적은 제어교점을 사용하여 생성할 수 있다.
- 다각형 서피스와 마찬가지로 자유 유형 서피스의 특정 영역을 밀어내어 세부사항을 생성할 수 있다.

[서피스 〉 자유유형 실행]
- 명령을 실행하면 아래 그림과 같이 기본형상으로 선택 할 수 있는 서피스가 제공됨.
- 같은 모양의 서피스로 보이는 형상은 서피스를 구성하는 메쉬가 다르게 형성되어 있음.

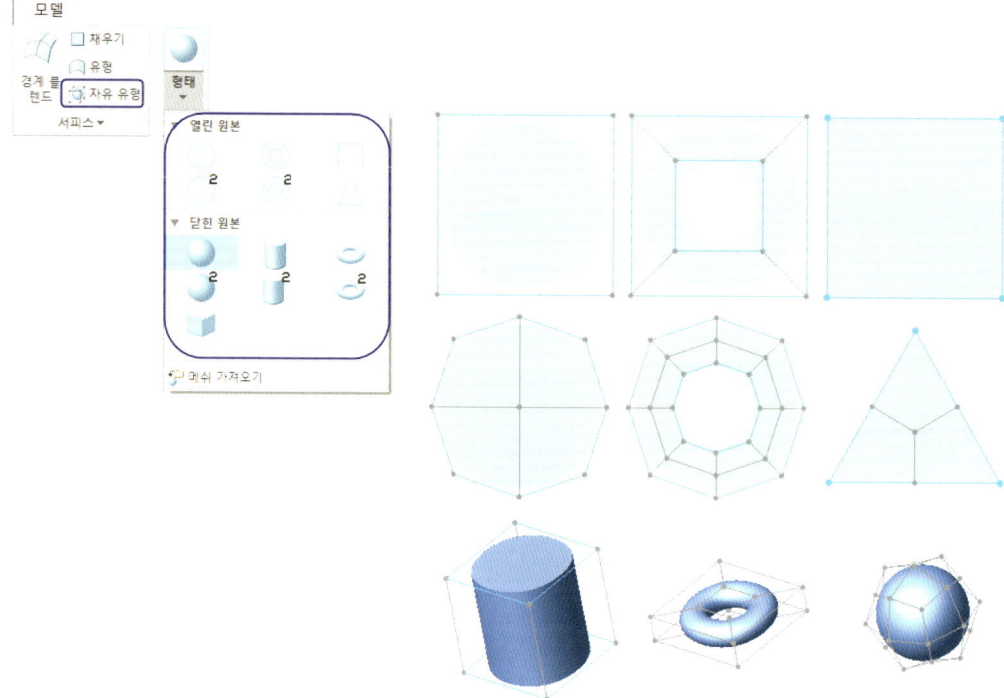

[변환 도구]

- 기본 서피스의 선, 점, 면을 기준으로 이동 및 회전을 시켜 변화를 줄 수 있음.

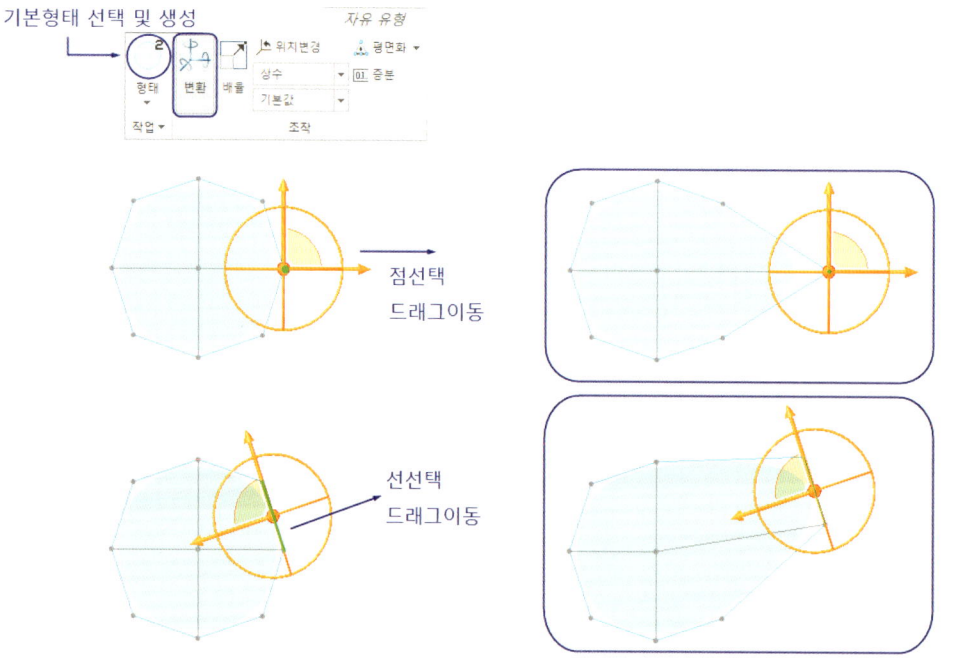

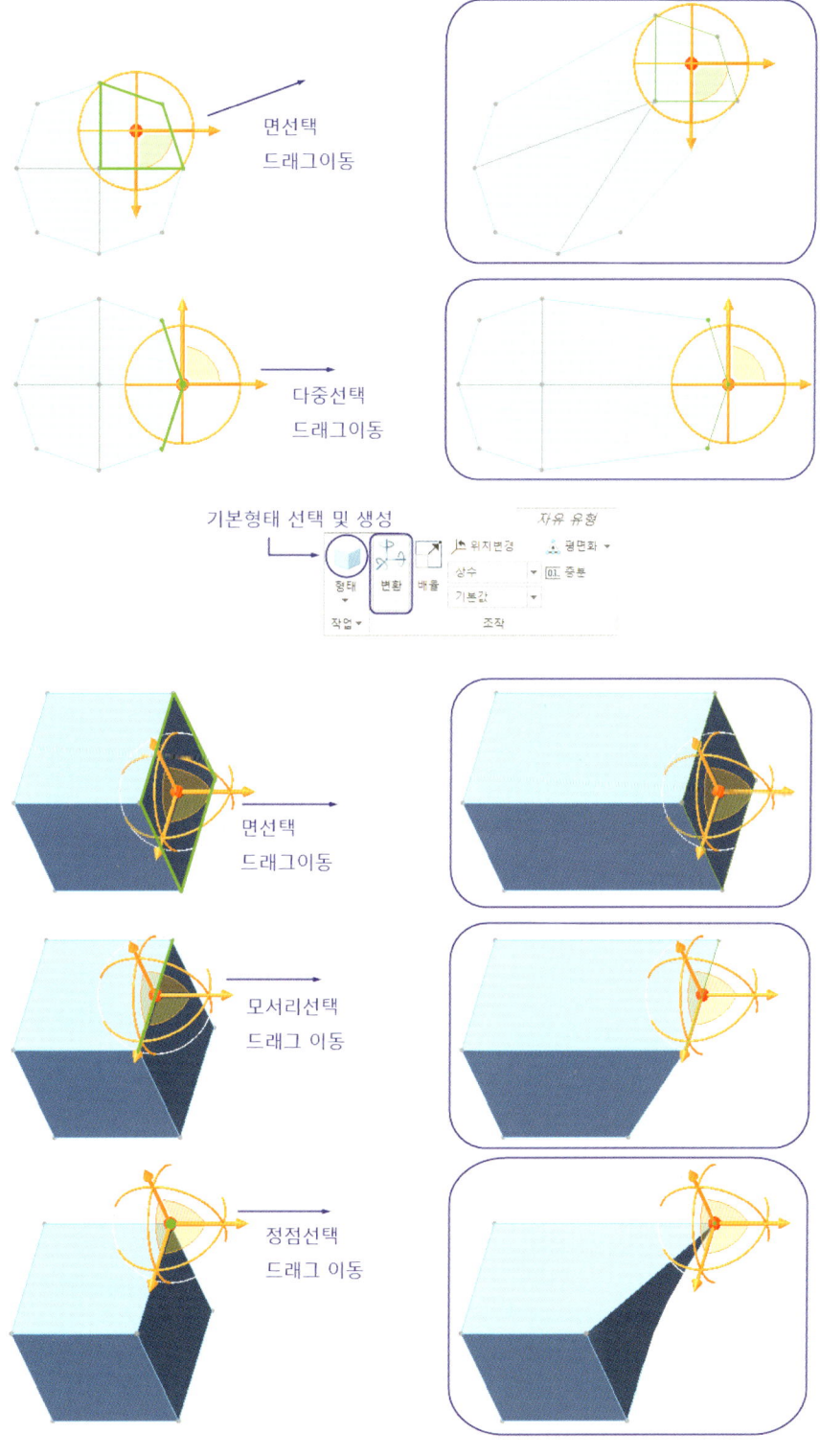

- 변환시 증분을 ON한 상태에서 드래그 하면 수치가 증분되는 것을 볼 수 있음.
  임의의 값이 아닌 치수를 보면서 변환할 수 있음. (배율시에도 동일함)

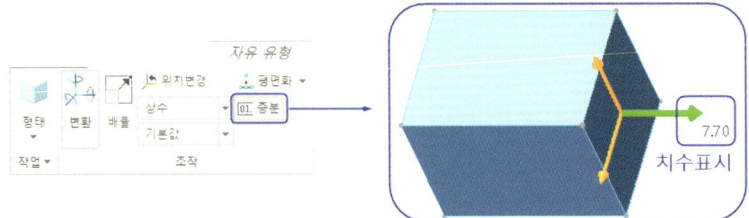

[배율 도구]

- 선택된 메쉬의 배율을 조정함.
- 1D 배율의 경우 축을 끌고, 2D 배율의 경우 면을 끌고, 3D 배율의 경우 Ctrl 키를 누른 상태에서 축을 끌어 조정 할 수 있음.

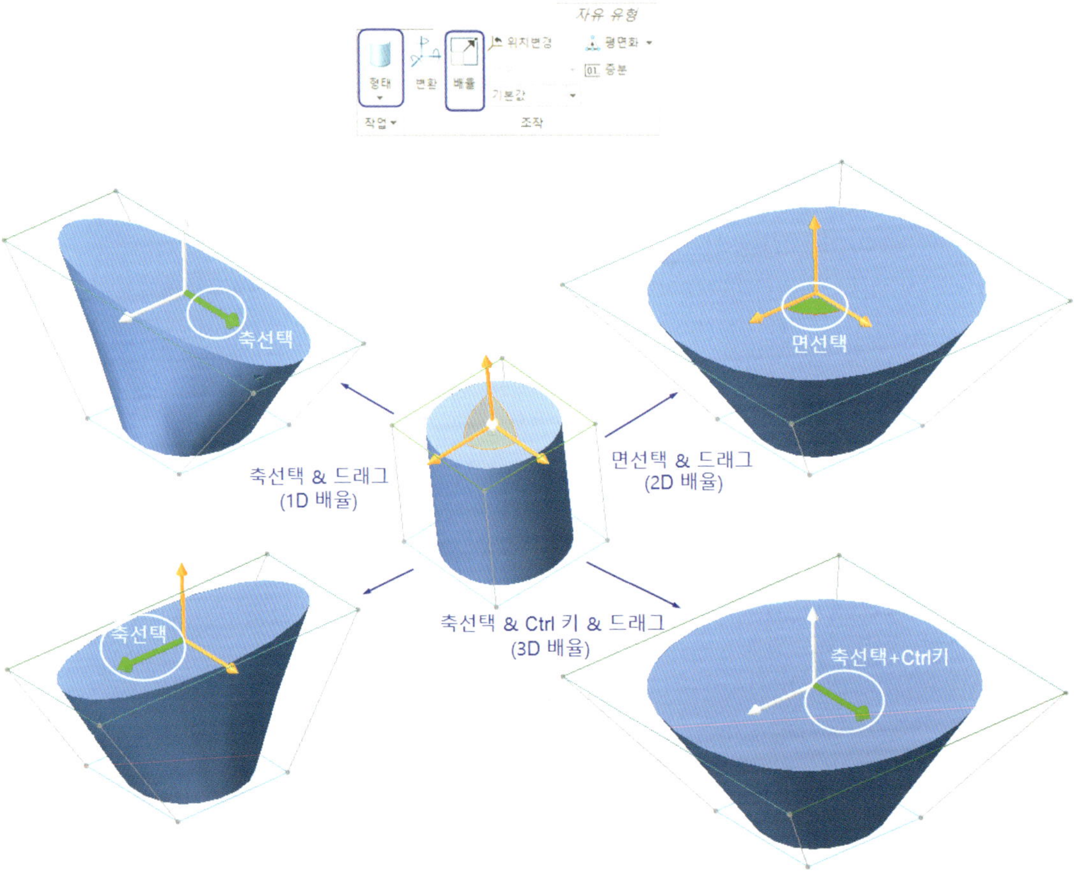

[평면화 도구]

- 선택 면을 기준평면을 참고하여 평면화 함.

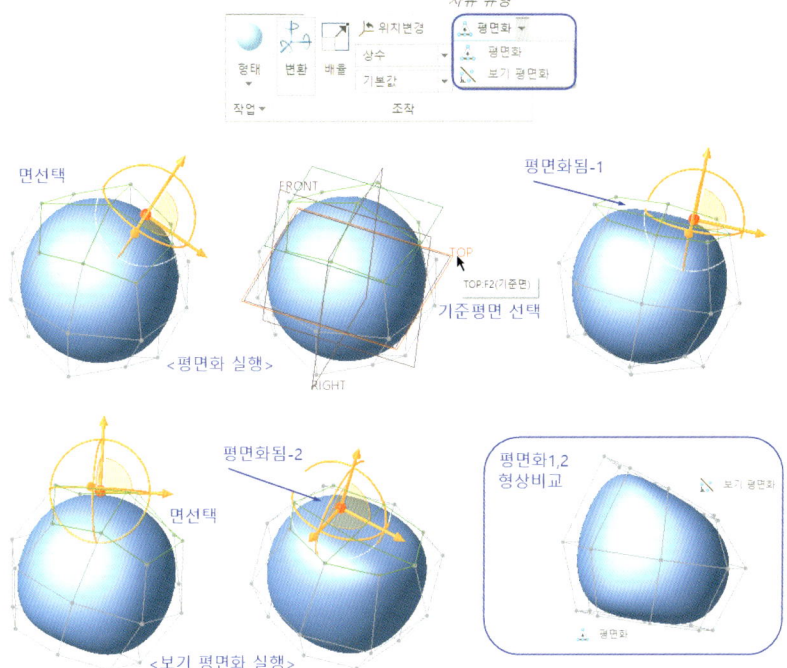

[밀어내기 도구]

- 선택한 메쉬를 기준으로 기초 서피스 형태로 밀어내기 함.

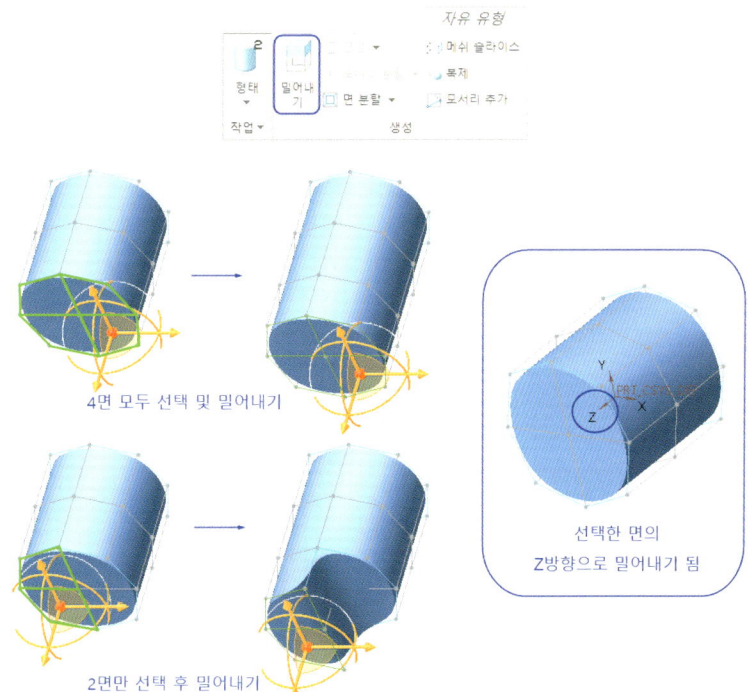

[모서리 분할 도구]
- 메쉬의 모서리를 분할하여주며 1,2,3,4개 까지 분할 할 수 있음.

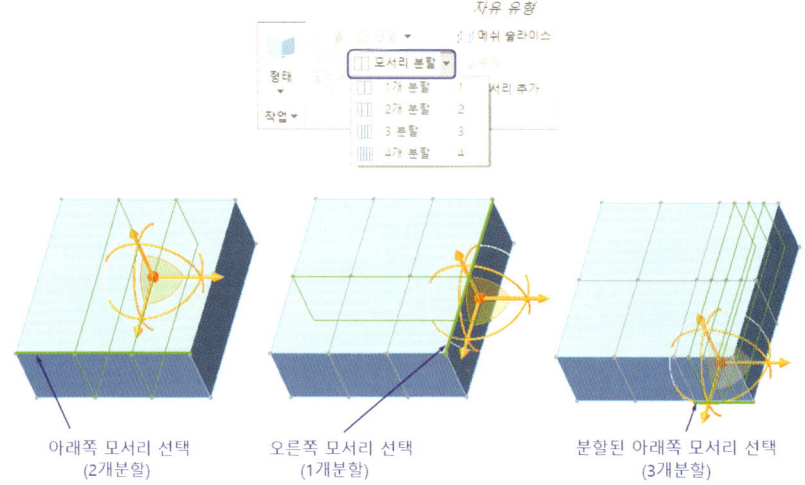

[면 분할 도구]
- 선택한 면을 10%, 25%, 50%, 75%, 90% 로 분할함.

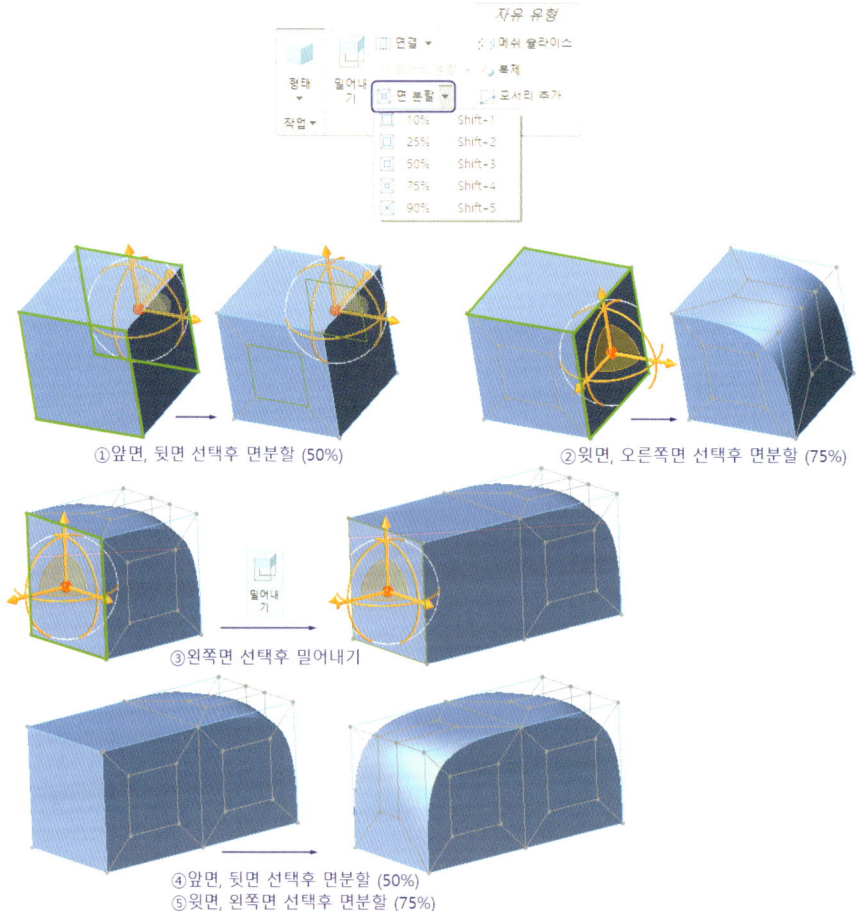

[연결 도구]

- 선택한 면과 면을 연결하여 주는 형상을 생성함.

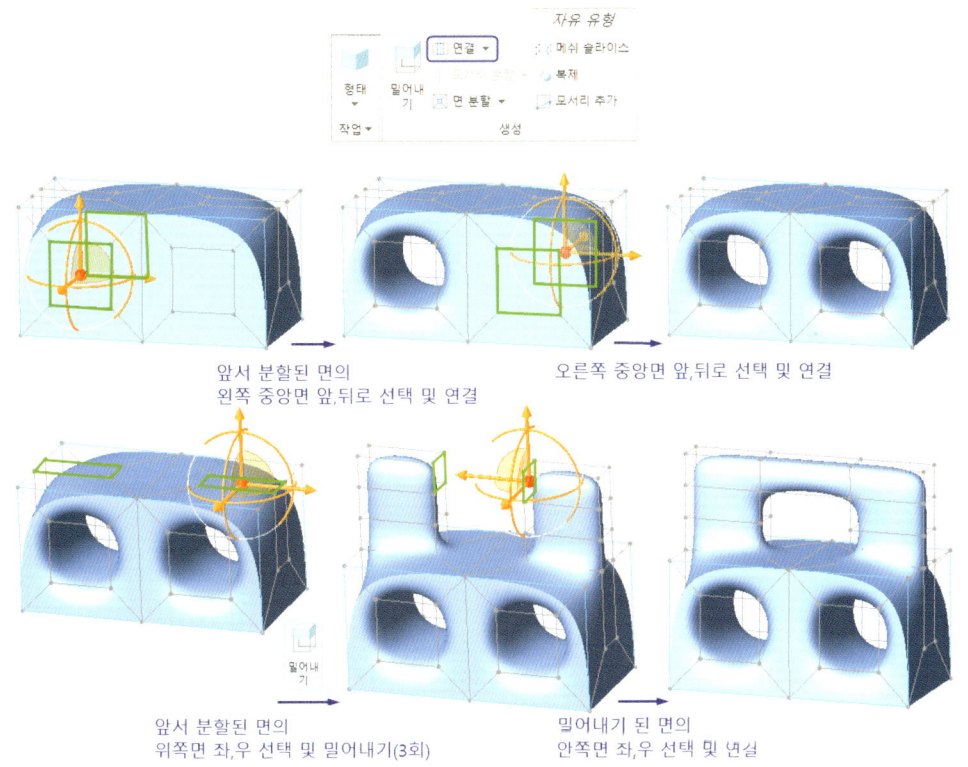

〉〉〉 자유유형(BOTTLE Modeling) 따라하기

❶ 리본UI에서 홈 〉데이터그룹–새로만들기 선택 단축키[Ctrl +N]을 클릭합니다.
❷ 새로만들기 창에서 유형은 부품, 하위유형은 솔리드를 선택 한 후, 파일이름을 입력함.
  아래쪽에 있는 기본 템플릿 사용란에 체크 된 것을 확인하고 작업 진행합니다. [BOTTLE]

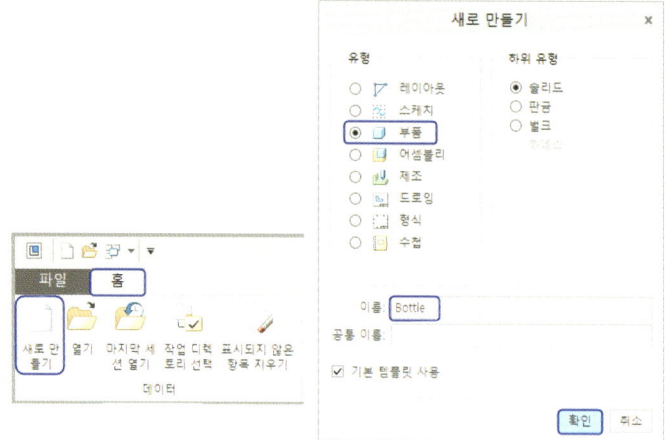

❸ 리본UI에서 [모델>스케치] 명령을 이용하여 커브를 생성합니다.
  • 스케치커브 명령 실행
  • 스케치면 선택 (Front Datum)

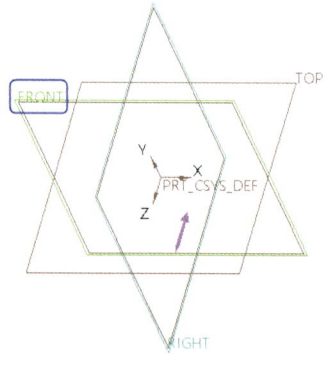
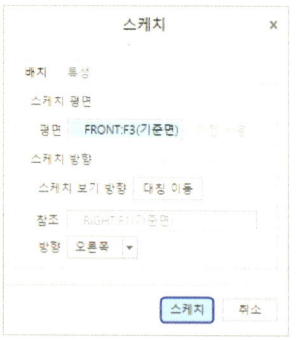

- 원하는 형상의 커브 스케치 (50*120 직사각형) 및 완료

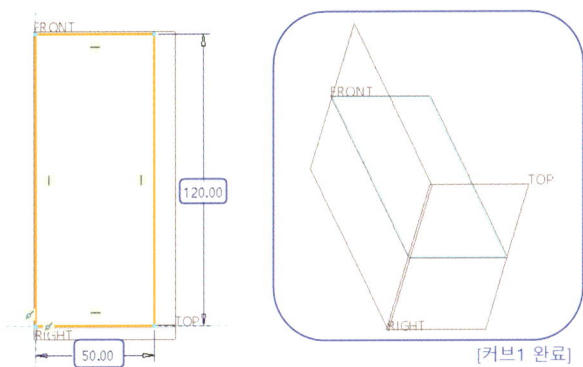

❹ 리본UI에서 [보기>모델 디스플레이-이미지] 명령을 이용하여 참조 이미지 배치합니다.
- 이미지 가져오기 명령 실행
- 이미지를 배치할 기준면 선택 (Front)
- 이미지가 저장된 경로에서 해당 이미지 열기 (bottle-4)

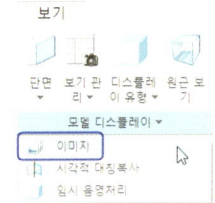

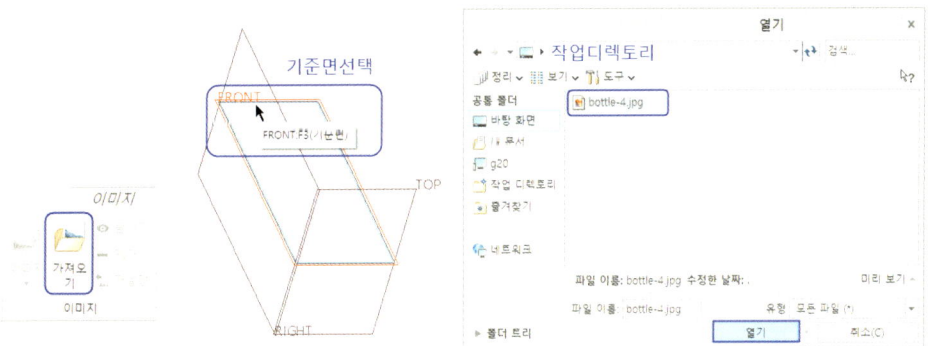

- 배치된 이미지의 위치 및 배율 조정
- 완료

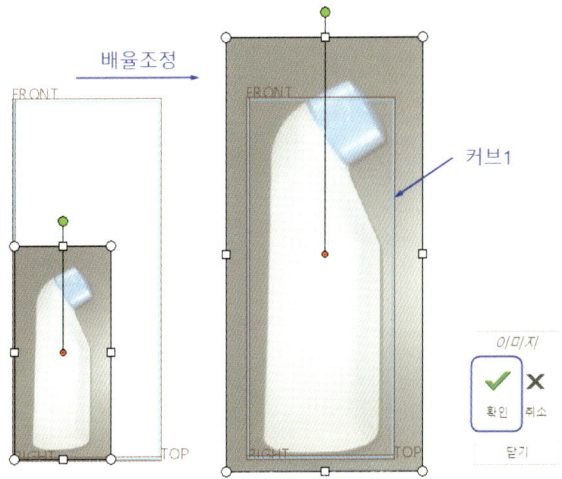

❺ 회전 명령을 실행합니다. [모델>회전]

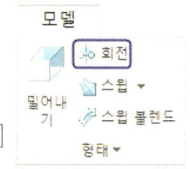

❻ 스케치 기준면을 정의합니다. [Front Datum 선택]

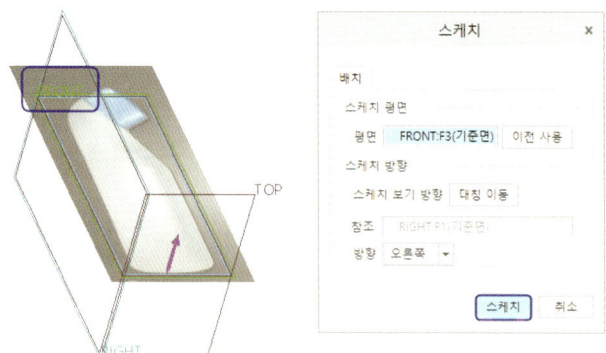

❼ 스케치 작업화면에서 해당 단면 스케치 및 스케치 완료합니다. 확인

- 형상 중심선 및 참조선 스케치
- 스케치 단면 검사 후 완료.

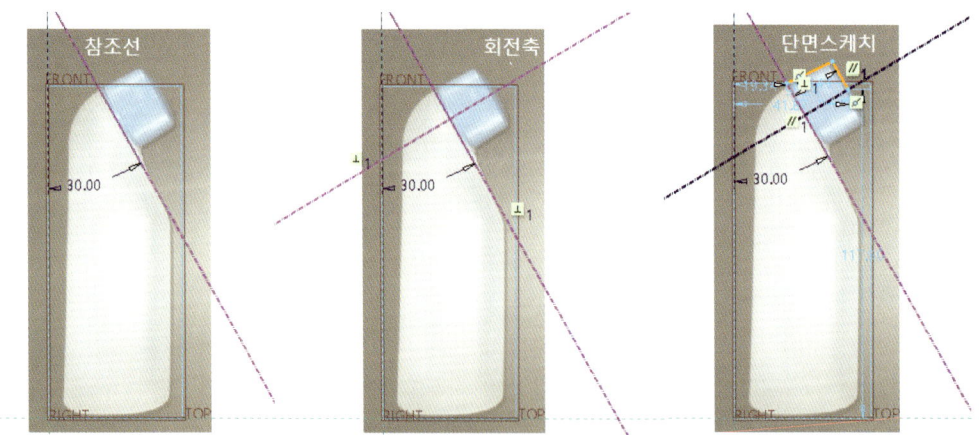

❽ 대시보드에서 회전 방향 및 두께를 정의합니다. [두께 360°적용]

❾ 형상을 완료합니다.

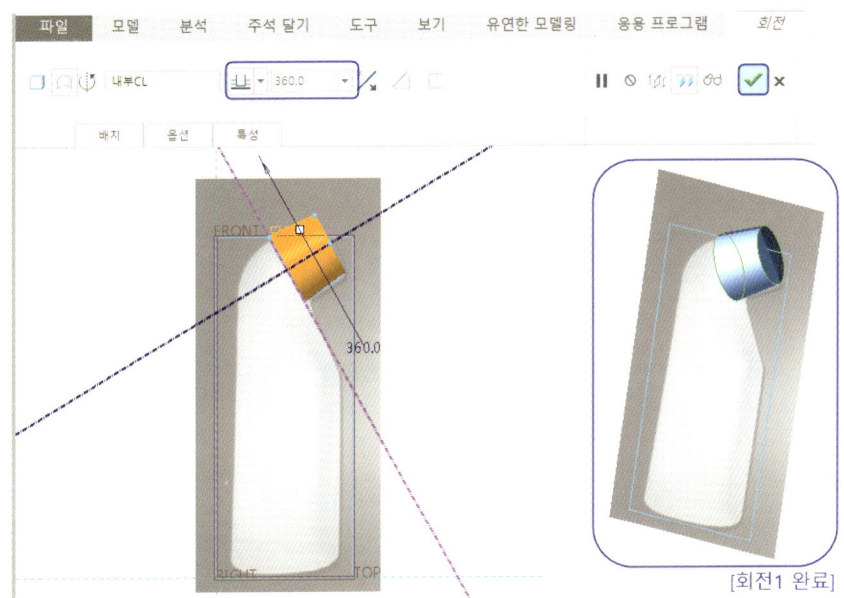

[회전1 완료]

❿ 리본UI에서 [보기 > 모양새] 명령을 이용하여 새로운 색상을 적용합니다. [붉은색 적용]

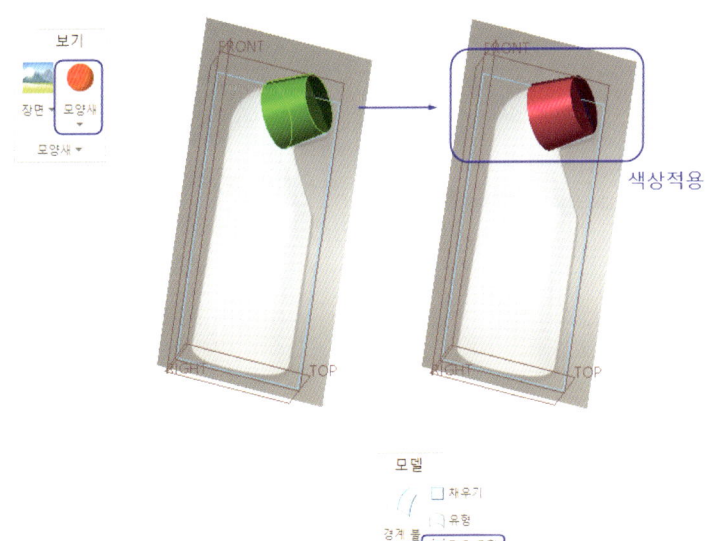

색상적용

⓫ 리본UI에서 [모델>자유유형] 명령을 실행합니다.

⑫ 기본 형태를 선택하여 배치합니다. [닫힌원본 - 구 형상]

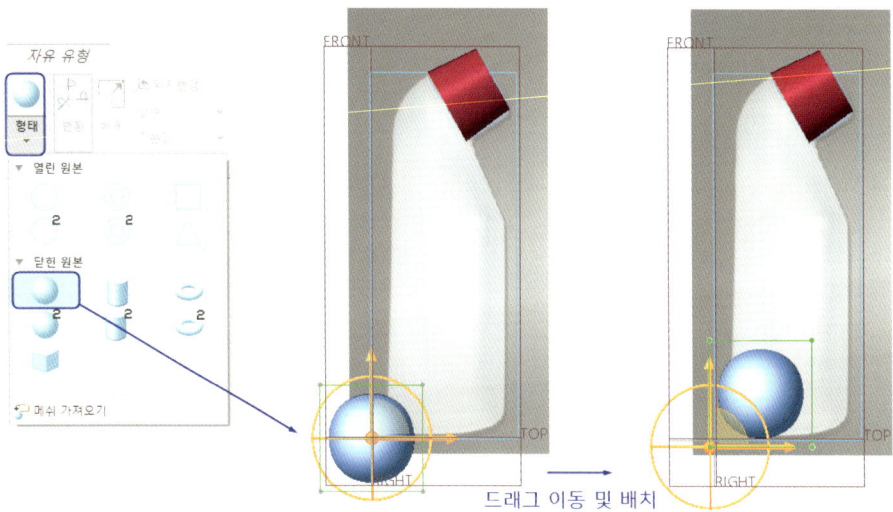

⑬ 변환도구를 이용하여 기본 형상을 변형합니다.
- 오른쪽면이 선택되도록 드래그 하여 오른쪽으로 이동.

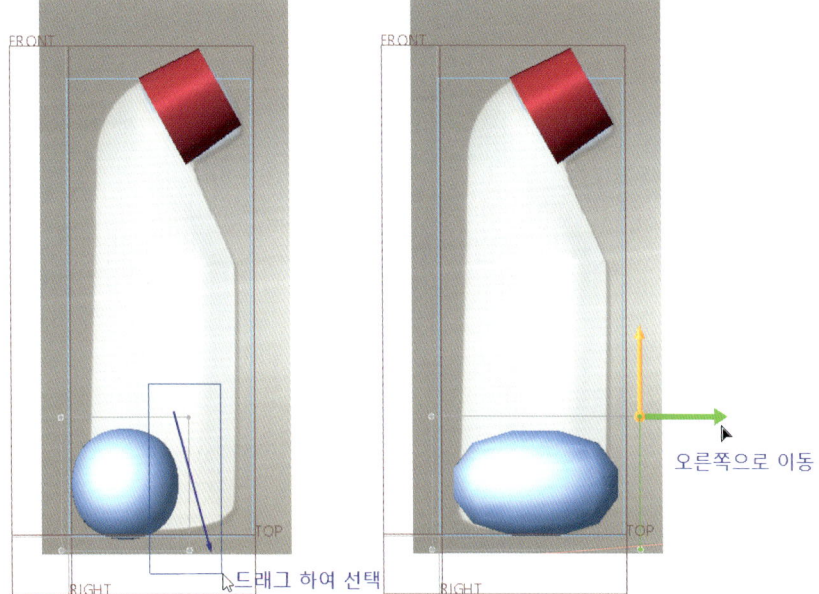

⑭ 밀어내기 명령을 이용하여 형상을 밀어내기 합니다.
- 위쪽면을 선택하여 밀어내기 4회 반복.

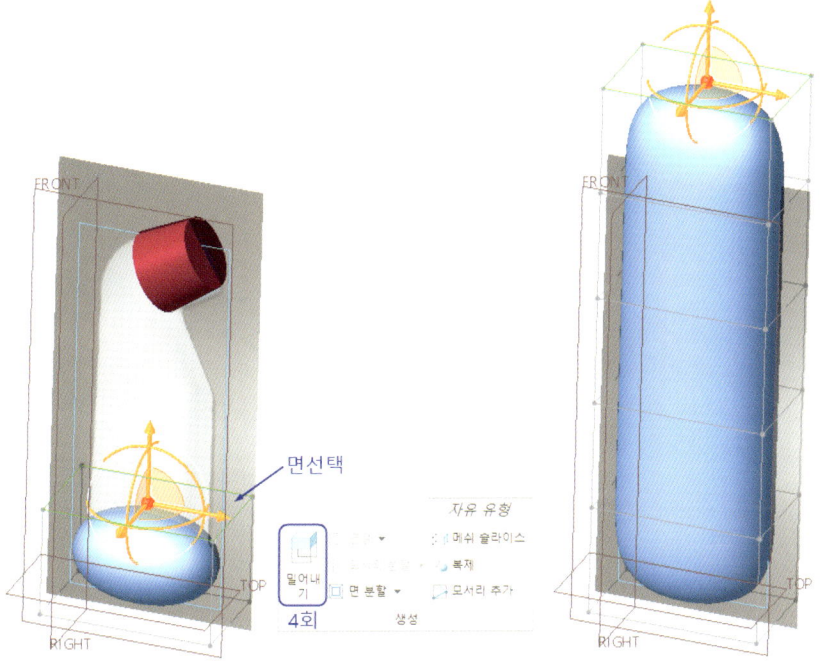

⑮ 보기 관리자를 이용하여 FRONT 방향으로 정의 한 뒤 밀이내기 된 형상의 간격을 조정합니다.
- 간격조절을 위해 이동되어야 하는 형상을 드래그선택하여 이동시킴.

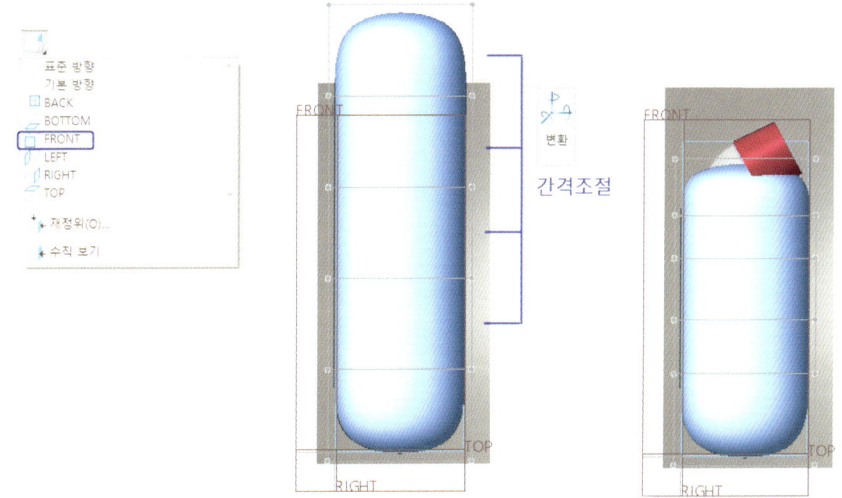

⑯ 배율 및 변환 도구를 이용하여 위쪽의 형상을 정의합니다.
- 밀어내기 된 가장 위쪽 형상을 선택하여 배율 조정함. (축소)
- 변환도구를 이용하여 형상이 왼쪽으로 이동되도록 함.
- 변환도구를 이용하여 형상이 시계방향으로 회전되도록 함.
- 배치된 이미지를 참조하여 형상을 조정함.

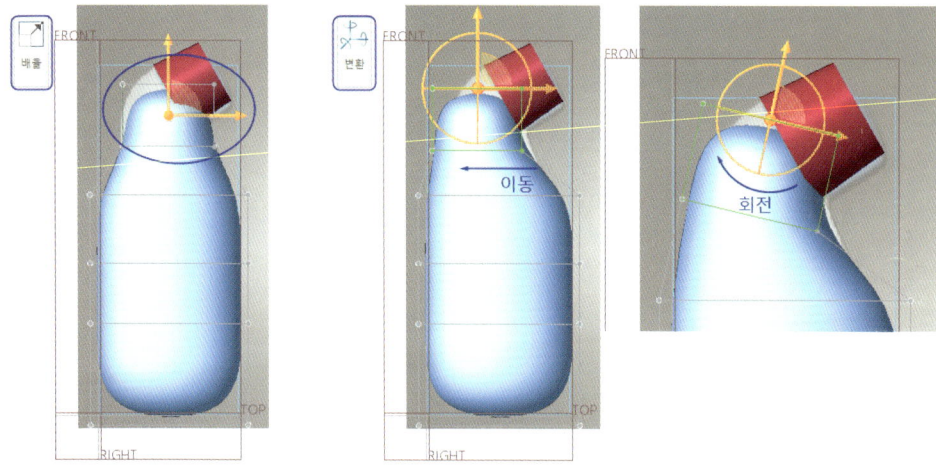

⑰ 보기 관리자를 이용하여 TOP 방향으로 정의 한 뒤 측면의 형상을 조정합니다.
- 작업화면 우측 하단의 선택필터를 면으로 정의함. (면 피쳐만 선택됨)
- 위쪽으로 배치된 측면 서피스를 선택하여 폭 조정함.

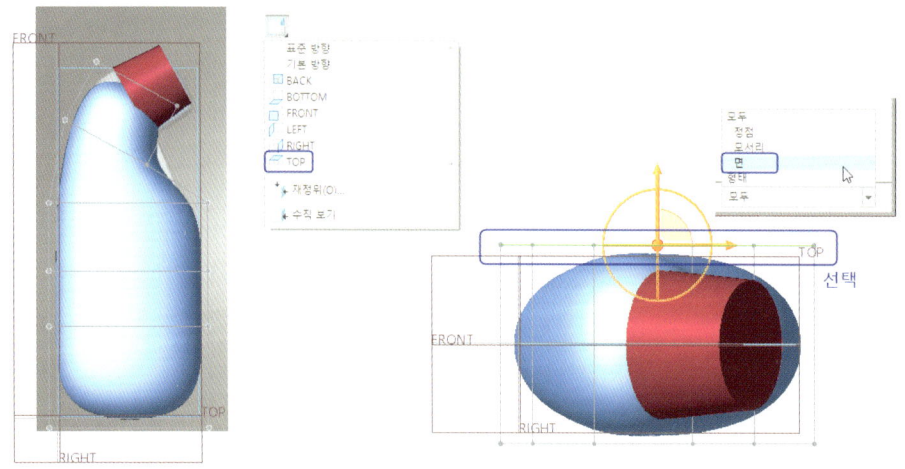

⑱ 대칭복사 명령을 이용하여 측면의 형상이 대칭이 되도록 합니다.
- 위쪽으로 배치된 측면 서피스를 선택 및 대칭복사 명령 실행.
- 기준면 선택 [Front Datum]

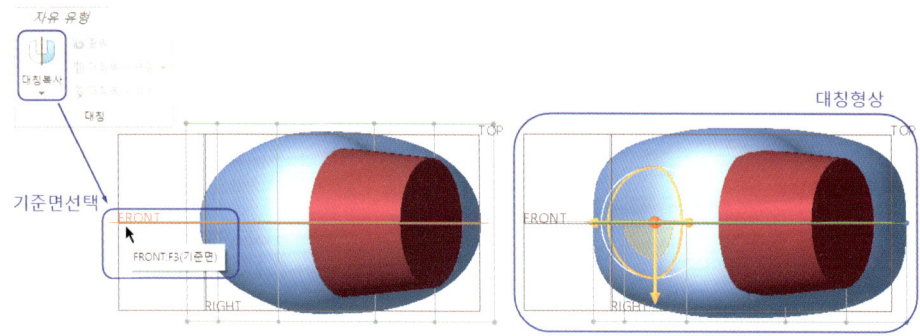

⑲ 해당면을 삭제합니다.
⑳ 뚜껑 형상의 경계 모서리를 재정의 합니다.
- 작업화면 우측 하단의 선택필터를 모두로 정의함. (모든 피쳐 선택됨)
- 해당 모서리 선택 후 정렬 실행.
- 뚜껑 형상의 모서리를 선택하여 정렬 시킴.
- 정렬후 표시되는 기호를 클릭하여 탄젠트하게 연결되도록 함.

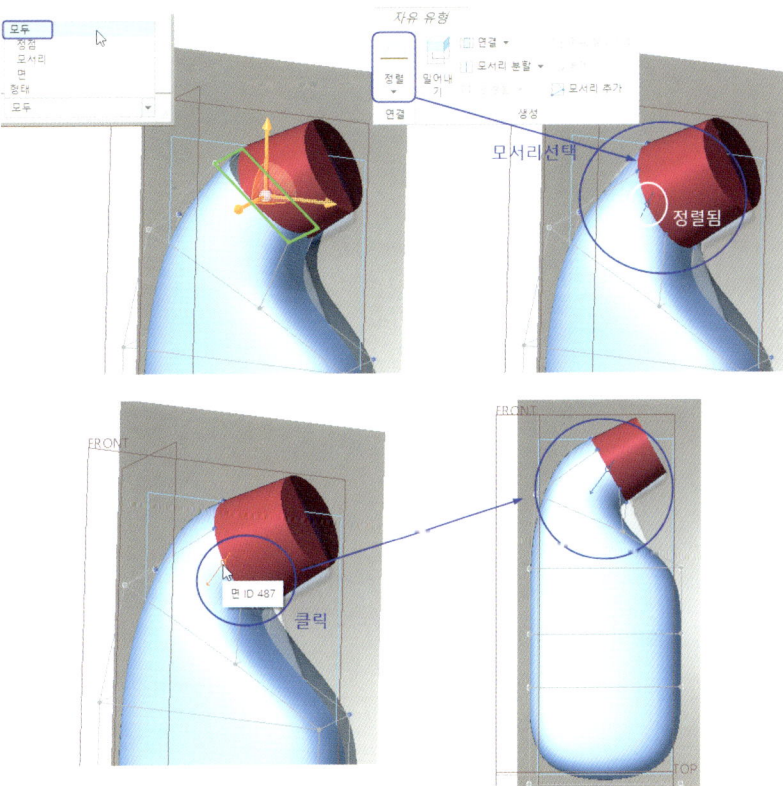

㉑ 바닥 형상의 가로 모서리를 선택하여 분할합니다. [모서리분할 2개]

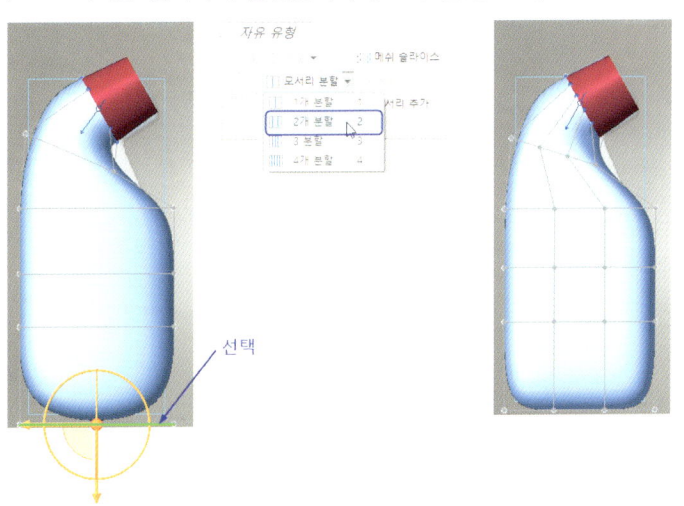

㉒ 측면의 서피스 형상을 선택하여 bottle 의 폭 조정 및 기울기 형상을 정의 합니다.

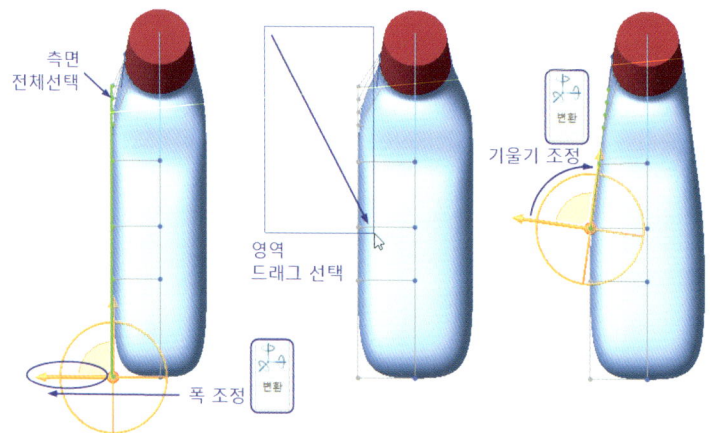

㉓ 손잡이 형상을 추가합니다.
- 해당 면을 선택하여 대칭형상과 연결되도록 함 [대칭복사연결]
- 변환 도구를 이용하여 모서리 및 면을 조정하여 형상을 정리합니다.

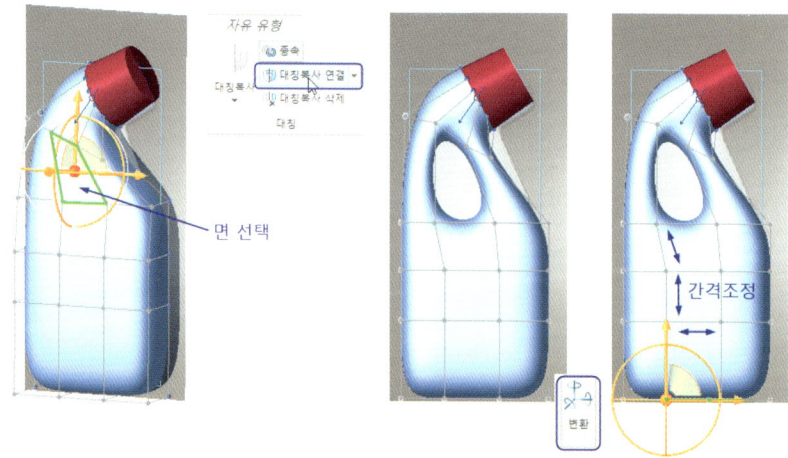

㉔ 바닥면을 드래그 선택하여 주름 형상을 추가합니다. [하드-100]

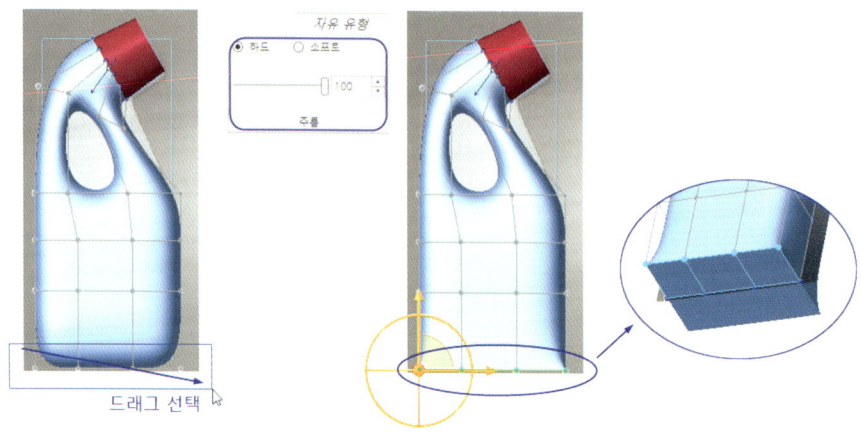

25 바닥 주름형상 측면의 서피스를 정돈합니다.

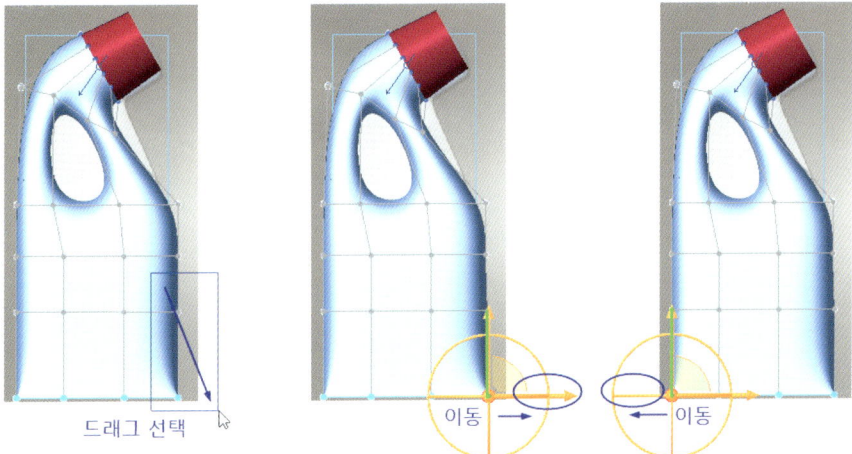

26 자유유형을 완료합니다.

27 뚜껑 (회전1)을 숨기기합니다.

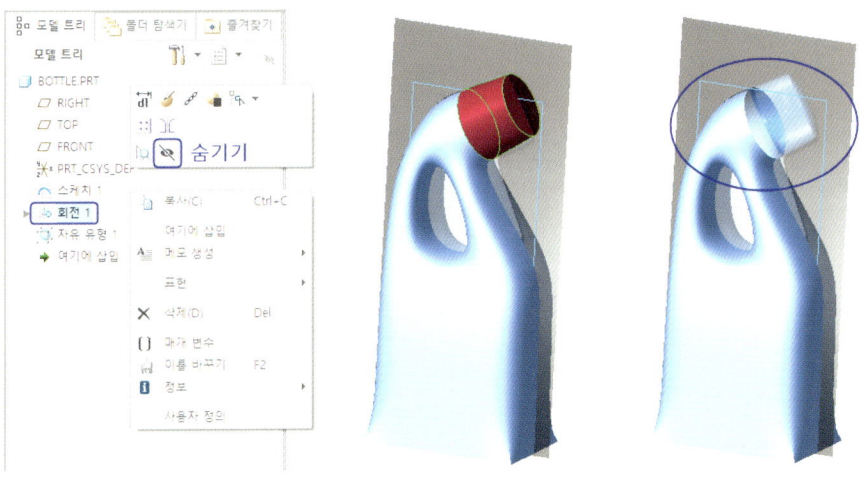

㉘ 데이텀 평면을 생성합니다. [모델>평면]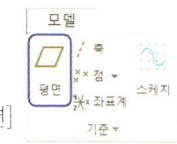

- Ctrl 키를 누른상태에서 모서리 상의 3개의 포인트 클릭 및 확인

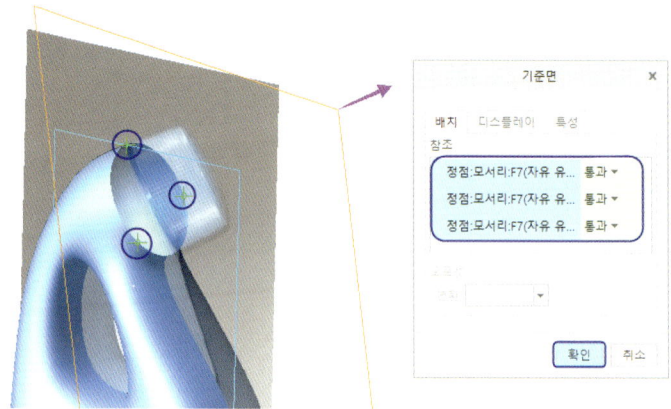

㉙ 스케치 커브를 생성합니다. [모델>스케치]

- 스케치평면 : DTM1 Datum
- 투영 도구를 이용하여 형상 스케치함.
- 투영 : 체인 유형으로 모서리 형상을 선택 함.
- 스케치 완료

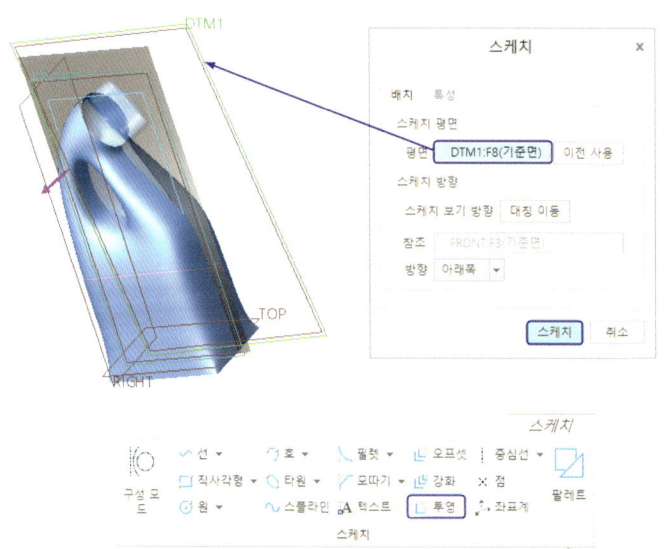

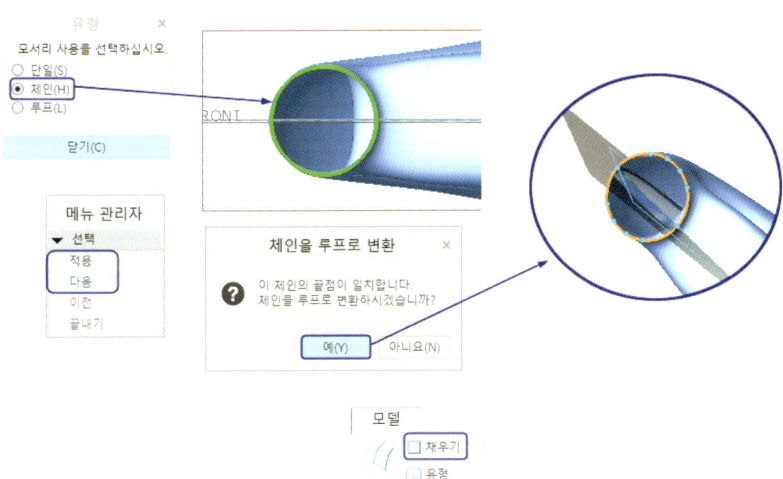

㉚ 채우기 명령을 실행합니다. [모델>채우기]

• 채워질 면 : 스케치2 커브 선택 및 완료

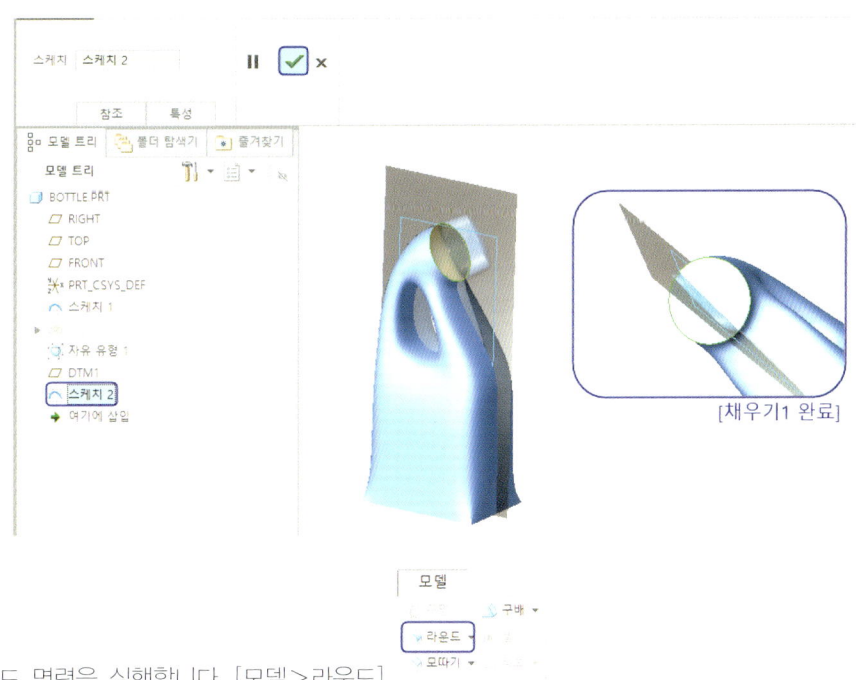

[채우기1 완료]

㉛ 라운드 명령을 실행합니다. [모델>라운드]

• 바닥 모서리 선택 및 라운드 값 적용 [2]

- 형상 완료.

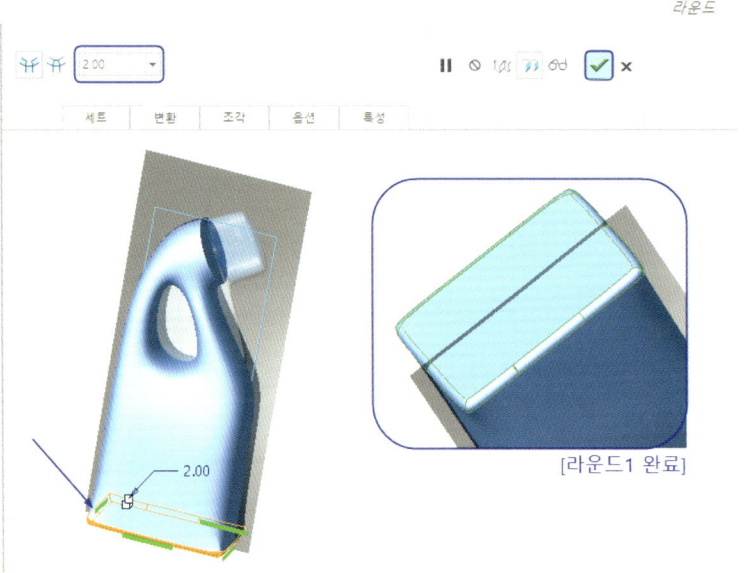

[라운드1 완료]

⑫ 서피스를 병합합니다.
- 자유유형1 과 채우기1 피쳐를 선택 후 병합 명령 실행 [모델>병합]

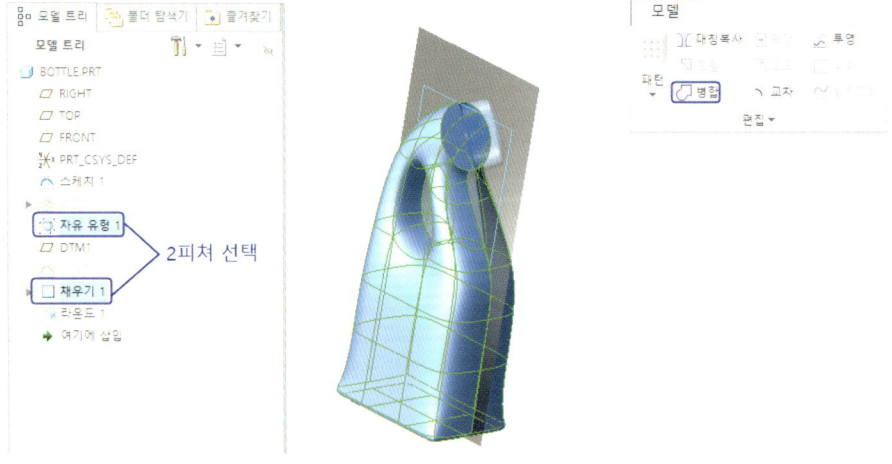

• 형상 완료.

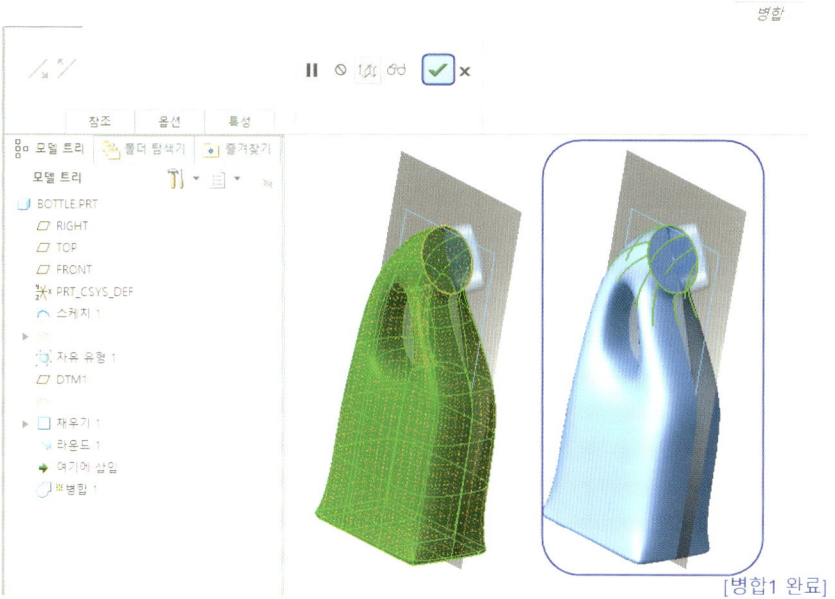

[병합1 완료]

❸ 서피스를 솔리드화 합니다.

• 병합1 피쳐를 선택 후 솔리드화 명령 실행 [모델 > 솔리드화]

• 형상 완료.

[솔리드화1 완료]

❸ 셸 명령을 실행 합니다. [모델>셸]

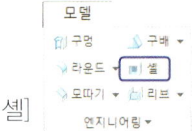

- 제거될 서피스 및 두께를 정의 합니다. [두께 1.5]
- 형상 완료.

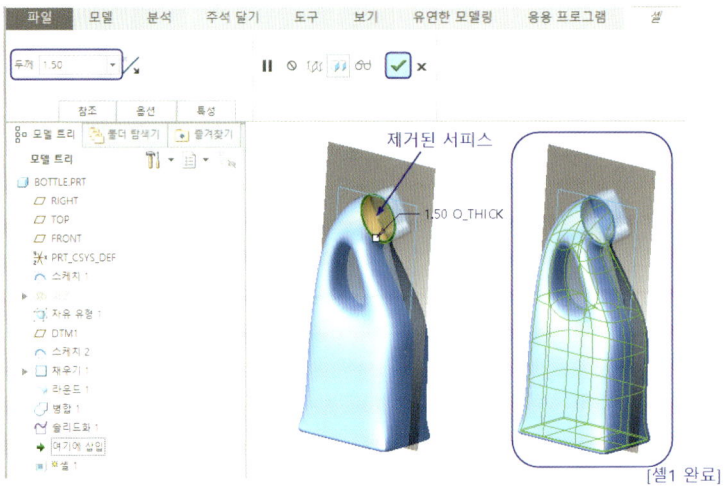

[셸1 완료]

❸ 참조 이미지 및 커브 피쳐를 디스플레이 되지 않도록 정리합니다.

- 참조 이미지 숨기기 : 보기 〉 이미지 〉 숨기기 〉 완료

- 커브 숨기기 : 모델트리를 레이어 트리로 전환 〉 커브 레이어를 선택 후 마우스 오른쪽 버튼을 클릭하여 숨기기 함 〉 레이어트리의 상태를 저장함

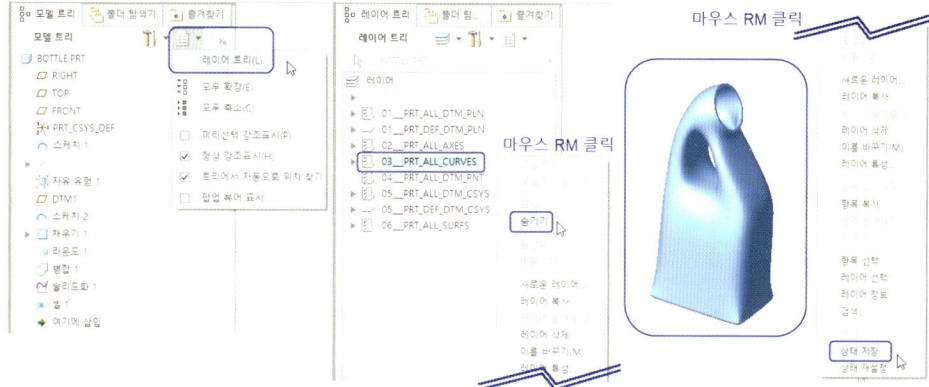

㊱ 해당 파일을 저장합니다.

Bottle.prt 완료

〉〉〉 자유유형 연습하기

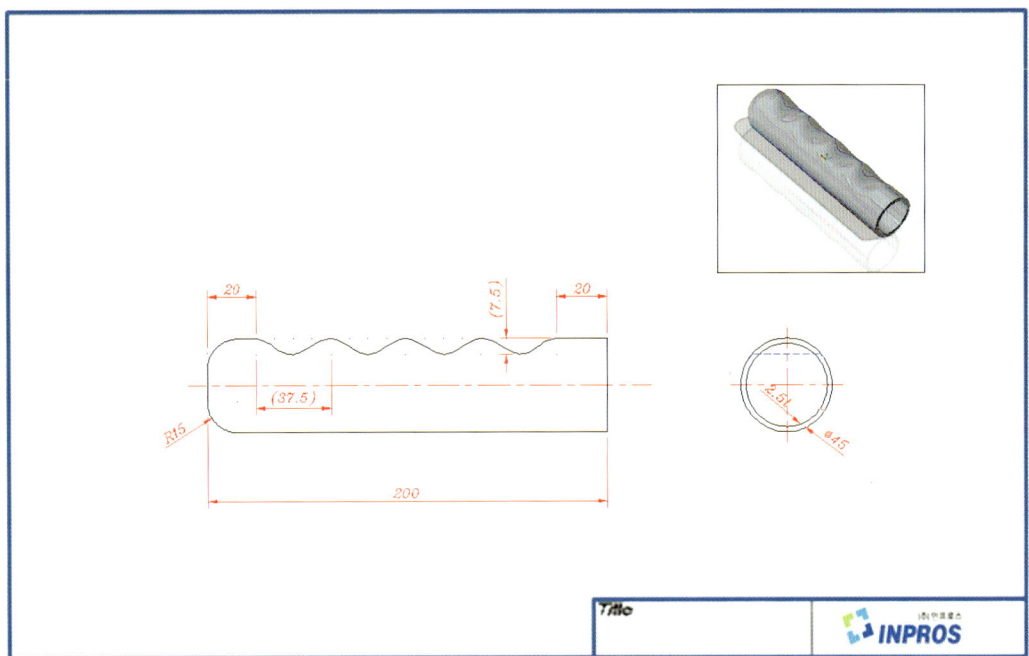

03 유형 (Style) 및 스케치추적 (Trace)

> ☐ **학습목표**
> 유형(Style) 모드 및 유형 모드 에서의 Trace 기능에 대한 이해

유형(Style) 모드는 디자인과 공학의 궁극의 통합을 의미합니다. 즉 자유로운 형식의 Curve와 Surface 를 만들어 갈 수 있으며 이것을 Parameter 기법을 통해 매개변수로 제어함으로써 Design Data와 Engineering Data의 자유로운 통합을 만족시켜 나갈 수 있는 설계 환경이라 할 수 있습니다.

[모델>서피스- 유형] 명령을 실행하게 되면 기본적인 메뉴 및 작업환경이 바뀌게 됩니다.

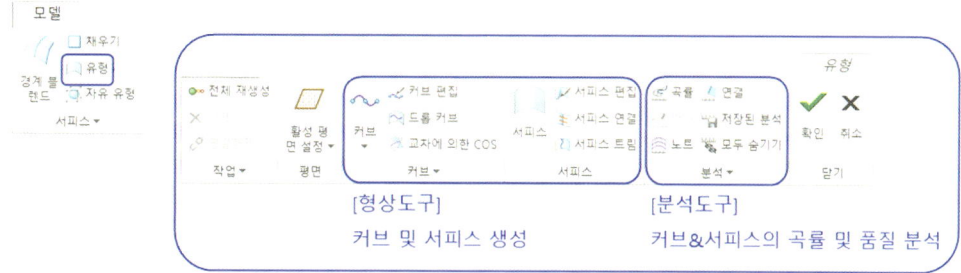

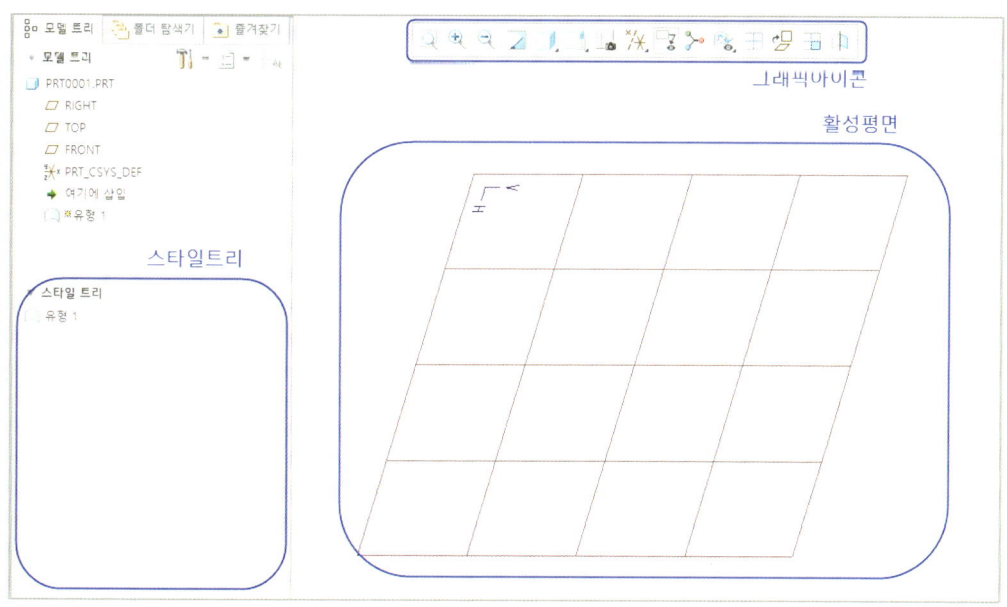

1. 커브

커브는 두 개 이상의 점으로 그려진 경로입니다. (끝점-(내부점)-끝점)
모든 서피스가 커브로부터 생성되기 때문에 커브의 품질이 서피스의 품질을 좌우합니다.

[커브 생성하기]

커브가 생성되는 유형에는 크게 3가지가 있습니다.
- 자유형 커브 : 3D 공간상에서 자유롭게 생성되는 커브
- 평면 커브 : 지정된 평면에만 생성되는 커브
- COS (서피스 상 커브) : 지정된 서피스에 놓이는 커브

[커브 제어 포인트 유형]

커브는 두 개 이상의 점으로 이루어 집니다.
이 점들은 커브의 형상을 제어하기 위한 기본 요소이며, 4가지 모양으로 표시 됩니다.
- 솔리드 : 3D 공간상에 있는 자유로운 점을 의미
- 원 : 커브, 서피스의 모서리 등을 참조하는 점을 의미
- 속이 빈 사각형 : 서피스의 면, 솔리드의 면 등을 참조하는 점을 의미
- X표시 : 완전하게 구속된 점을 의미

[커브 편집하기]

커브를 편집하기 위해서는 커브 상의 점들을 수정합니다.
커브 편집 도구를 이용하여 점을 편집하거나 커브 자체에 대한 편집 작업을 할 수 있습니다.
- 점 편집 : 점 추가, 점 제거, 점 이동 등
- 커브 편집 : 커브 조합, 커브 분할, 커브 연장, 커브 삭제 등

2. 서피스

서피스는 커브나 모서리의 끝점이 서로 연결되어 있는 체인을 사용하여 생성합니다.
내부 커브 및 여러 옵션을 추가하여 보다 고급형상의 서피스를 생성 할수 있습니다.

[서피스 생성하기]

커브가 생성되는 유형에는 크게 3가지가 있습니다.
- 자유형 커브 : 3D 공간상에서 자유롭게 생성되는 커브
- 평면 커브 : 지정된 평면에만 생성되는 커브
- COS (서피스 상 커브) : 지정된 서피스에 놓이는 커브

[서피스 편집하기]

커브를 편집하기 위해서는 커브 상의 점들을 수정합니다.
커브 편집 도구를 이용하여 점을 편집하거나 커브 자체에 대한 편집 작업을 할 수 있습니다.
- 점 편집 : 점 추가, 점 제거, 점 이동 등
- 커브 편집 : 커브 조합, 커브 분할, 커브 연장, 커브 삭제 등

[서피스 연결정보]

서피스와 서피스 사이를 연결하게 되면 선/후의 관계가 생성 되면서 연결하게 됩니다.
즉 후-서피스는 선-서피스에 일치될수 있도록 자신의 모양을 변경하지만 선-서피스는 자신의 모양을 변경하지 않습니다.

3. 스케치추적 (Trace)

유형(Style) 모드에서는 작업면에 원하는 스케치(이미지)를 배치시켜 참조 할 수 있습니다.
스케치(이미지)는 세 개의 기본 데이텀이나 사용자가 정의한 평면 서피스 등에 배치하여 주요 피쳐를 추적할 때 형상을 생성하는 기준이 됩니다.
이번 단원에서는 Trace 기능을 활용한 모델링 작업에 대해 알아보도록 하겠습니다.

[Trace 기능을 활용한 모델링 순서]

- 디자인 파일 (스케치이미지)을 의도한 방향에 배치시키기
- Curve 생성하기
- Surface 생성하기

1) 디자인파일 검토 및 배치

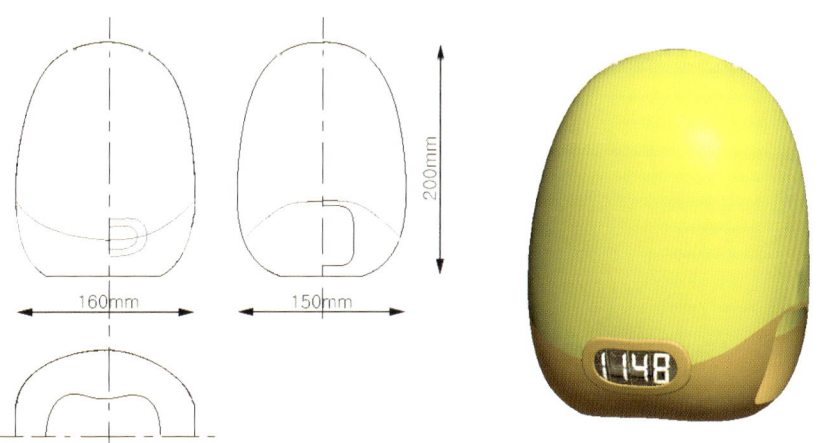

디자인 파일을 토대로 배치에 필요한 이미지 편집.
(나머지 방향에 대해서는 자료를 바탕으로 만들어 나가겠습니다.)

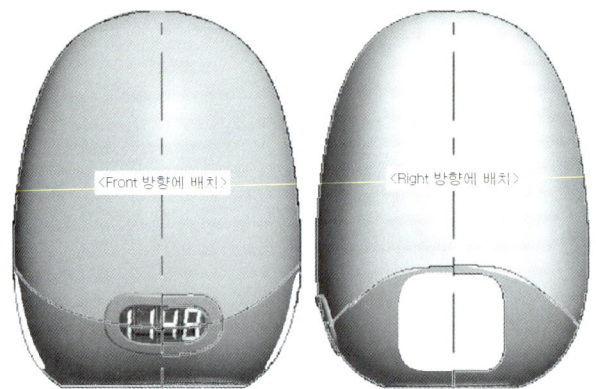

❶ 리본UI에서 홈 〉데이터그룹-새로만들기 선택 단축키[Ctrl +N]을 클릭합니다.
❷ 새로만들기 창에서 유형은 부품, 하위유형은 솔리드를 선택 한 후, 파일이름을 입력함. 아래쪽에 있는 기본 템플릿 사용란에 체크 된 것을 확인하고 작업 진행합니다. [Lamp]

❸ 리본UI에서 [모델>스케치] 명령을 이용하여 커브를 생성합니다.

- 스케치커브 명령 실행
- 스케치면 선택 (Front Datum)

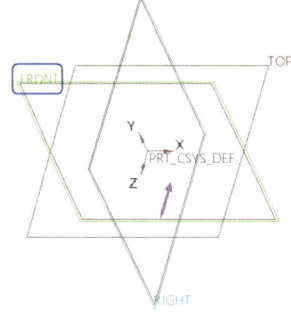
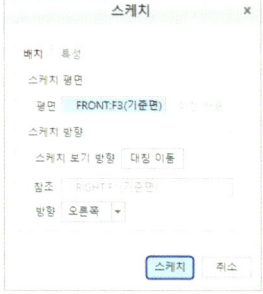

- 원하는 형상의 커브 스케치 (160*200 중심직사각형) 및 완료

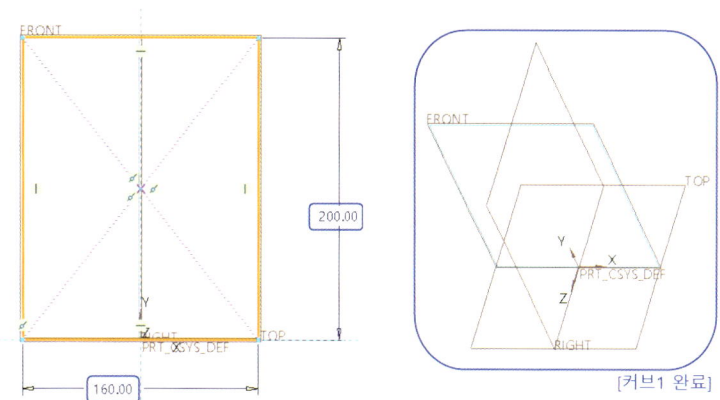

[커브1 완료]

❹ 리본UI에서 [모델]>스케치] 명령을 이용하여 커브를 생성합니다.

- 스케치커브 명령 실행
- 스케치면 선택 (Right Datum)

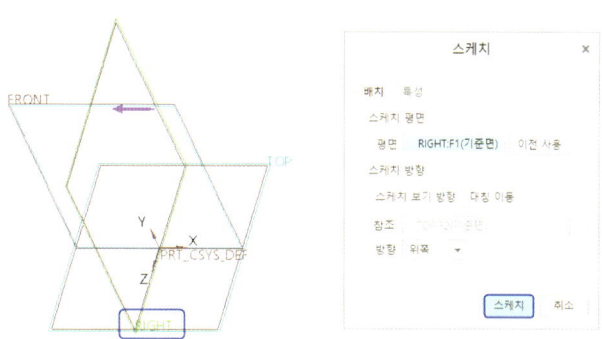

- 원하는 형상의 커브 스케치 (150*200 중심 직사각형) 및 완료

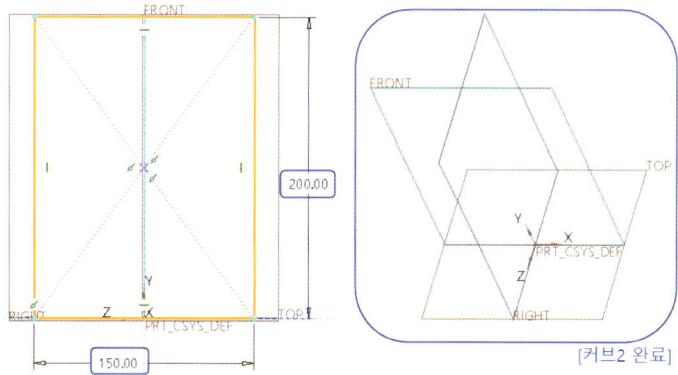

[커브2 완료]

❺ 리본UI에서 [보기>모델 디스플레이-이미지] 명령을 이용하여 참조 이미지 배치합니다.

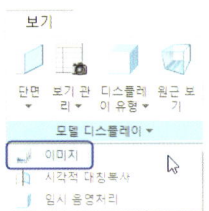

- 이미지 가져오기 명령 실행
- 이미지를 배치할 기준면 선택 (Front)
- 이미지가 저장된 경로에서 해당 이미지 열기 (front)

- 배치된 이미지의 배율 및 위치조정 (커브1 참조)
- 완료

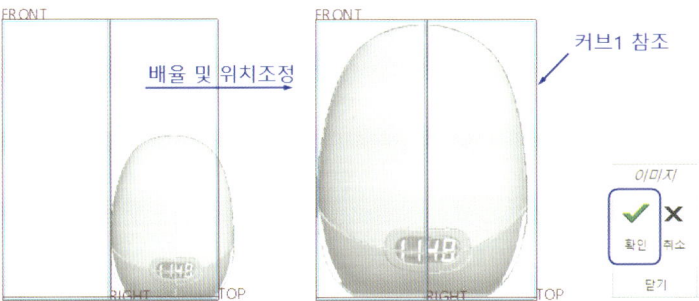

❻ 리본UI에서 [보기>모델 디스플레이이미지] 명령을 이용하여 참조 이미지 배치합니다.

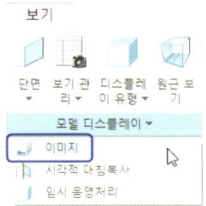

- 이미지 가져오기 명령 실행
- 이미지를 배치할 기준면 선택 (Right)
- 이미지가 저장된 경로에서 해당 이미지 열기 (Right)

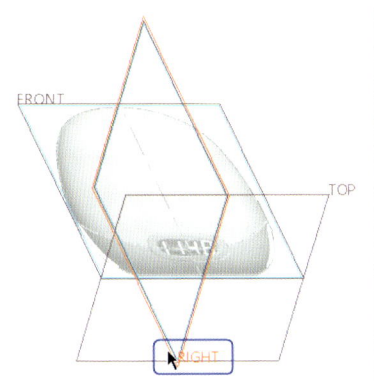

- 배치된 이미지를 시계방향으로 회전시킴
- 이미지의 배율 및 위치조정 (커브2 참조)

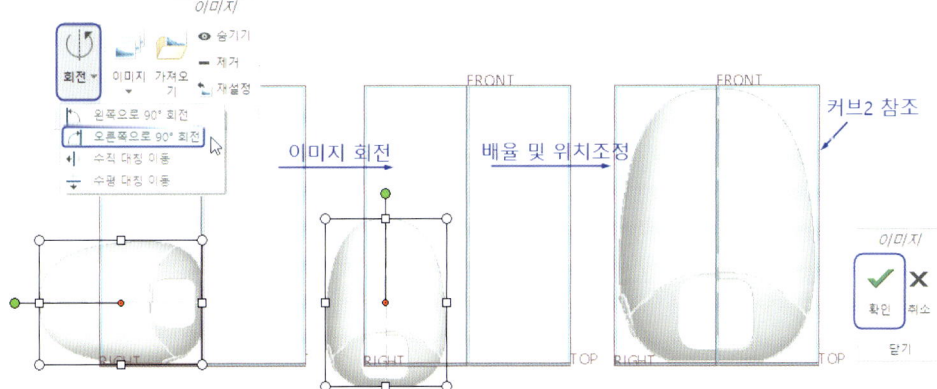

- 완료

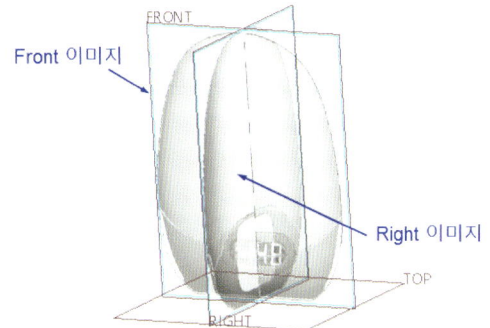

2) 유형모드에서 커브 스케치

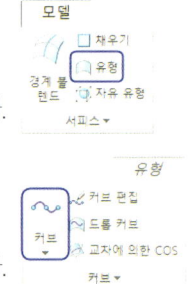

❶ 리본UI에서 [모델>유형] 명령을 실행합니다.

❷ 리본UI에서 [유형>커브] 명령을 실행합니다.

• 마우스 오른쪽 버튼을 클릭하여 활성평면을 Front Datum 으로 변경함. [활성평면설정]

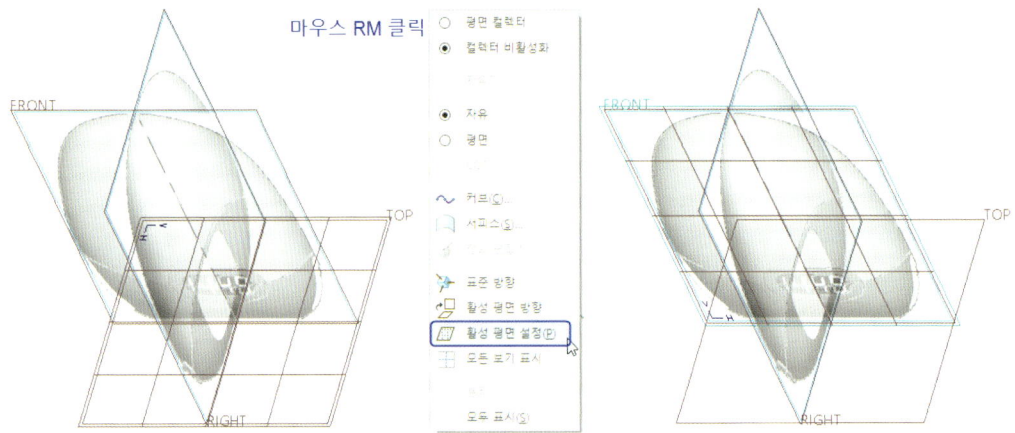

• 마우스 오른쪽 버튼을 클릭하여 활성평면 방향으로 정위 되도록 함. [활성평면방향]

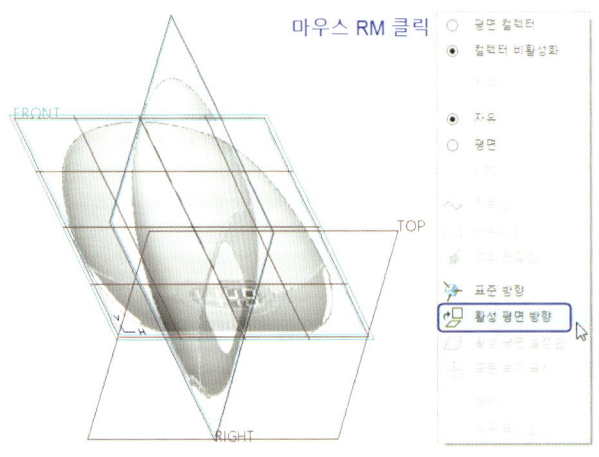

• 배치된 이미지 참조로 하여 전면 형상에 대한 형상 스케치.
  (커브 생성 유형 : 평면)
• 커브1 : 시작점과 끝점은 Top Datum 평면을 참조하도록 하여 스케치.
  (Datum 평면 참조 : 키보드의 Shift 키 누른상태에서 커브 생성)
• 커브2 : 커브1을 참조로 하여 스케치.

- 커브3 : 반쪽 형상만 스케치. 각각의 끝점에서 수평의 조건 부여.
- 스케치 된 커브를 더블클릭하여 편집함.
  - 배치된 이미지 참조로 하여 스케치 된 커브 편집.
  - 포인트 추가 및 삭제 : 커브 선택 후 오른쪽 마우스 버튼 클릭.
  - 시작, 끝 포인트 제어 : 포인트 선택후 오른쪽 마우스 버튼 클릭 〉 조건 선택.

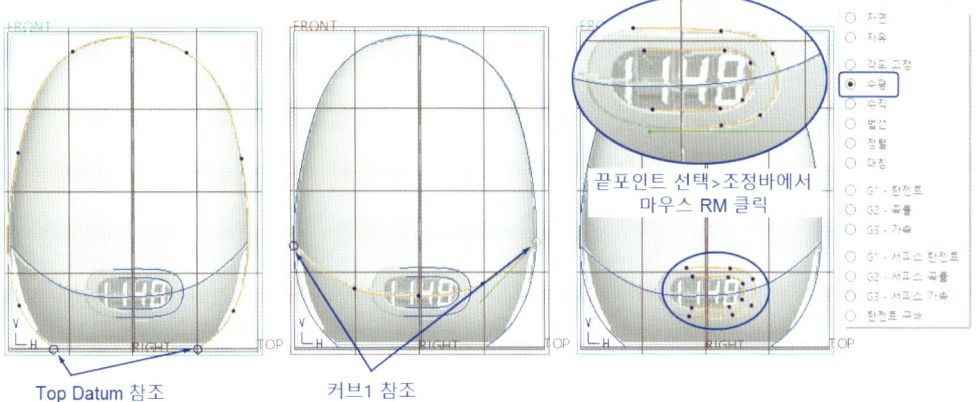

❸ 활성 평면 설정 및 활성 평면 방향 배치 (Right Datum 평면)

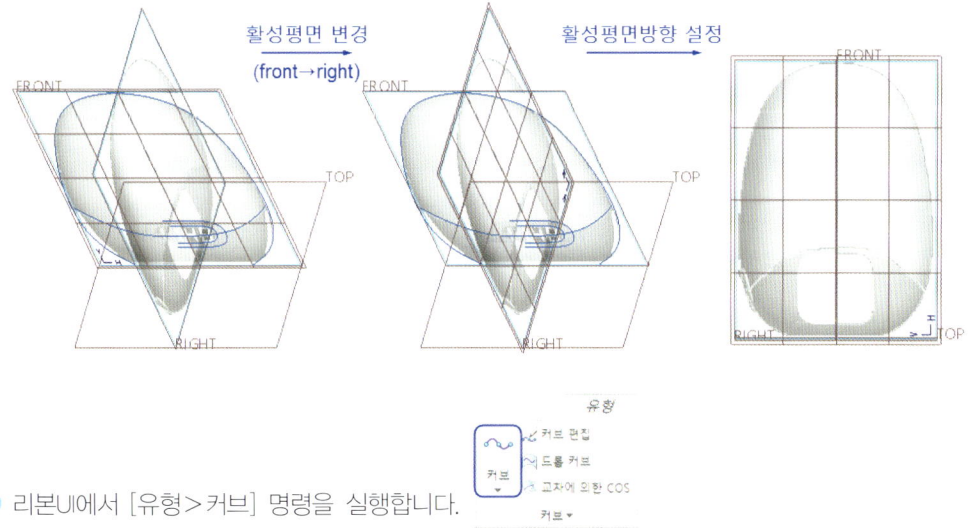

❹ 리본UI에서 [유형＞커브] 명령을 실행합니다.

- 배치된 이미지 참조로 하여 오른쪽 형상에 대한 형상 스케치.
  (커브 생성 유형 : 평면)
- 커브4 : 반쪽 형상만 스케치.
  시작점은 Front Datum 평면을 참조하도록 하여 스케치 및 수직의 조건 부여.
  끝점은 Top Datum 평면을 참조하도록 하여 스케치.
  (Datum 평면 참조 : 키보드의 Shift 키 누른상태에서 커브 생성)
- 커브5 : 반쪽 형상만 스케치.
  각각의 끝점에서 수직의 조건 부여.

- 스케치 된 커브를 더블클릭하여 편집함.
- 배치된 이미지 참조로 하여 스케치 된 커브 편집.
- 포인트 추가 및 삭제 : 커브 선택 후 오른쪽 마우스 버튼 클릭.
- 시작, 끝 포인트 제어 : 포인트 선택후 오른쪽 마우스 버튼 클릭 〉조건 선택.

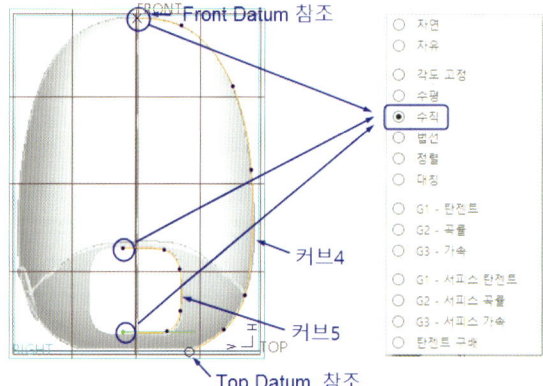

❺ 활성 평면 설정 및 활성 평면 방향 배치 (Top Datum 평면)

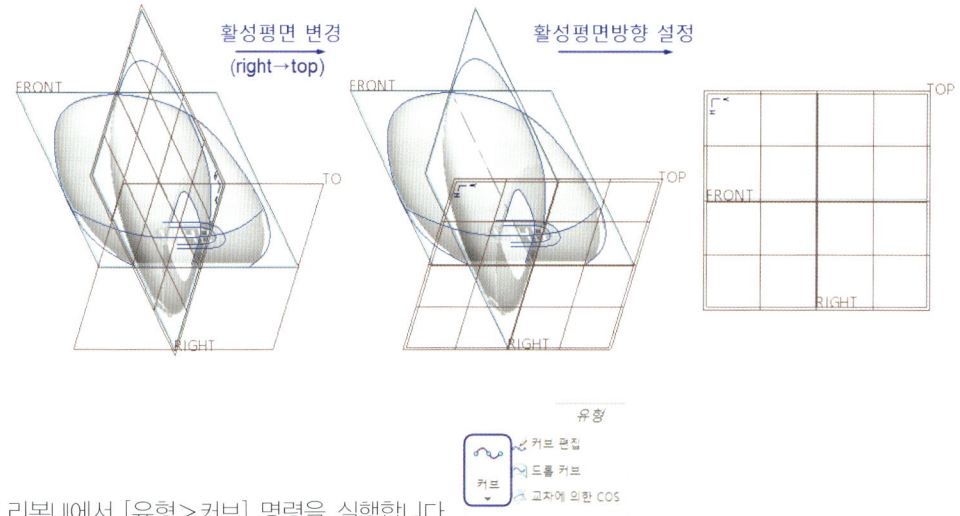

❻ 리본UI에서 [유형>커브] 명령을 실행합니다.

- 상단 형상에 대한 형상 스케치.
  (전면, 오른쪽 방향과 마찬가지로 참조이미지를 배치하여 작업하여도 되지만, 원활한 작업을 위하여 상단 방향의 이미지 배치는 생략하겠음.)
- 커브6 : 커브 생성 유형 (평면)
  시작점과 끝점은 커브1의 시작점과 끝점을 참조하도록 스케치.
  중간에 위치하는 한점은 커브4의 끝점을 참조하도록 스케치.
  (커브1의 시작점과 끝점, 커브4의 끝점은 Top Datum 평면을 참조하여 생성하였기 때문에 Top Datum 평면상에 존재함)
  각각의 끝점에서 수평의 조건 부여.

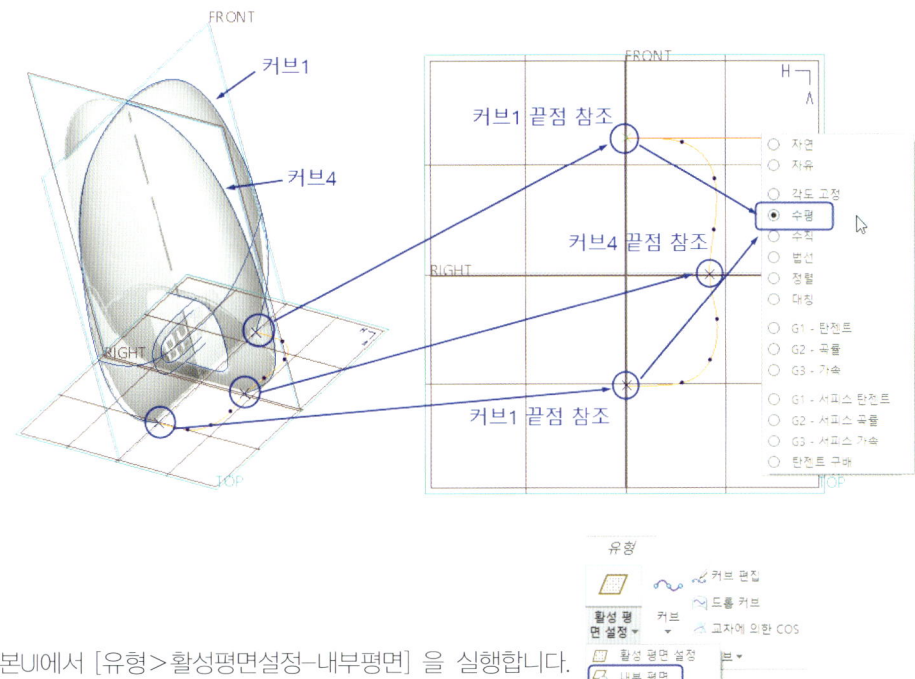

❼ 리본UI에서 [유형＞활성평면설정–내부평면] 을 실행합니다.

• Front Datum 평면과 수직하고 커브2의 양끝점을 지나는 위치에 생성.
  (생성된 내부평면이 활성평면으로 설정됨 〉 활성 평면 방향으로 배치함)

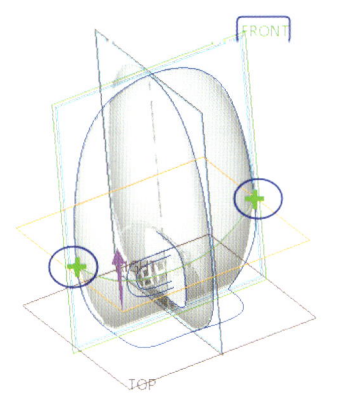  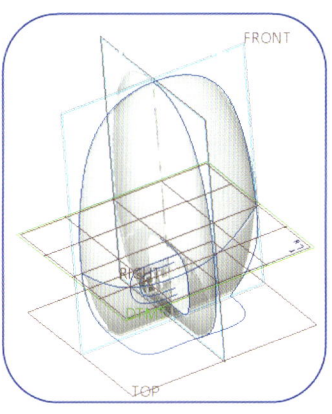

❽ 리본UI에서 [유형＞커브] 명령을 실행합니다.

• 커브7 : 커브 생성 유형 (평면)
  시작점과 끝점은 커브2의 시작점과 끝점을 참조하도록 스케치.
  중간에 위치하는 한점은 커브4를 참조하도록 스케치.
  각각의 끝점에서 수평의 조건 부여.

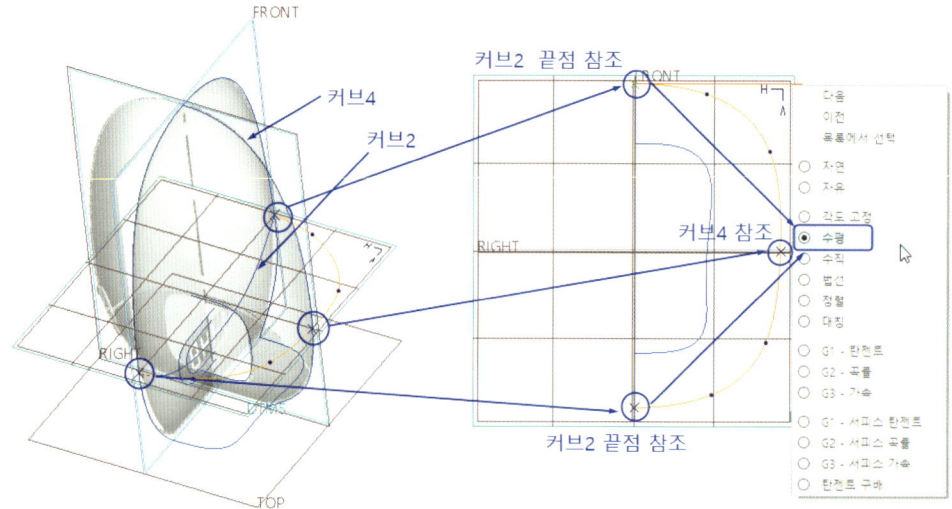

❾ 참조 이미지 및 커브 피쳐를 디스플레이 되지 않도록 정리합니다.
  • 참조 이미지 숨기기 : 보기 〉 이미지 〉 숨기기 〉 완료

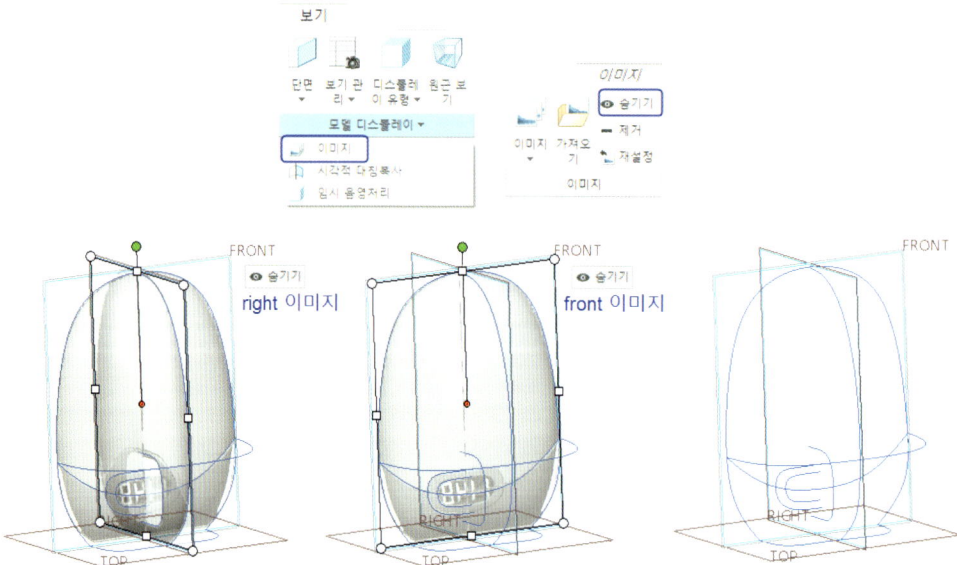

❿ 유형 모드 종료.

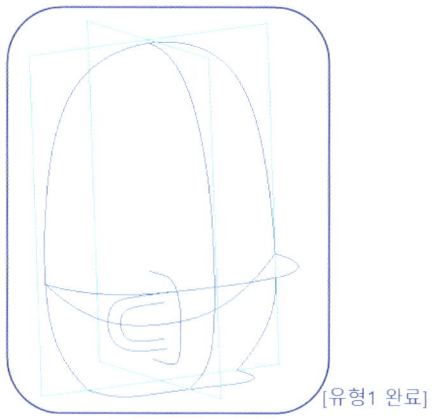

[유형1 완료]

3) 기본 서피스 생성하기

[Bottom Case]

❶ 경계블렌드 명령을 실행합니다. [모델>경계블렌드]

• 첫 번째 방향 커브 선택 : 커브6 & 커브7 (키보드의 Ctrl 키 누른상태)

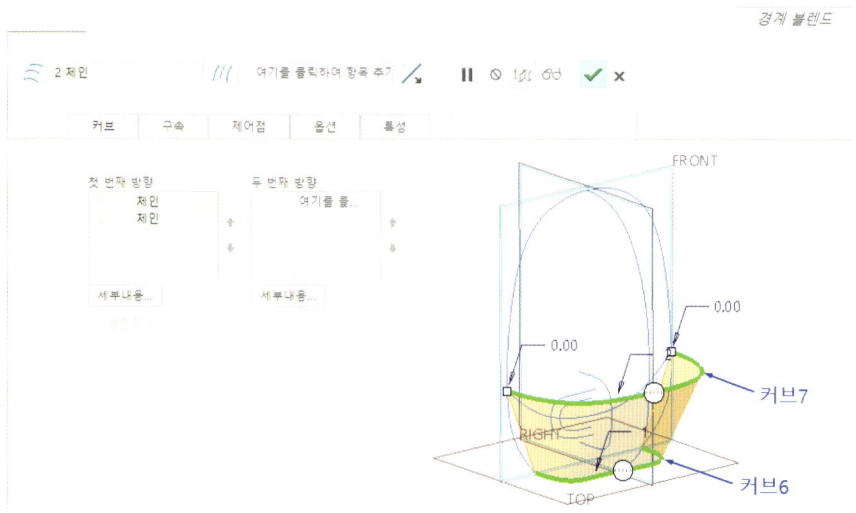

- 두 번째 방향 커브 선택 : 커브1 & 커브4 & 커브1 (키보드의 Ctrl 키 누른상태)
  (각 커브는 필요한 구간만 선택하기 위해 트림함.)

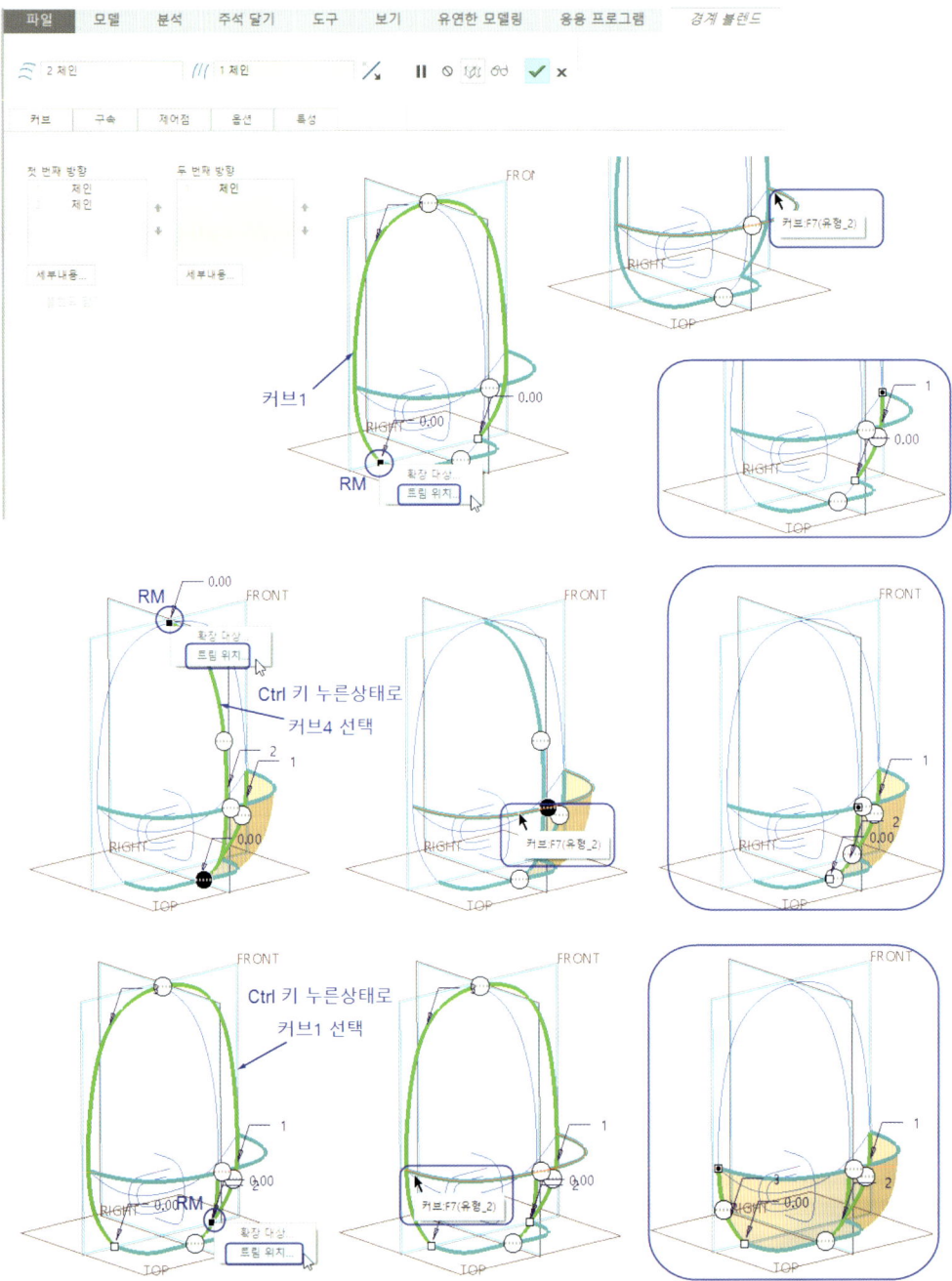

• 서피스 형상 조정 : 양 끝 서피스의 형상을 Front Datum 평면에 대해 수직하게 함.
  (추후 Front Datum 평면을 기준으로 대칭복사 시킬 예정이므로 경계에서의 서피스 형상이 자연스럽게 연결되게 하기 위함)

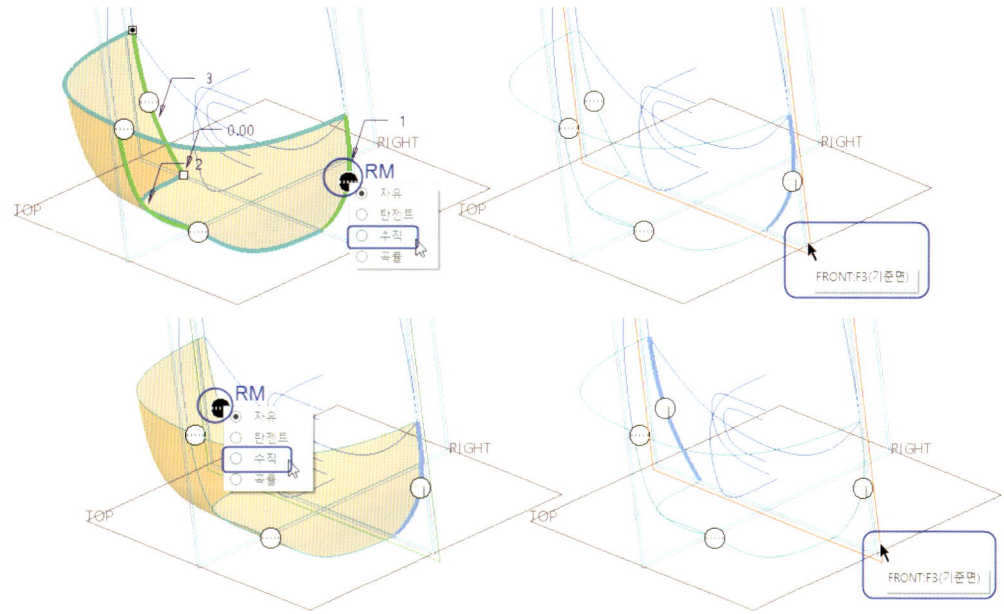

❷ 경계블렌드 작업완료.

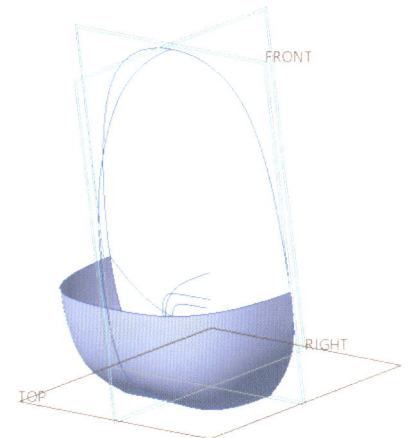

[Top Case]

❶ 경계블렌드 명령을 실행합니다. [모델>경계블렌드]

• 첫 번째 방향 커브 선택 : 커브1 & 커브7 (키보드의 Ctrl 키 누른상태)
  (커브1은 필요한 구간만 선택하기 위해 트림함.)

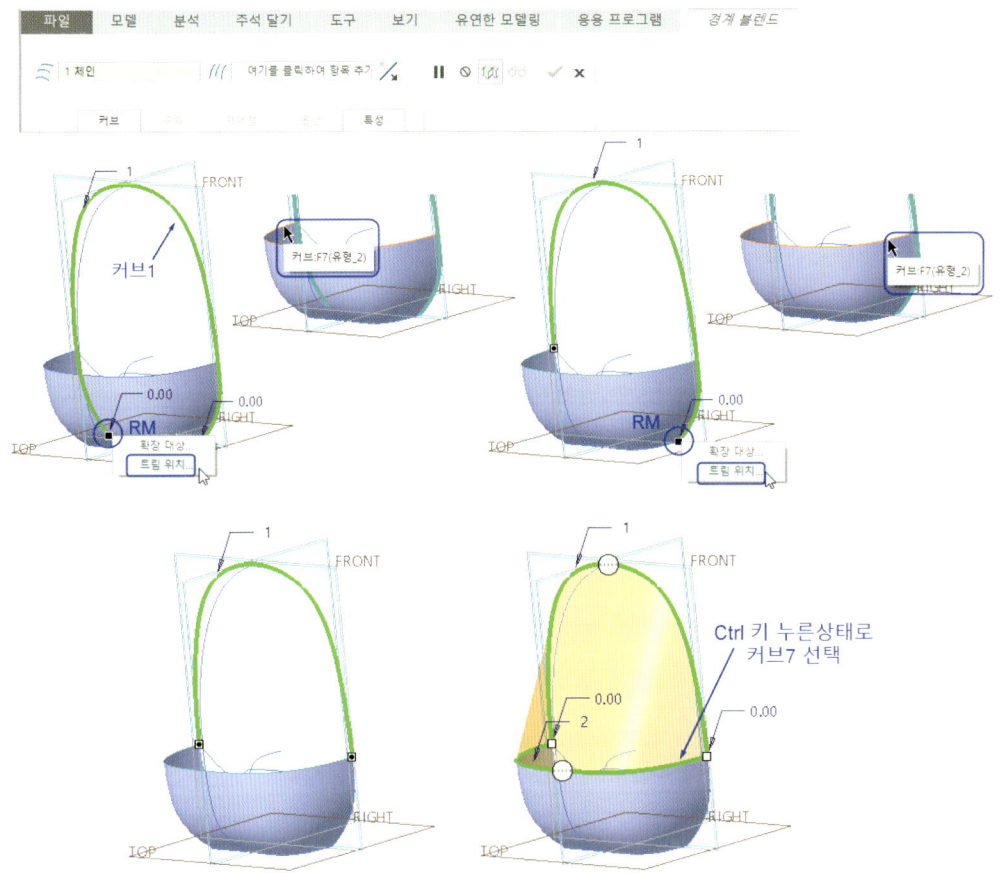

- 두 번째 방향 커브 선택 : 커브4(커브4는 필요한 구간만 선택하기 위해 트림함.)

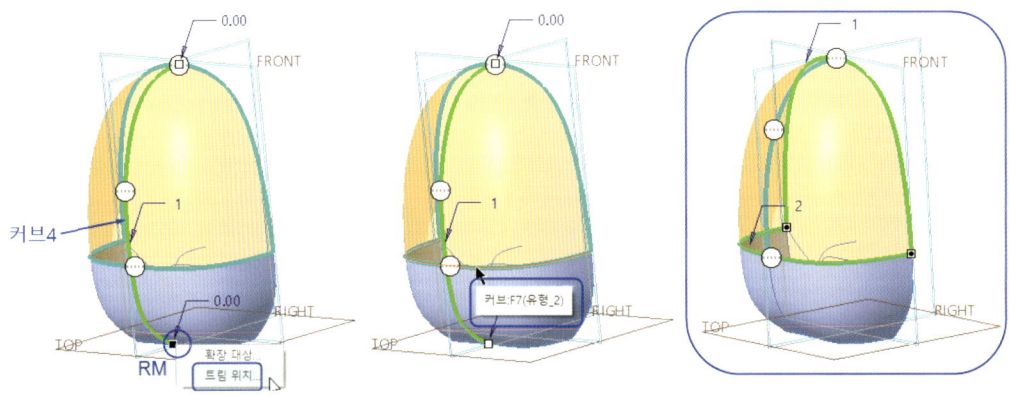

- 서피스 형상 조정1 : 첫번째 방향 커브를 활성화 하여 서피스의 형상을 Front Datum 평면에 대해 수직하게 함. [커브1 경계]
  (추후 Front Datum 평면을 기준으로 대칭복사 시킬 예정이므로 경계에서의 서피스 형상이 자연스럽게 연결되게 하기 위함)
- 서피스 형상 조정2 : 첫번째 방향 커브를 활성화 하여 서피스의 형상을 Bottom Case 서피스면에

대해 탄젠트하게 함. [커브4 경계]
(Top Case 와 Bottom Case의 서피스 형상이 자연스럽게 연결되게 하기 위함)

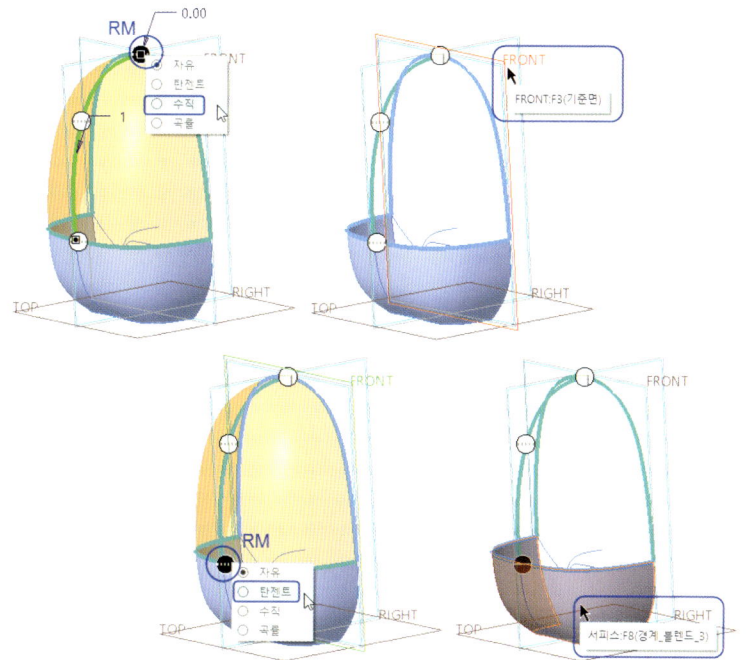

❷ 경계블렌드 작업완료.

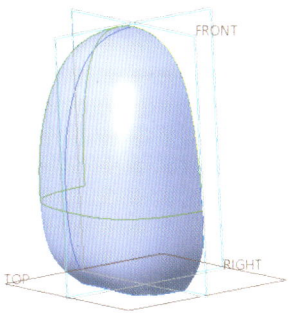

❸ 커브1, 2 선택후 마우스 오른쪽 버튼을 클릭하여 숨기기 합니다.

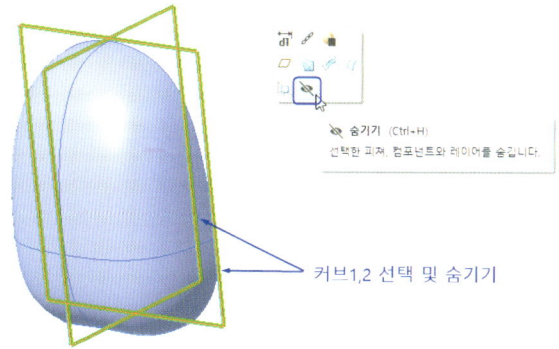

4) 서피스 및 커브 편집

[편집1] : Top Case 와 Bottom Case 의 정확한 경계 구분을 위함.

❶ 유형 모드에서 전면에 스케치한 커브 형상을 Bottom Case 서피스에 투영
- 커브 선택 〉 모델 〉 편집-투영 명령 실행
- 서피스 선택 : Bottom Case 의 서피스 선택
- 방향참조 : Front Datum 평면 선택 / 화살표 방향 확인 (선택 서피스 향하도록)

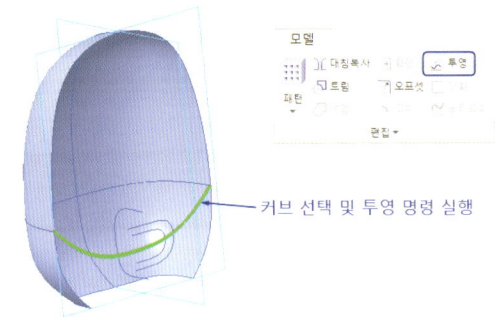

커브 선택 및 투영 명령 실행

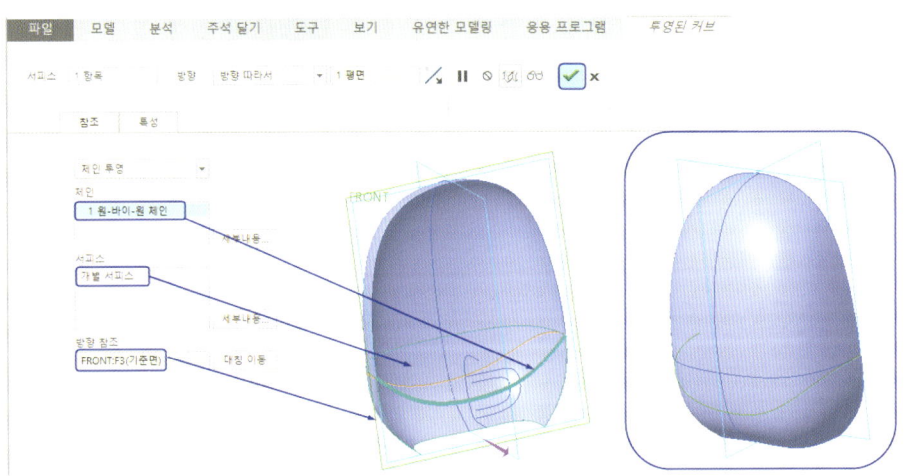

❷ 투영된 커브를 경계로 하여 Bottom Case 서피스 트림.
- 커브 선택 〉 모델 〉 편집-투영 명령 실행
- 트리밍 개체 선택 : Bottom Case 의 서피스에 투영된 커브 선택
- 방향참조 : 경계에서 트림되도록 선택 / 화살표 방향 확인 (양방향 향하도록)

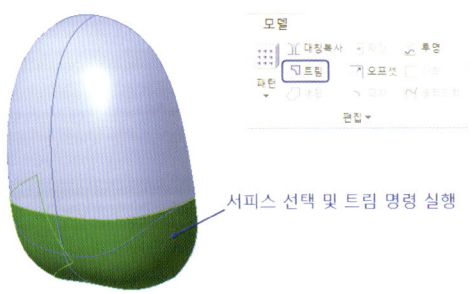

서피스 선택 및 트림 명령 실행

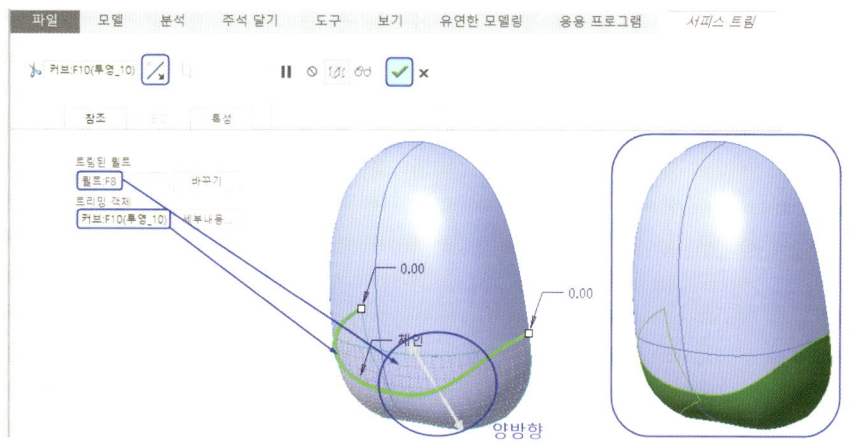

❸ 트림된 서피스 중 Top Case 에 해당되는 서피스를 기존 Top Case 서피스와 결합.
 • Top Case 서피스와 추가 서피스 선택 (Ctrl 키) 〉 모델 〉 편집_병합 명령 실행
 • 옵션 : 결합 선택

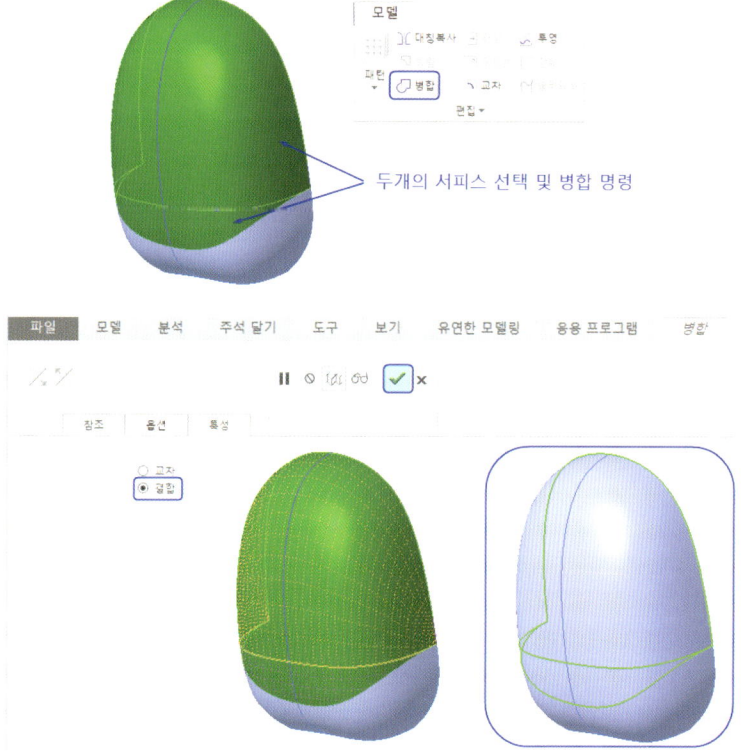

[편집2] : 추가 형상 작업을 위해 스케치 되어 있는 커브 편집

❶ 전면 형상에 스케치한 커브 트림.
- 커브 선택 〉 모델 〉 편집-트림 명령 실행

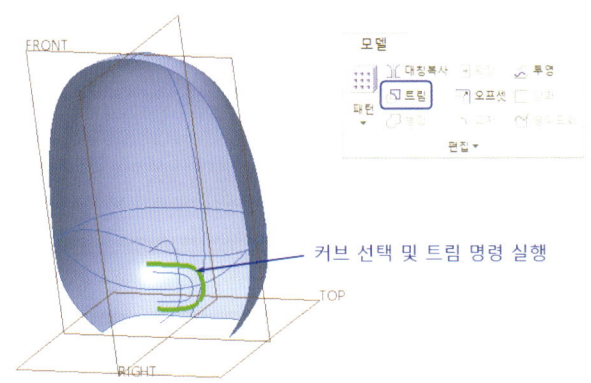

- 트리밍 개체 선택 : Right Datum 평면 선택
- 방향참조 : 화살표 방향이 커브의 남겨질 형상을 향하도록 함

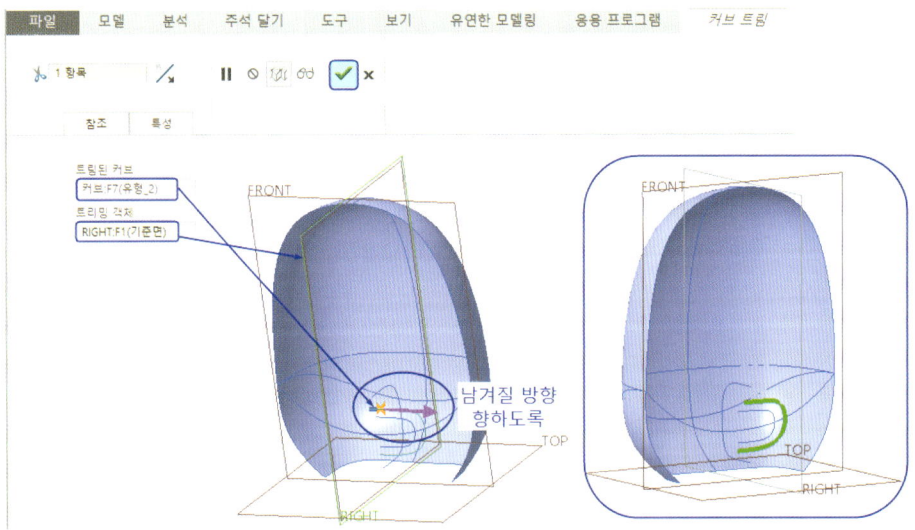

- 안쪽, 아래쪽 커브에 대해서도 동일하게 작업.

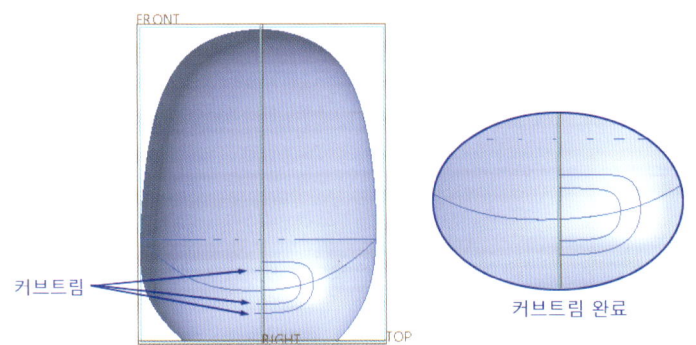

❷ 오른쪽면 형상에 스케치한 커브 트림.
- 커브 선택 〉 모델 〉 편집-트림 명령실행

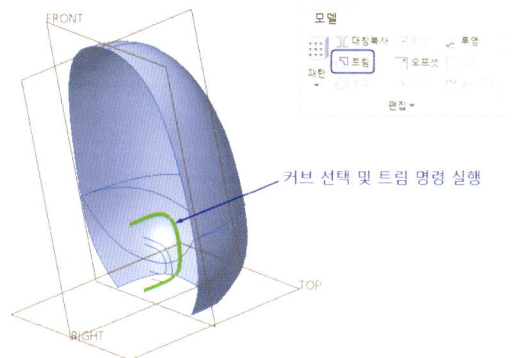

- 트리밍 개체 선택 : Front Datum 평면 선택
- 방향참조 : 화살표 방향이 커브의 남겨질 형상을 향하도록 함

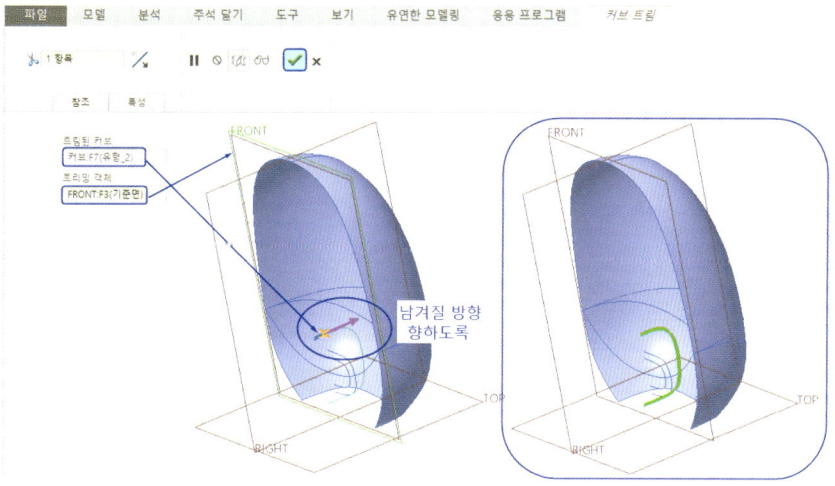

- 아래쪽 커브에 대해서도 동일하게 작업.

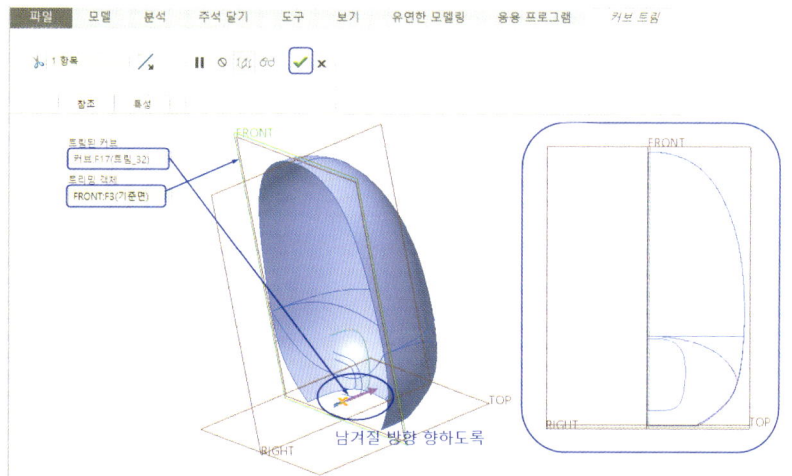

❸ 트림작업 완료된 커브들을 대칭복사 합니다.
- 해당커브 선택 〉 모델 〉 편집-대칭복사 명령 실행.

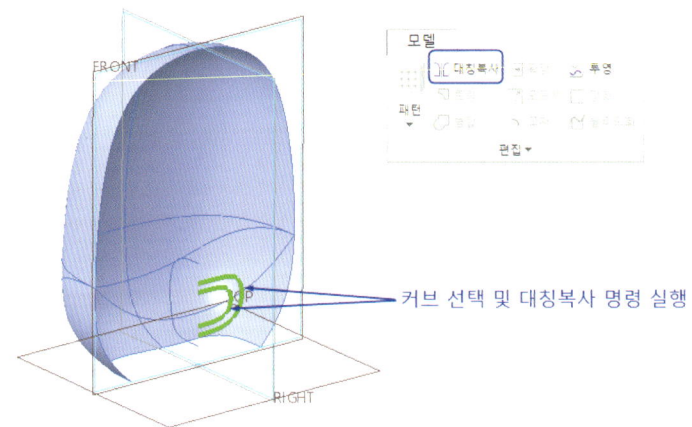

커브 선택 및 대칭복사 명령 실행

- 대칭복사 평면 : 전면 2개의 커브 (Right Datum 평면)

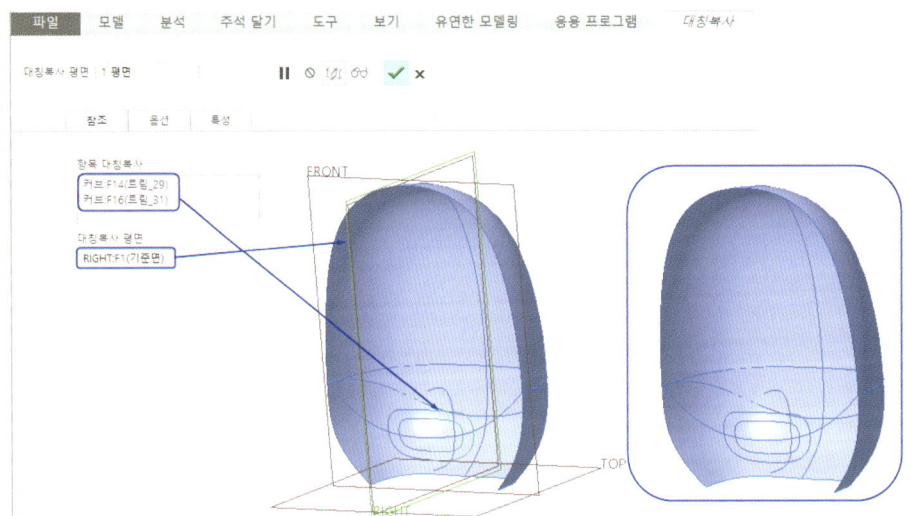

- 해당커브 선택 〉 모델 〉 편집-대칭복사 명령 실행.

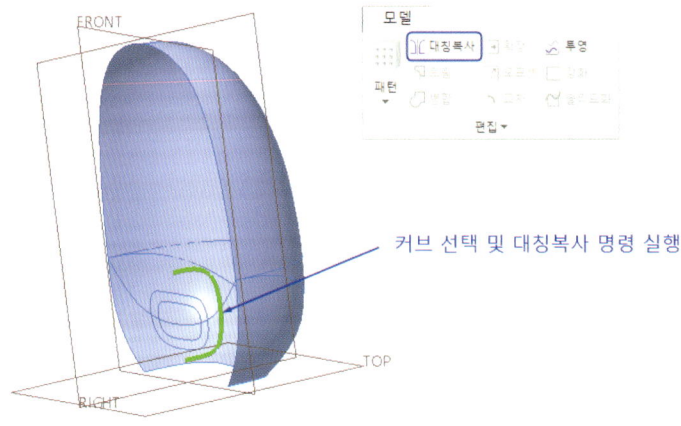

커브 선택 및 대칭복사 명령 실행

- 대칭복사 평면 : 측면 1개의 커브 (Front Datum 평면)

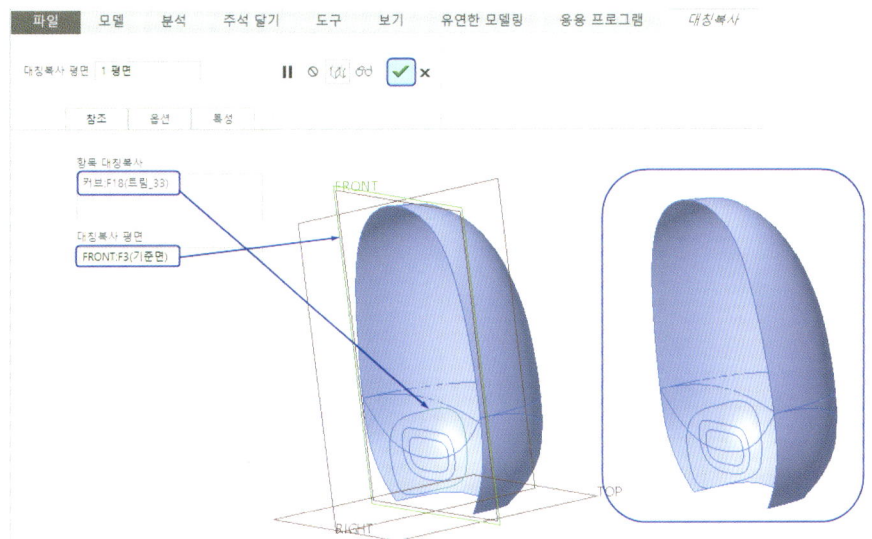

❹ 대칭복사 작업 완료된 각각의 커브를 1개의 연속된 커브가 되도록 합니다.
- 하나의 커브 클릭 (두껍게 선택됨) 〉 Shift 키를 누른상태에서 마우스 포인트를 두껍게 선택된 커브 근처에 가져감 〉원-바이-원 항목이 나타남 〉 다시 한번 더 클릭 〉 연결될 나머지 커브들을 선택 (Shift 키 누른상태) 〉 복사와 붙여넣기 명령 실행 〉완료

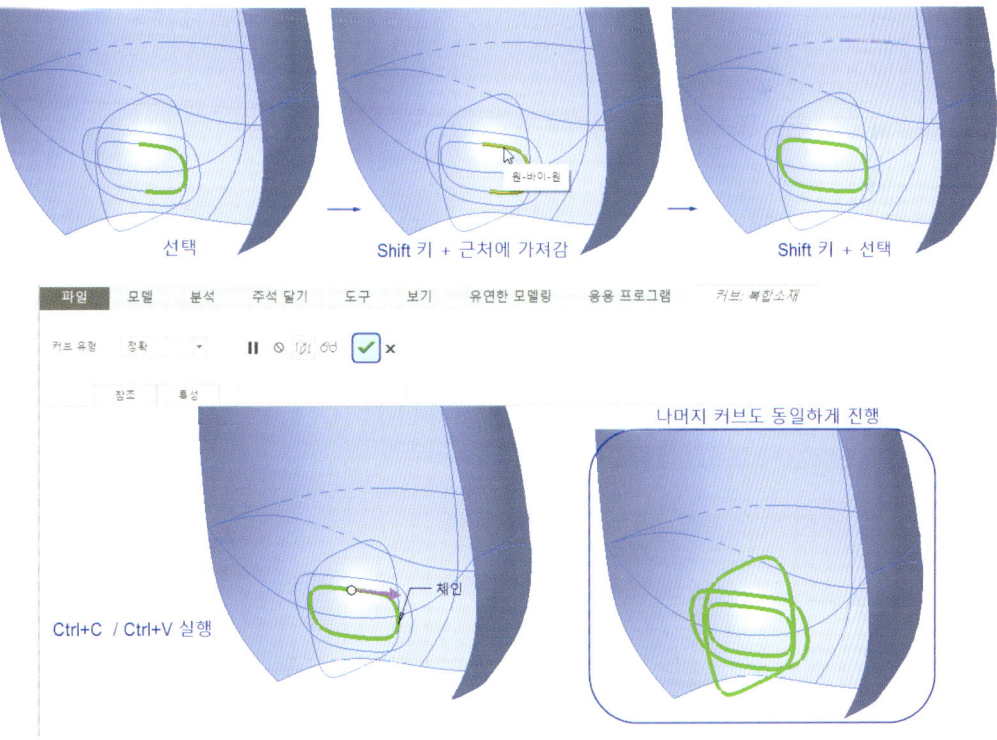

5) 형상 추가 하기

[기본 서피스 완성]

❶ Top Case 서피스와 Bottom Case 서피스 대칭복사.
- 해당 서피스 선택 〉 모델 〉 편집-대칭복사 명령 실행

- 대칭복사 평면 : Front Datum

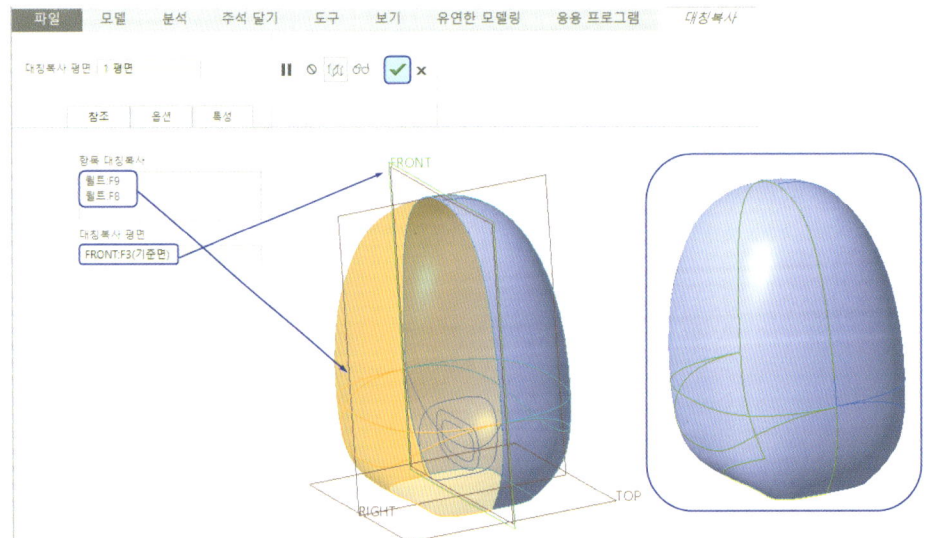

❷ 대칭복사 형상의 서피스 결합.
- 해당 서피스 선택 〉 모델 〉 편집-병합 명령 실행

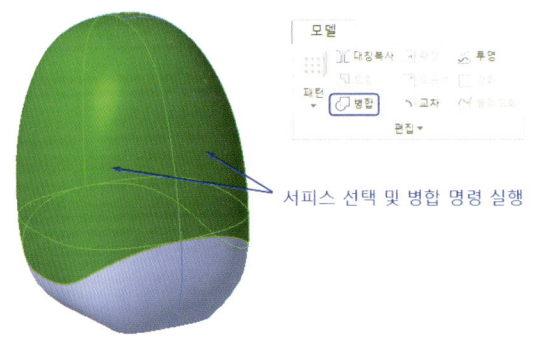

- Top Case : 기존 서피스와 대칭복사 된 서피스 결합.

- 해당 서피스 선택 〉 모델 〉 편집_병합 명령 실행

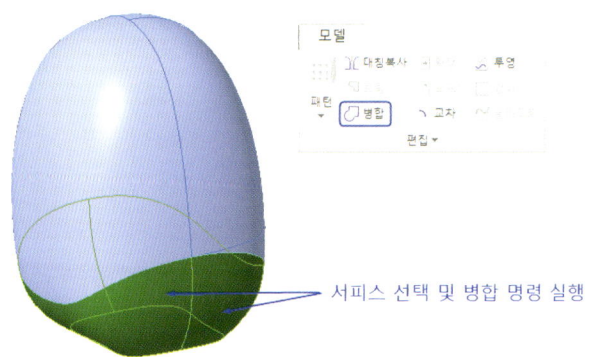

서피스 선택 및 병합 명령 실행

- Bottom Case : 기존 서피스와 대칭복사 된 서피스 결합.

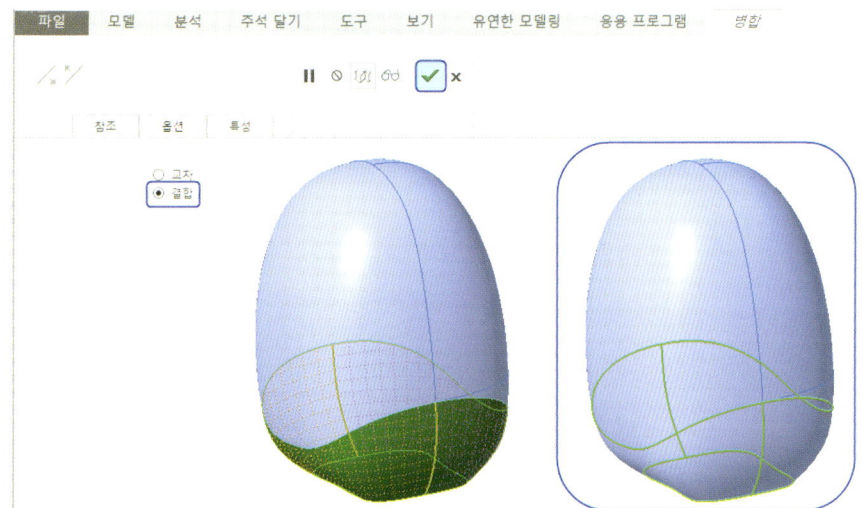

[측면의 구멍형상 추가]

❶ 측면에 추가할 커브 형상을 Bottom Case 서피스에 투영
  • 커브 선택 〉 모델 〉 편집-명령 실행

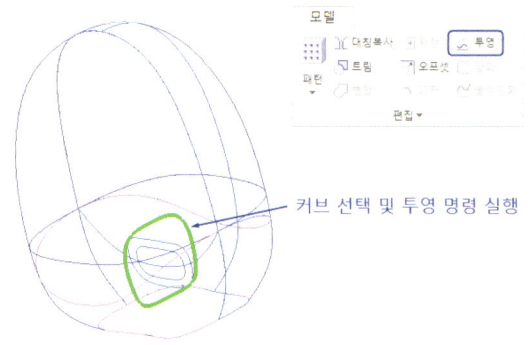

  • 서피스 선택 : Bottom Case 의 서피스 선택
  • 방향참조 : Right Datum 평면 선택
  • 참조 평면 기준으로 오른쪽 방향에 투영

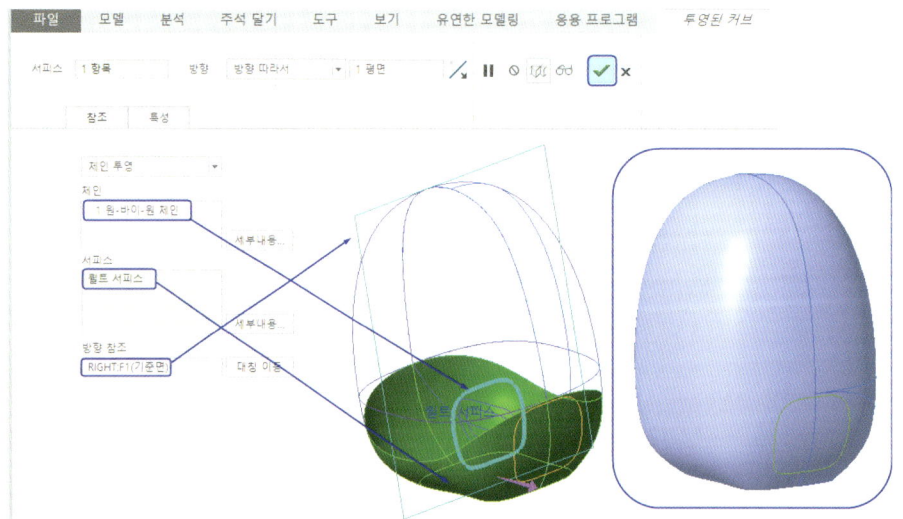

❷ 측면에 추가할 커브 형상을 Bottom Case 서피스에 투영
  • 커브 선택 〉 모델 〉 편집-명령 실행

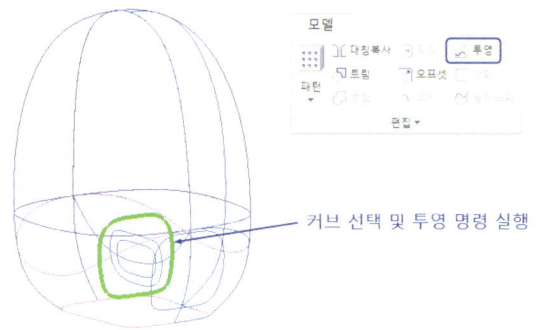

- 서피스 선택 : Bottom Case 의 서피스 선택
- 방향참조 : Right Datum 평면 선택
- 참조 평면 기준으로 왼쪽 방향에 투영

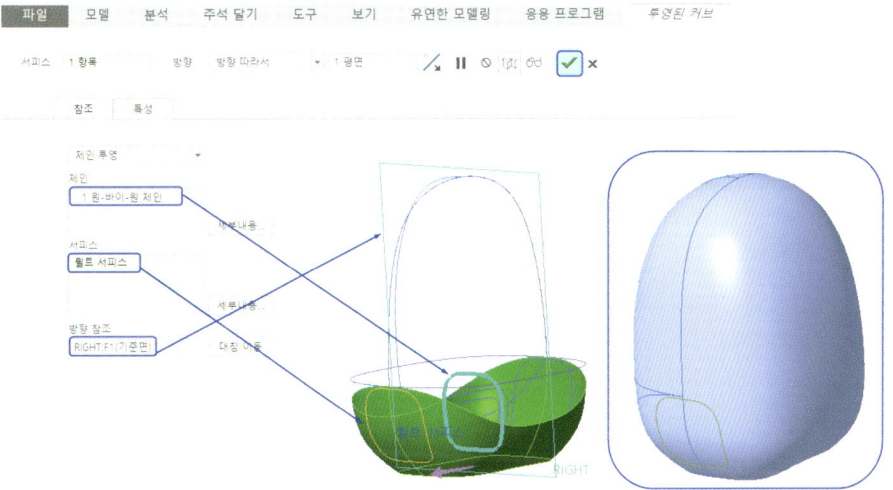

❸ 투영된 커브를 경계로 하여 Bottom Case 서피스 트림.
- 서피스 선택 〉 모델 〉 편집-명령 실행

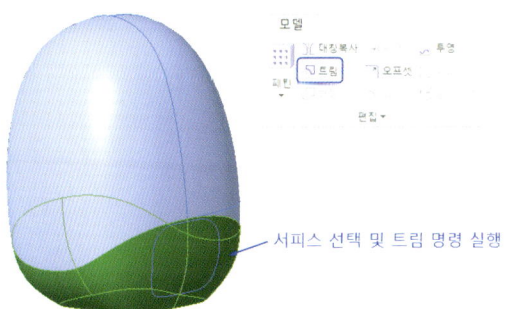

- 트리밍 개체 선택 : Bottom Case 의 서피스에 투영된 커브 선택
- 방향참조 : 체인의 안쪽 형상이 제거되도록 선택 / 화살표 방향 확인 (바깥쪽 향하도록)

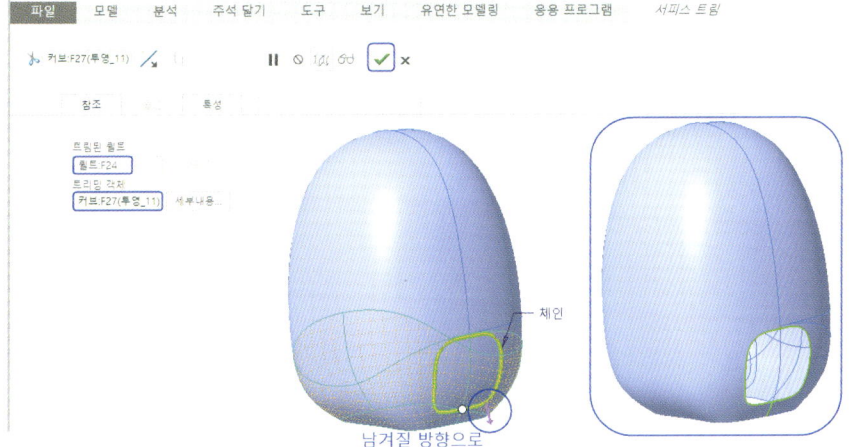

❹ 투영된 또다른 커브를 경계로 하여 Bottom Case 서피스 트림.
- 서피스 선택 〉 모델 〉 편집-트림 명령 실행

- 트리밍 개체 선택 : Bottom Case 의 서피스에 투영된 커브 선택
- 방향참조 : 체인의 안쪽 형상이 제거되도록 선택 / 화살표 방향 확인 (바깥쪽 향하도록)

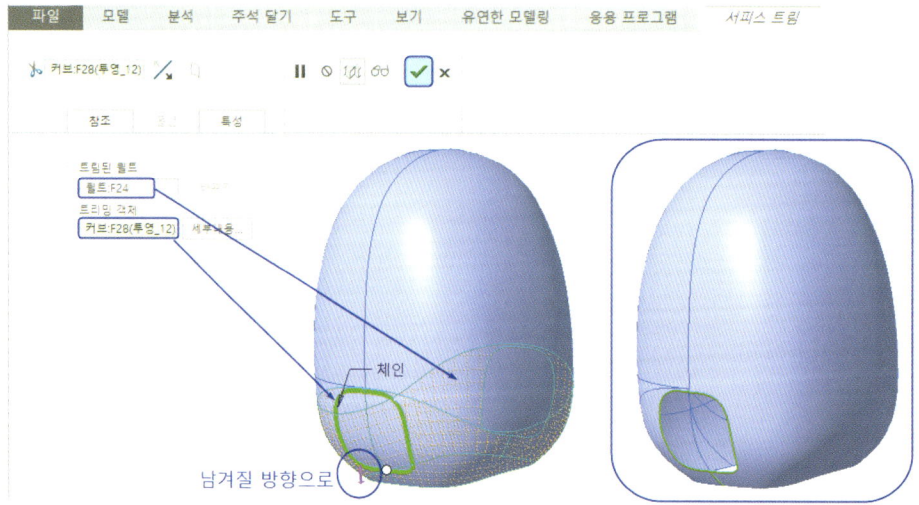

[전면의 돌출형상 추가]

❶ 전면에 추가할 커브 형상을 Top Case 와 Bottom Case 서피스에 투영
- 커브 선택 〉 모델 〉 편집-투영 명령 실행

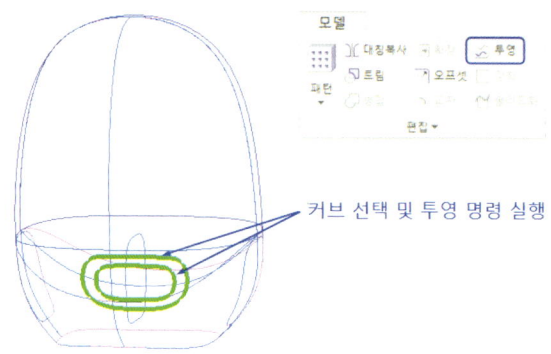

- 서피스 선택 : Top Case 와 Bottom Case 의 서피스 선택
- 방향참조 : Front Datum 평면 선택 (화살표 방향이 앞쪽을 향하도록 함)

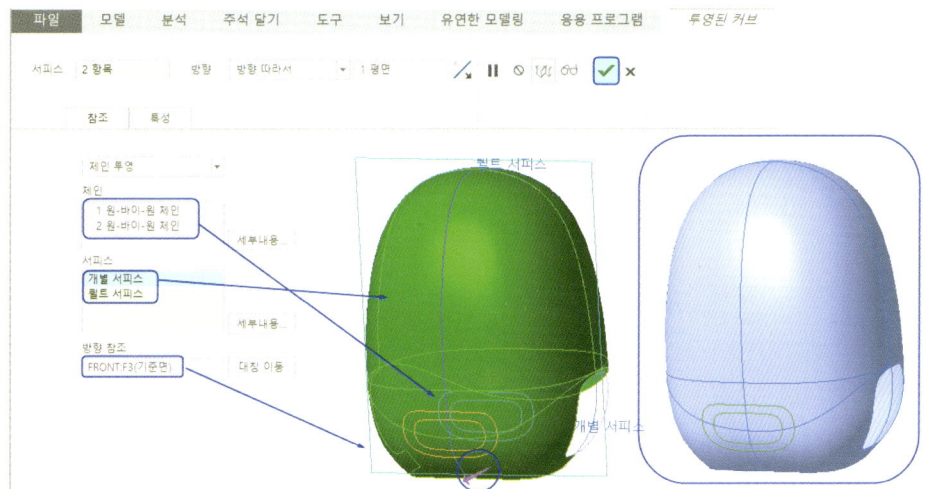

❷ 투영된 커브를 경계로 하여 Top Case 와 Bottom Case 서피스 트림.
- 해당 서피스 선택 〉 모델 〉 편집-트림 명령 실행

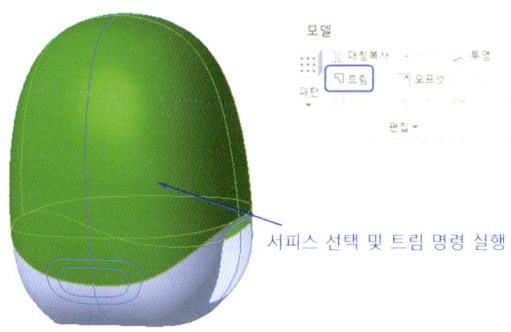

- 트리밍 개체 선택 : 해당 서피스에 투영된 커브 선택
- 방향참조 : 경계에서 트림되도록 선택 / 화살표 방향 확인 (양방향 향하도록)

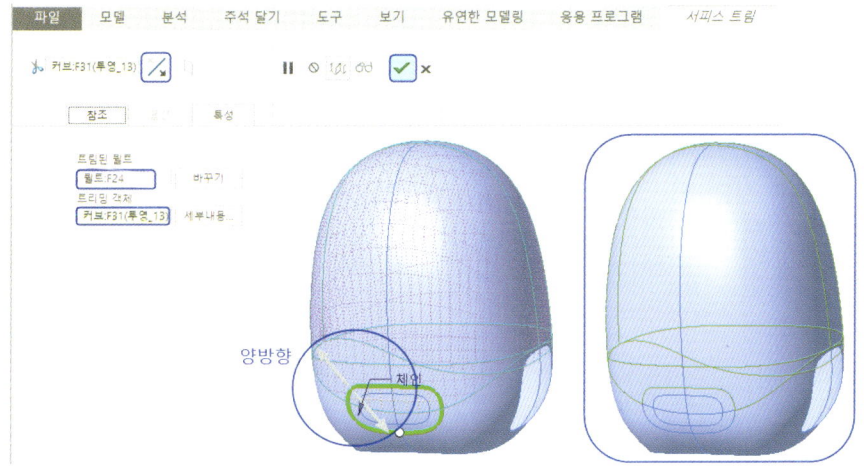

• 해당 서피스 선택 〉 모델 〉 편집-트림 명령 실행

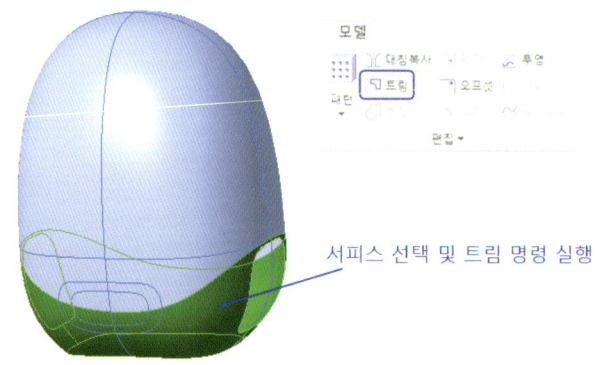

• 트리밍 개체 선택 : 해당 서피스에 투영된 커브 선택
• 방향참조 : 경계에서 트림되도록 선택 / 화살표 방향 확인 (양방향 향하도록)

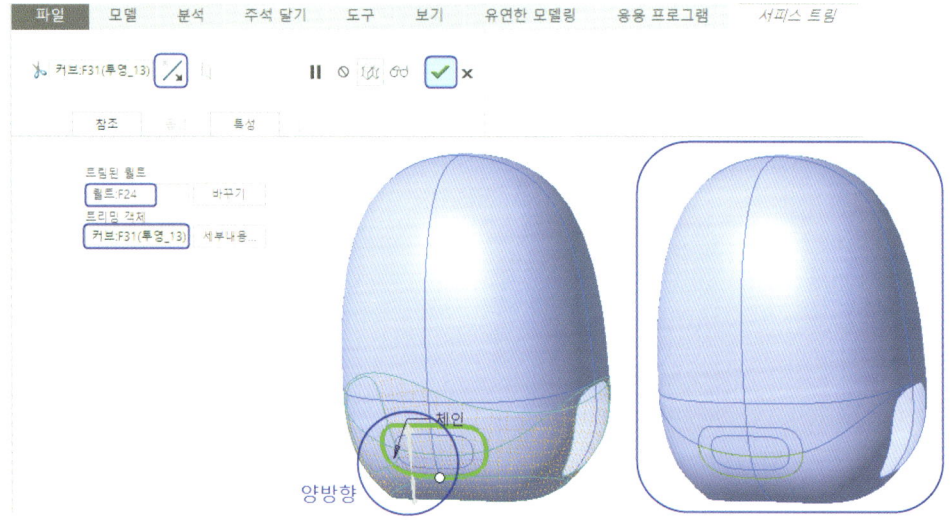

• 해당 서피스 선택 〉 모델 〉 편집-트림 명령 실행

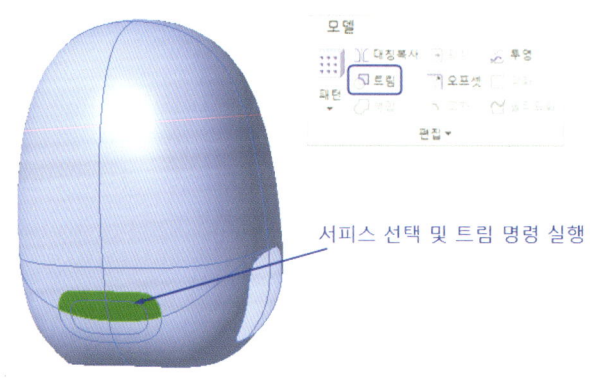

• 트리밍 개체 선택 : 해당 서피스에 투영된 커브 선택
• 방향참조 : 경계에서 트림되도록 선택 / 화살표 방향 확인 (양방향 향하도록)

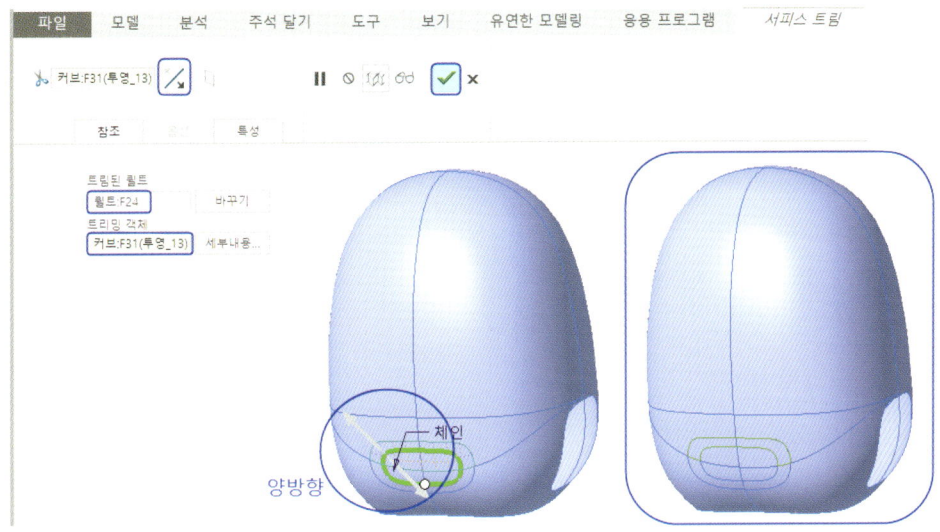

- 해당 서피스 선택 〉 모델 〉 편집-트림 명령 실행

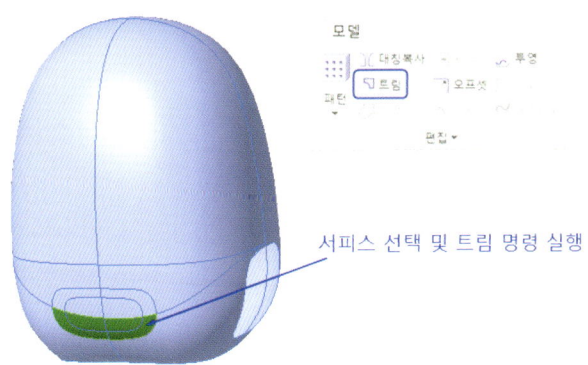

- 트리밍 개체 선택 : 해당 서피스에 투영된 커브 선택
- 방향참조 : 경계에서 트림되도록 선택 / 화살표 방향 확인 (양방향 향하도록)

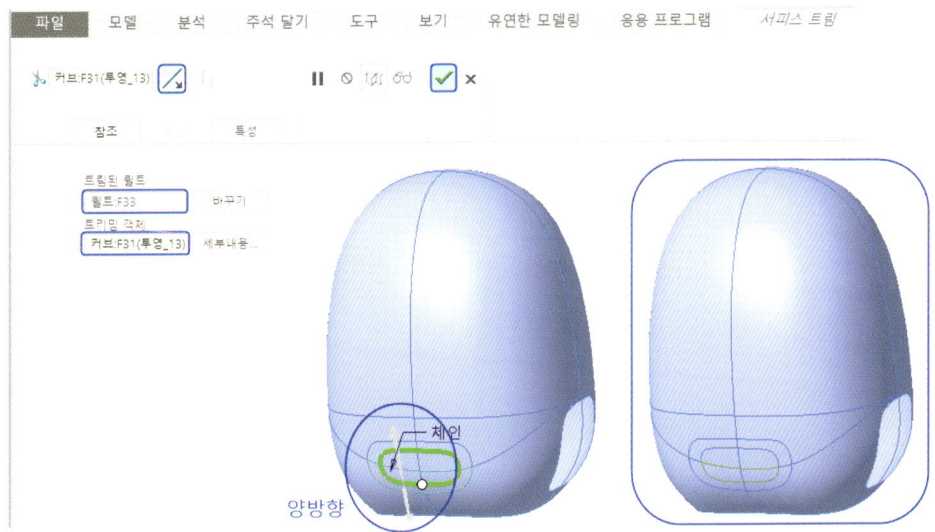

❸ 트림된 서피스 결합 (Top Case 와 Bottom Case 경계에서 구분되어진 서피스 결합)
- 안쪽 서피스 형상과 테두리 형상을 구분하여 각각 결합시킴.
- 해당 서피스 선택 〉 모델 〉 편집-병합 명령 실행
- 옵션 : 결합 선택

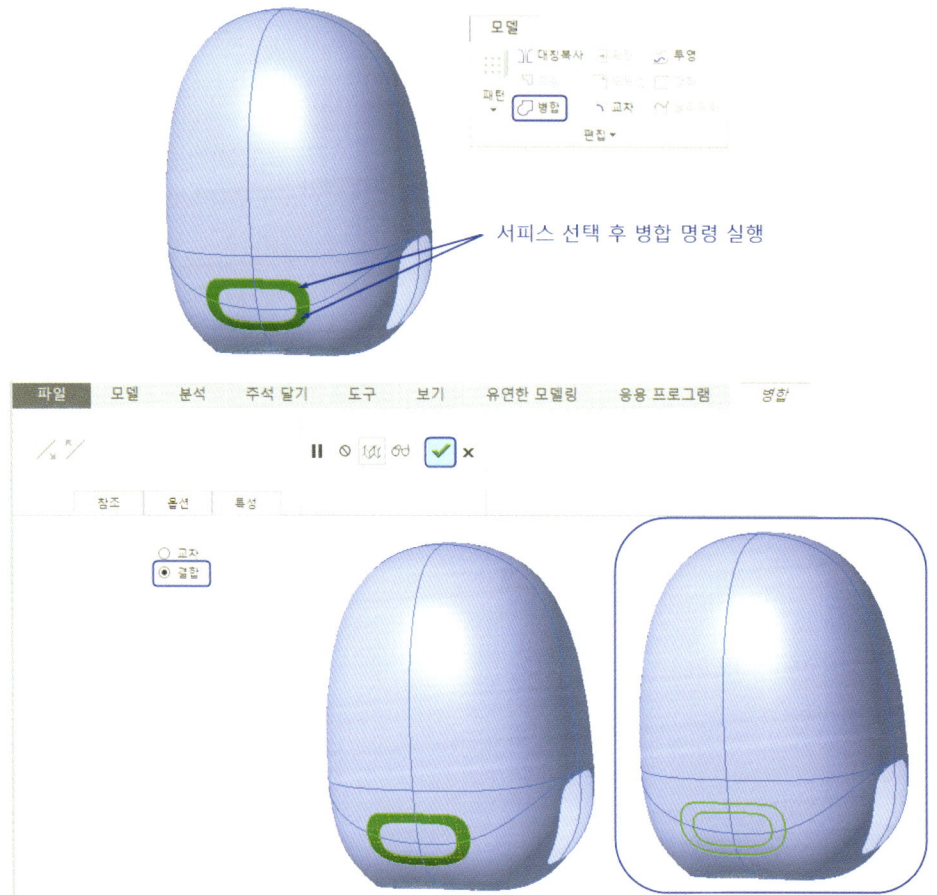

❹ 돌출형상 생성.
- ③에서 결합시킨 테두리 형상 선택 〉 강화 명령실행

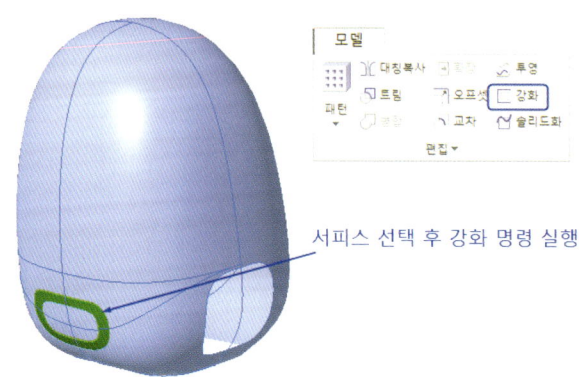

• 강화 오프셋 값 입력 : [2]

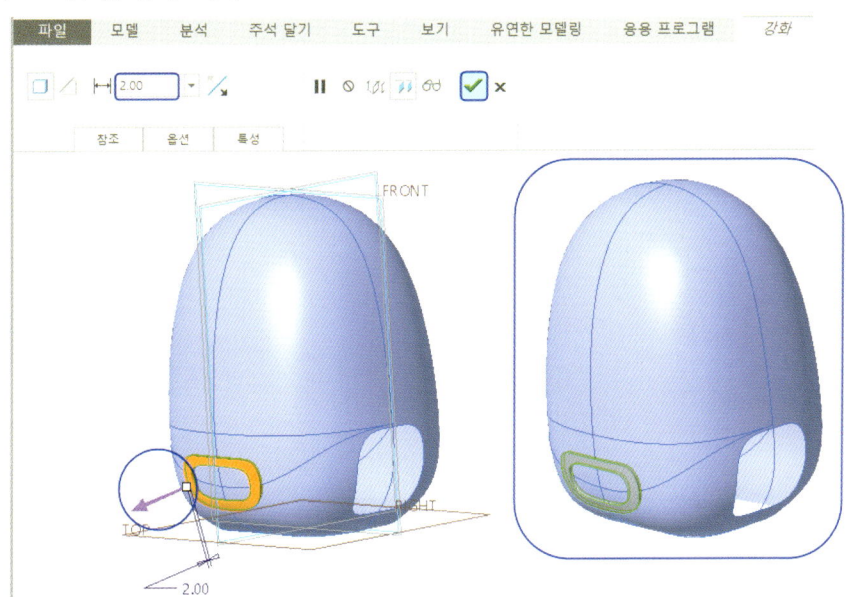

❺ 돌출된 테두리 형상에 라운드 추가.

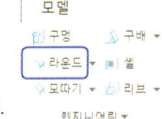

• 돌출시킨 테두리 형상의 모서리 선택 〉 모델 〉 라운드 명령 실행.
• 셋1 : 바깥 모서리, 안쪽모서리 / R1 적용

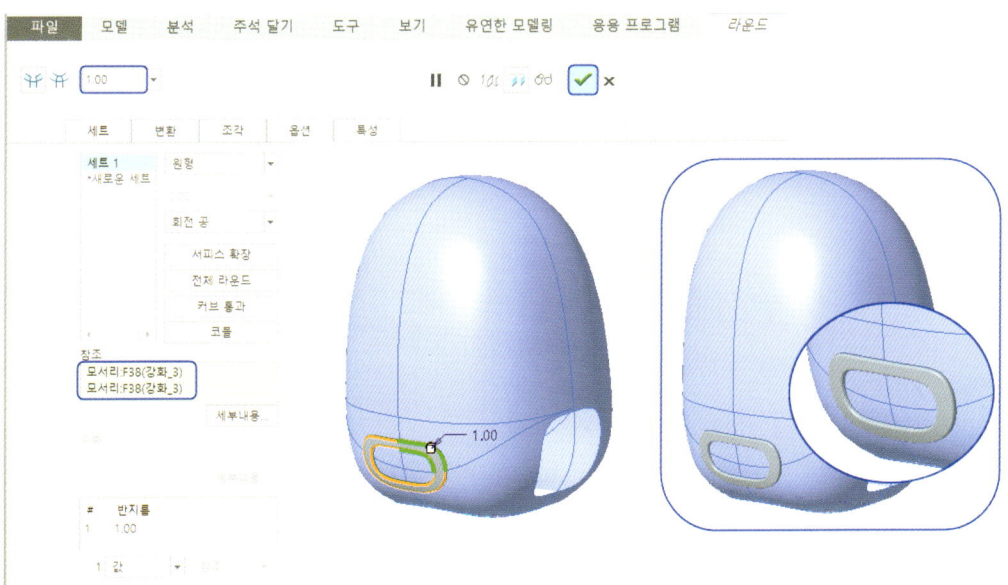

❻ 커브 피쳐를 디스플레이 되지 않도록 정리합니다.
- 커브 숨기기 : 모델트리를 레이어 트리로 전환 〉 커브 레이어를 선택 후 마우스 오른쪽 버튼을 클릭하여 숨기기 함 〉 레이어트리의 상태를 저장함.

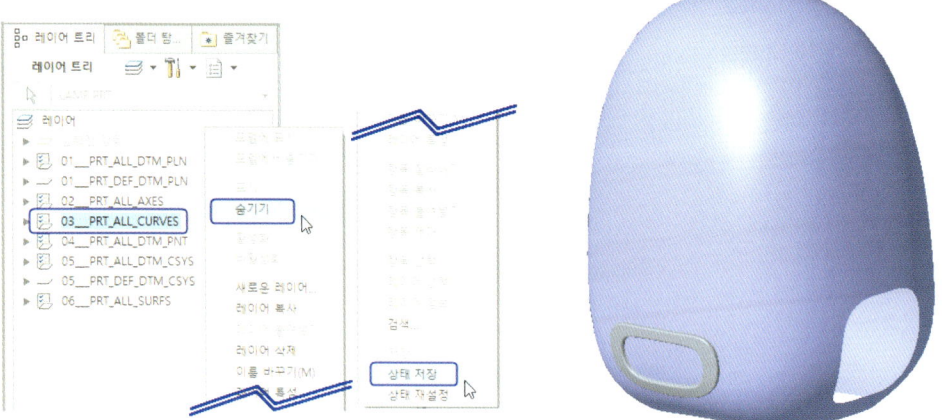

[모델링 완료]

❶ 해당 파일을 저장합니다.

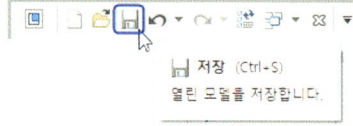

Part 02

Surface

CHAPTER

5

서피스 곡률 분석

01 서피스 분석론

> ❏ **학습목표**
> 서피스 분석 도구를 이용한 서피스 모델에 대한 이해

1. 서피스 분석의 필요성 : 고품질의 서피스를 생성하고자 함

- 생성한 서피스가 의도한 부드러움과 연속성을 갖도록 하기 위해서 분석
- 생성 한 서피스에서 의도하지 않은 형상 (변형이나 꼬임)이 나타나는 부분을 미리 찾기 위해서 분석
- 분석된 서피스로 솔리드 부품을 생성하여 부드러운 곡면을 가진 제품을 생산하고자 함

2. 서피스 분석 방법 : 모델링 요구 사항에 맞는 적합한 도구를 이용하여 분석

- 연속성, 변형, 시각적 특성등을 고려하여 분석
- 옵션 : 빠르게 (분석을 데이터로 생성, 저장하지 않은채 종료)
  저장됨 (분석을 저장해 두었다가 나중에 다시 사용할수 있도록 함)
  피처 (분석을 모델트리에 피처로 생성하여 저장)

02 곡률의 연속성

> ❏ **학습목표**
> 서피스 곡률의 연속성에 대한 이해

1. 곡률이란?

곡률은 반지름의 역수로 정의. 즉 1/R의 값으로 표현

- 반지름이 클수록 곡률은 작아지고 반지름이 작을수록 곡률은 커진다.
- 직선의 곡률은 0이되고 원호의 곡률은 상수 값이 된다. 즉 반지름이 5인 호의 곡률은 1/5인 0.2가 된다.
- 스플라인의 곡률은 일정하게 변화하는 곡률을 가진다
- 서피스의 부드러움과 연속성을 파악하는 기본이 곡률값이다

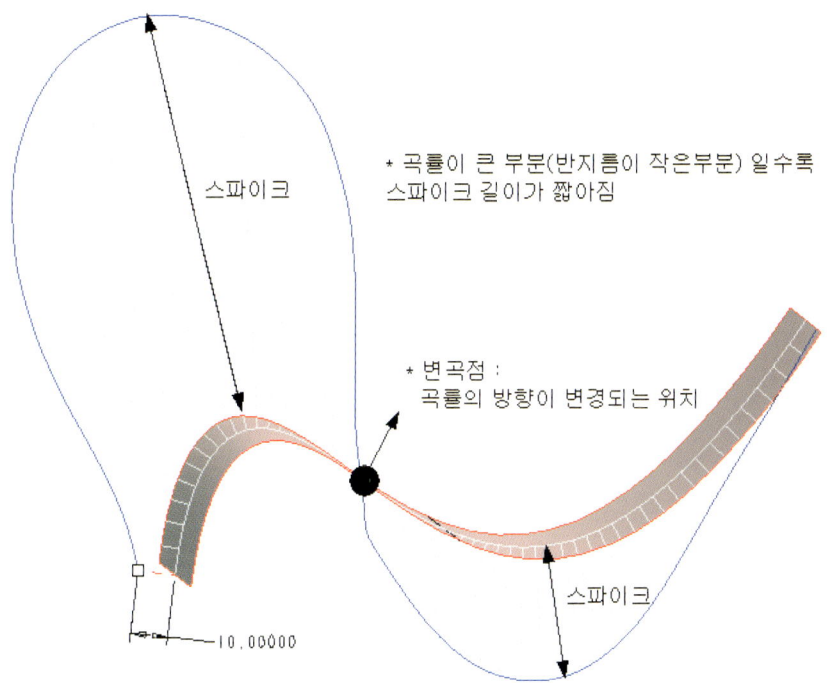

2. 곡률의 연속성

커브나 서피스가 만나는 경계선에서의 연결상태를 곡률의 연속성이라고 한다.
제품외부의 곡면이 일정하게 매끄러운지에 대한 분석을 곡률분석과 연속성의 분석을 통해 알 수 있다.

- G0 연속성 (자유 연속성) : 커브와 커브가 만나는 끝점에서의 일치하지만 곡률이 불연속적으로 외부형상에 적합하지 않은 상태

- G1 연속성 (탄젠트연속성) ; 커브와 커브가 탄젠트하게 만나지만 곡률은 불연속적이어서 외부형상에 광택이 나는 제품에 적합하지 못함

- G2 연속성 (곡률연속성) : 커브와 커브가 탄젠트하게 만나고 곡률도 연속적임
- G3 연속성 : 커브와 커브가 탄젠트하게 만나고 곡률도 연속적이며 끝점도 공유하고 있는 완벽한 연결상태를 말함

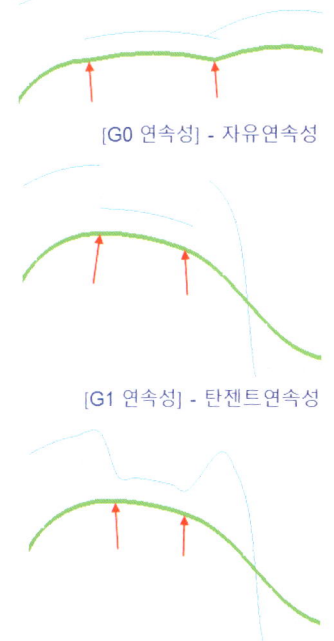

03 커브 & 서피스 분석

❑ **학습목표**
커브 및 서피스 형상에 대한 분석

- 커브 분석 : 커브는 서피스를 구성하는 하나의 요소로써, 커브의 품질이 서피스의 품질과 큰 연관성을 가지므로 커브 자체에 대한 분석도 필요함.

- 서피스 분석 : 생성한 서피스가 의도한 부드러움과 연속성을 갖도록 하기위하여 분석.

1. 커브 곡률 분석 (커브와 커브가 만날 때 곡률분석)

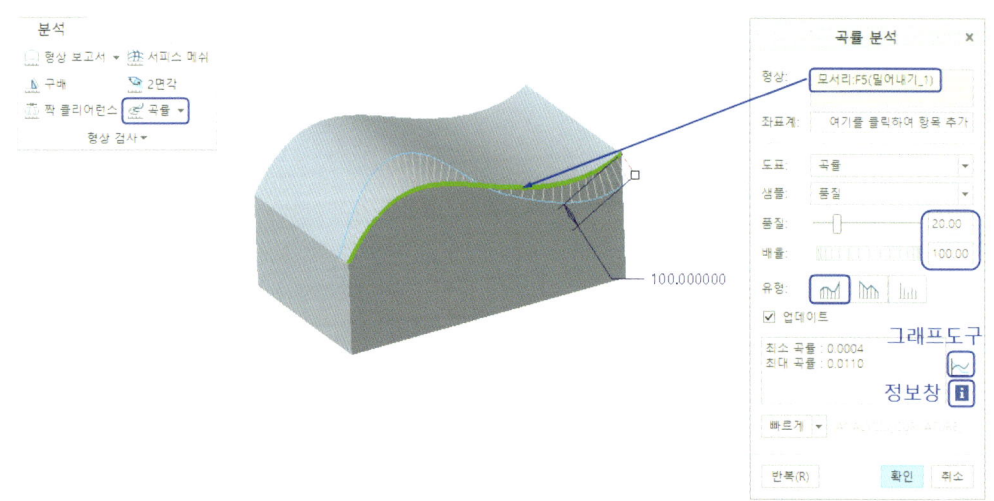

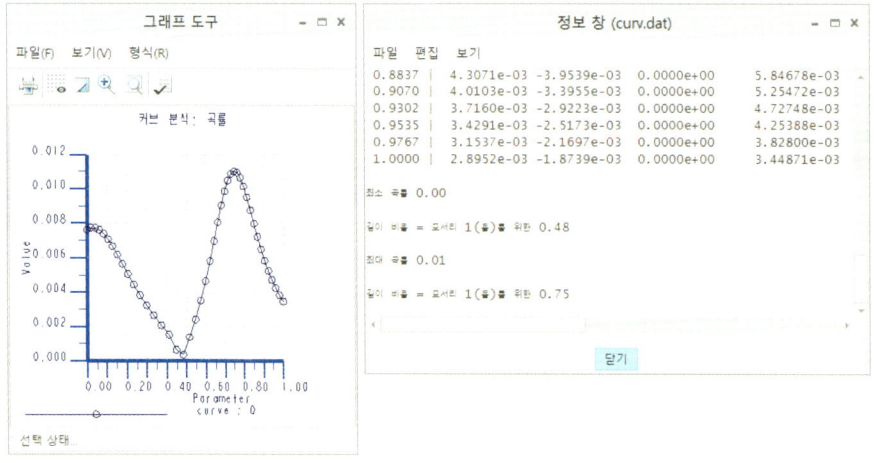

2. 서피스 곡률 분석 (서피스의 곡률분석)

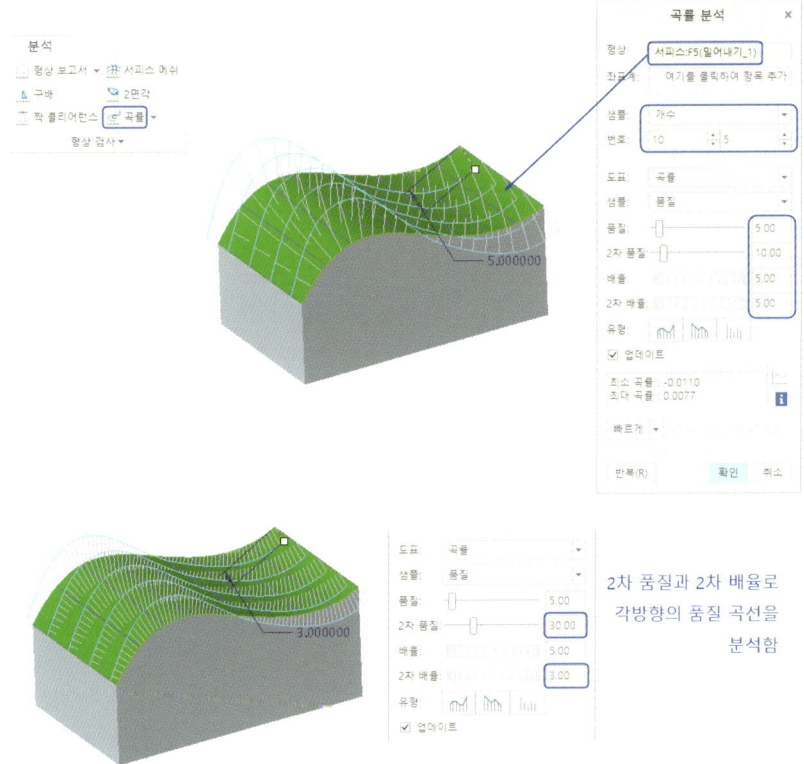

3. 음영처리 곡률 분석 (서피스의 곡률을 음영처리하여 표시)

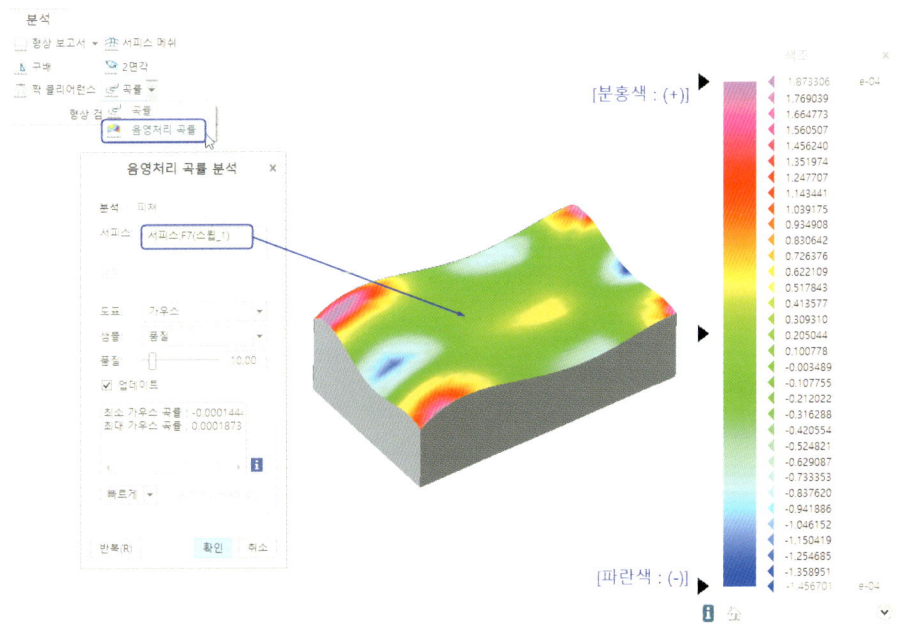

4. 2면각 (모서리를 공유하는 두 서피스의 탄젠트 각도의 차이)

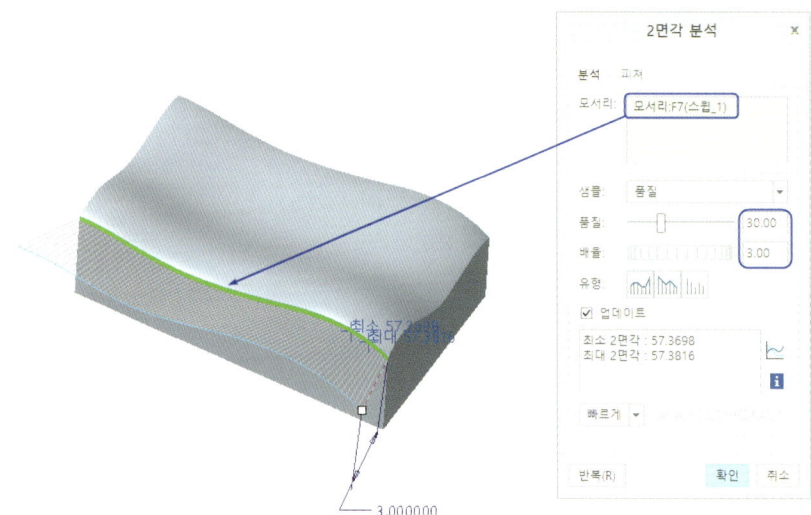

5. 구배 (구배값을 기준으로 당기는 방향으로의 분석)

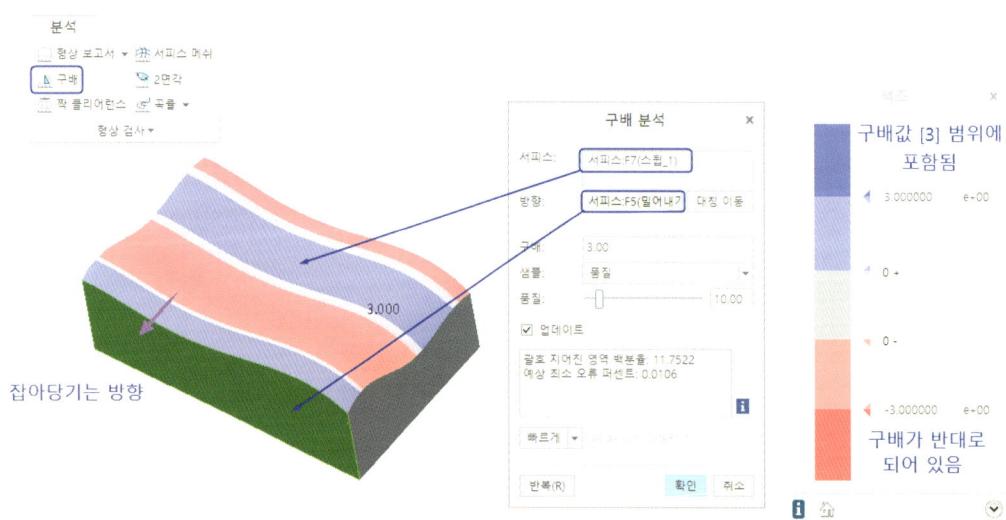

6. 단면곡률 (특정방향의 단면에서 서피스 곡률을 분석)

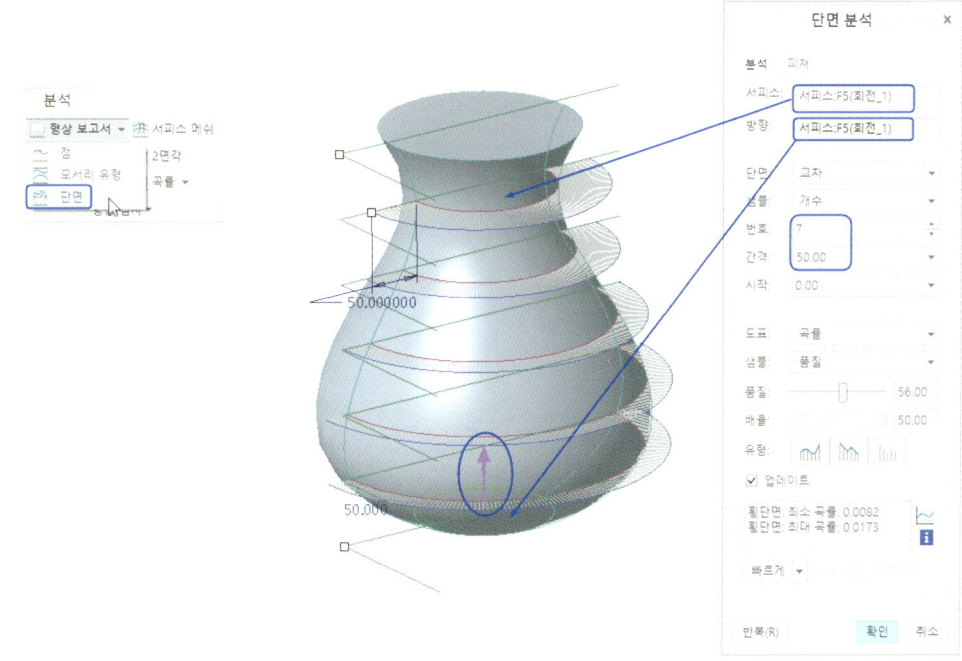

7. 오프셋 (서피스의 오프셋 결과를 표시)

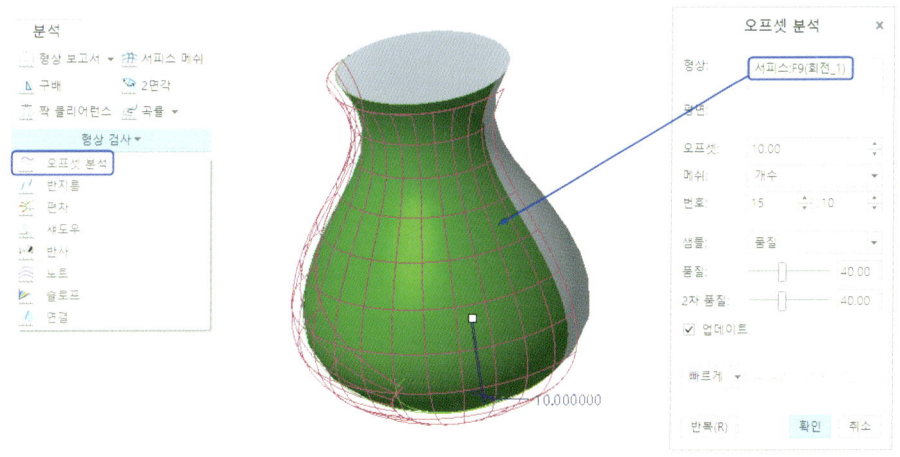

8. 반지름 (서피스의 최소 반지름 값 표시)

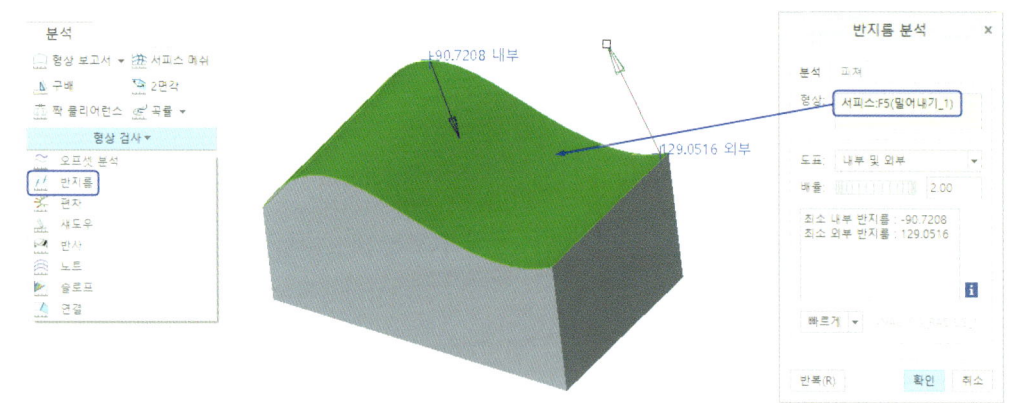

9. 편차 (선택한 기준으로 부터의 데이텀, 점, 커브 등의 거리 편차를 표시)

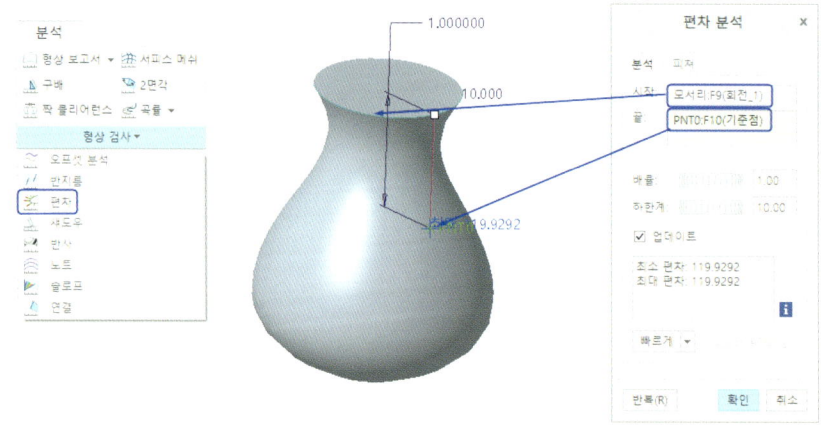

10. 쉐도우 (선택한 서피스에서 쉐도우 투영 효과를 시뮬레이션 함)

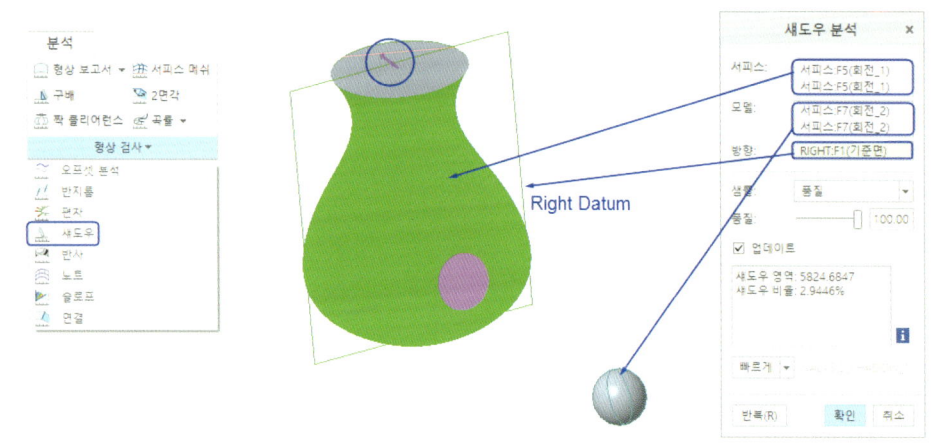

11. 반사 (지정한 방향의 서피스에 반사되는 곡선의 흐름을 표시함)

12. 슬로프 (부품의 기준에 대한 서피스 기울기를 표시함)

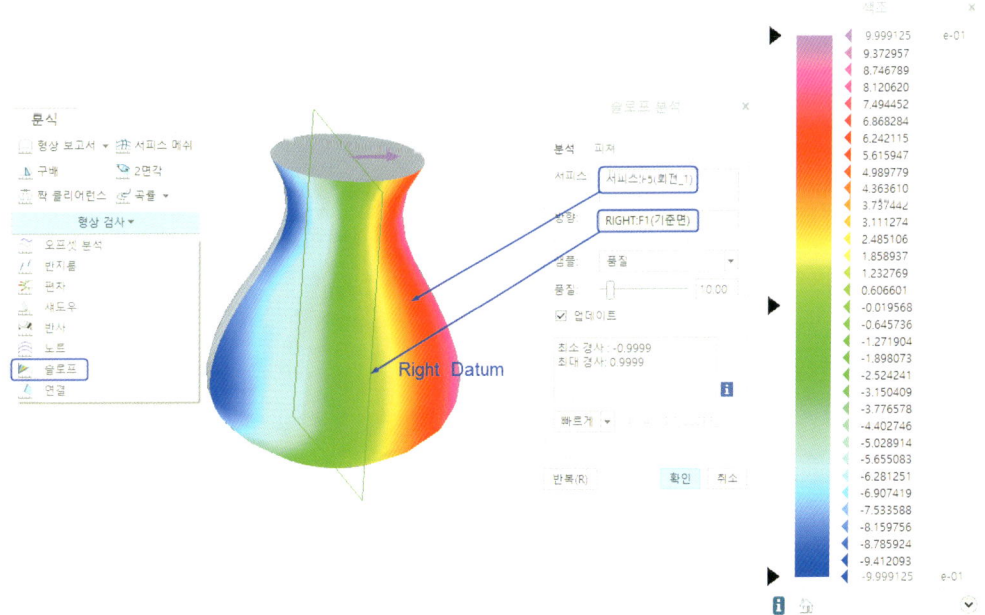

Creo Parametric 4.0
Education Bible Vol.2

초판 1쇄 인쇄   2019년 1월 10일
초판 1쇄 발행   2019년 1월 15일

저　자	전유재, 장현민, 이애정 공저
발행인	유미정
발행처	도서출판 청담북스
주　소	(우)10909 경기도 파주시 하우3길 100-15(야당동)
전　화	(031) 943-0424
팩　스	(031) 600-0424
등　록	제406-2009-000086호
정　가	30,000원
ISBN	978-89-94636-95-5 93550

※이 책은 저작권법에 따라 보호를 받는 저작물이므로 무단 전재나 복제를 금지하며,
　이 책 내용의 전부 또는 일부를 이용하려면 반드시 저작권자나 발행인의 서면동의를 받아야 합니다.

※잘못된 책은 구입하신 서점에서 바꾸어드립니다.